Floral Ornament
Ornement Floral
Blumen Ornamente
Ornamentación Floral

L'Aventurine

Textes : Clara Schmidt et Hélène Franchi
English translation: William Wheeler
Deutsch: O.L. & Co.
Traducción española: Najjia Zegoudh

© L'Aventurine, Paris, 2000
ISBN 2-914199-04-X

• Contents • Sommaire • Inhalt • Índice •

- Foreword • Avant-propos • Vorwort • Prólogo 7
- Botanical illustrations • Illustrations botaniques • Botanische Illustrationen
- Ilustraciones botánicas 9
- Fruit and vegetables • Fruits et légumes • Früchte und Gemüse
- Frutas y hortalizas 86
- Stylization • Stylisation • Stilmittel • Estilización 170
- Borders and frames • Bordures et encadrements • Borten und Rahmen
- Ribetes y recuadros 224
- Captions • Légendes • Legenden • Leyendas 363
- Bibliography • Bibliographie • Bildnachweis • Bibliografía 381

Foreword

Artists have always turned to the plant world for inspiration and it has been a constant element in all the decorative arts. Throughout the brightest moments of the history of art, flowers were omnipresent.
Papyrus was often to be found in the freizes of Ancient Egypt, while the Assyrians honored palms and pine cones in their ornamental designs. The motifs of Ancient Greece, for example those of leaf forms (ivy, palmettes) and especially the invention of the Corinthian column, continued to influence artists through the 19th century.
In the Middle Ages, laurel, oak, sycomore and holly were recurrent themes while during the Renaissance, decorations inspired by Antiquity were the fashion with their arabesque-filled floral garlands and festoons.
Flora reigned supreme during the 19th century. Wallpaper, tapestries, textiles, art objects, in architecture, home furnishings and jewelry: flowers were everywhere.
Floral ornamentation can be abstract, a complete creation by the artist as it can be a faithful copy from nature. Accordingly, stylization is a fanciful exercise with infinite variations: the artist interprets the forms of the model, accentuating certain curves, exaggerating some details while eliminating others. The stem becomes the central axis of the composition.
A geometrical stylization can transform the entire plant in such a manner that its silhouette is inscribed in basic plane figures such as squares, rectangles and circles. The general aspects are defined as well as the distinguishing characteristics of the species. Finally, plant details are stylized: flowers and leaves are equally inscribed in geometric shapes.

Avant-propos

La plante procura toujours une grande source d'inspiration aux artistes et elle fut l'un des éléments les plus utilisés dans les domaines de la décoration. Ainsi l'emploi de la fleur se trouve-t-il généralisé au cours des plus brillantes périodes de l'histoire de l'art.
Les Égyptiens mettent à l'honneur les frises de papyrus ; pour les Assyriens, ce seront les palmes et les pommes de pin qui figureront en première place du répertoire ornemental. Quant à l'ornementation végétale grecque, celle-ci influencera les artistes jusqu'au XIXe siècle avec les motifs de feuillages, lierre, palmettes, et surtout l'invention du chapiteau corinthien.
Au Moyen Âge, le laurier, le chêne, le sycomore et le houx seront autant de motifs qui reviendront fréquemment avant que la Renaissance ne fasse revivre les décors antiques avec les frises de fleurs et de fruits qui se déploient en arabesques.
Au XIXe siècle, la flore est reine. On la trouve partout : sur les tentures, les tapisseries, les tissus, les objets, dans l'architecture, l'ameublement ou la bijouterie...
Cet ornement floral peut être abstrait et complètement inventé, tout comme il peut être fidèle au modèle. Sa stylisation est un exercice plein de fantaisie et de variété : les formes du modèle sont interprétées, certaines de ses courbes peuvent être accentuées, certains détails exagérés, d'autres supprimés, la tige servant de trame à la composition du motif.
La stylisation géométrique peut porter sur l'ensemble de la plante, c'est-à-dire que sa silhouette générale peut être inscrite dans des figures primaires tels le carré, le rectangle, le cercle... Les grands mouvements seront ensuite dégagés tout comme les particularités propres à chaque espèce. Pour finir, cette stylisation porte enfin sur les détails et les feuilles tout comme les fleurs peuvent s'inscrire dans des formes géométriques.

Vorwort

Schon immer waren Pflanzen, Blumen eine unerschöpfliche Quelle der Inspiration und eines der meist genutzten Elemente in der künstlerischen Dekoration. Und so finden wir ganz allgemein Blumen-Ornamente zu allen Blütezeiten der Kunstgeschichte.
Bei den alten Ägyptern finden sich Blumenfriese auf Papyrus; bei den Assyrern belegen Palmen und Tannenzapfen den ersten Platz im ornamentalen Repertoire. Die pflanzlichen Ornamente der Griechen schließlich haben die Künstler bis ins 19te Jahrhundert beeinflusst mit ihren Motiven aus Blättern, Efeu, Palmetten und besonders dem Corintischen Kapitell.
Im Mittelalter sind es Lorbeer, Eiche, Maulbeerbaum und Stechpalme, bevor in der Renaissance die antiken Motive wieder aufleben mit Friesen aus Blumen und Früchten in allerlei arabesken Formen.
Im 19ten Jahrhundert beherrscht die Flora die Ornamentik. Man findet sie überall, auf Vorhängen, Tapeten, Teppichen, Stoffen, Möbeln, in der Architektur oder als Schmuck.
Die Blumen in diesen Ornamenten sind oft völlig abstrahiert oder auch der Fantasie entsprungen, wie sie auch absolut naturgetreu erscheinen können. Den Stilmitteln sind keine Grenzen gesetzt; die Vorlagen werden frei interpretiert, Kurven überzeichnet, einzelne Details betont andere weggelassen, der Stiel dient als Raster der Komposition für das gewünschte Motiv.
Mit geometrischen Grundmustern wird die Pflanze als Ganzes erfasst, die Silhouette wird in Grundformen eingefangen wie Quadrat, Dreieck oder Kreis. Daraus entwickelt sich dann im Innern die Vielfalt und Fantasie in Bewegungen und Verschlingungen je nach Muster und Künstler. Am Ende finden sich dann dieselben Grundformen im Detail wieder, in einem Blatt oder auch ganzen Blumen.

Introducción

Siempre la planta proporconará a los artistas una fuente ingente de inspiración, ella fue uno de los elementos más utilizados en los campos de la decoración. Así, el empleo de la flor se encuentra generalizado a lo largo de los más brillantes períodos de la historia del arte.
Los Egipcios valoran los frisos de papiro; para los Asirios las que figuraran en el lugar de honor del repertorio ornamental, serán las palmas y las pinas. En cuanto a la ornamentación vegetal griega, ésta influirá en los artistas hasta el siglo XIX con los motivos de follaje, hiedra, palmetas y sobre todo con la introducción del capitel corintio.
En la Edad Media, el laurel, el roble, el sicomoro y el acebo serán otros tantos motivos que volverán a aparecer con frecuencia antes que el Renacimiento haga revivir los decorados antiguos con los frisos de flores y de frutas que se despliegan en arabescos. En el siglo XIX, la flora reina, se encuentra en todas partes: en las colgaduras, los tapices, los tejidos, los objetos, en la arquitectura, el mobiliario o en la joyería…
Este ornamento floral puede ser tanto abstracto y completamente inventado como fiel al modelo. Su estilización es un ejercicio lleno de fantasía y variedad: las formas del modelo están interpretadas, algunas de sus curvas pueden ser acentuadas, algunos detalles exagerados, otros suprimidos, el tallo sirviendo de trama para la composición del motivo.
La estilización geométrica puede concernir el conjunto de la planta, o sea su silueta general puede estar inscrita en las figuras primarias como el cuadrado, el rectangulo, el circulo… Luego, tanto los grandes movimientos como las particularidades propias de cada especie se trazarán. Esta estilización para terminar, concierne por fin los detalles y tanto las hojas como las flores pueden inscribirse en formas geométricas.

- Botanical illustrations -
- Illustrations botaniques -
- Botanische Illustrationen -
- Ilustraciones botánicas -

11

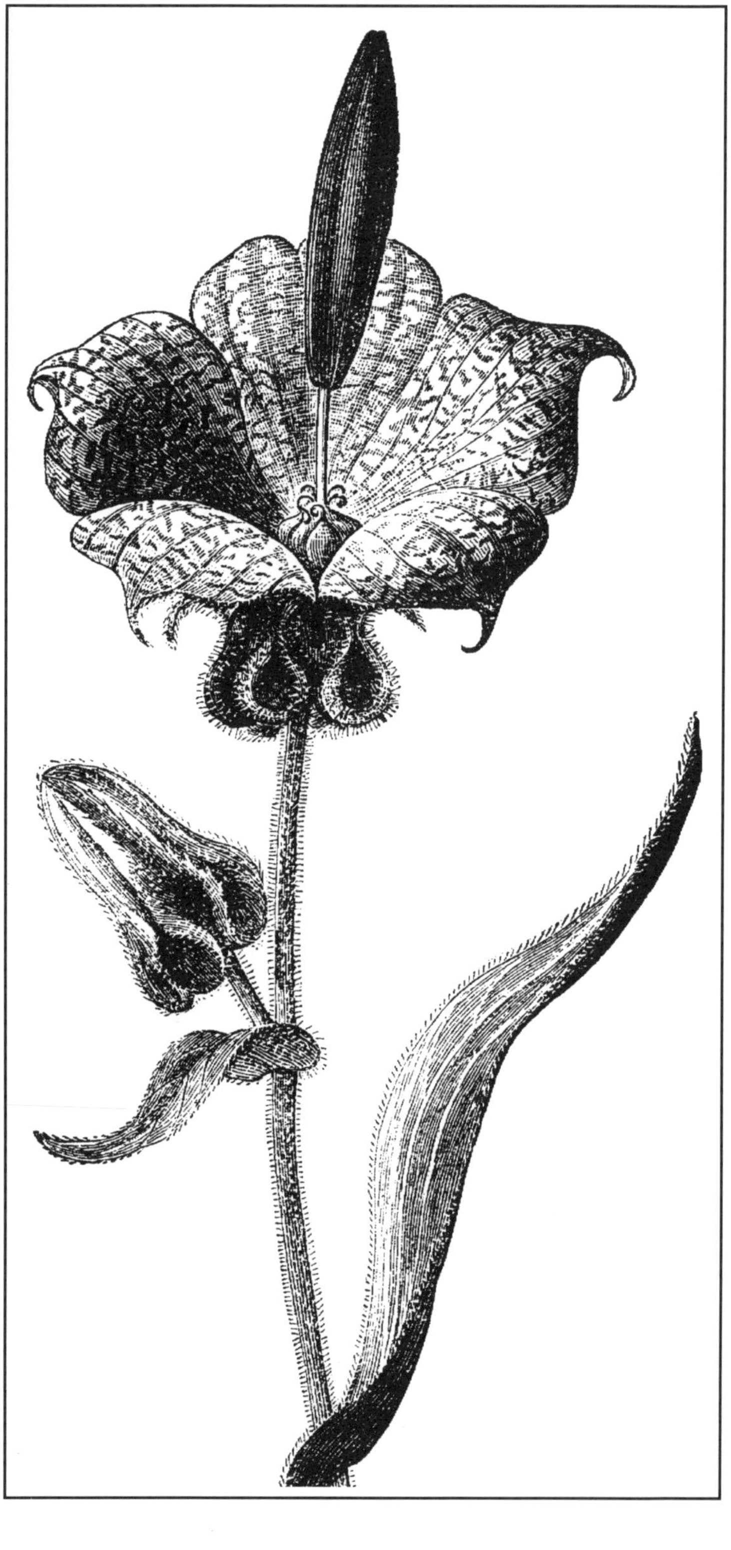

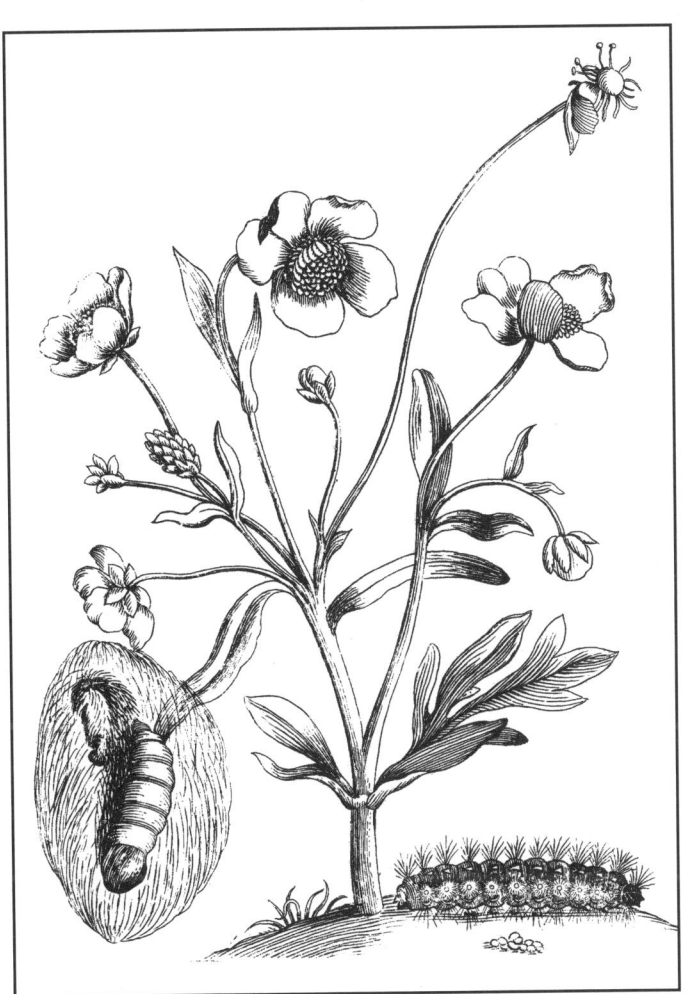

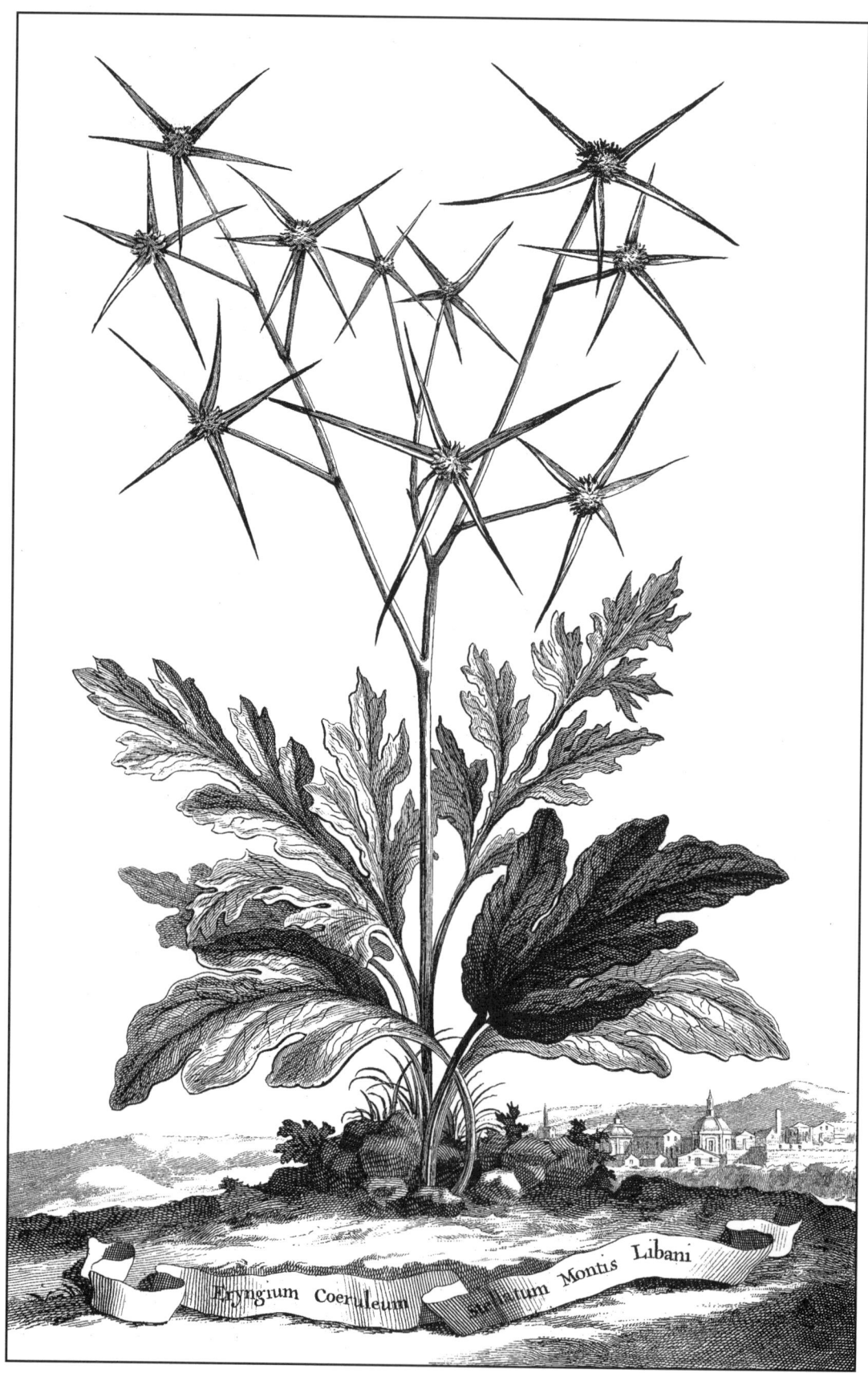

LUTEOLA CANNABINOIDES CRETICA.

Rosa prænestina Variegata

Rosa centifol. rubra.

Rosa albopleno

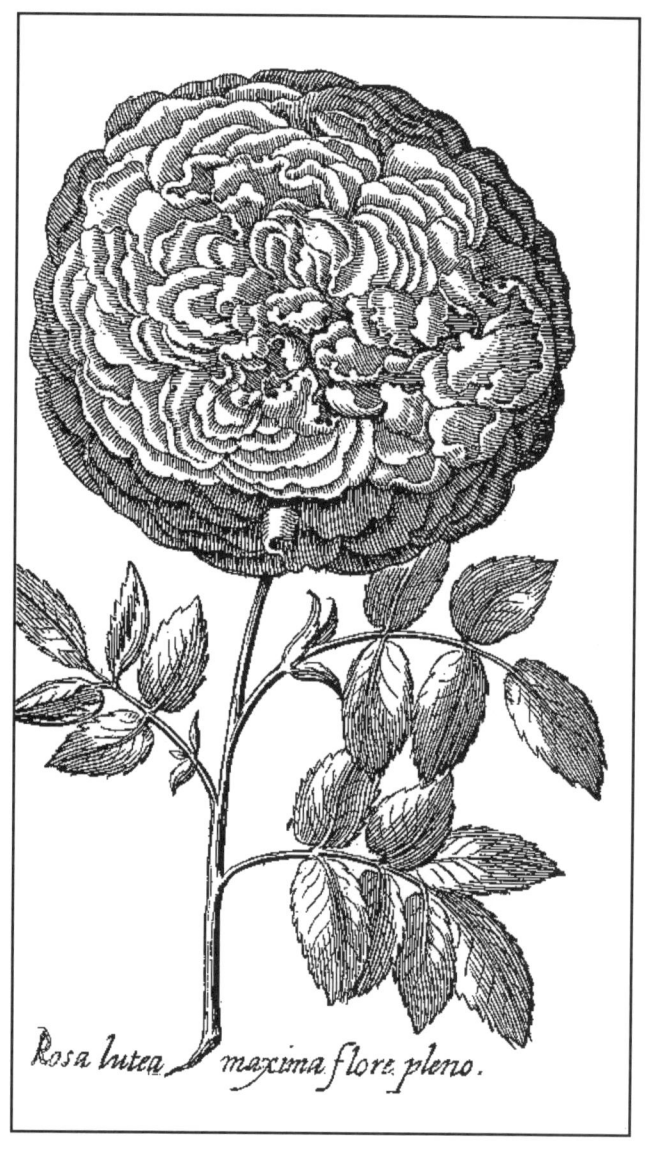

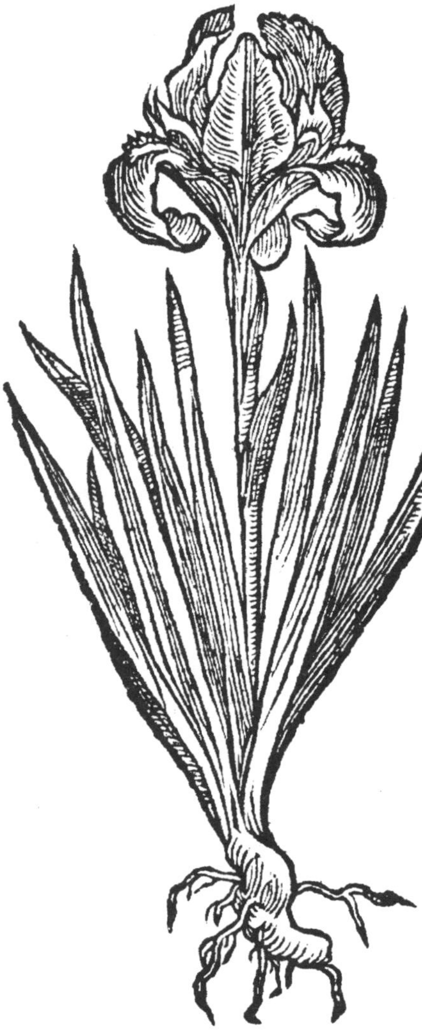

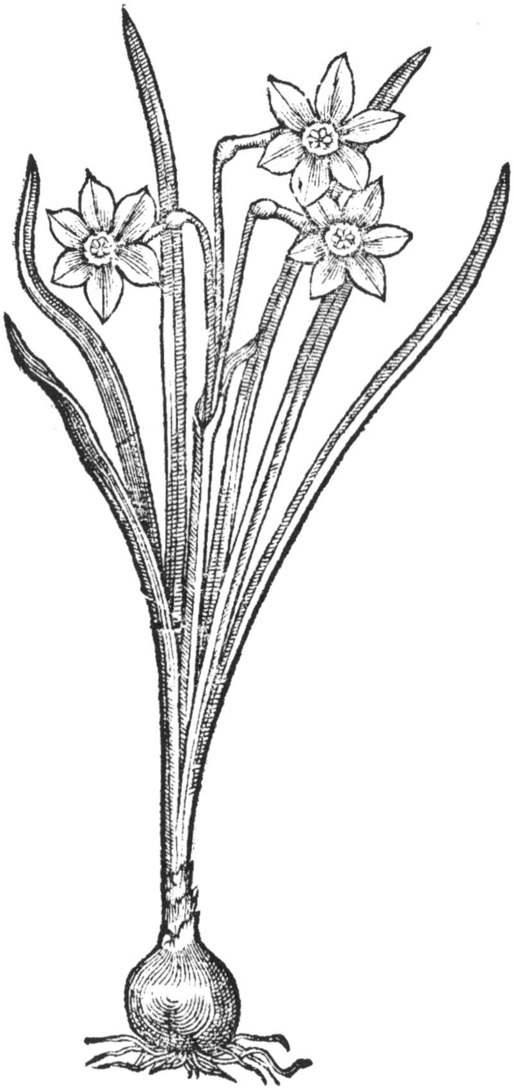

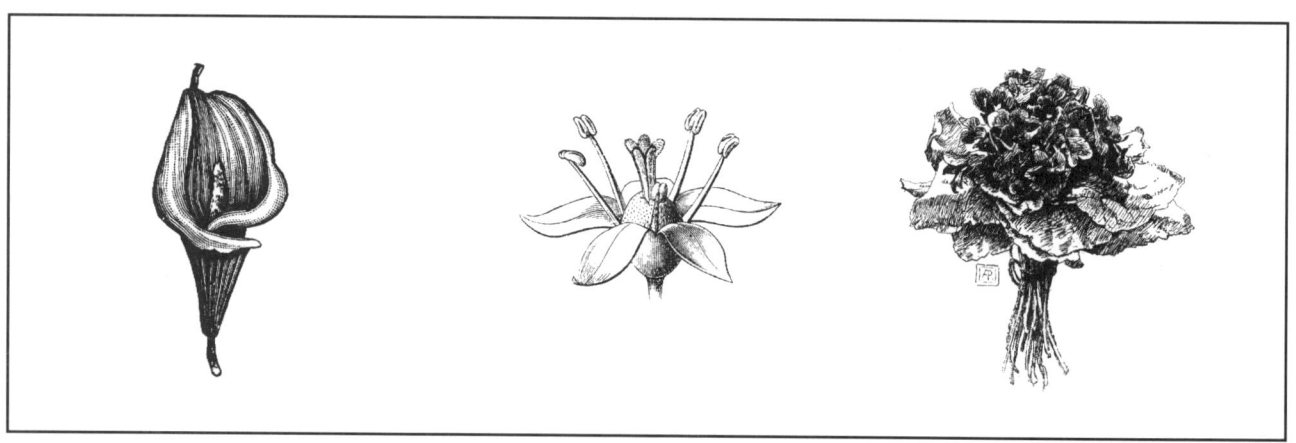

32

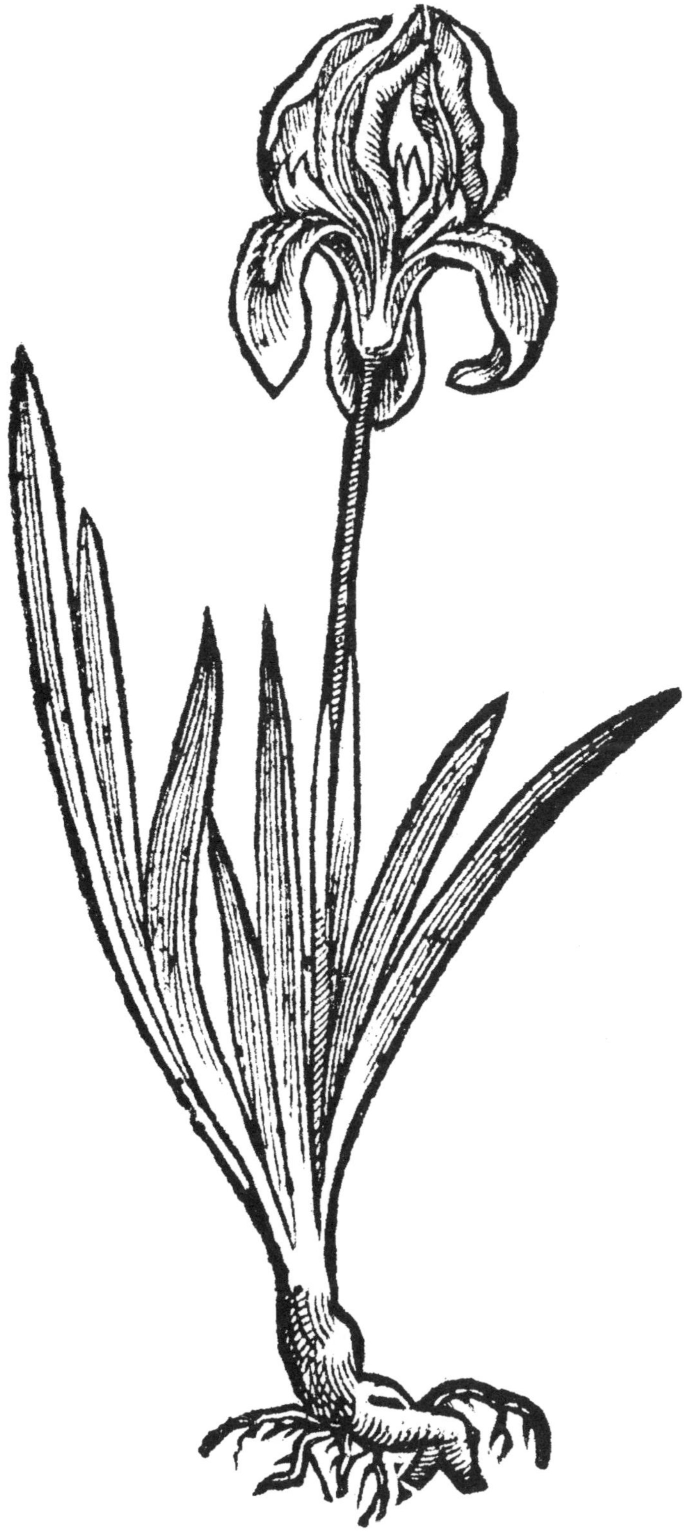

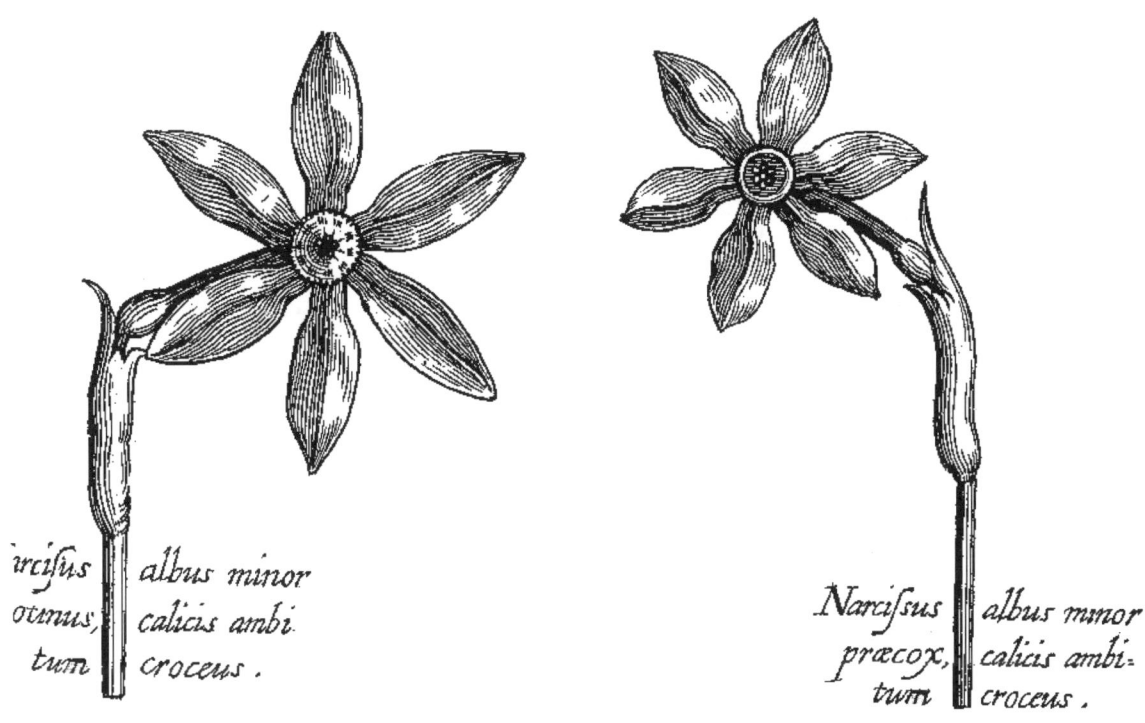

Viola flammea Violacea

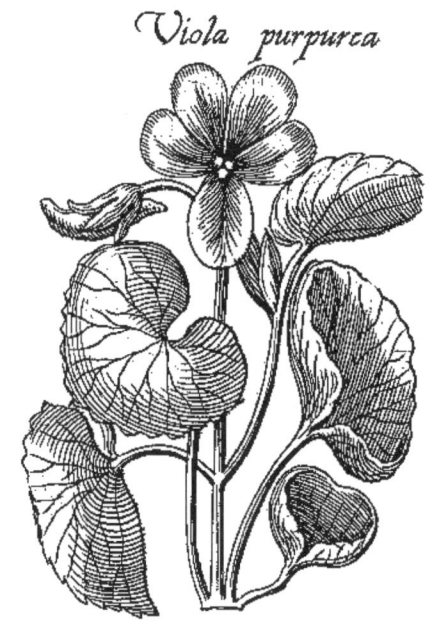

Viola purpurea

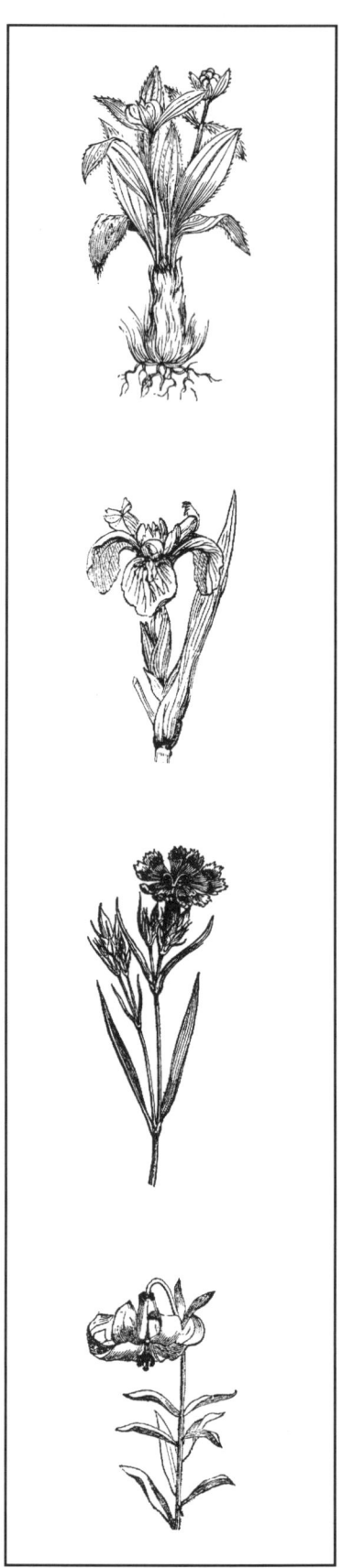

Chamæpitys Major Cœrulea.

37

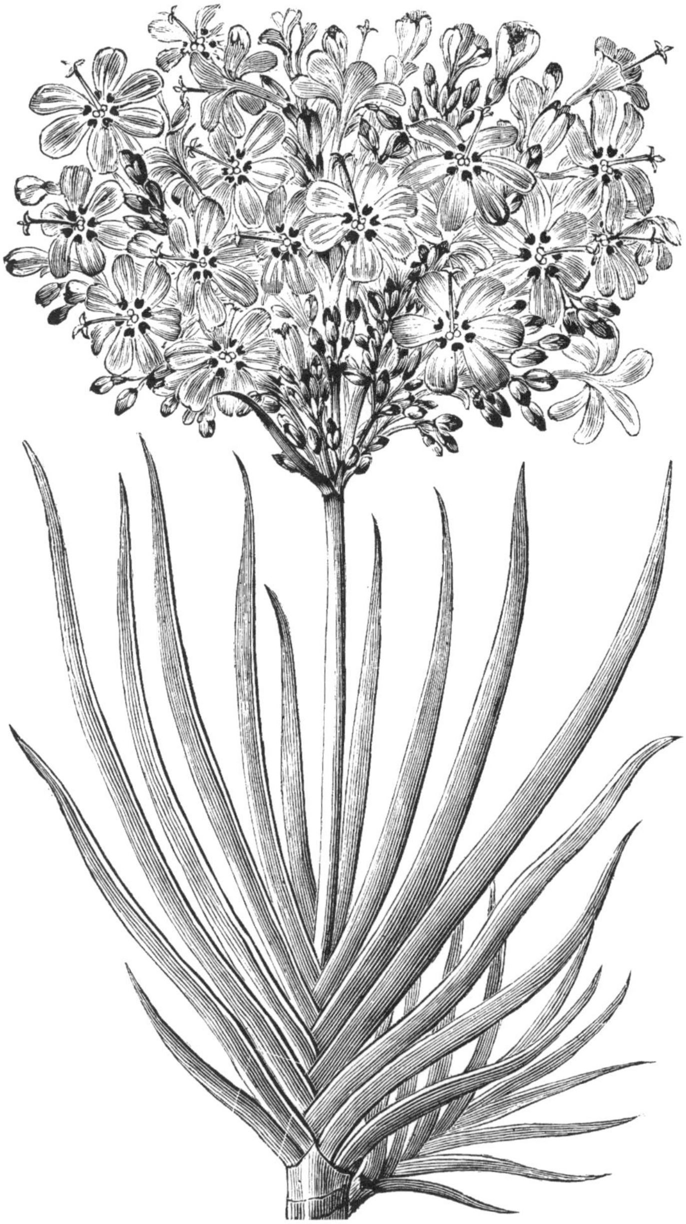

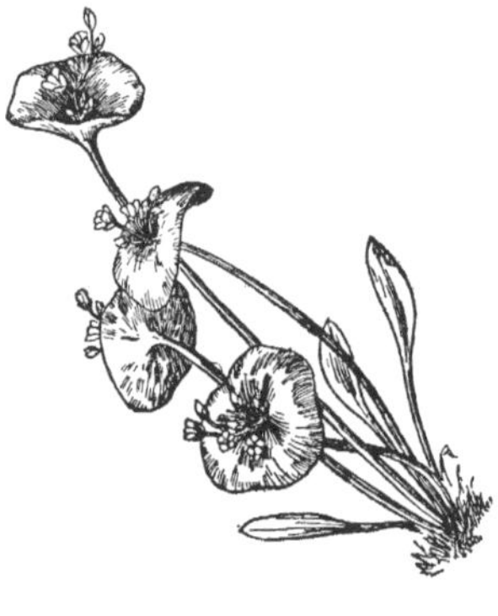

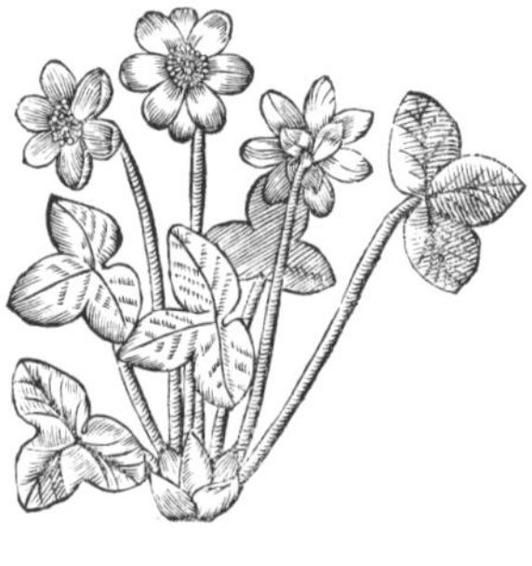

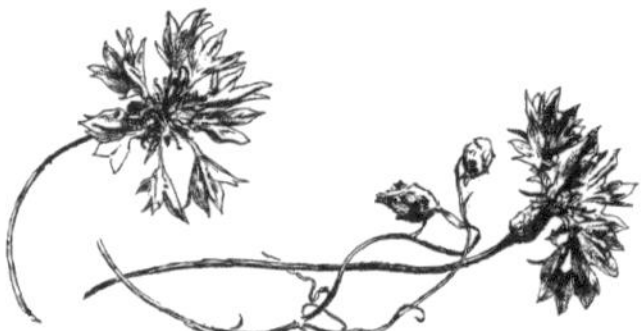

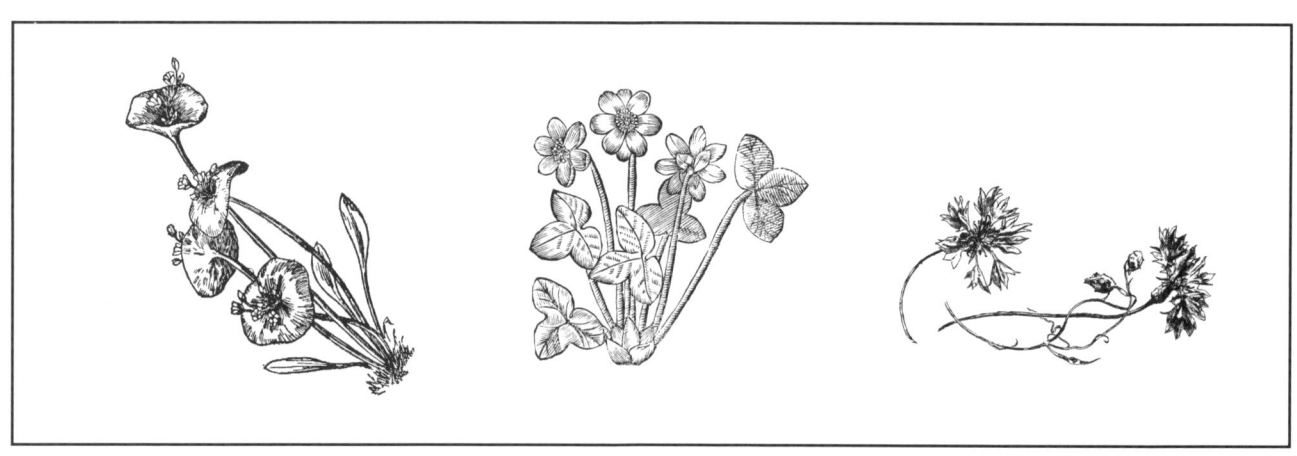

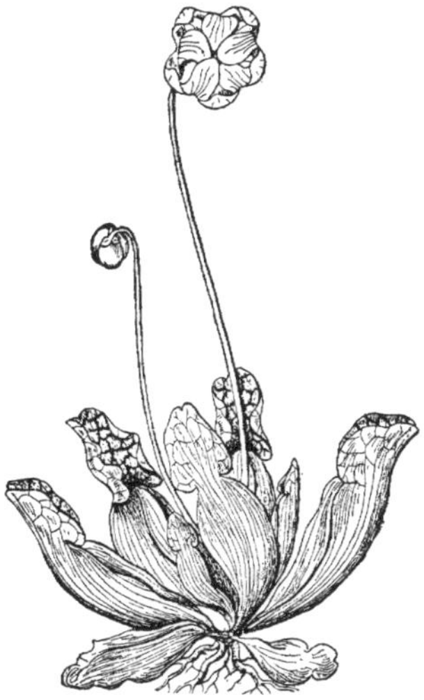

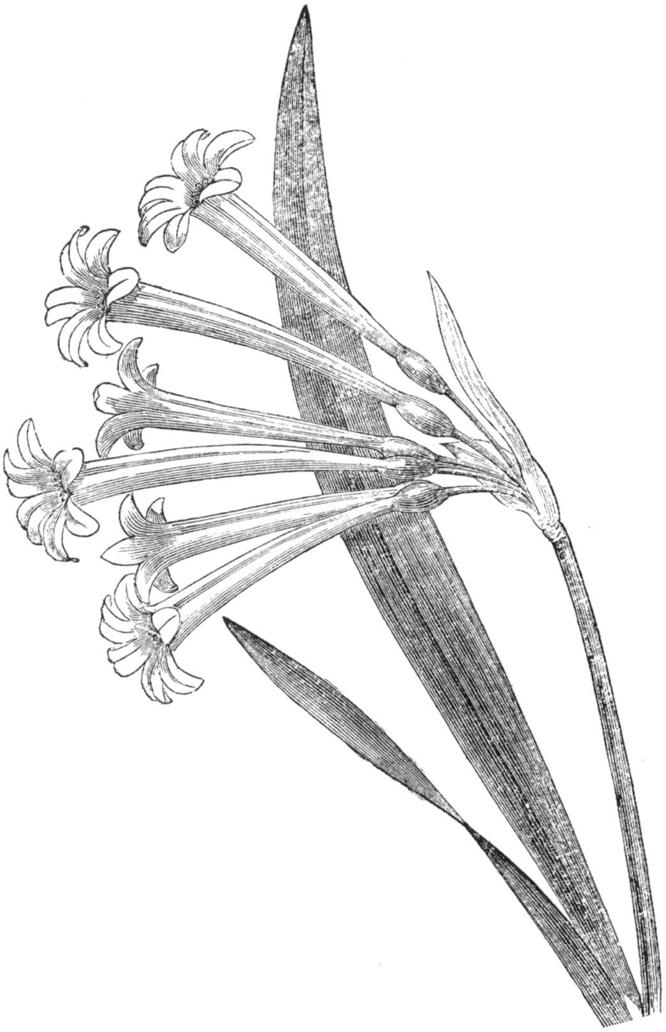

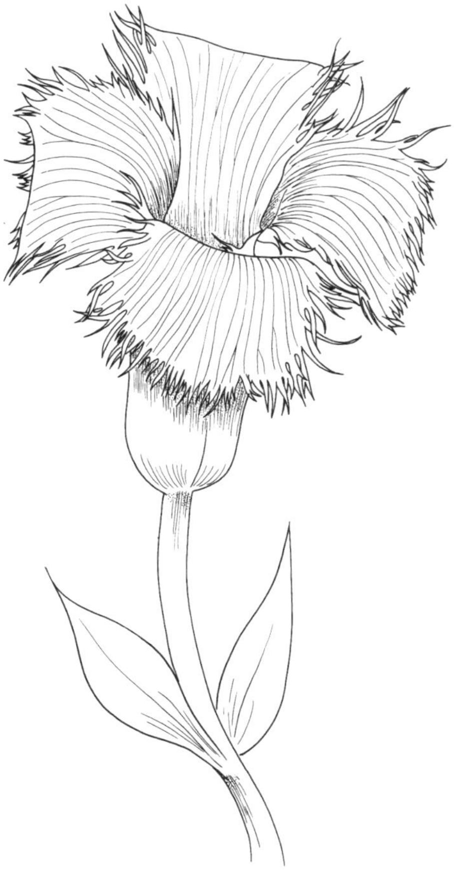

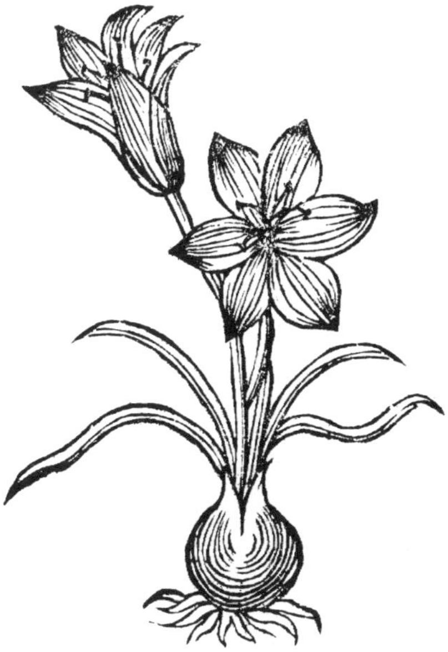

RUBUS NON SPINOSUS MAJOR ODORATUS.

LAPATHUM HORTENSE.

fritillaria Vulgaris

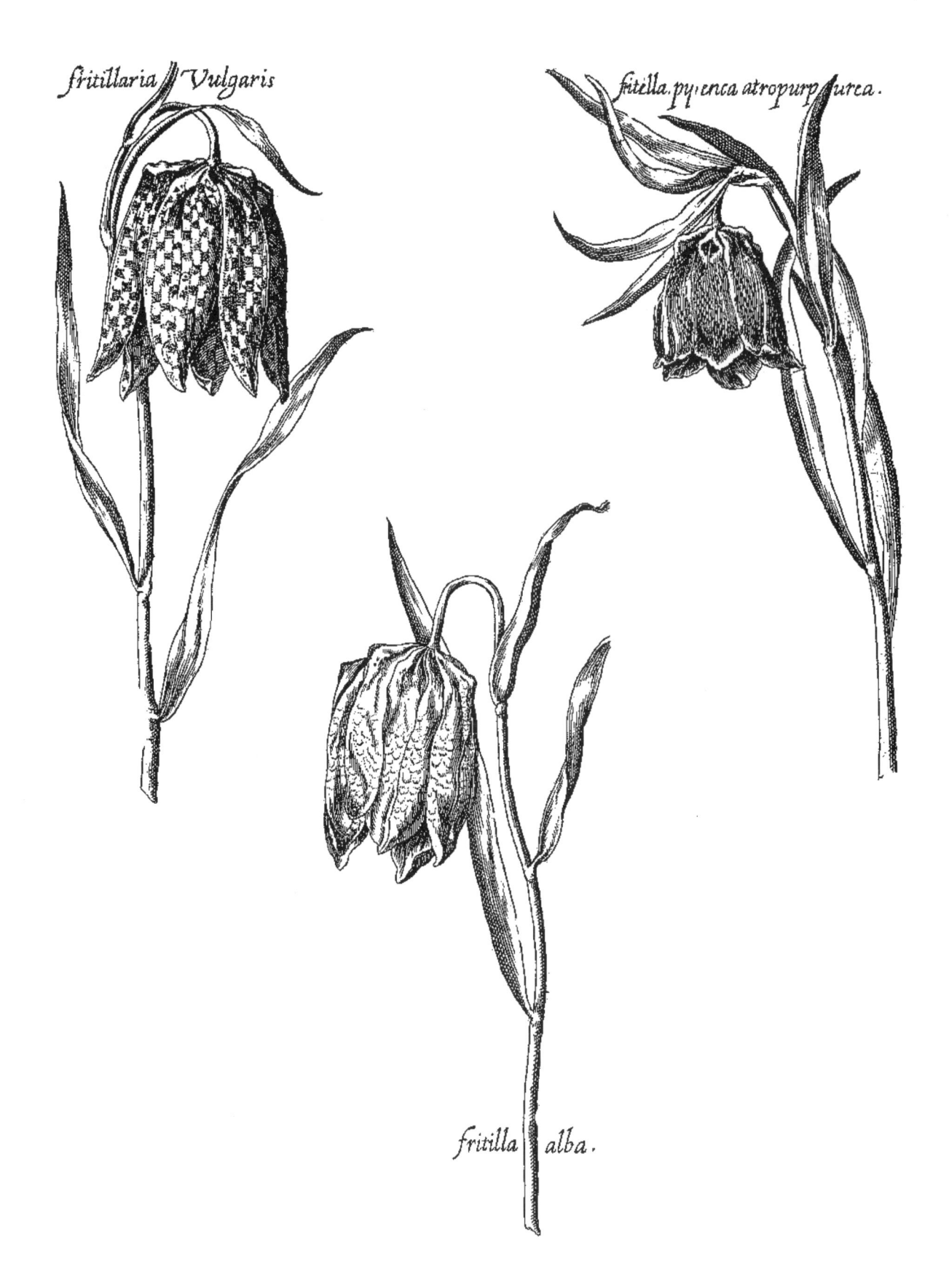

fritilla. pyrenca atropurpurea.

fritilla alba.

Martagon flo. plena.

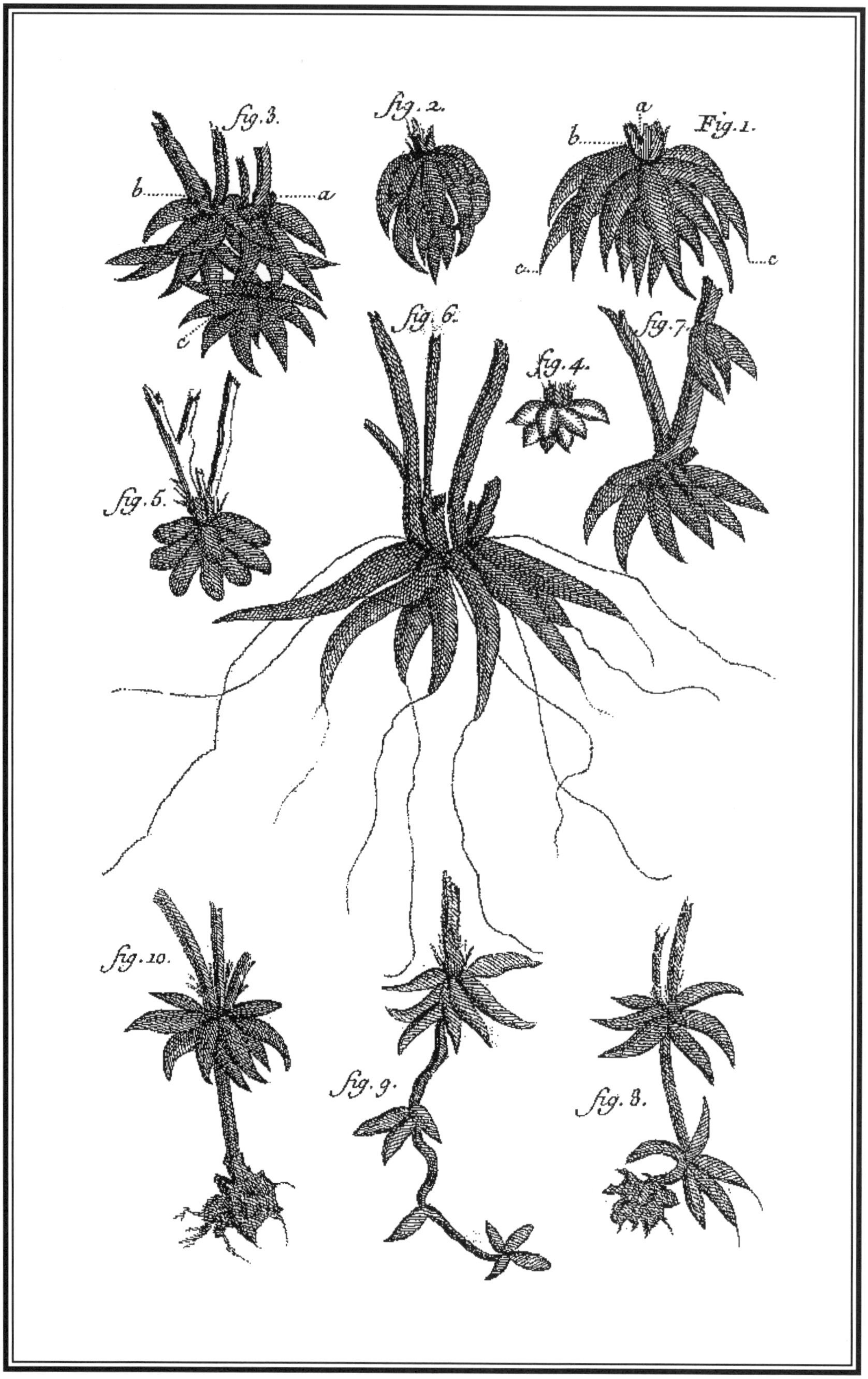
fig. 3.
fig. 2.
Fig. 1.
a
b
c
fig. 6.
fig. 7.
fig. 4.
fig. 5.
fig. 10.
fig. 9.
fig. 8.

CLEMATIS PASSIFLORA PENTAPHYLLEA ANGUSTIFOLIA

MECHOACANNA SYLVESTRIS.

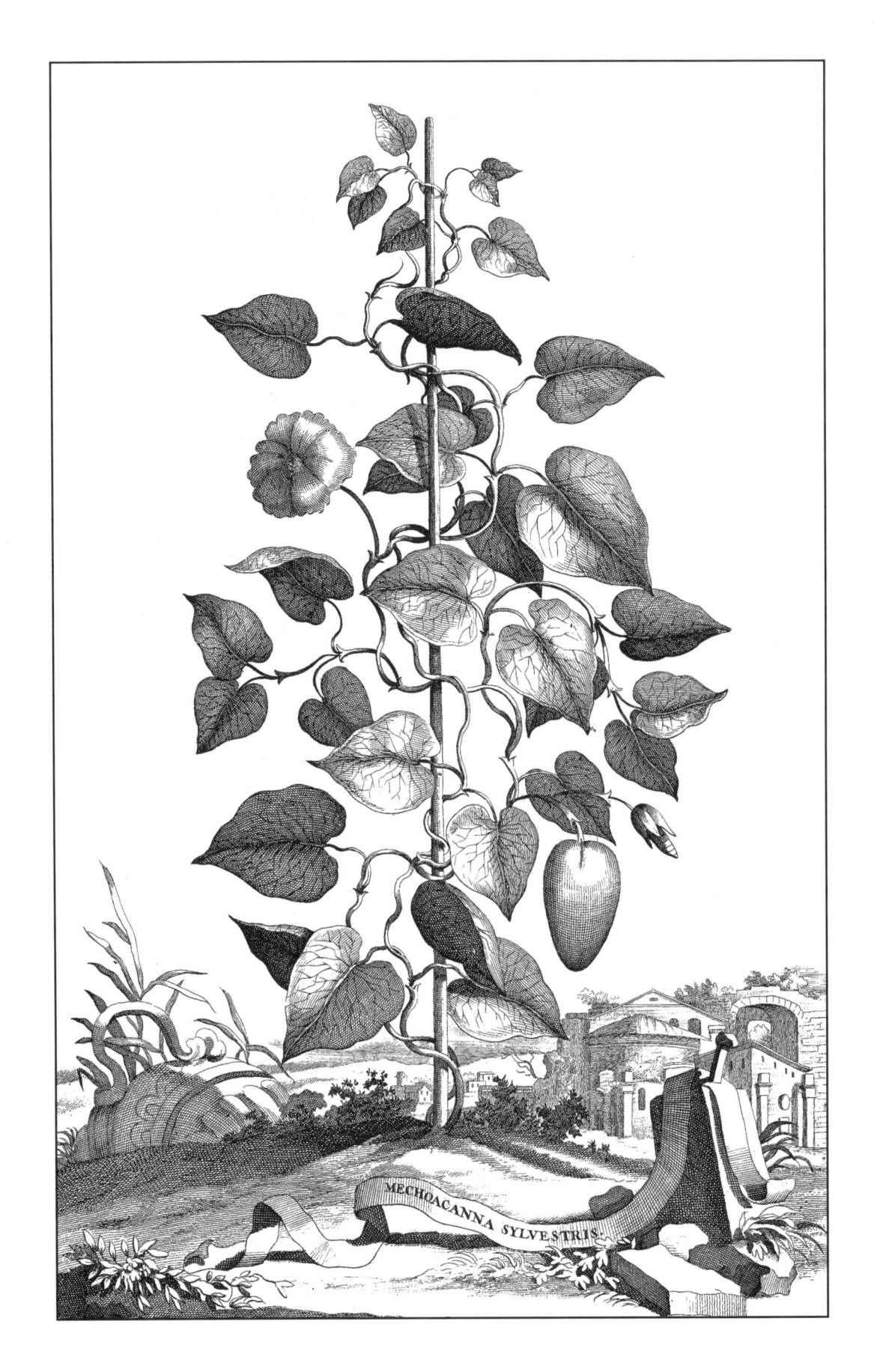

Mechoacanna Vera Sativa.

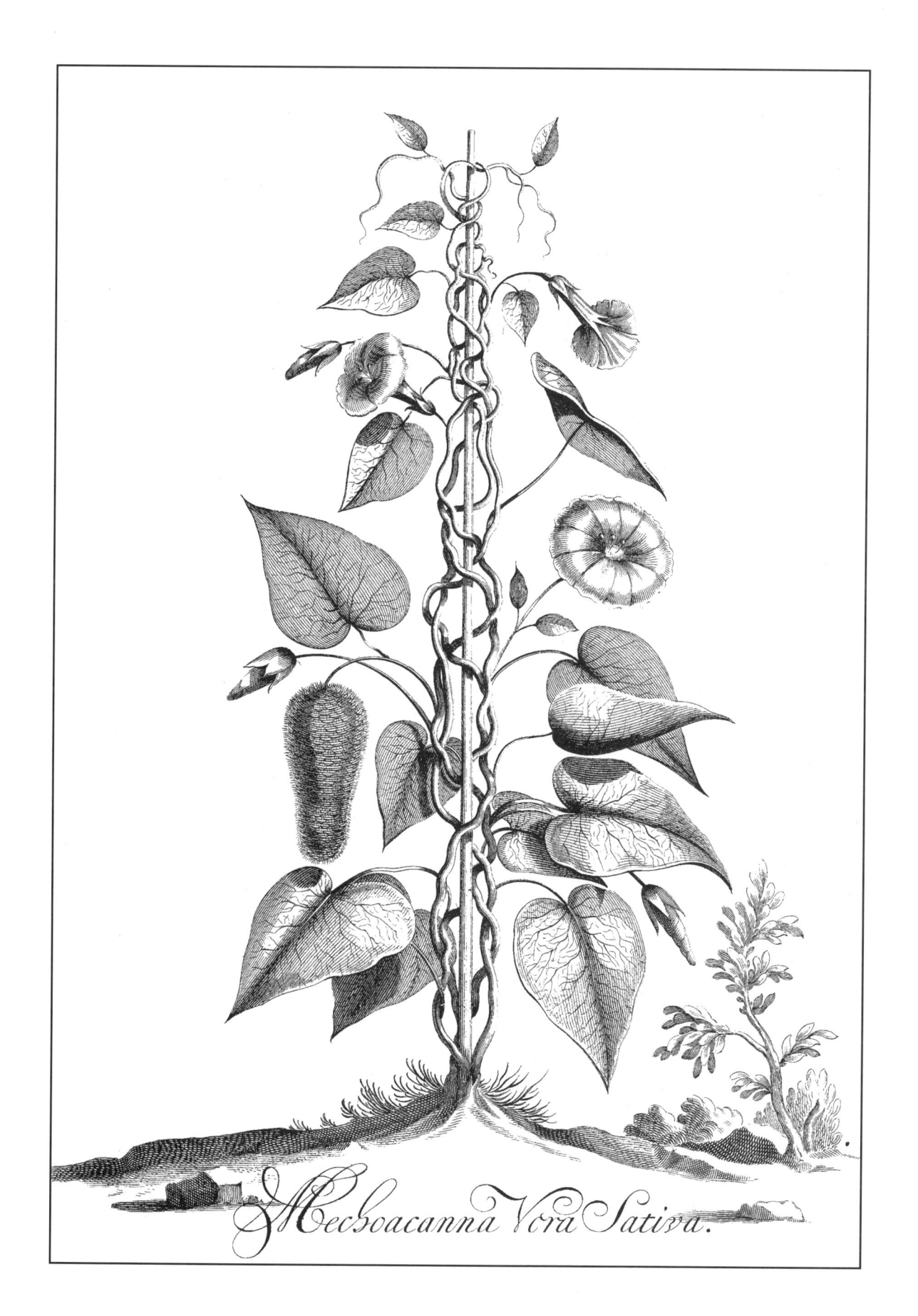

48

Caryophyll. spe. altera flo. carnei.

Caryophill. purpurs flo. multipli.

Superba alba medio Corolla purpureo Violacea

CYCLAMEN ROTUNDIFOLIUM MAIUS
AUTUMNALE.

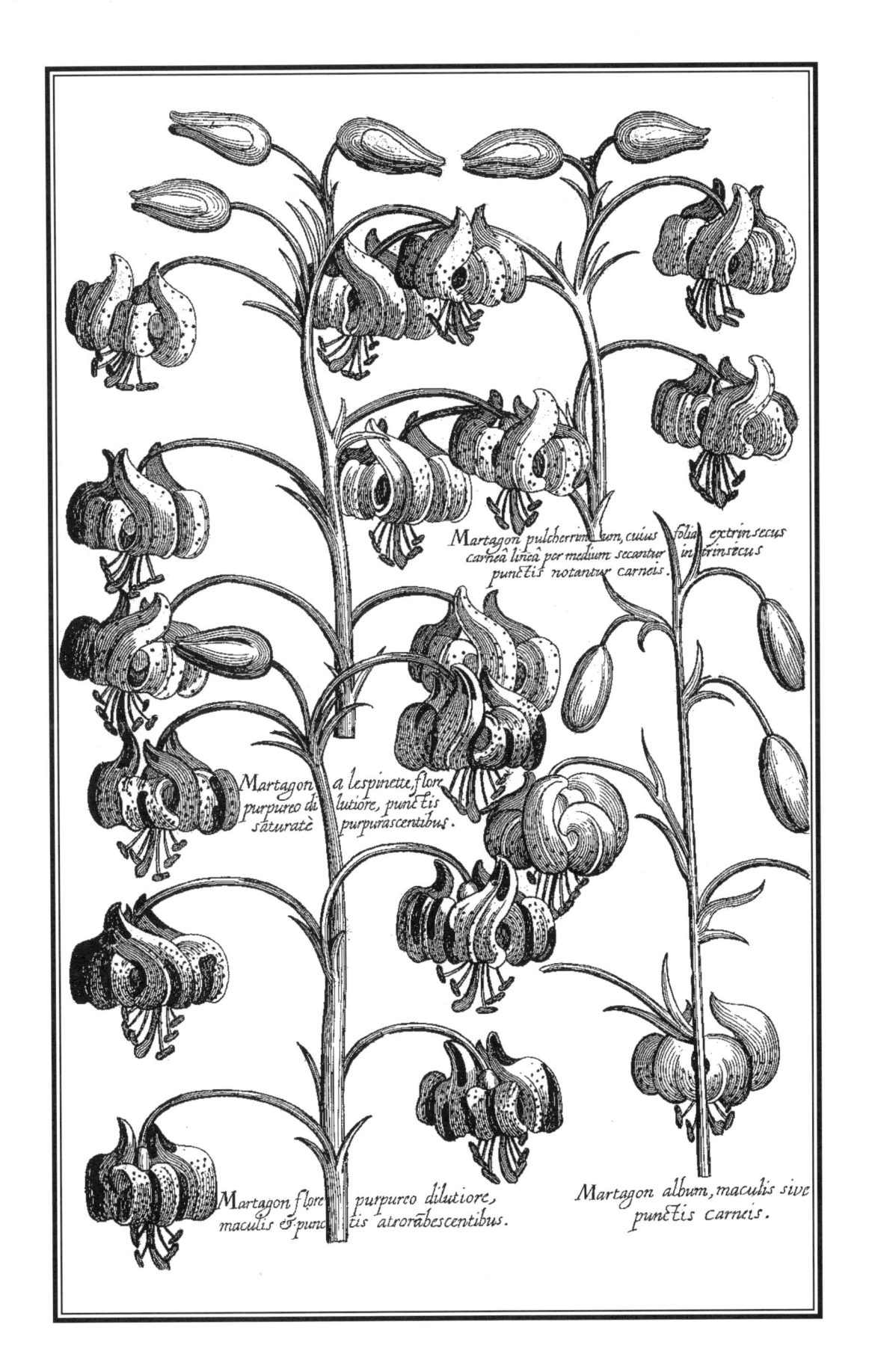

Martagon pulcherrimum, cuius folia extrinsecus carneâ lineâ per medium secantur intrinsecus punctis notantur carneis.

Martagon a lespinette, flore purpureo dilutiore, punctis saturatè purpurascentibus.

Martagon flore purpureo dilutiore, maculis & punctis atrorubescentibus.

Martagon album, maculis sive punctis carneis.

Fritilla hispanica maior Umbellifera

fritillaria Italica.

fritillaria Lutea

Anemone purpureo.

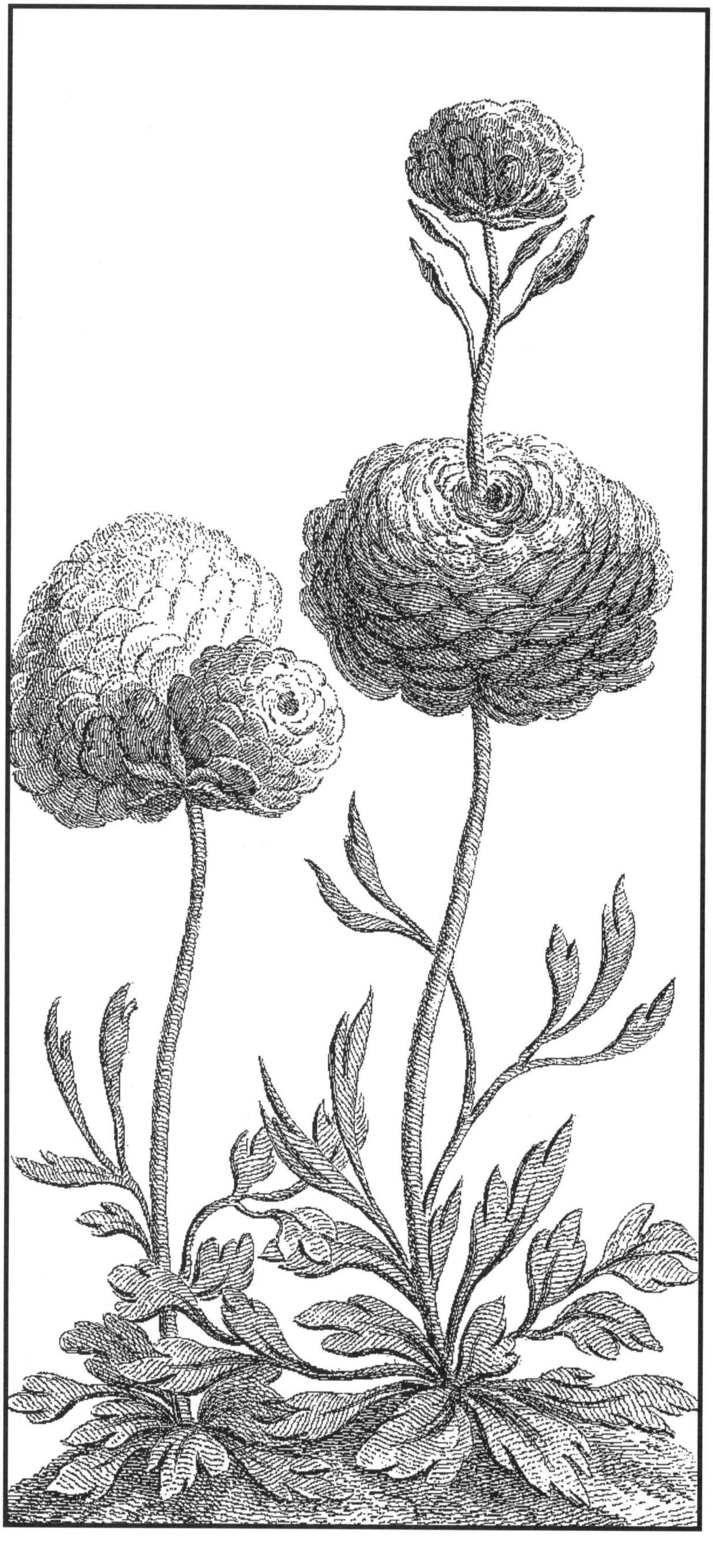

Viola flo Lutea.

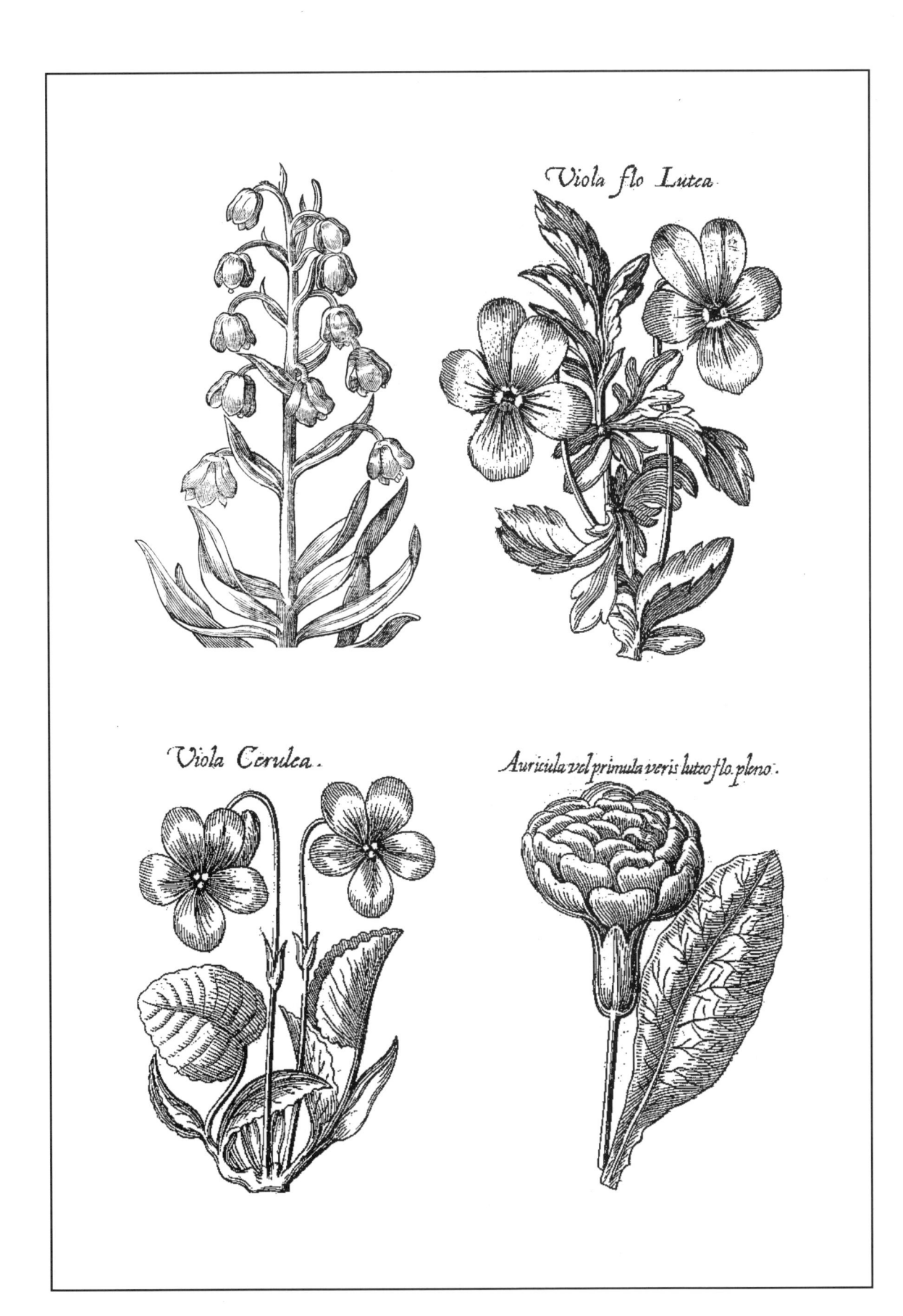

Viola Cerulea.

Auricula vel primula veris luteo flo. pleno.

Convolvulus Minor Pentaphyllus.

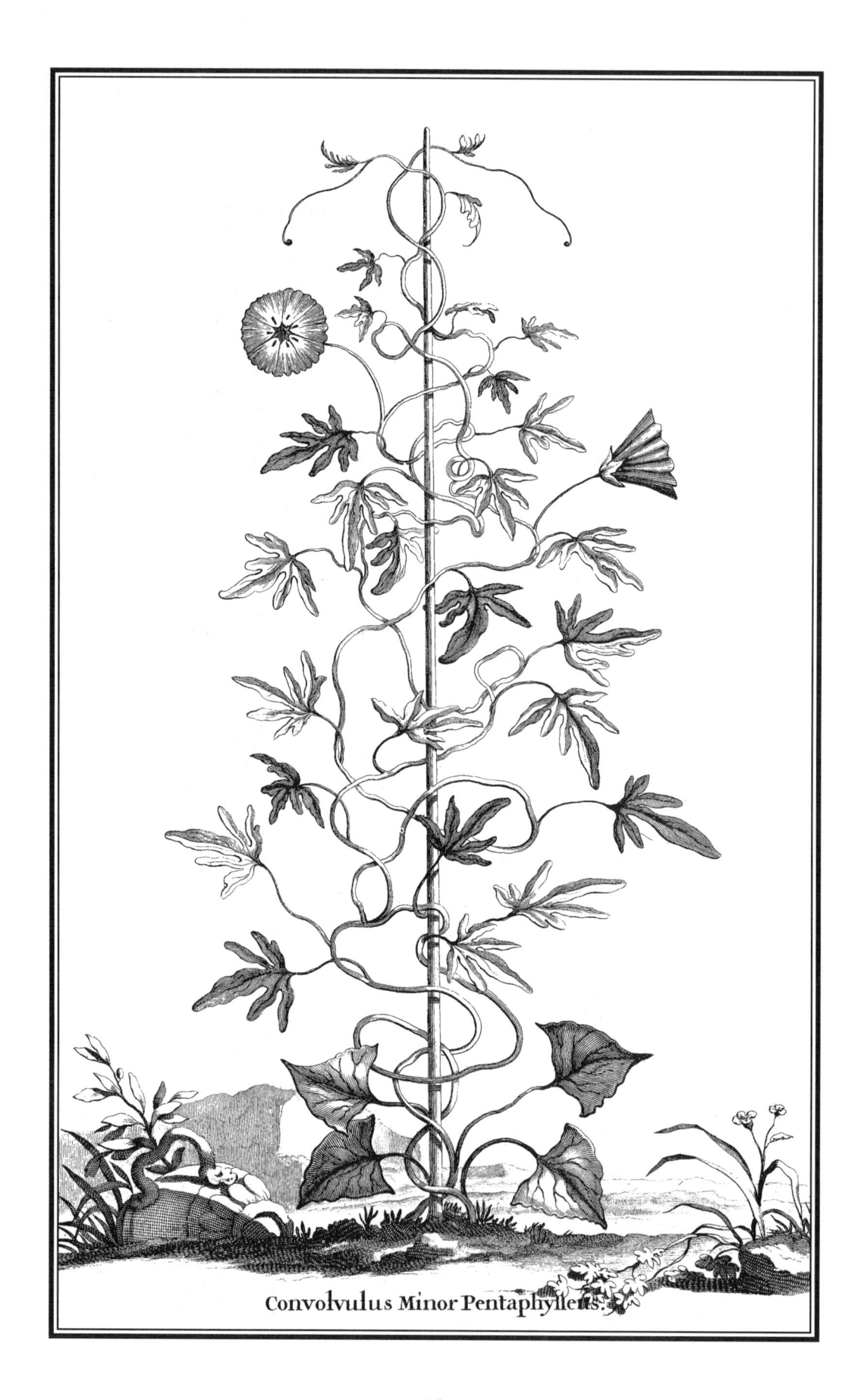

MALVA ARBORESCENS INDICA MINOR.

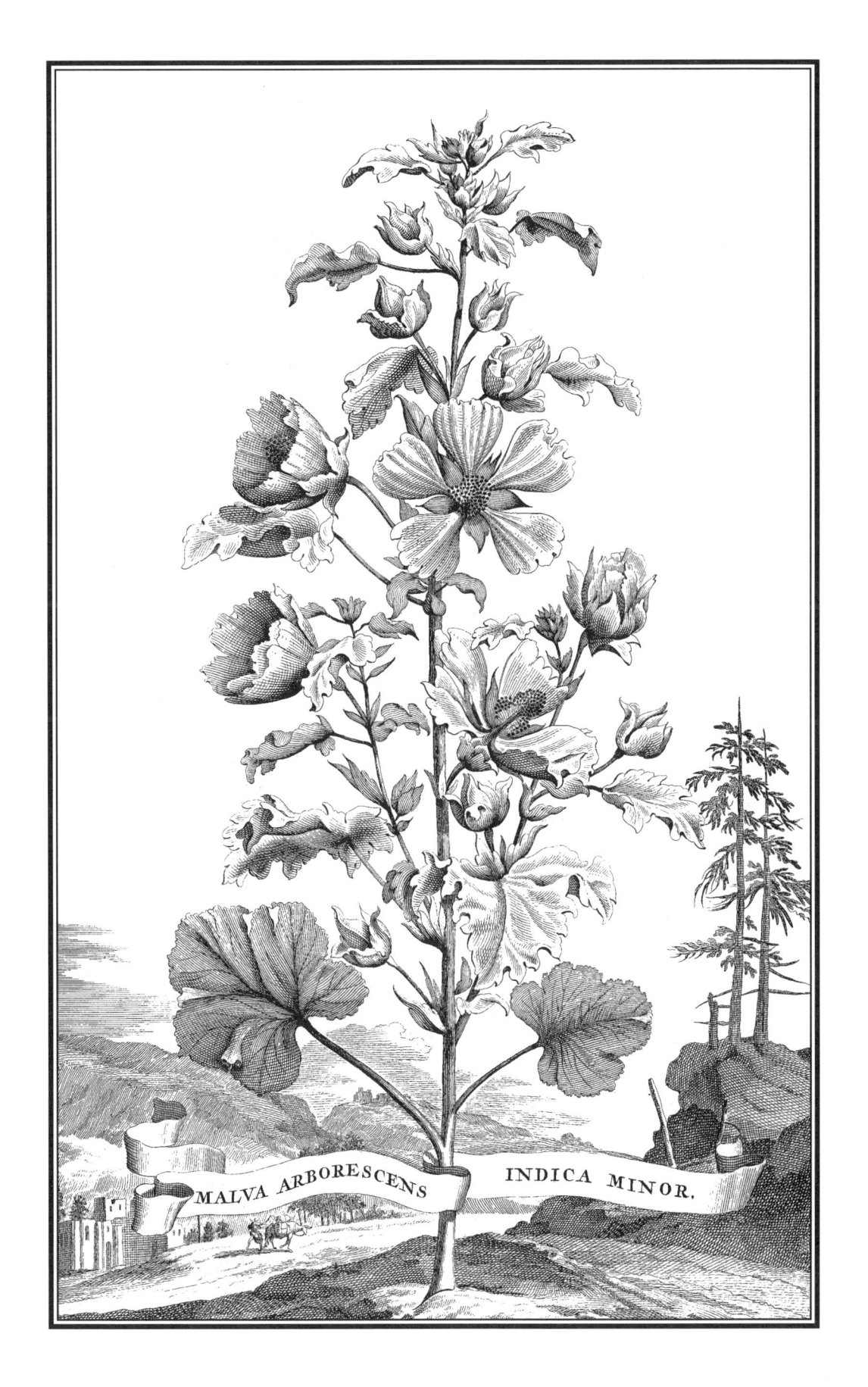

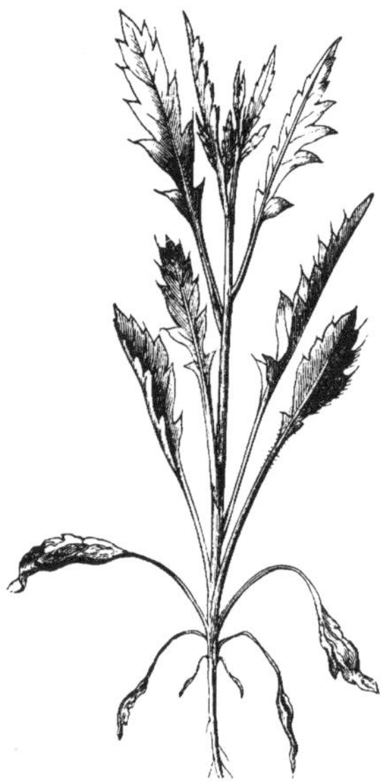

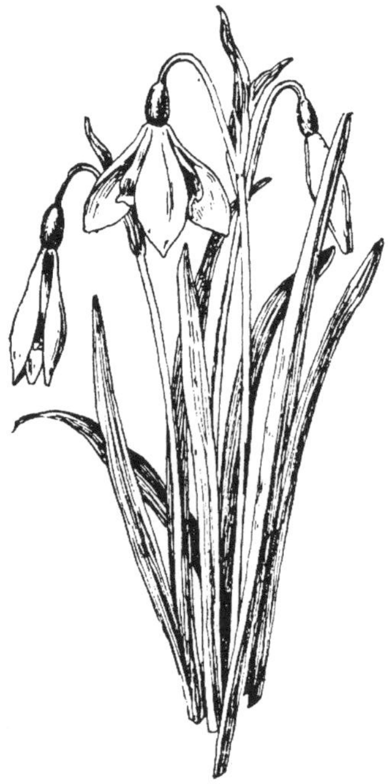

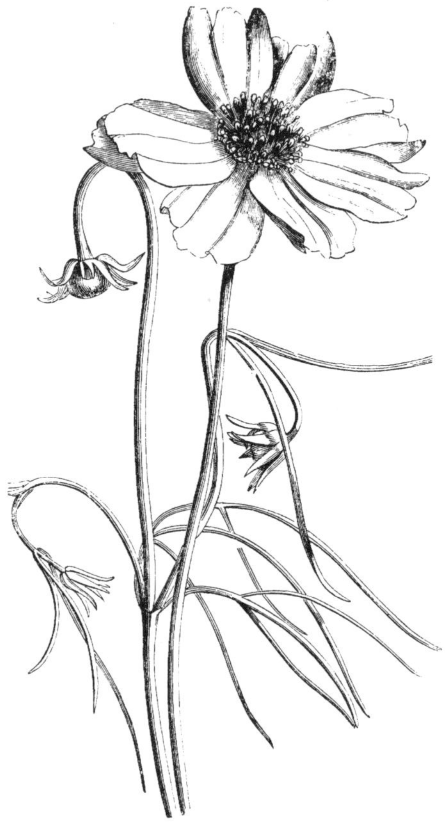

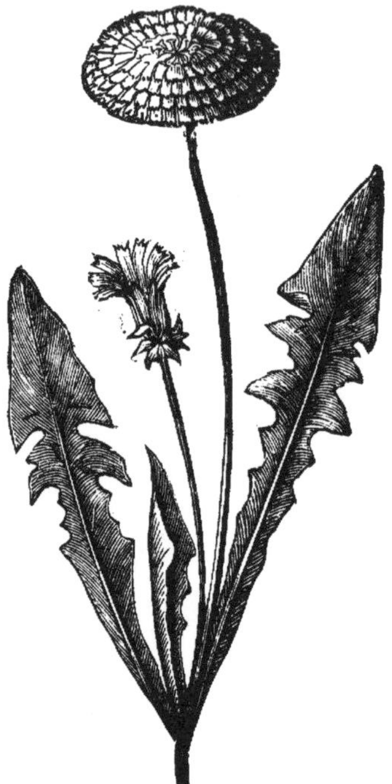

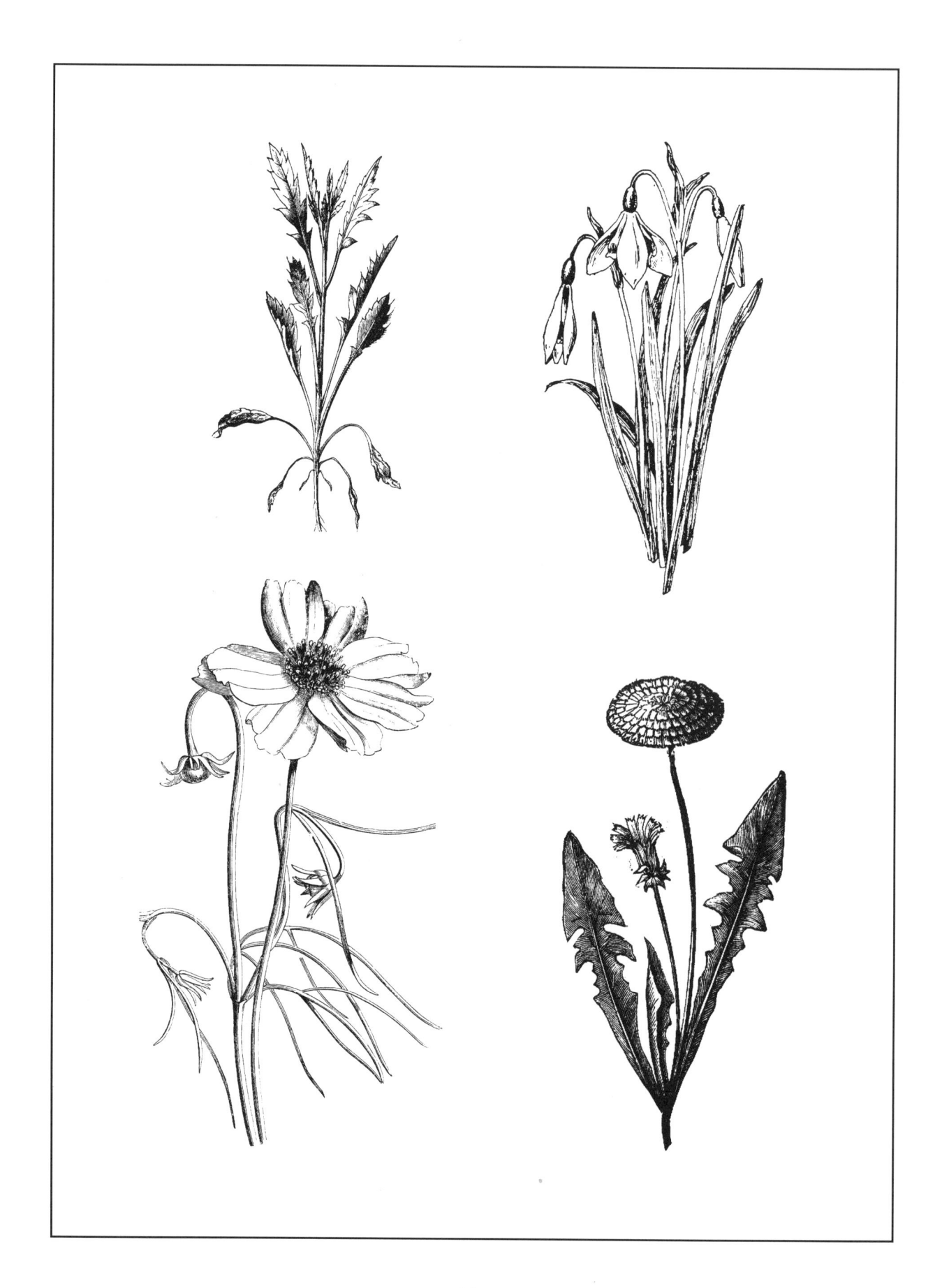

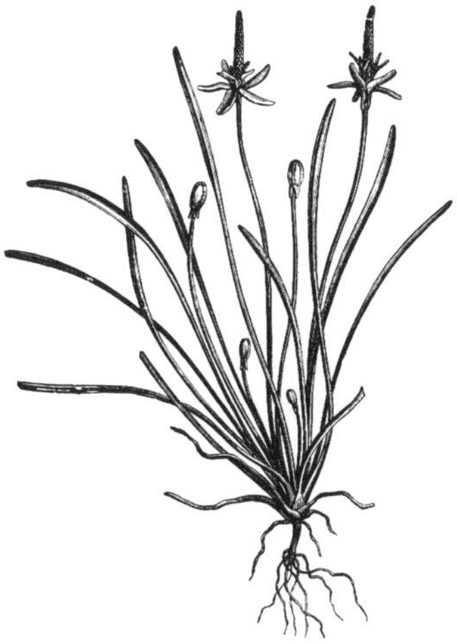

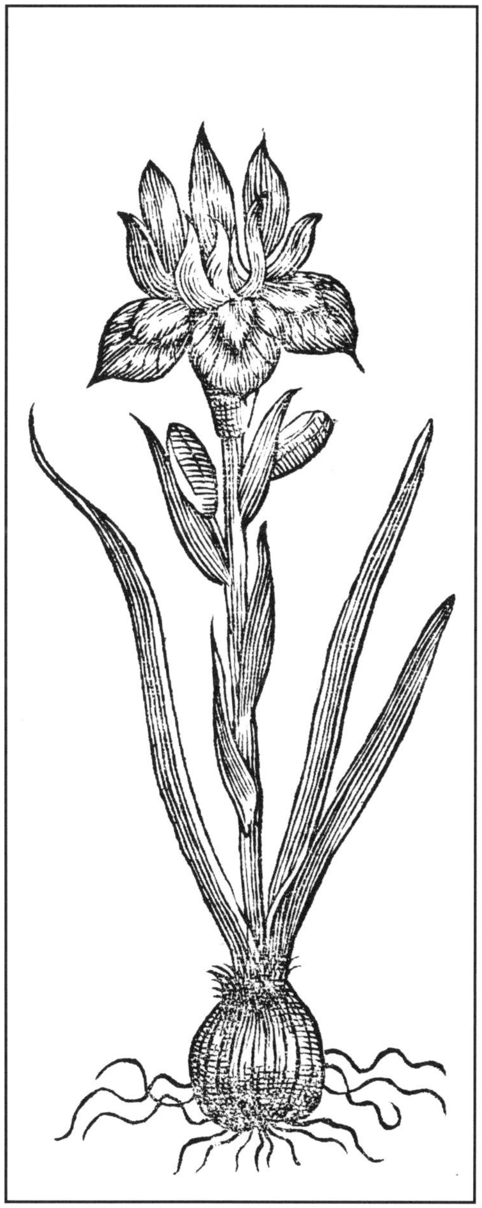

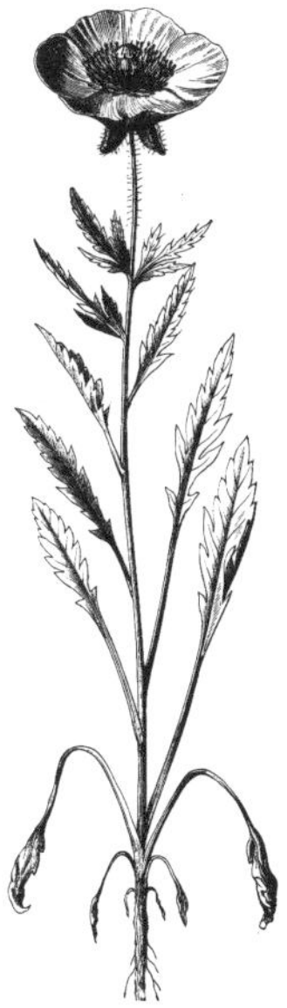

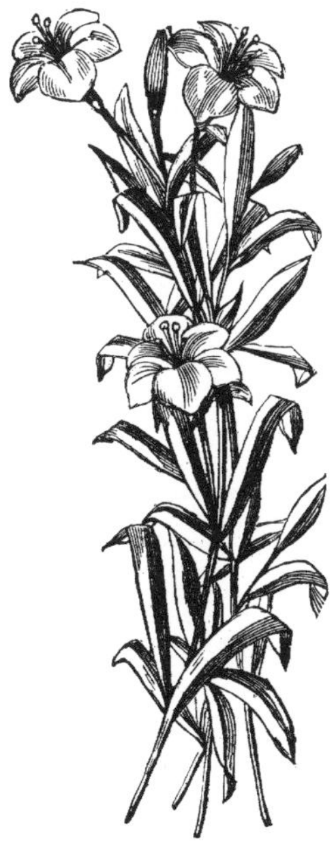

60

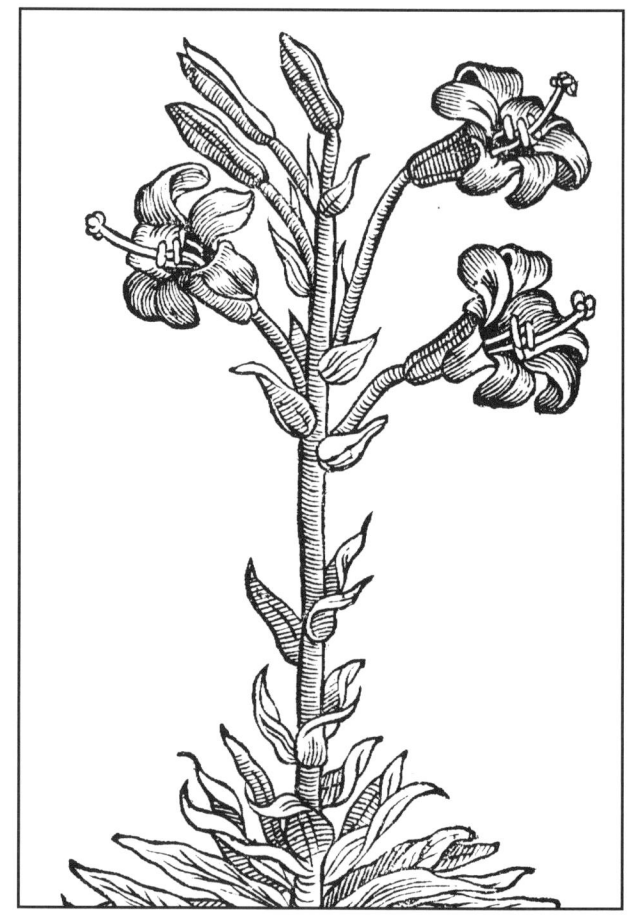

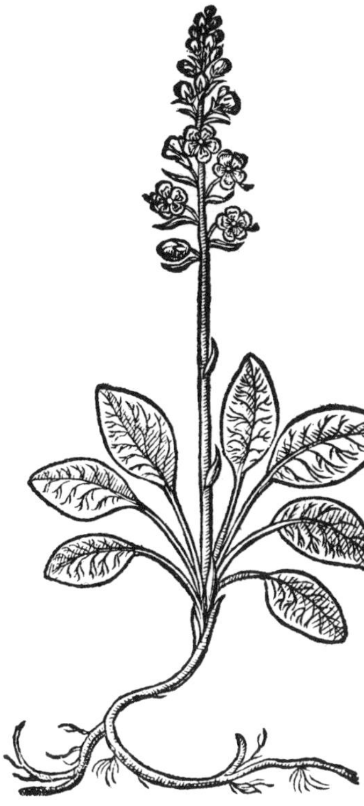
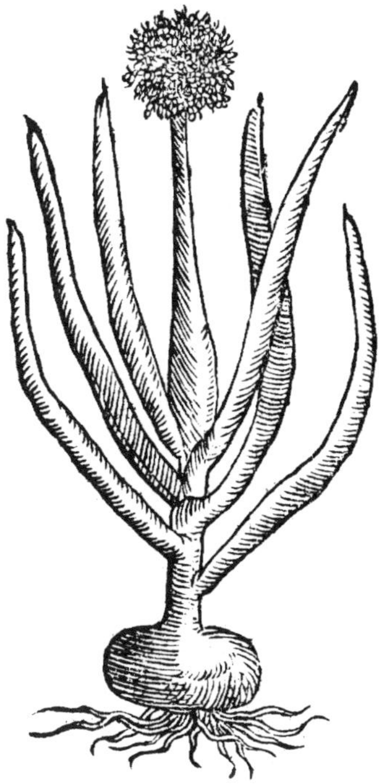
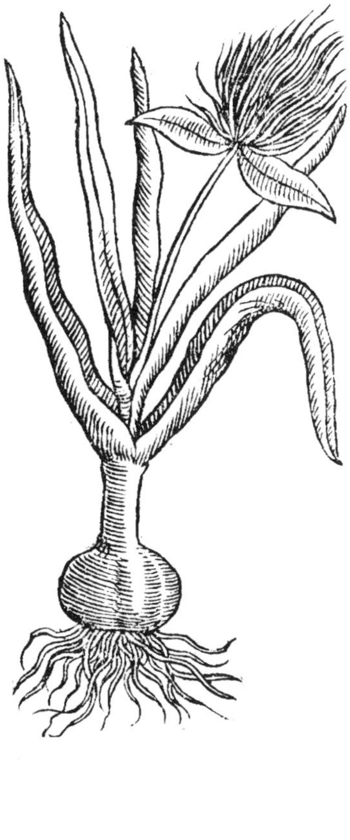
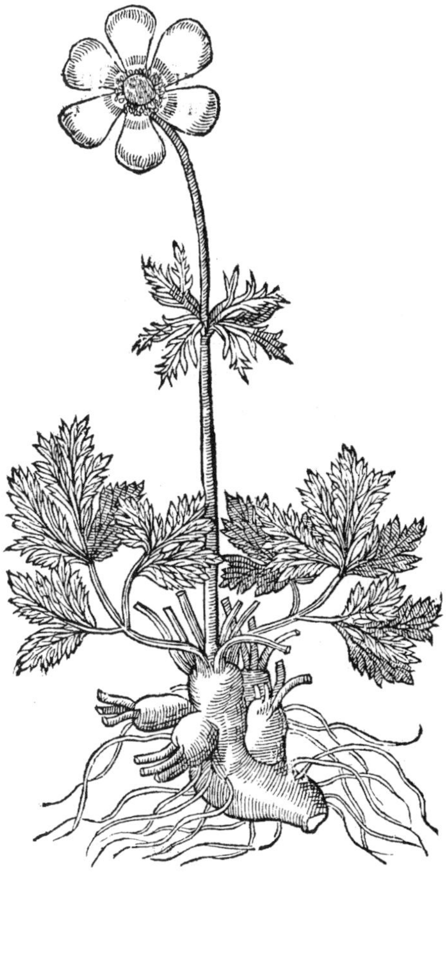

JASMINUM
PALLIDO
COERULEUM
PERSICUM
LATIFOLIUM.

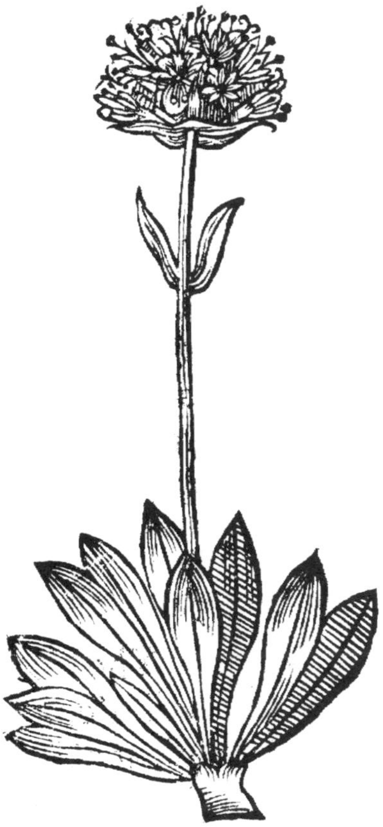

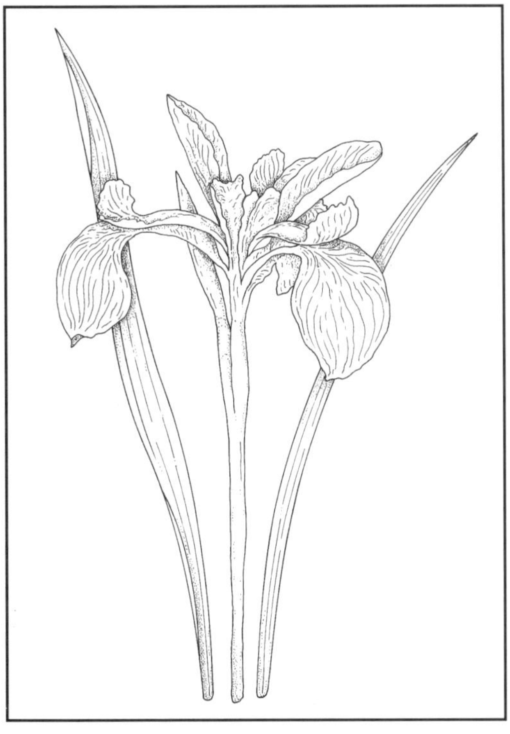

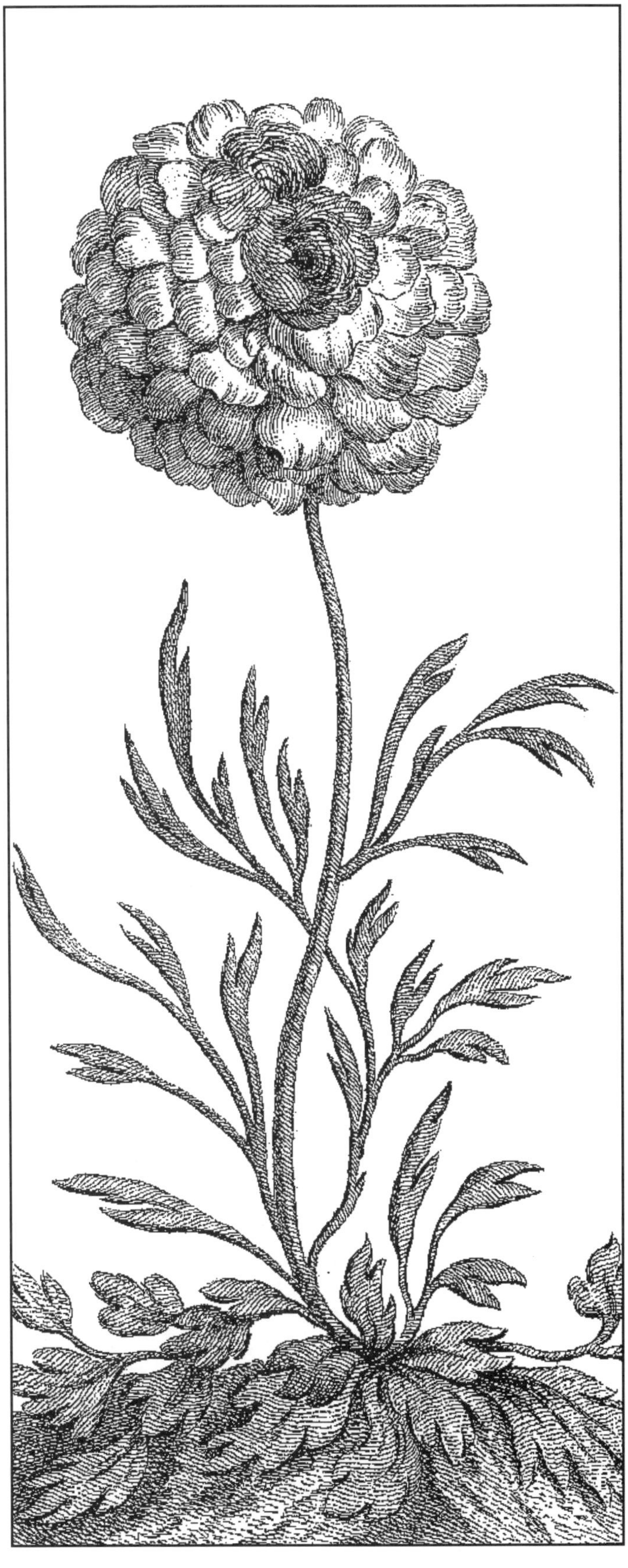

64

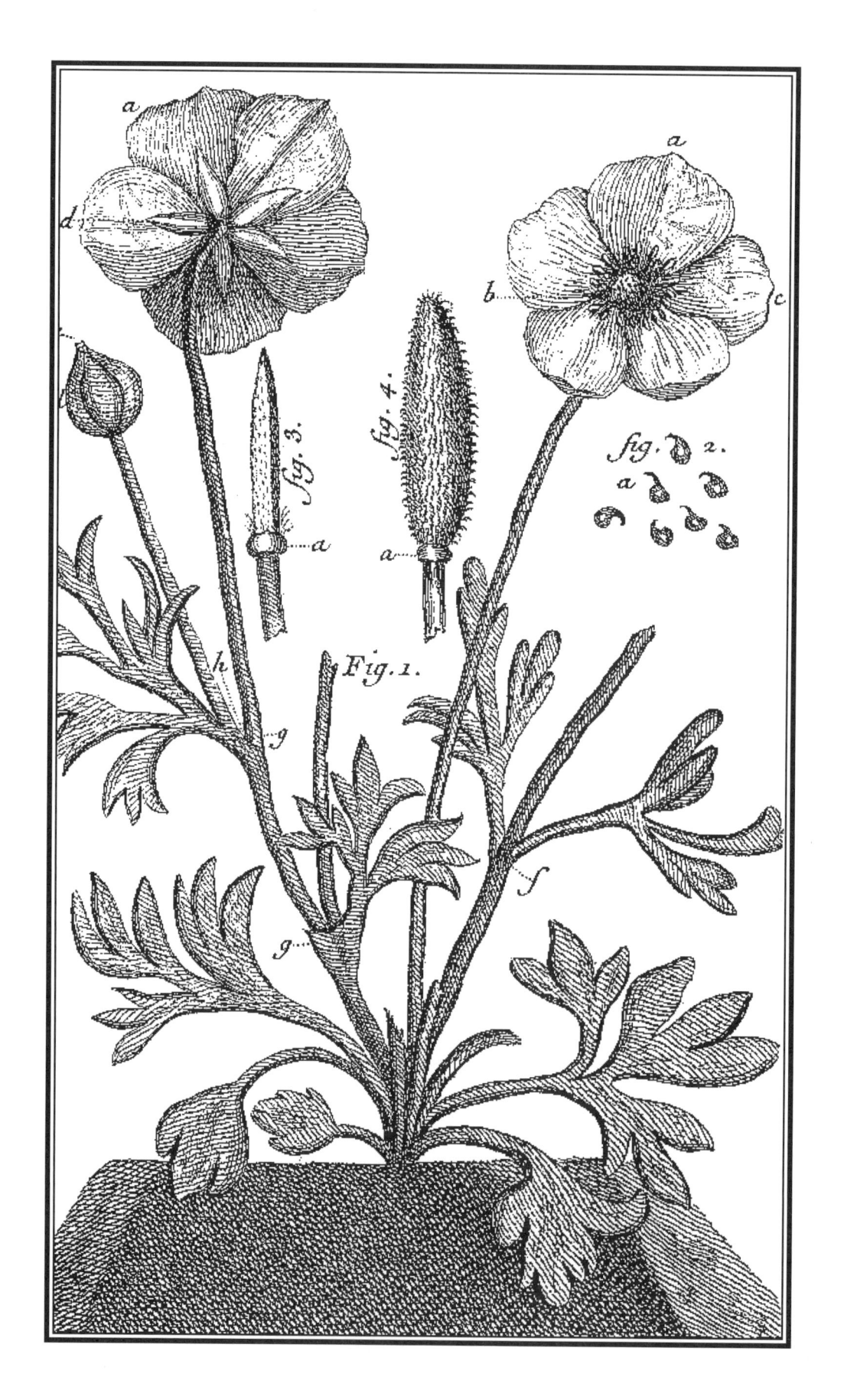

65

Convolvulus Indicus pennatus

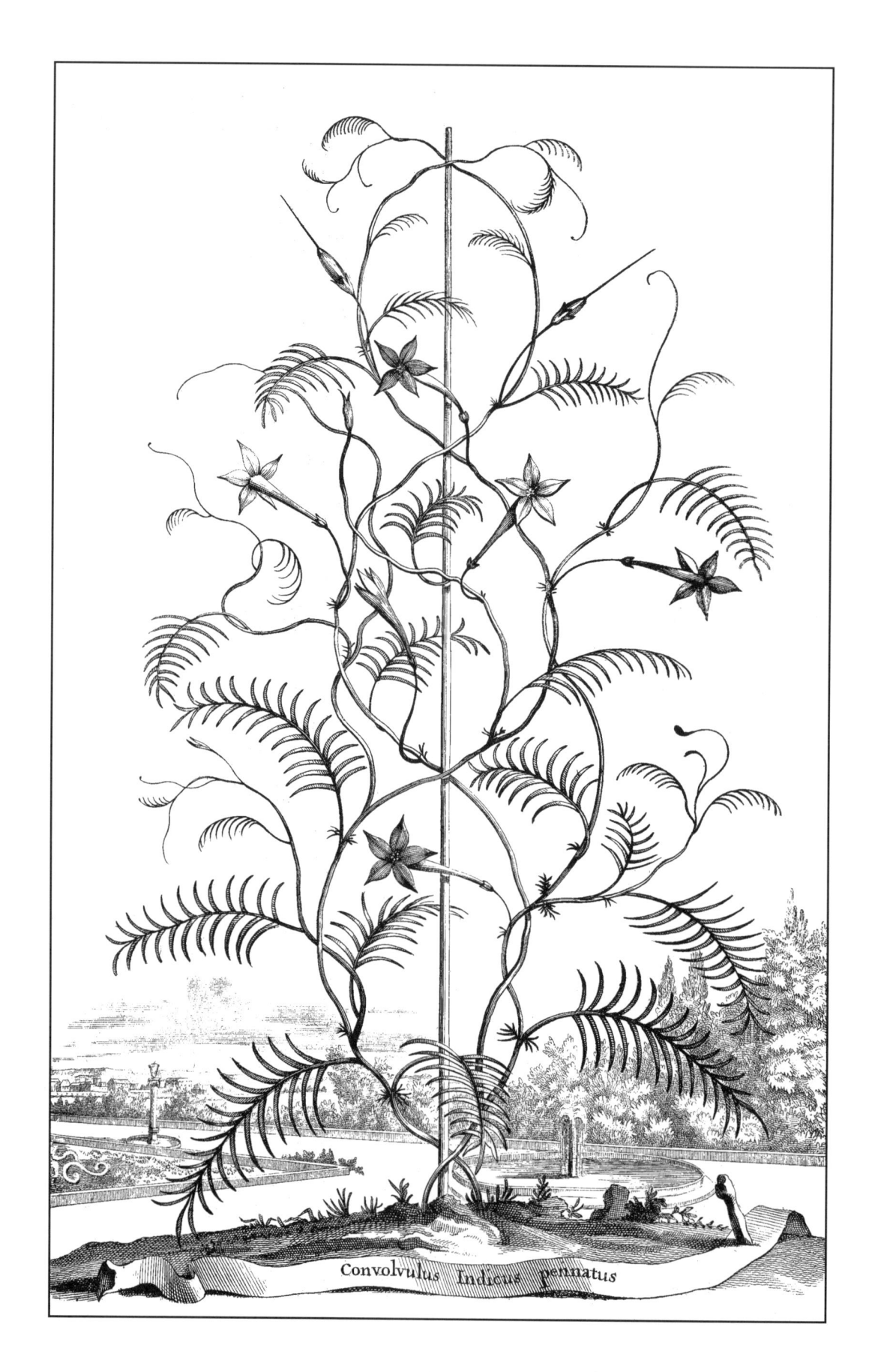

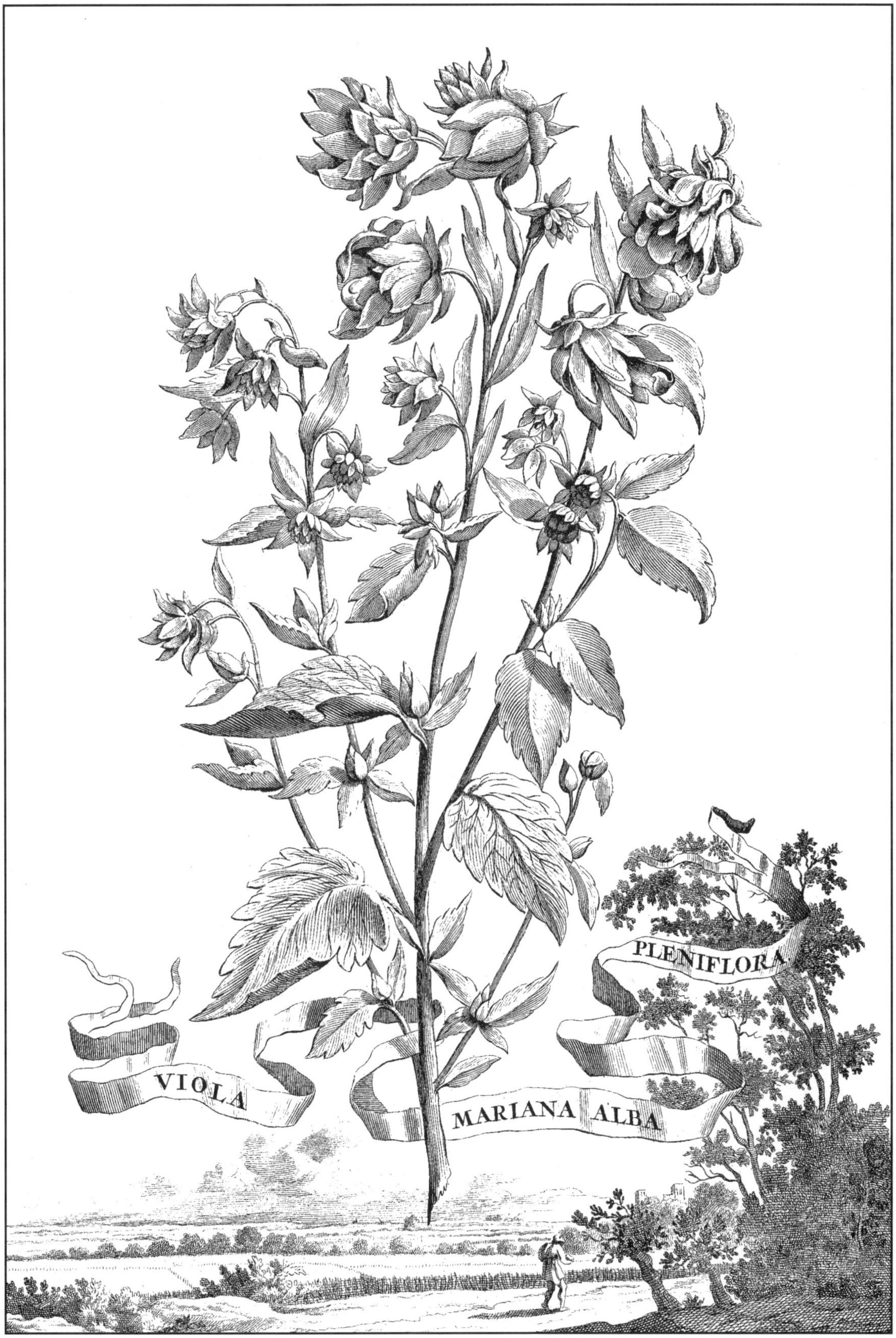
VIOLA
MARIANA ALBA
PLENIFLORA

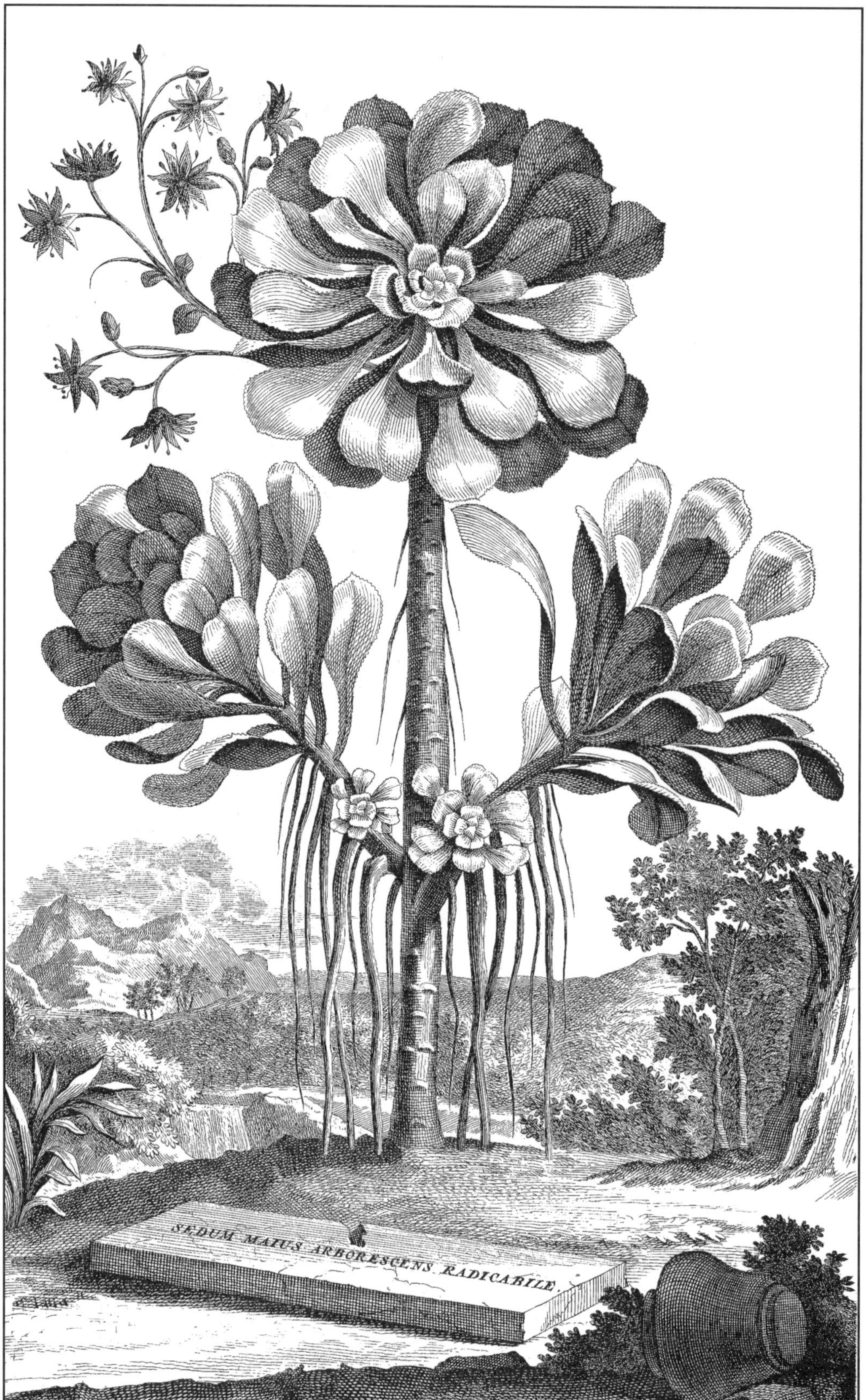
SEDUM MAIUS ARBORESCENS RADICABILE

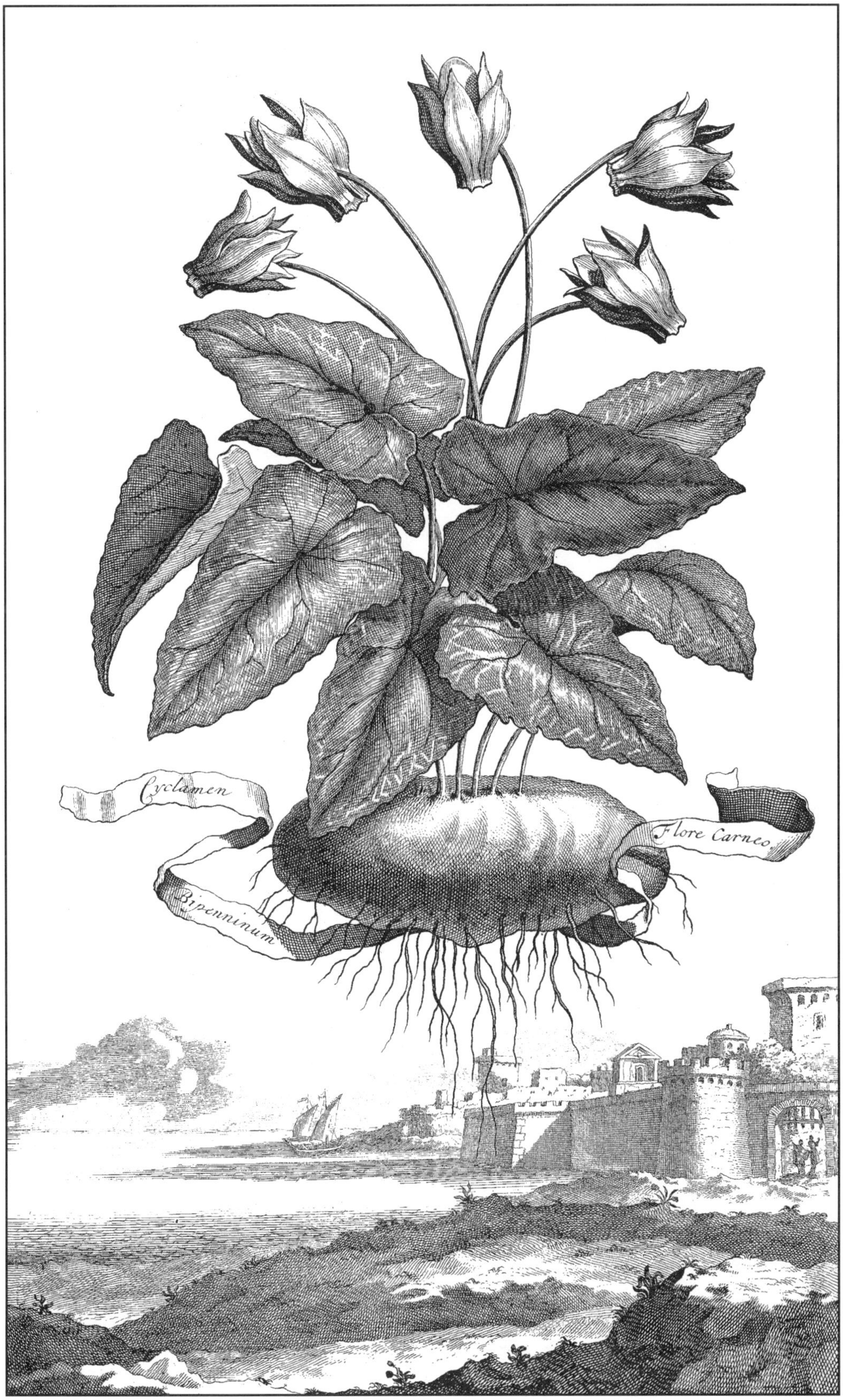
Cyclamen
Flore Carneo
Bipenninum

Armeria alba et rubro multiplex

Armeria altera multis florib₉

Armeria simplex flo. Rubro

Armeria flore albo.

Auricula ursi.

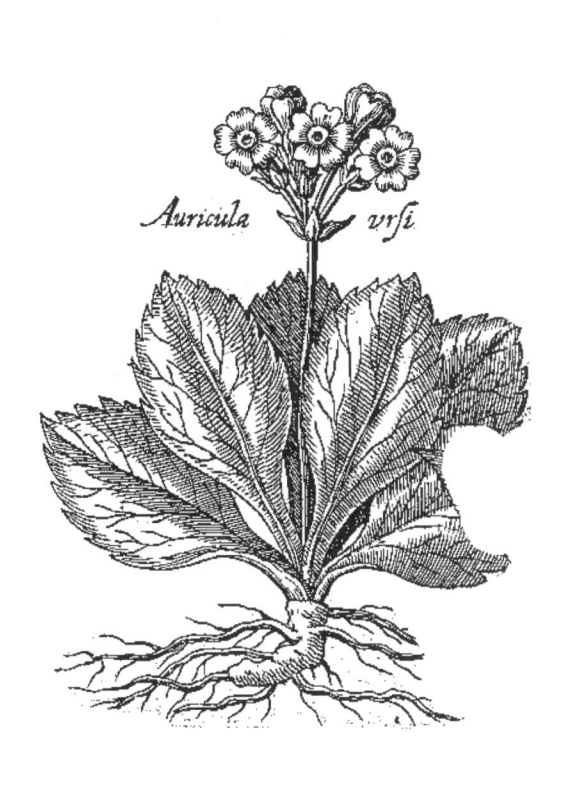

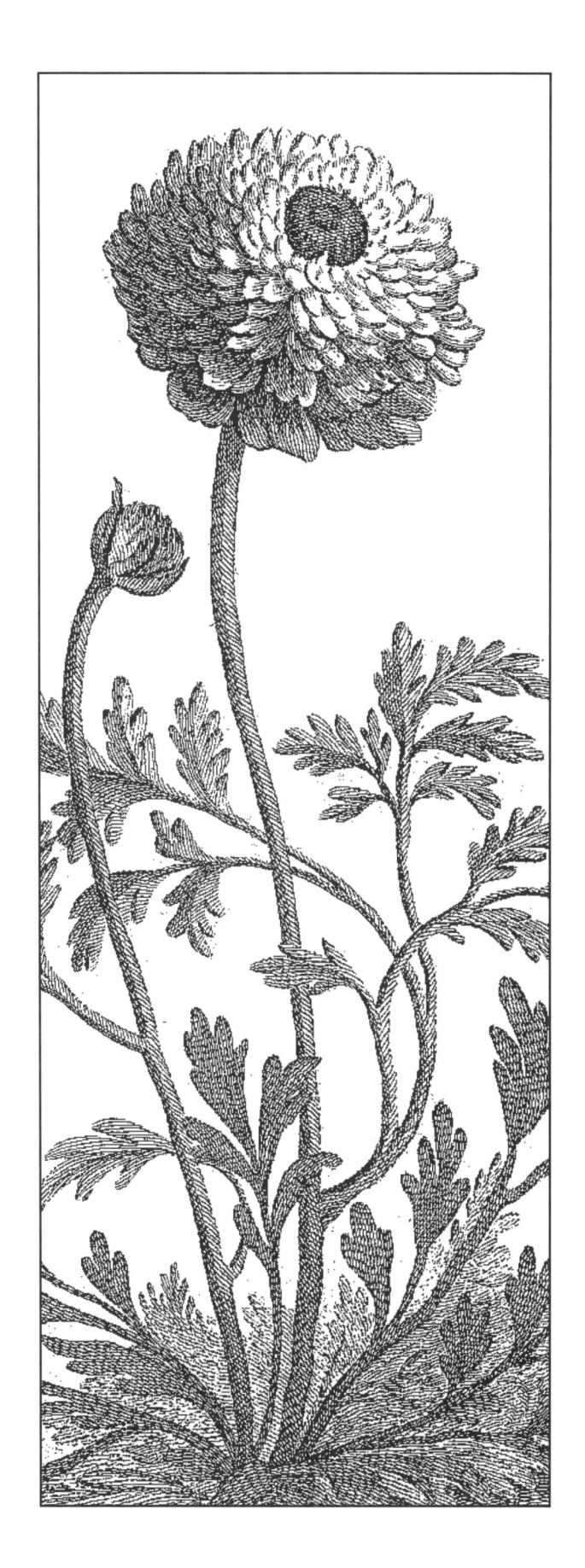

Auricula ursi Secunda folijs carnosis, mucronatis.

Martagon hoc floruit æstate Annj 1613
Francofurti ad Mœnum in horto D. Iacobi
de Fay, civis & mercatoris ibid.

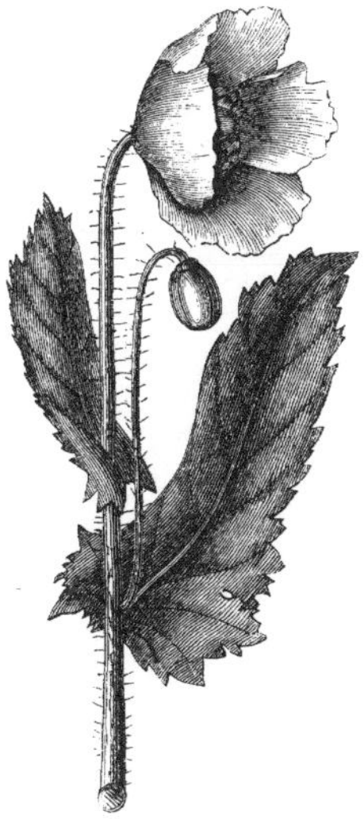
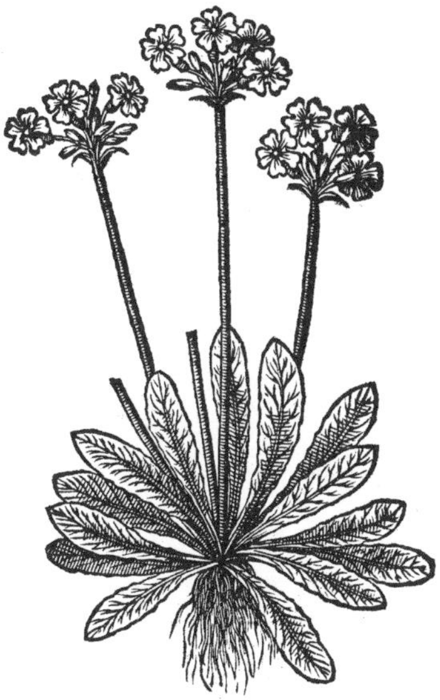
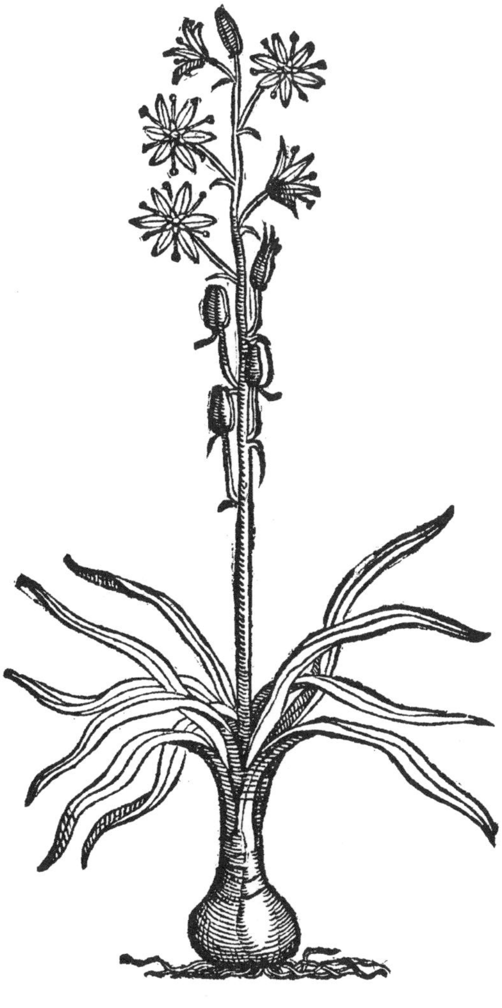
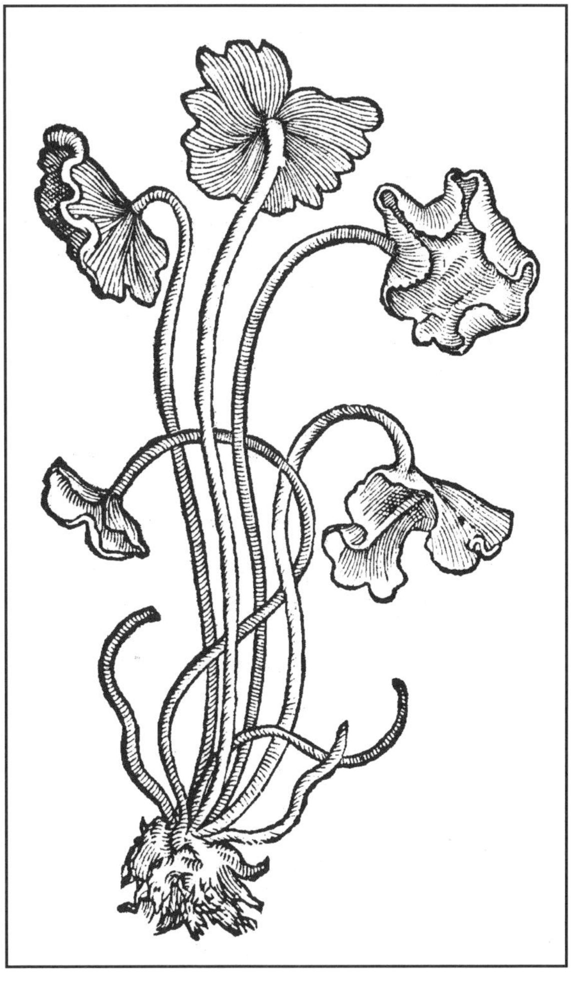

HYACINTHVS *autumnalis.*
Aduers. pag. 48.

CERRIS *glans immatura.*

CAPSICVM
breuioribus
siliquis. Ad-
uers.134.

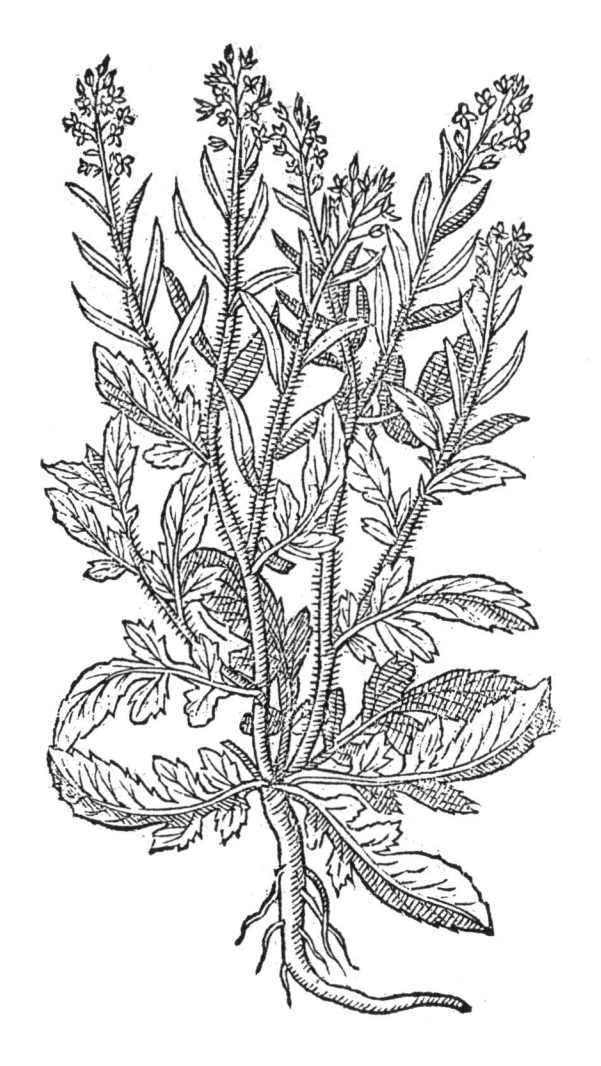

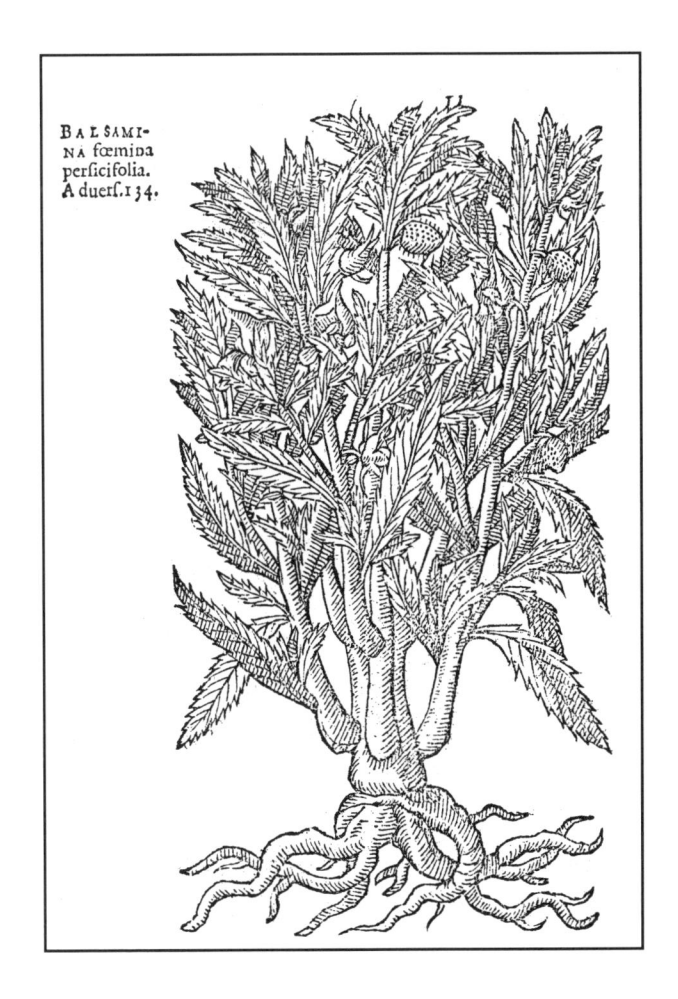

BALSAMI-
NA foemina
persicifolia.
Aduers.134.

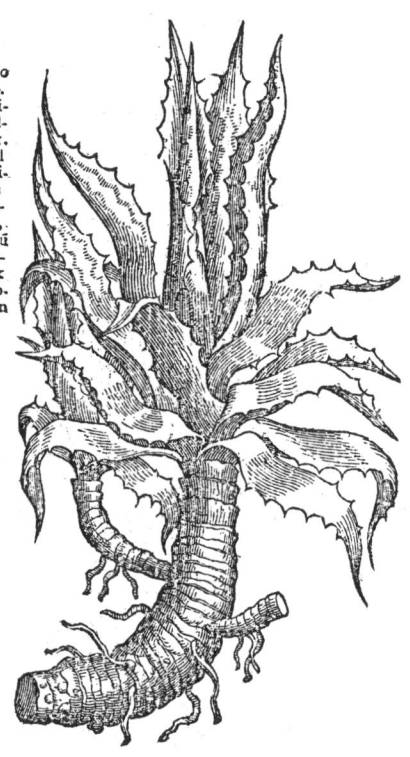

ALOE folio mucronato. Aloe America Cluſ. Adverſ. pa. 161. Valētinis fil y agulla, i. filum & acus dicitur Cluſio auctore, quòd foliorū extremę ſpinę, acus, & fibrę interiores fili vicem præſtent.

Hiſp. Azeuar & herba Baueſa.

DIOSCOR. Ad glutinanda vulnera ſanè quàm vtilis Arabica. Natura eius eſt ſpiſſare, exiccare, ſomnum allicere, & corpora denſare, aluū reſoluere. ſtomachū repurgat binûm cochleariŭ menſura, in aqua frigida aut egelida potⱥ.

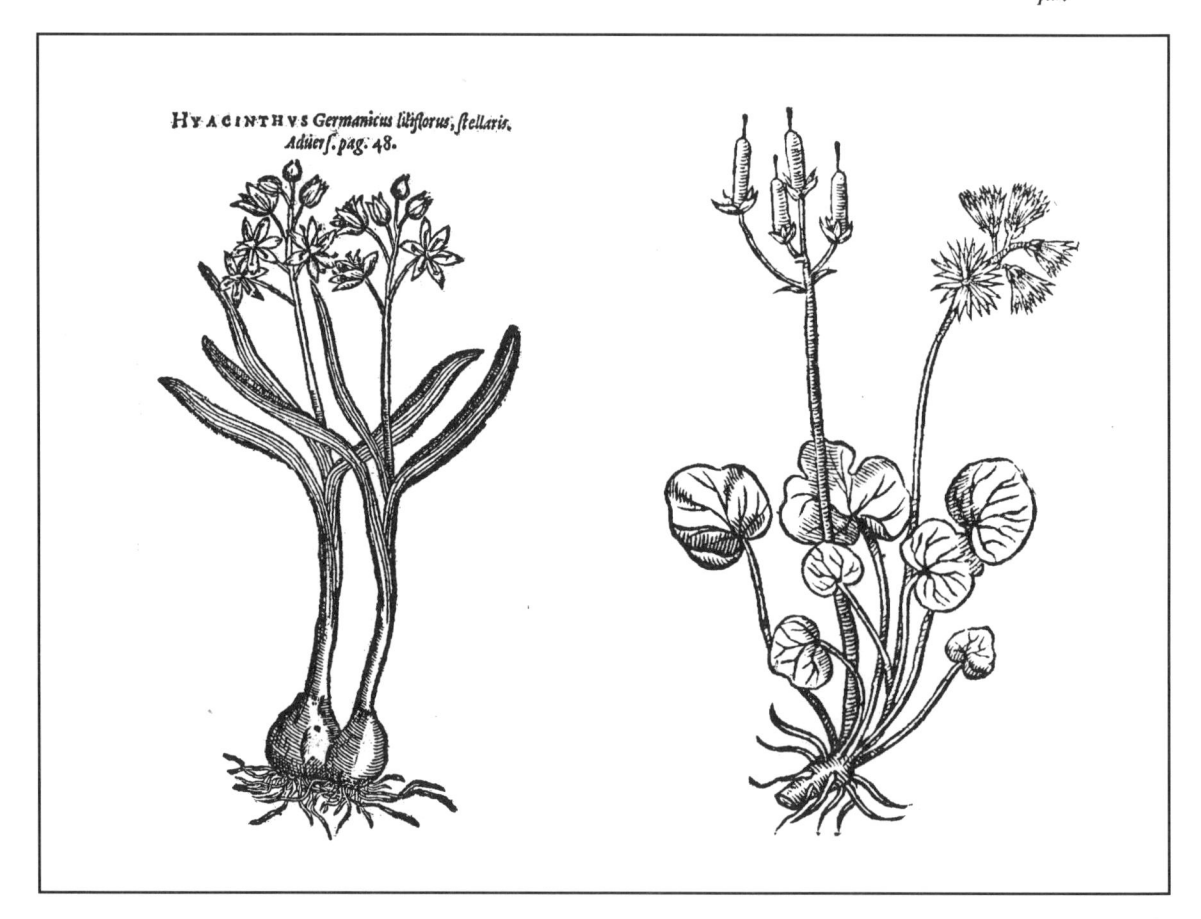

HYACINTHVS Germanicus liliflorus, ſtellaris. Adverſ. pag. 48.

76

Caryophill. flo. rubro

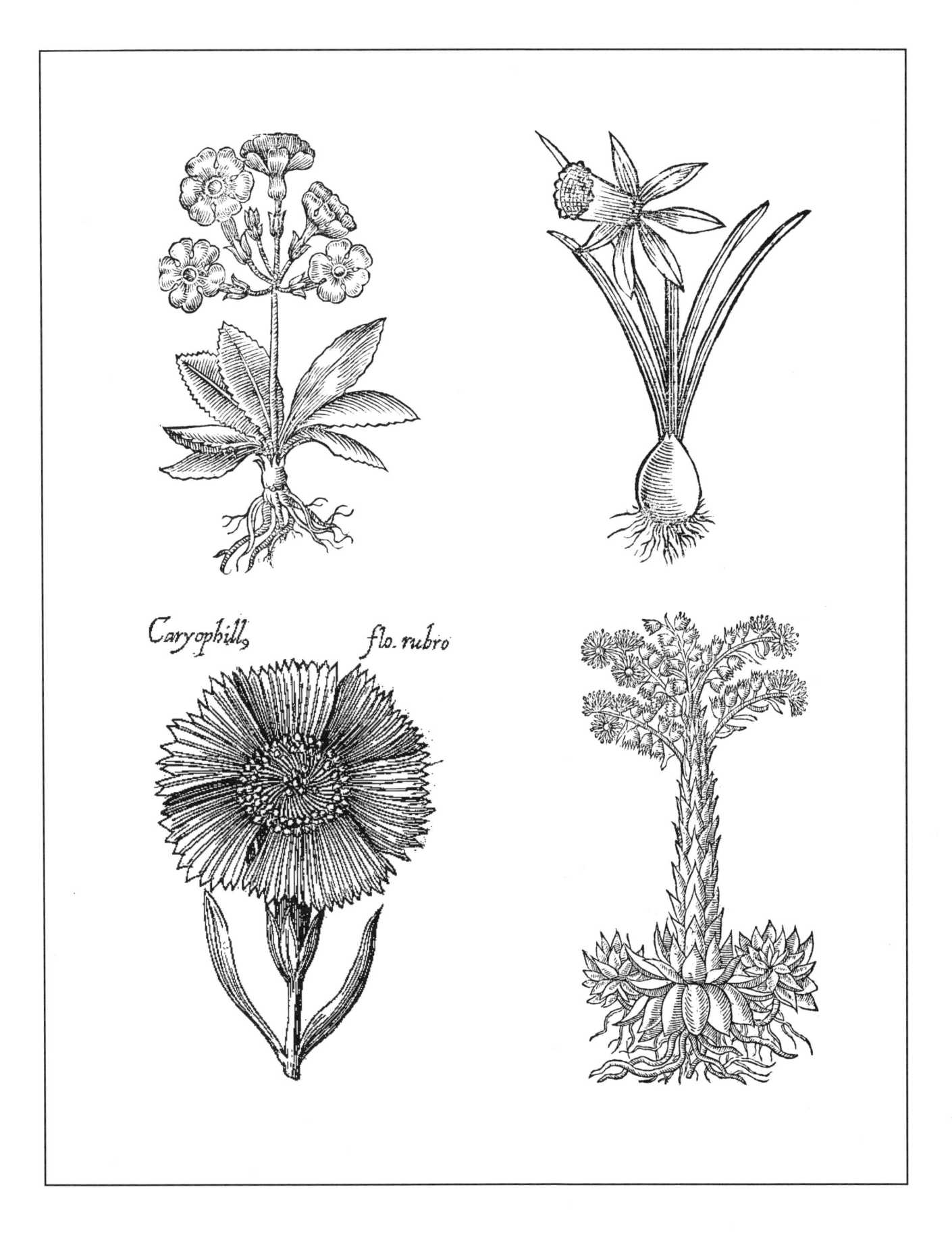

LAPATHUM UNCTUOSUM

CISTUS LAURIFOLIUS.

80

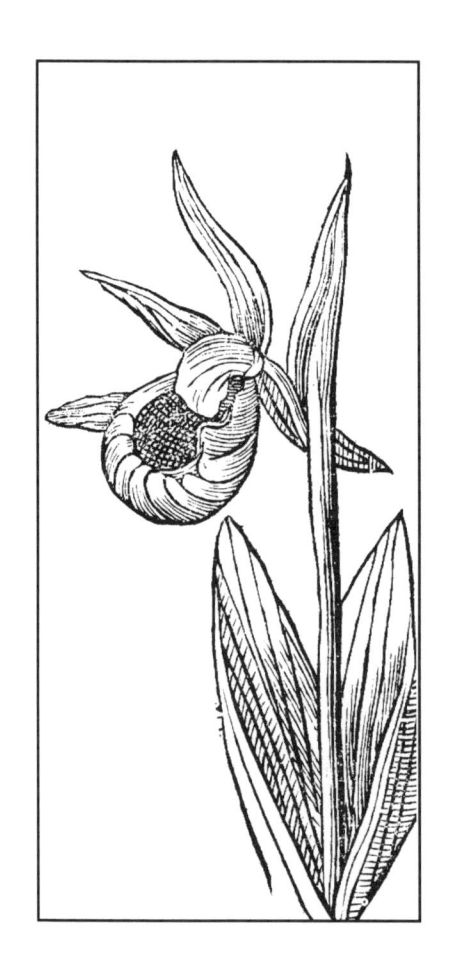

81

82

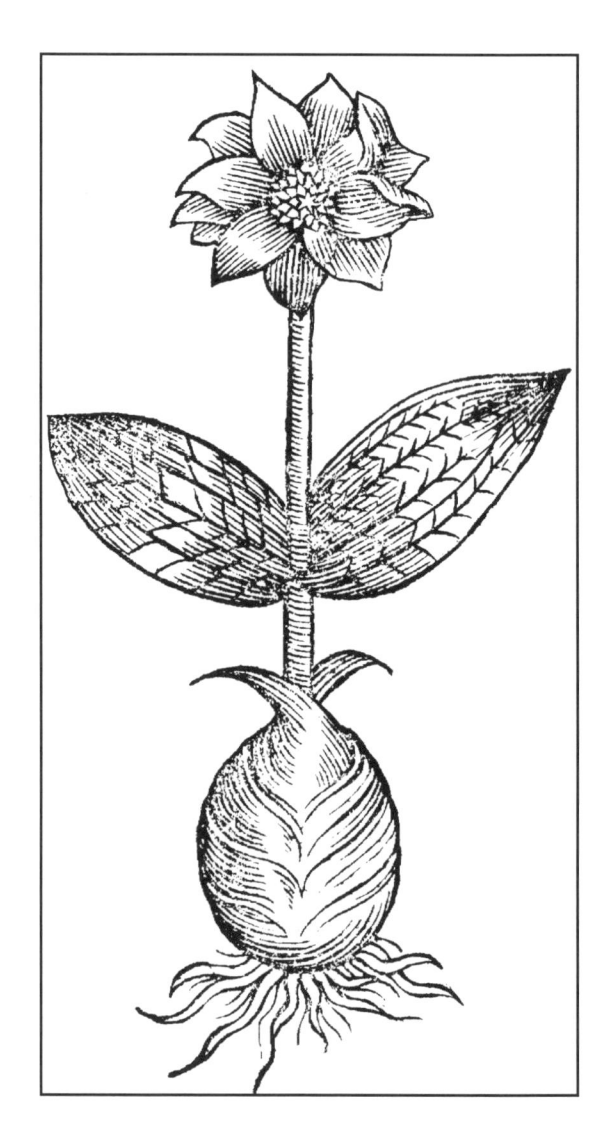

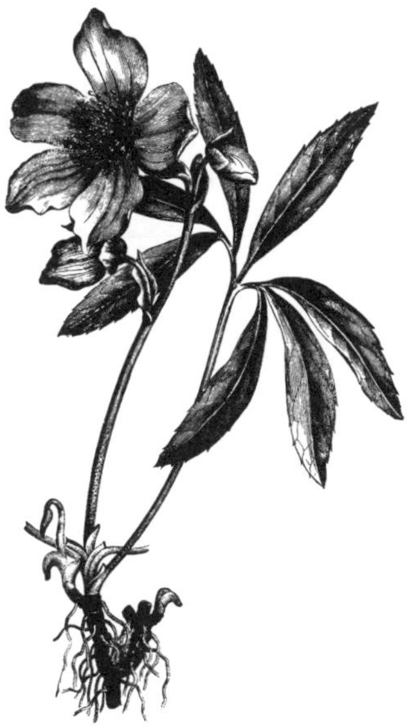
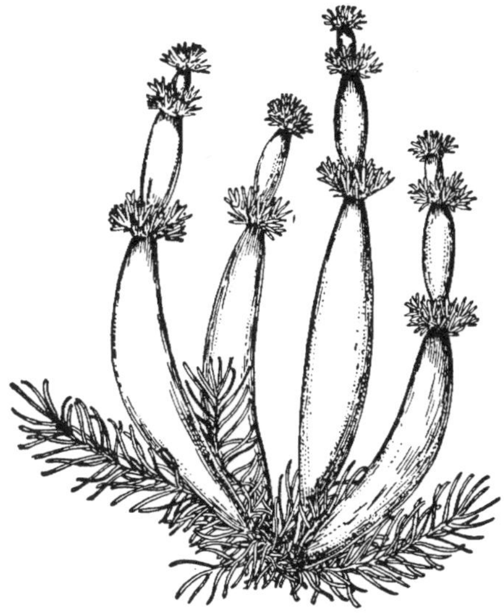
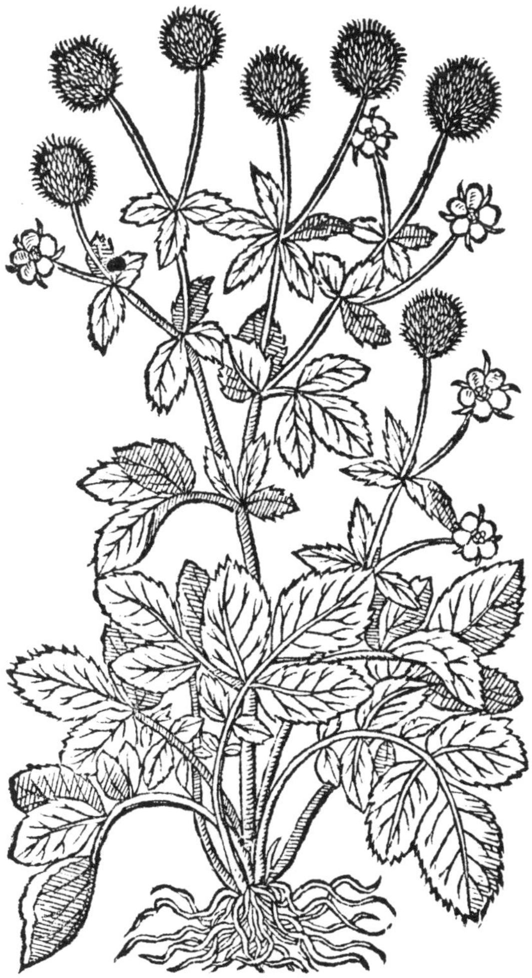
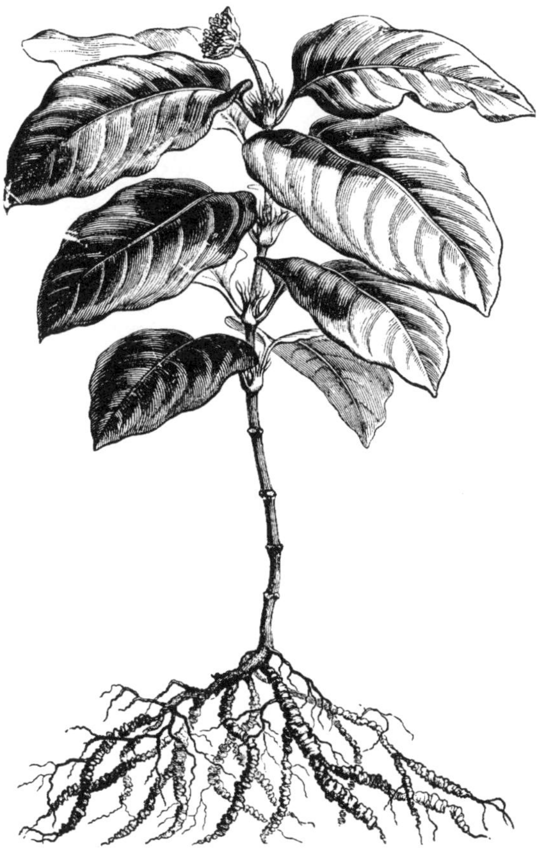

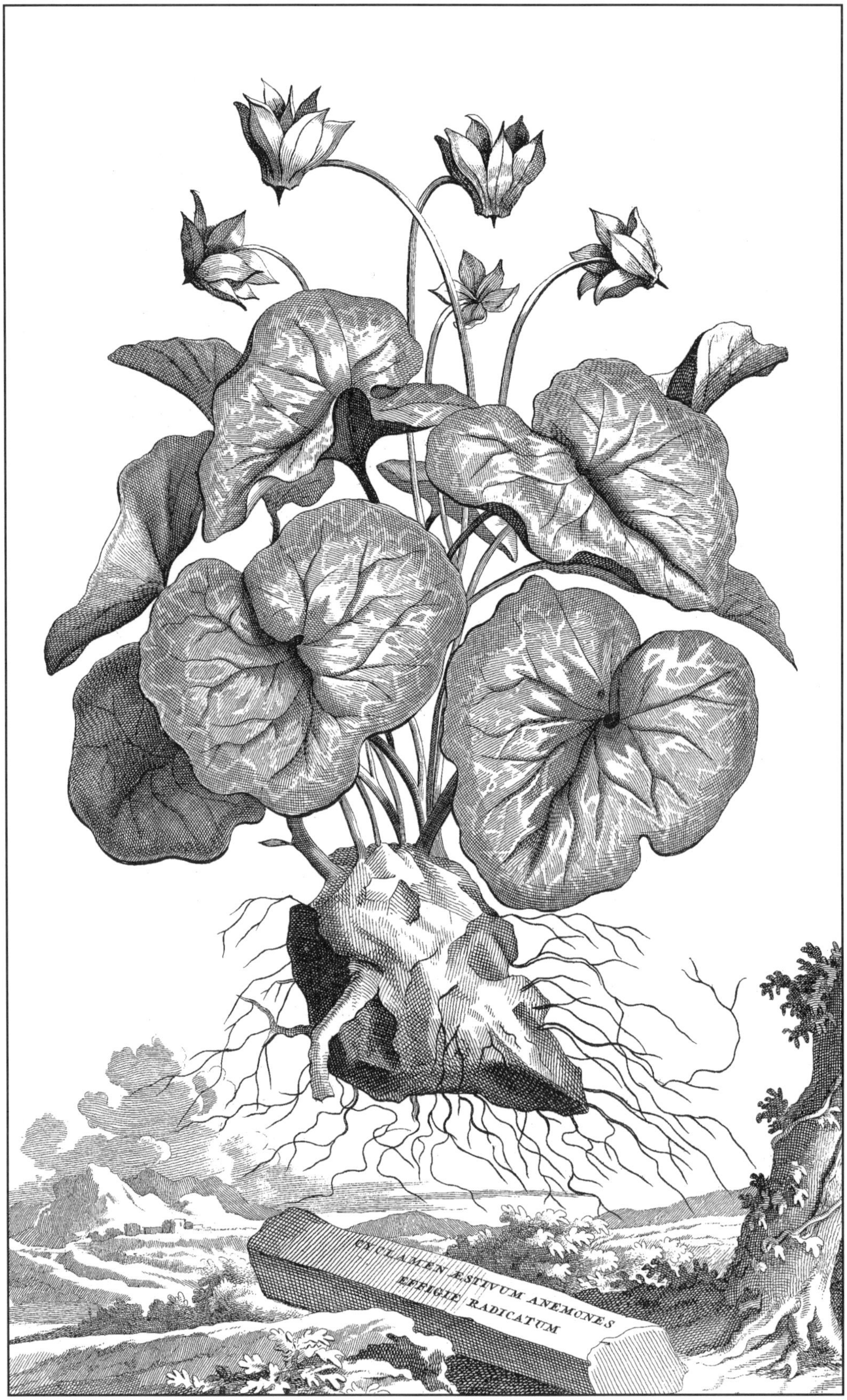
CYCLAMEN ÆSTIVUM ANEMONES
EFFIGIE RADICATUM

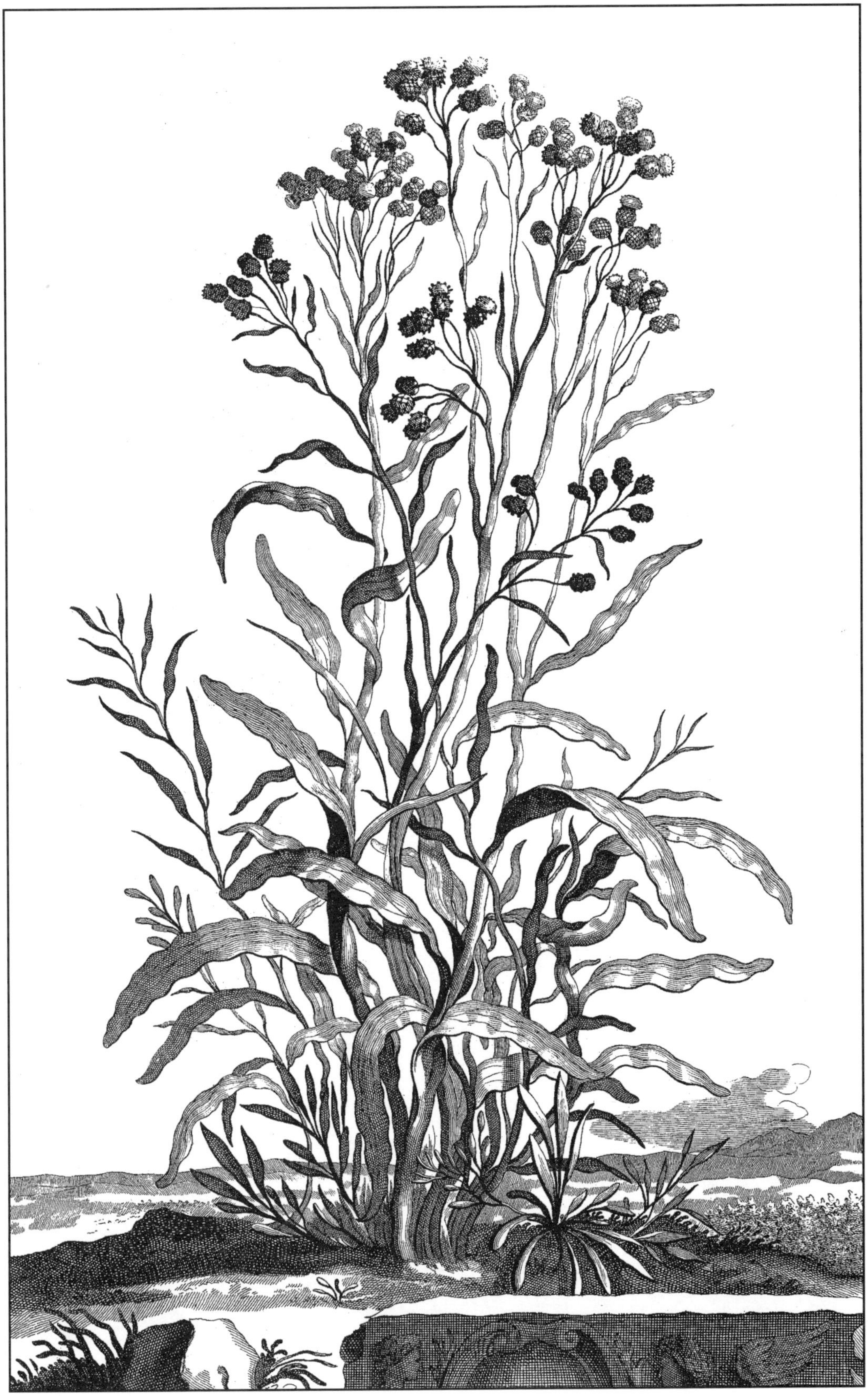

- Fruit and vegetables -
- Fruits et légumes -
- Früchte und Gemüse -
- Frutas y hortalizas -

Piperis Indici differentiæ
Caspari Bauhini

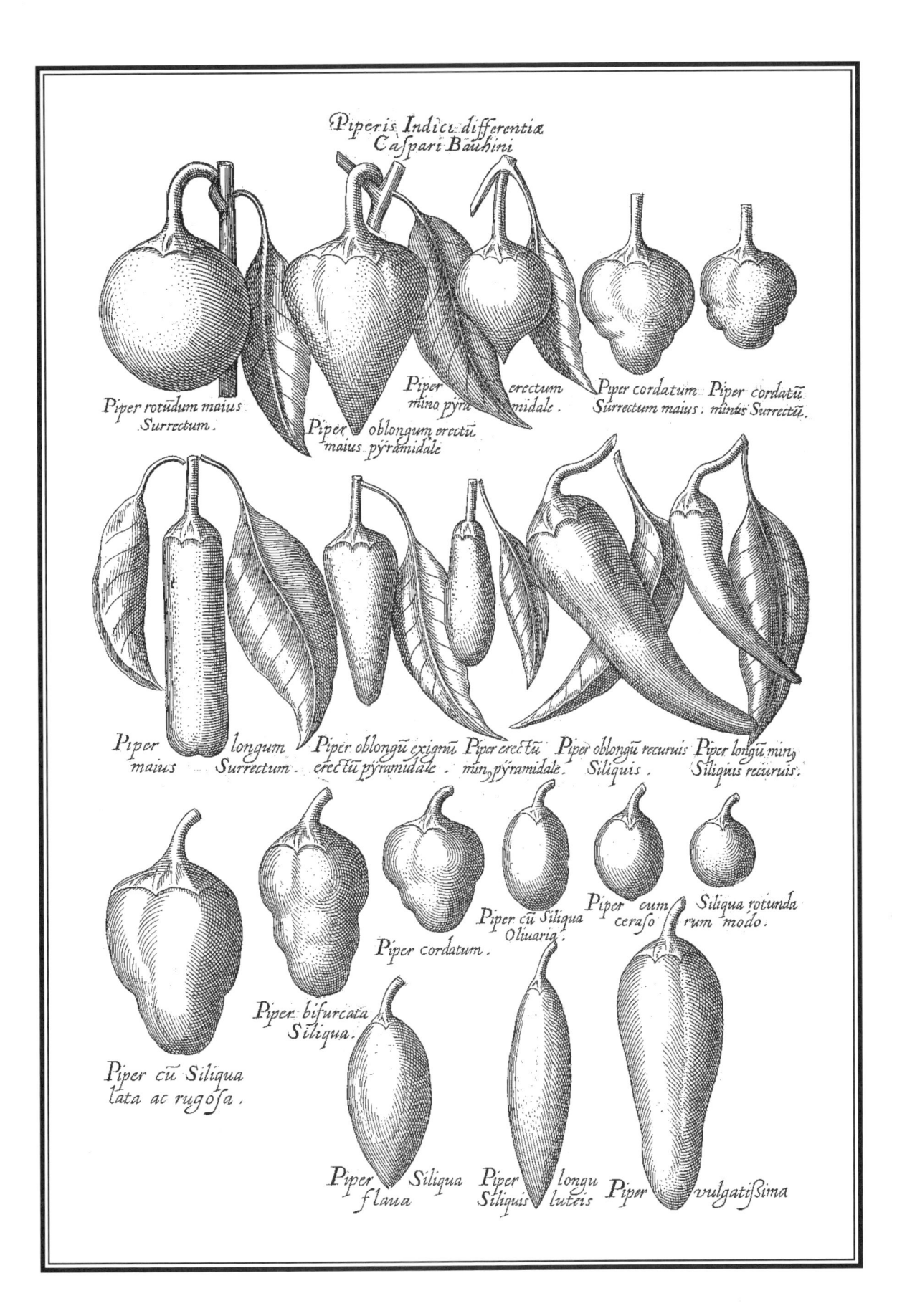

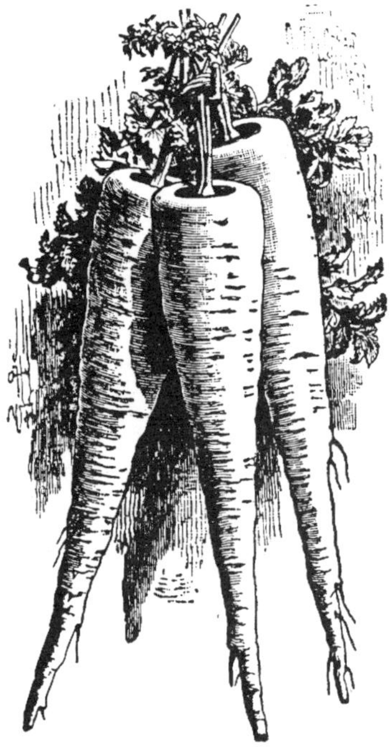
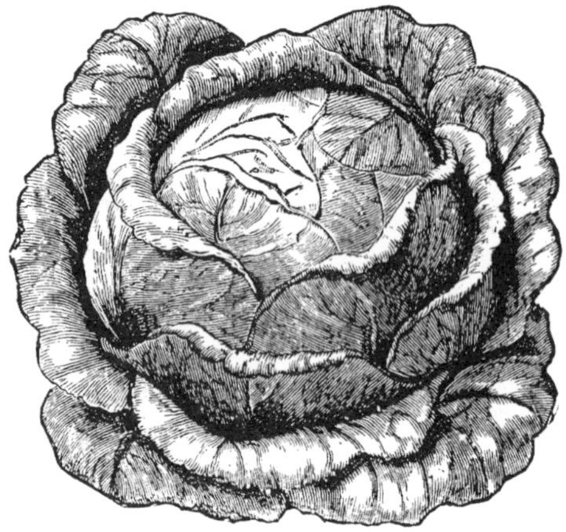
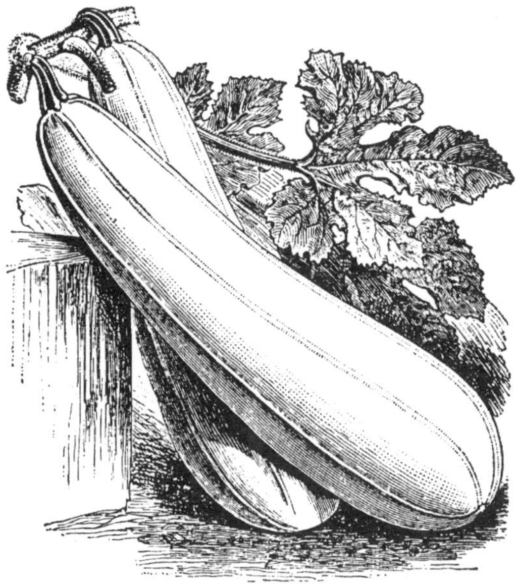
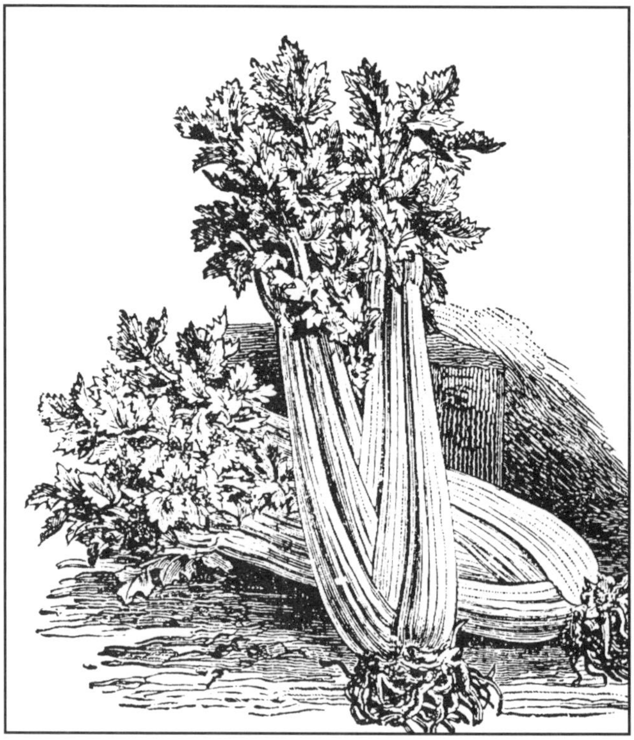

Musa Fructus

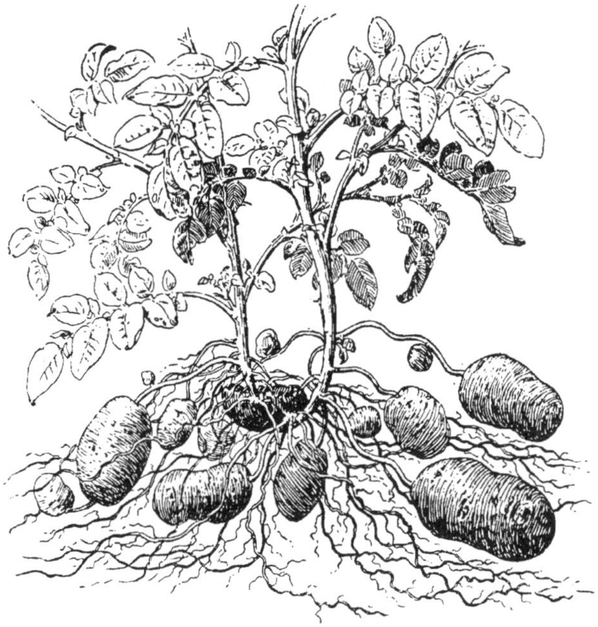

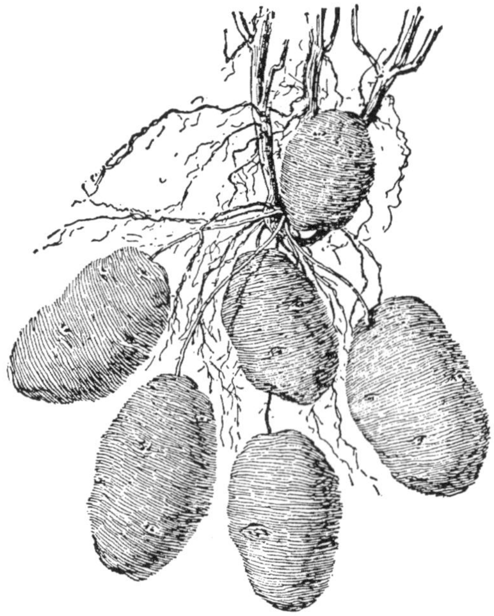

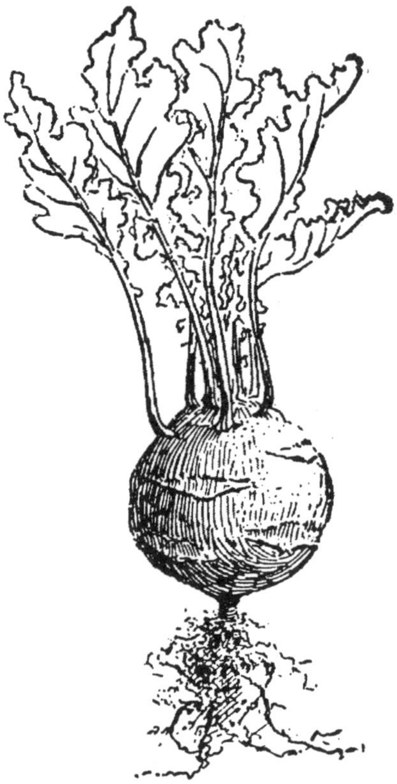

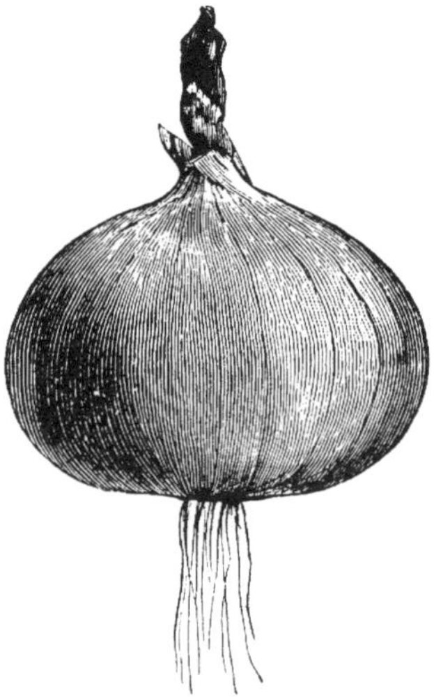

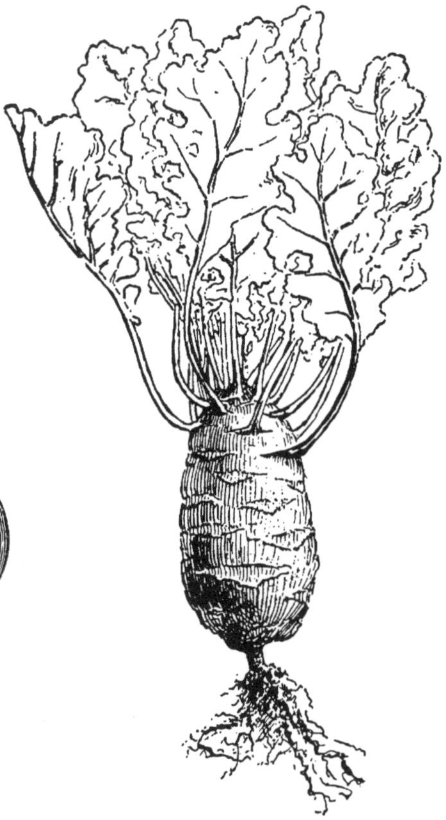

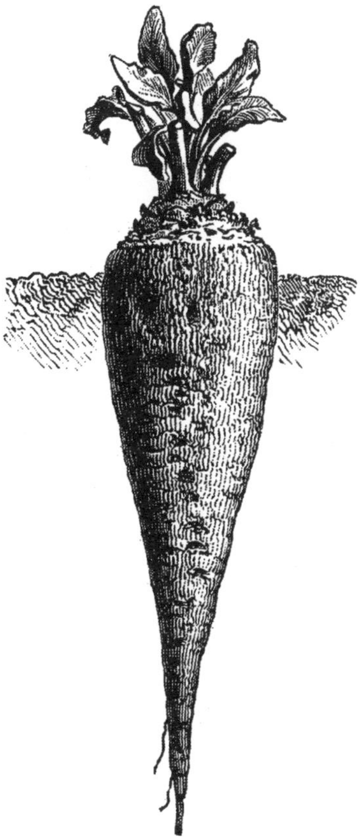
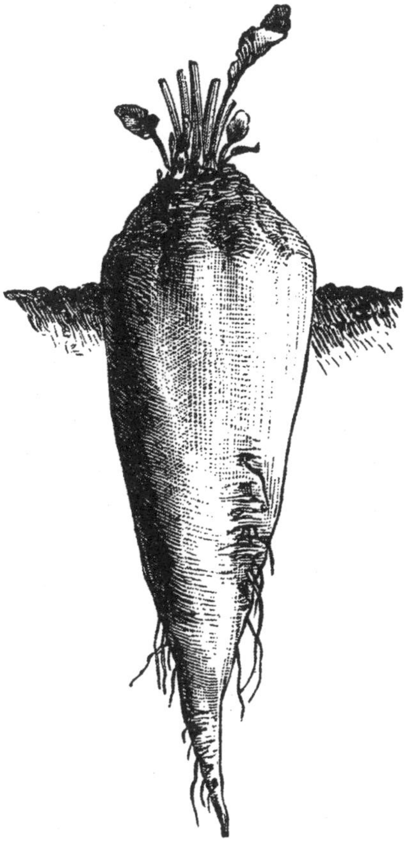
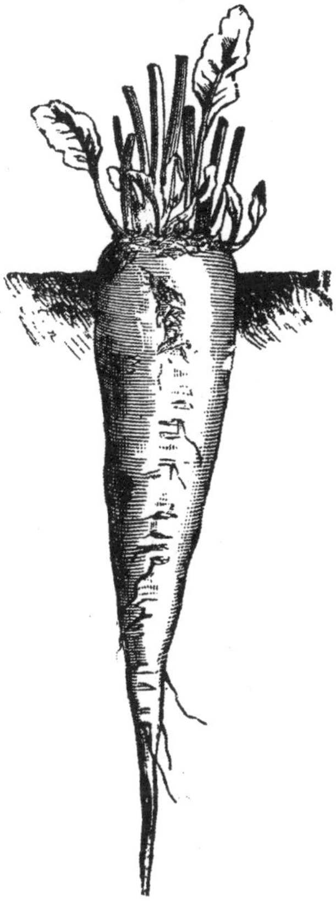
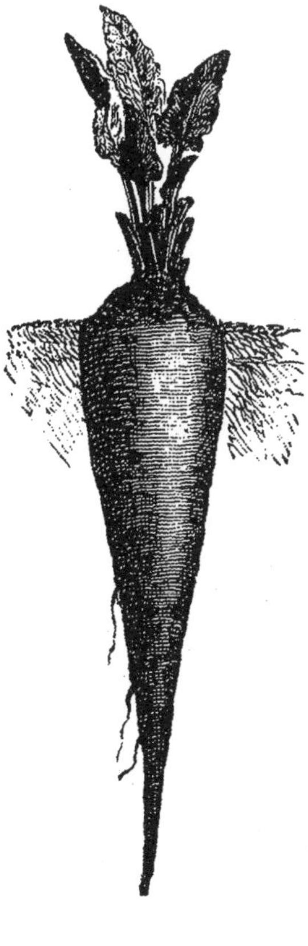
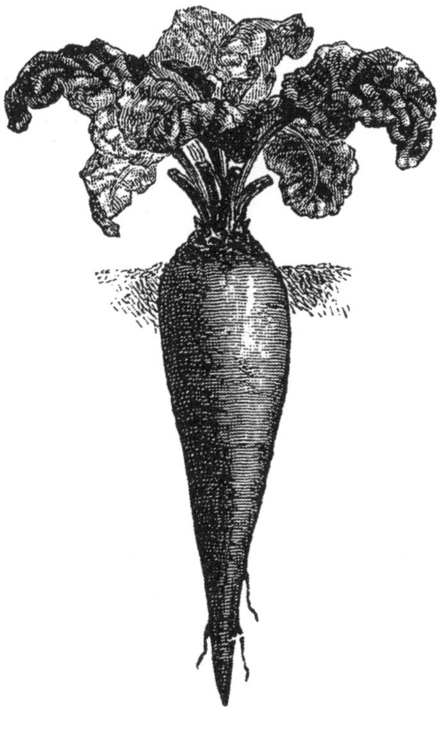
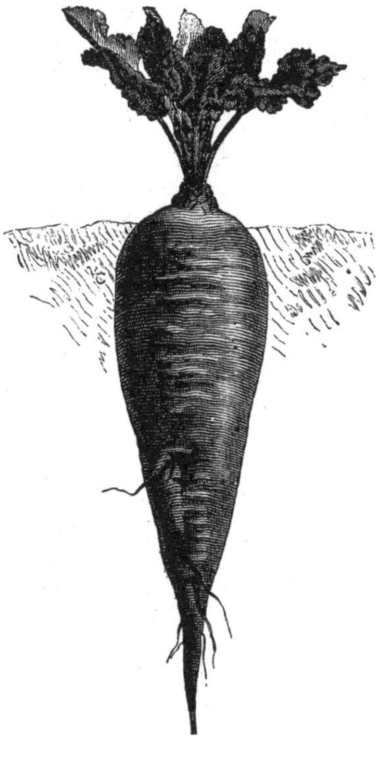

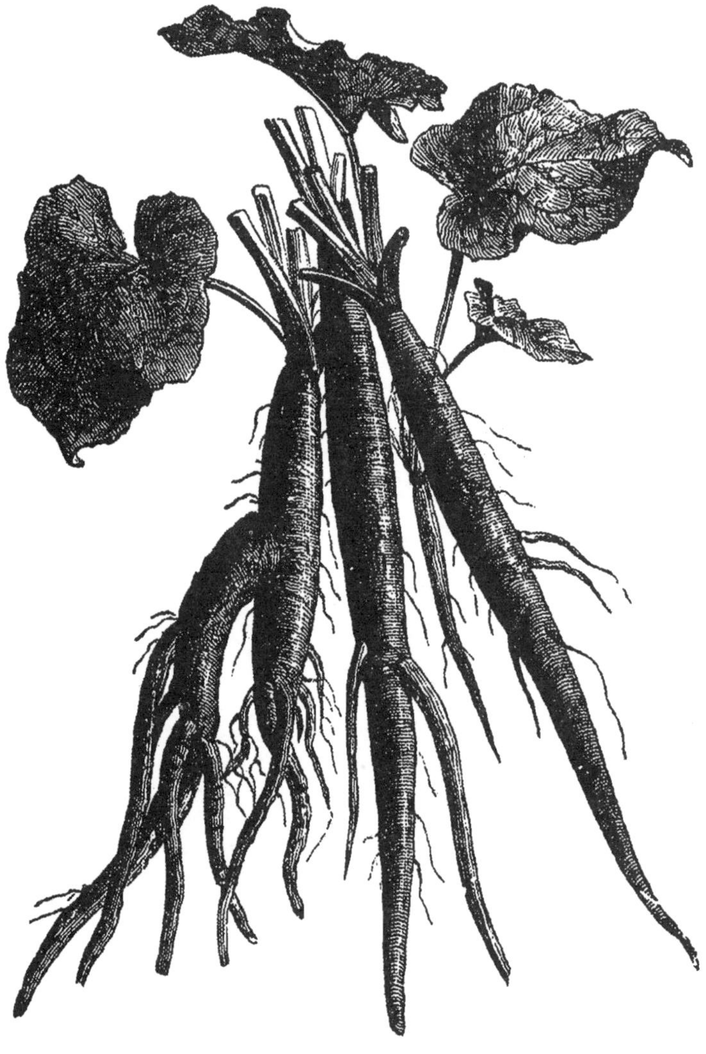

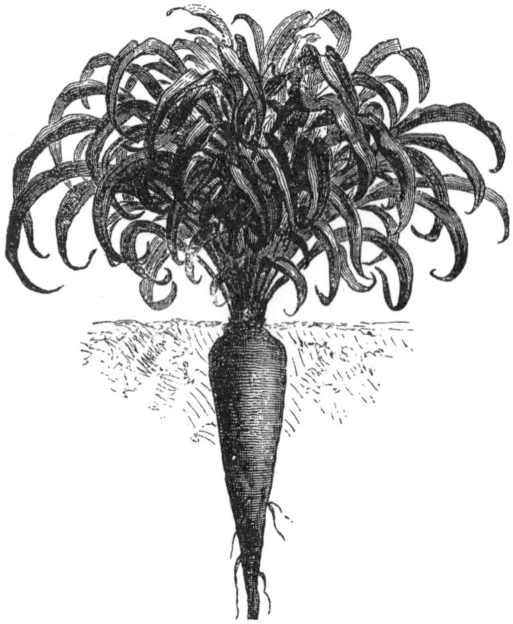

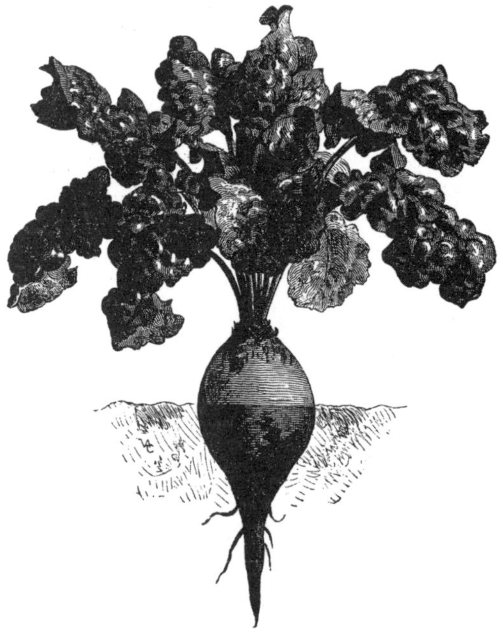

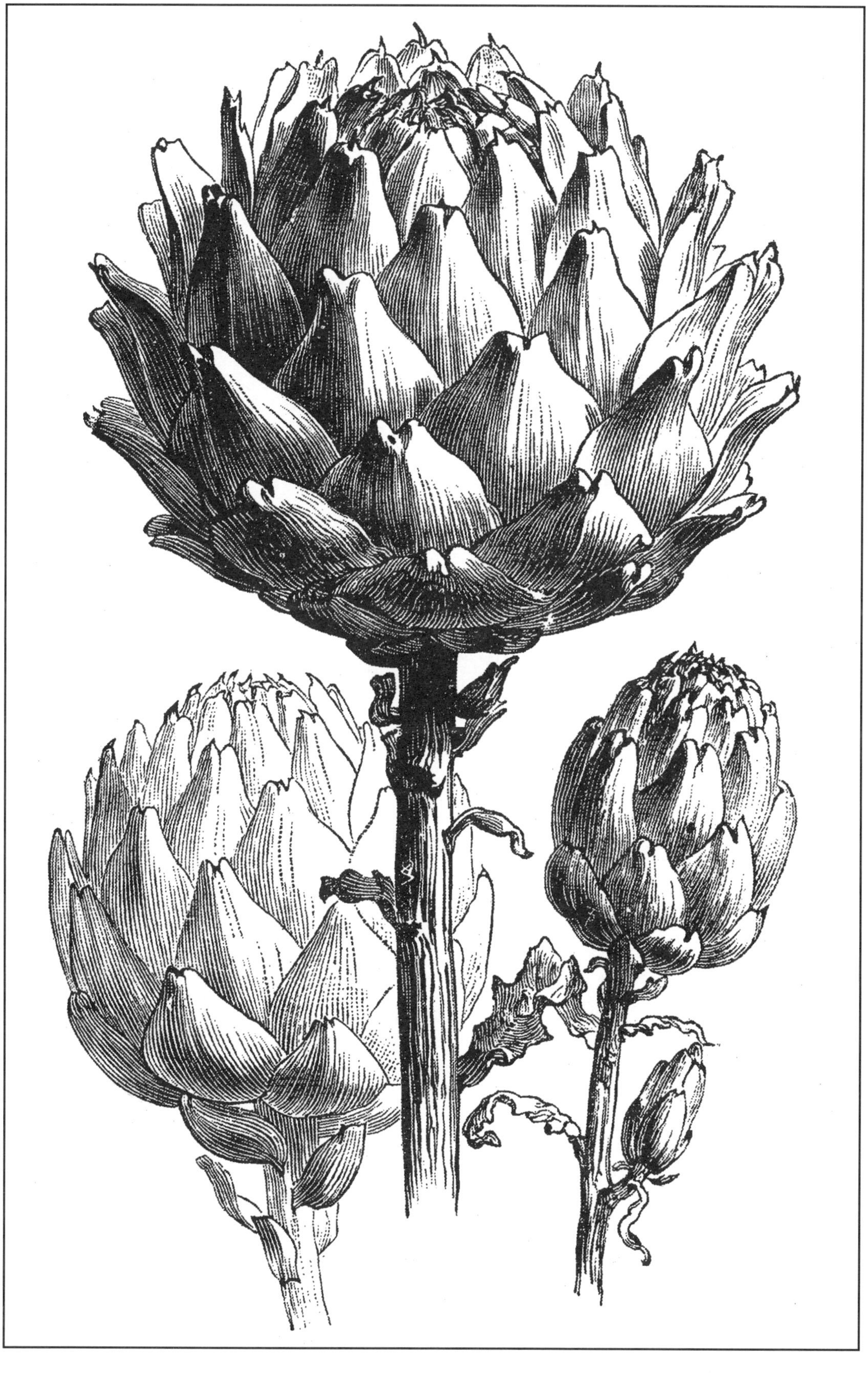

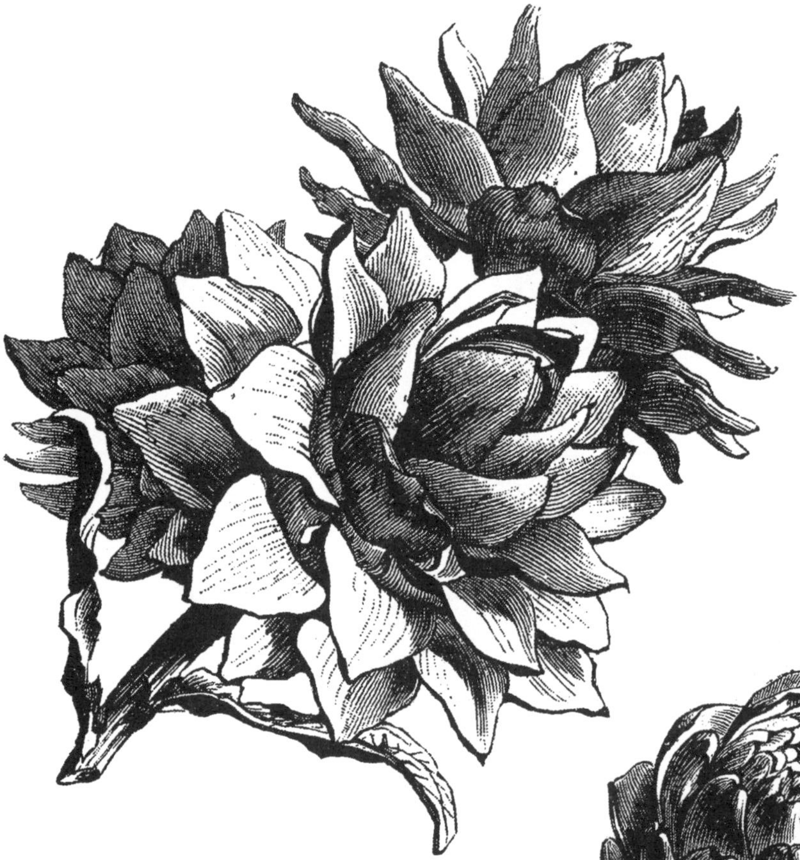

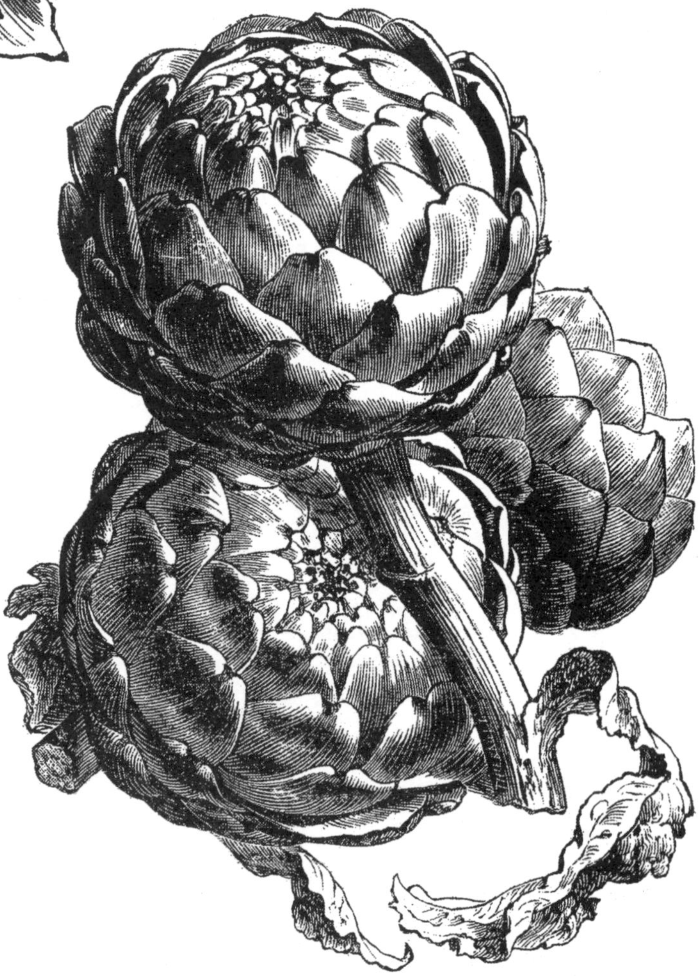

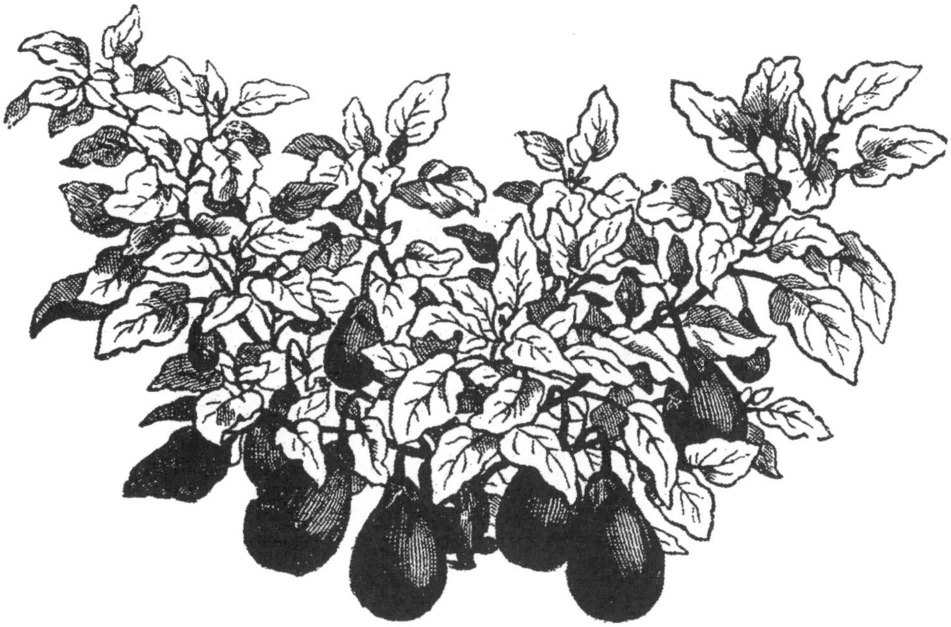

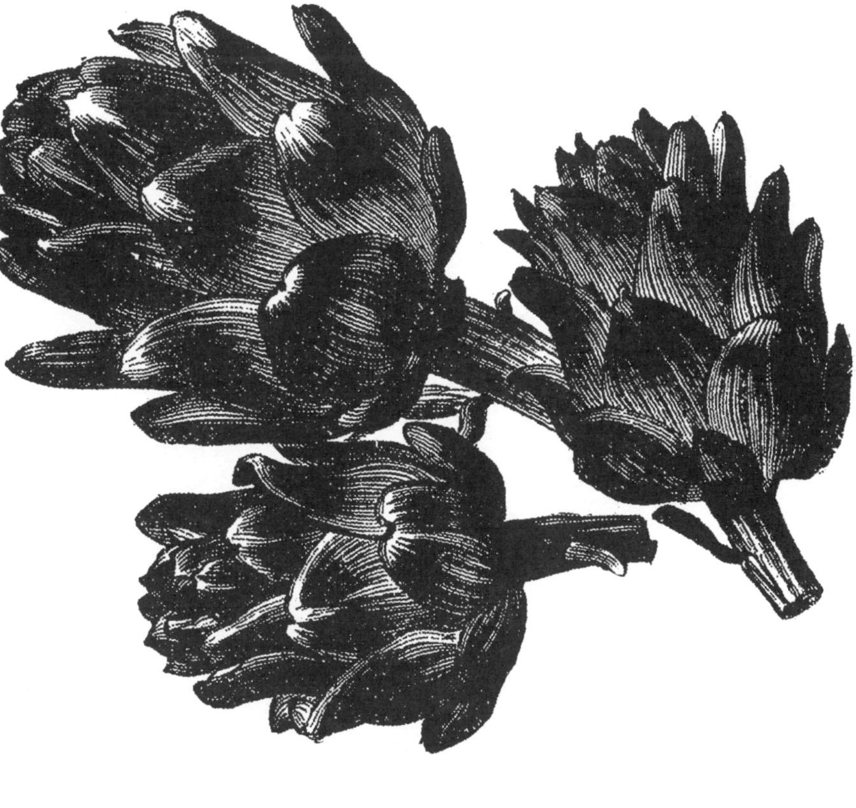

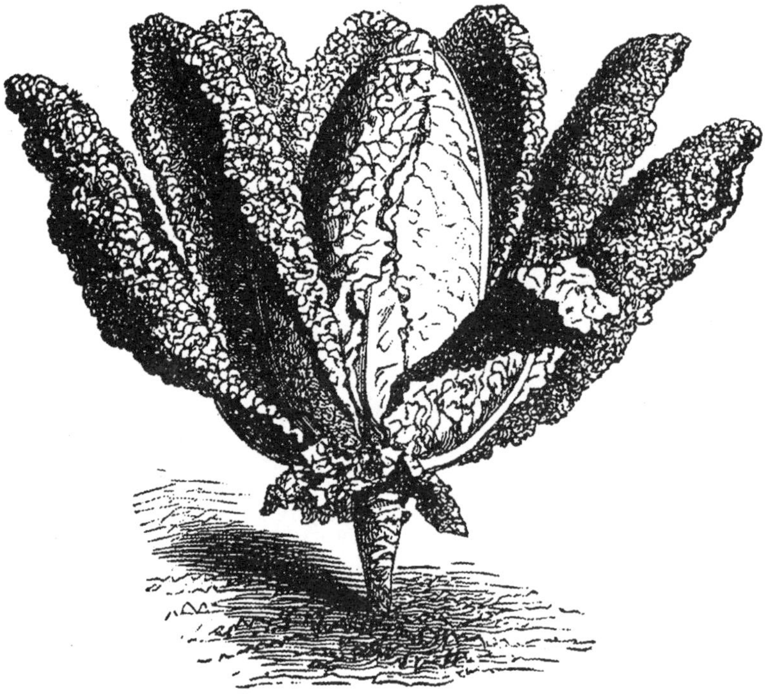

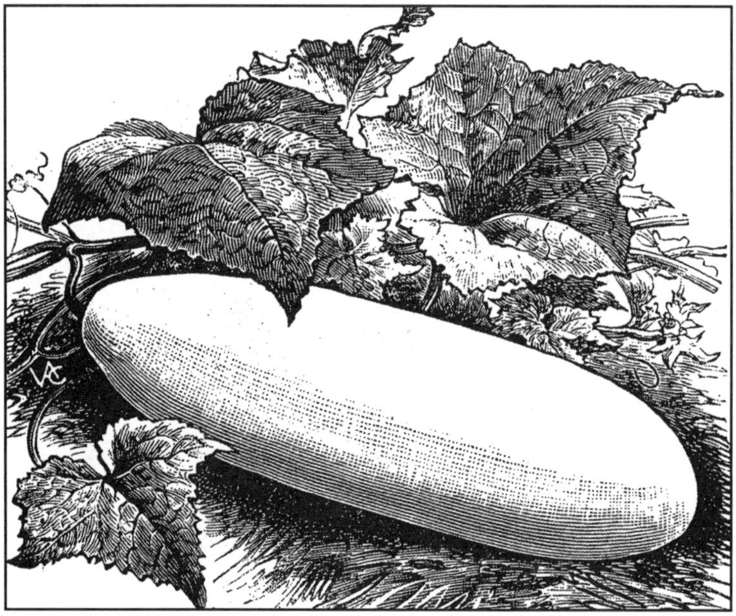

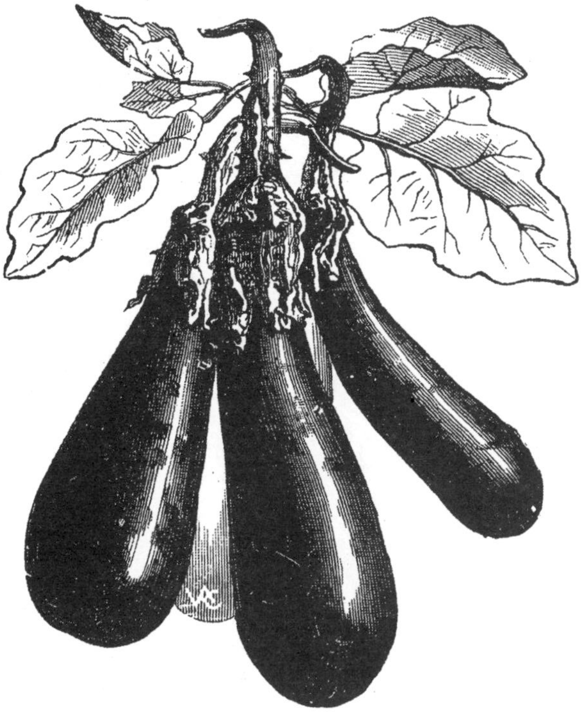

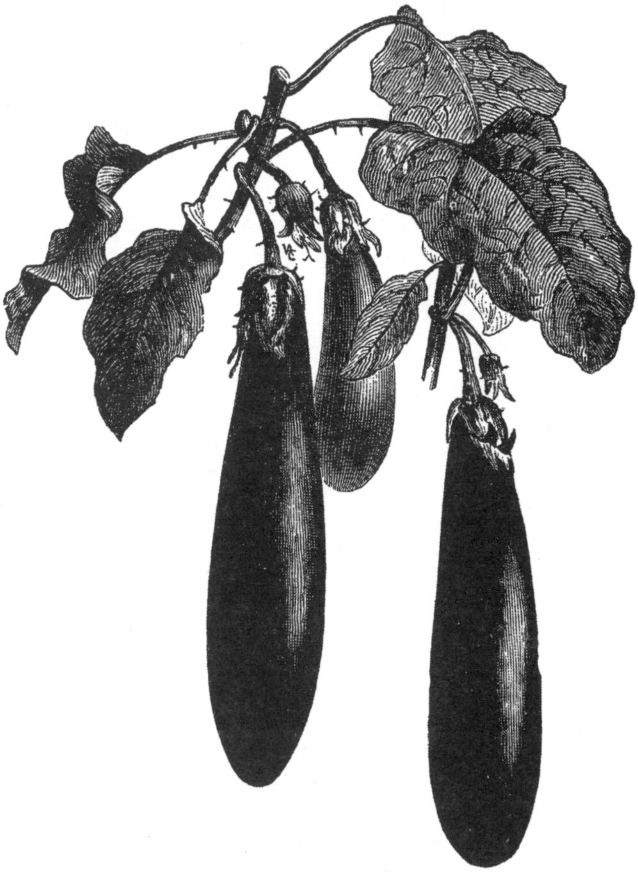

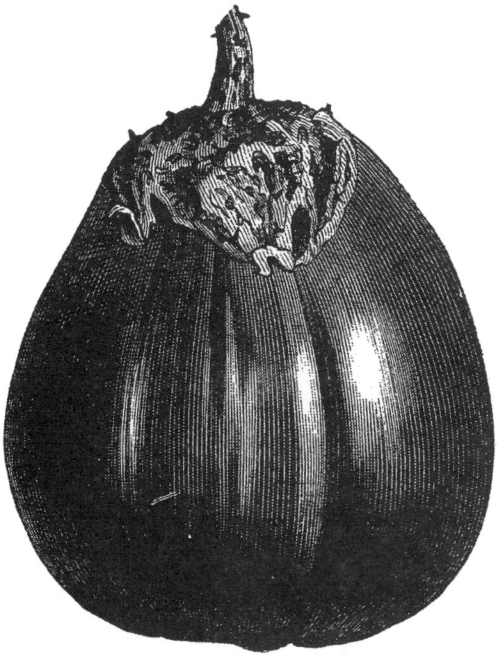

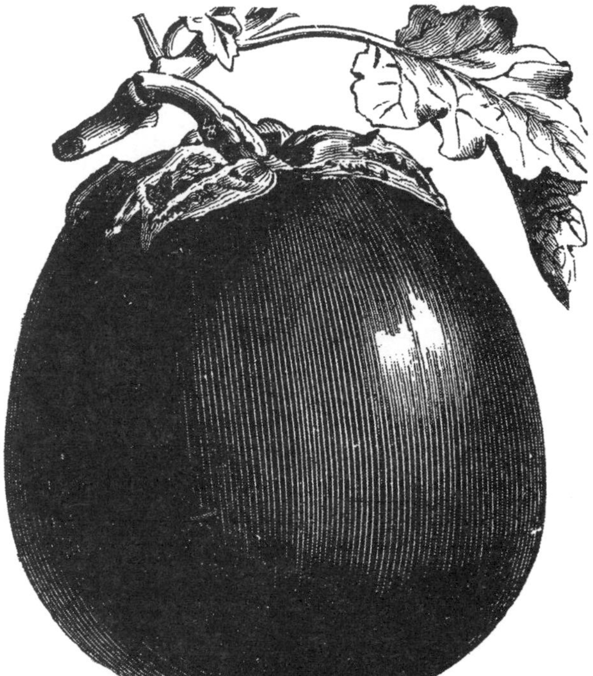

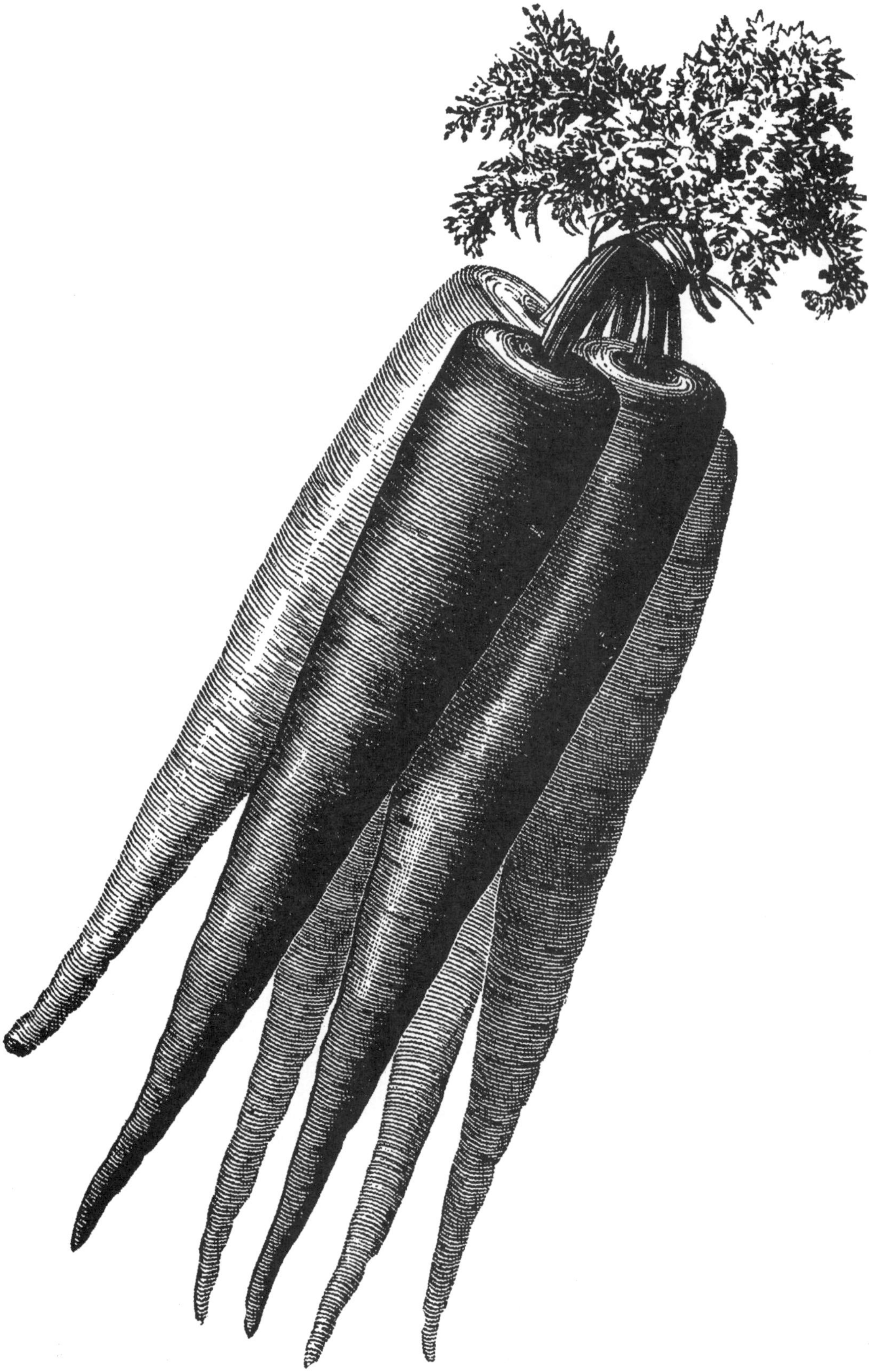

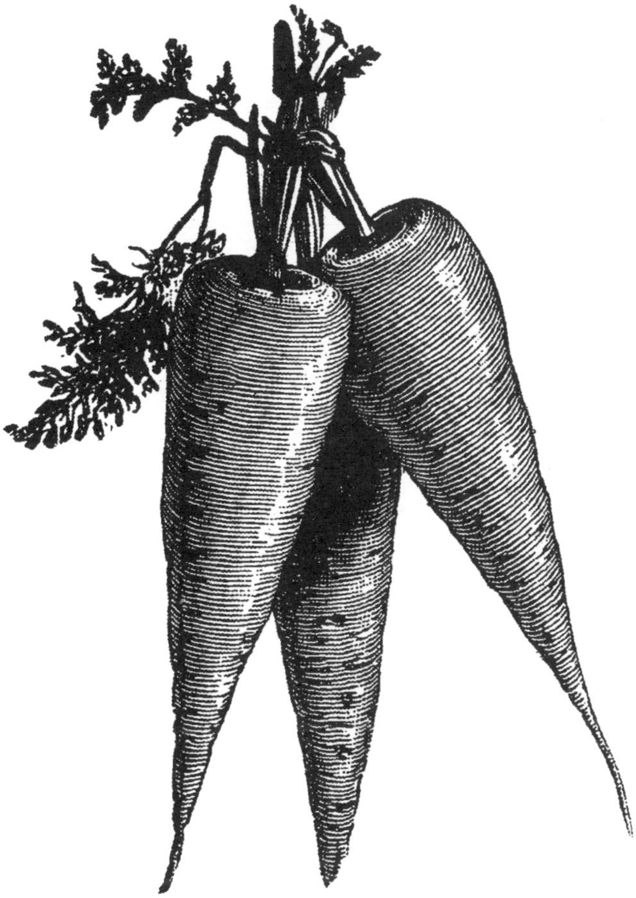

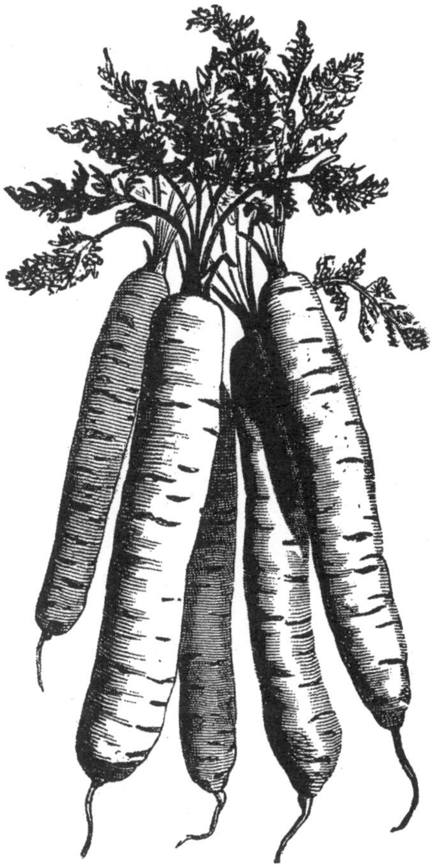

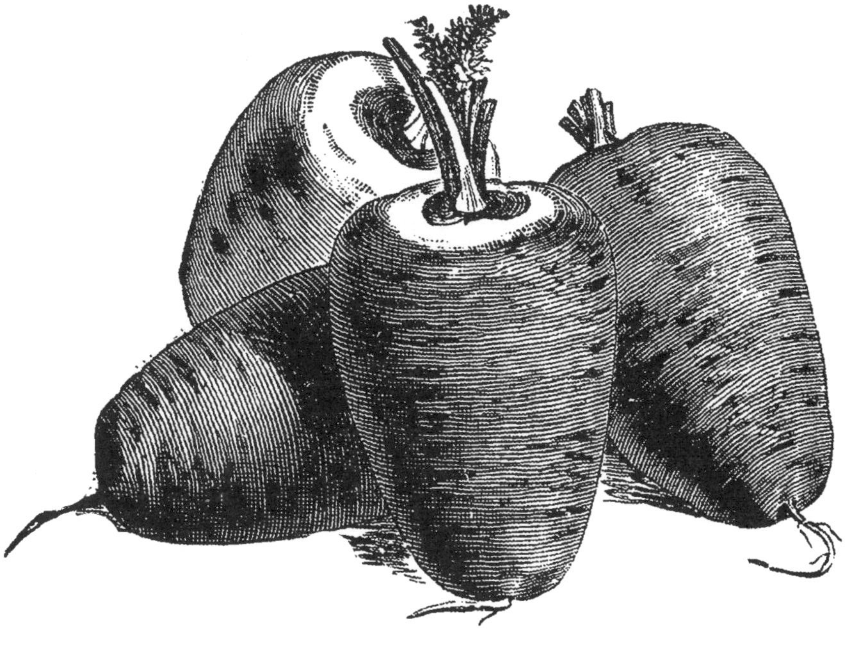

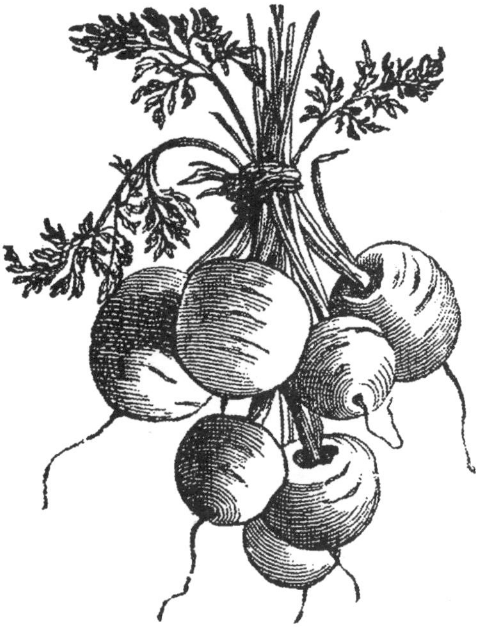

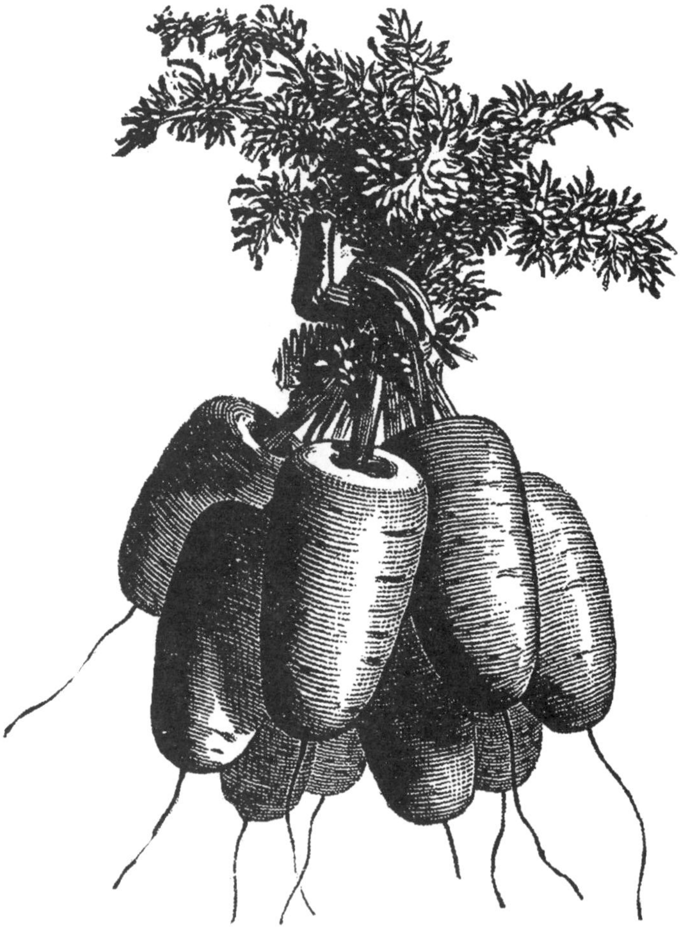

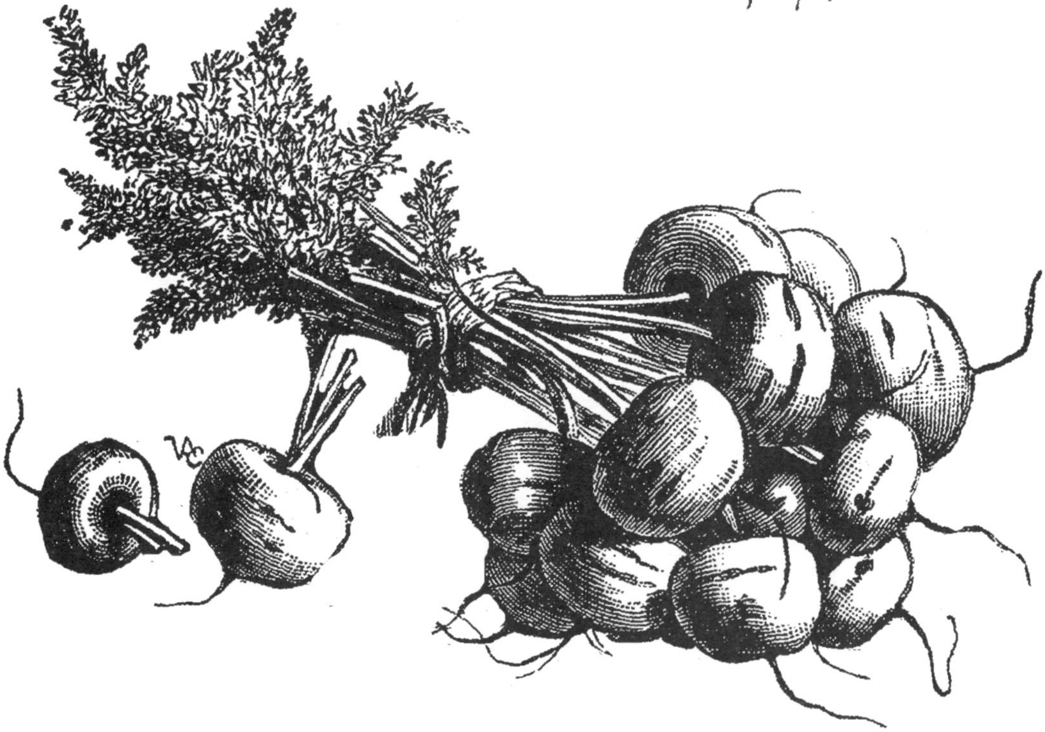

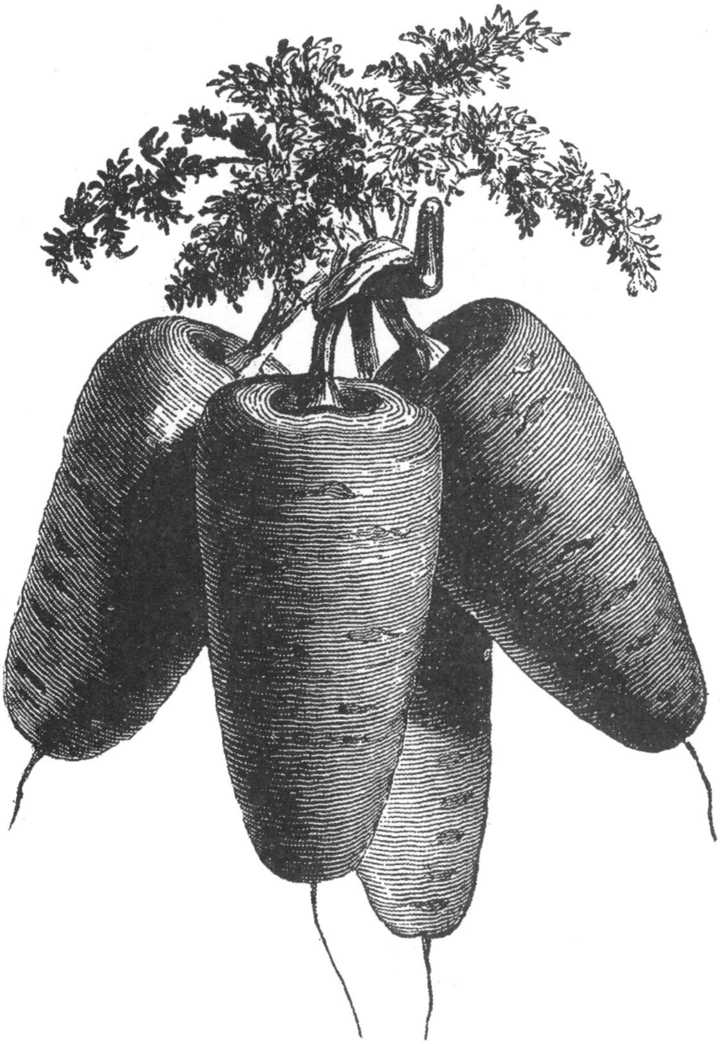

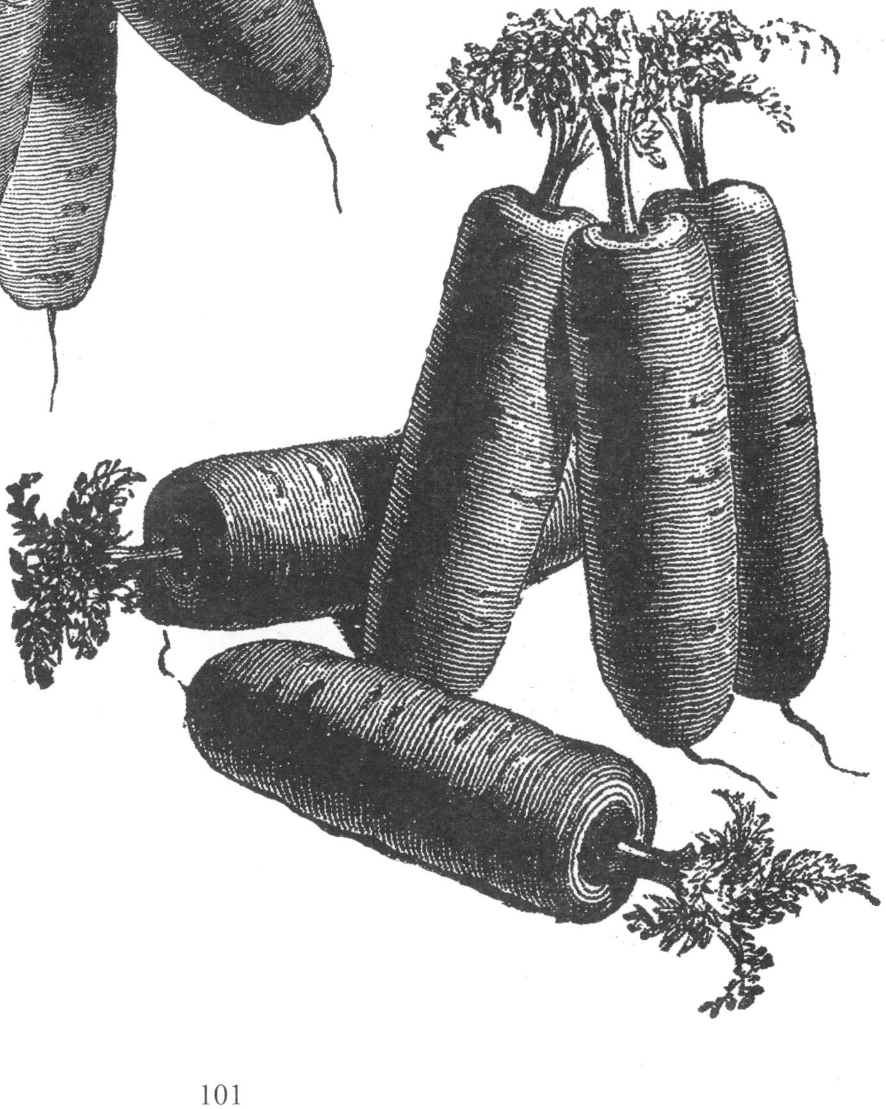

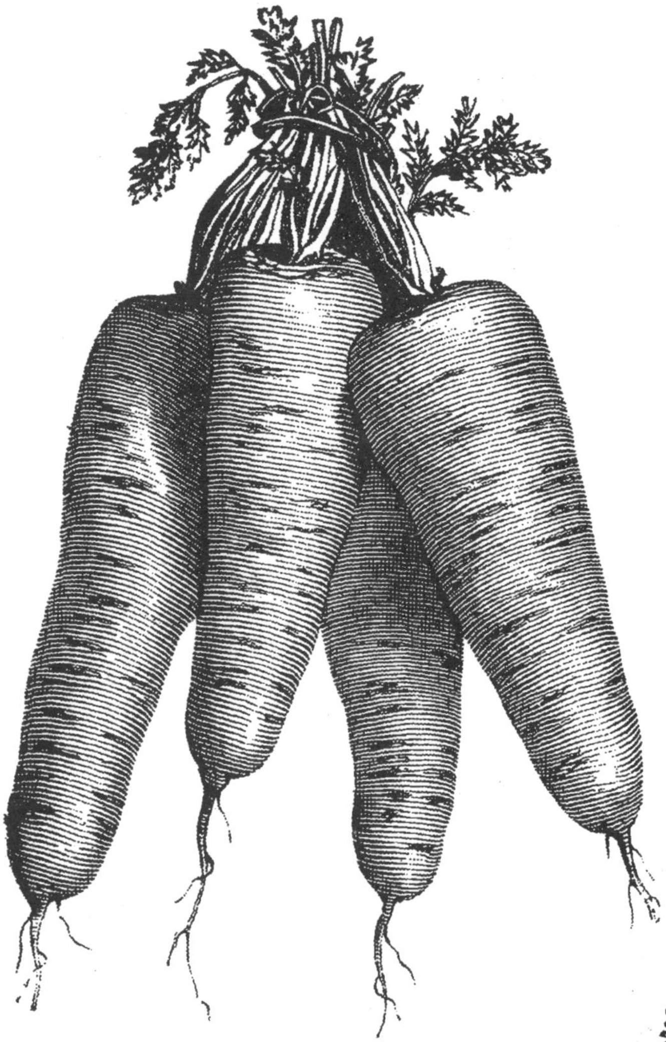

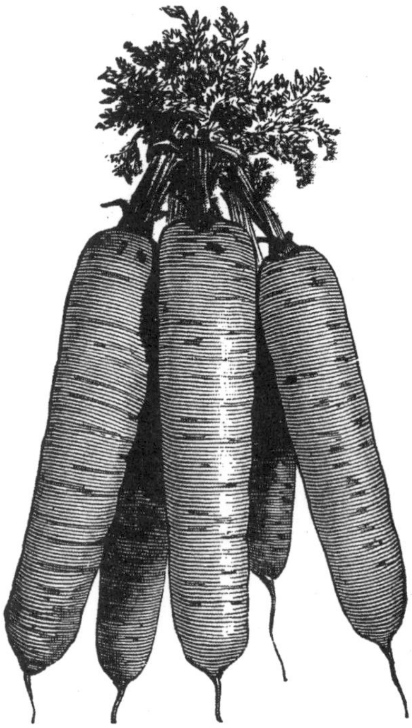

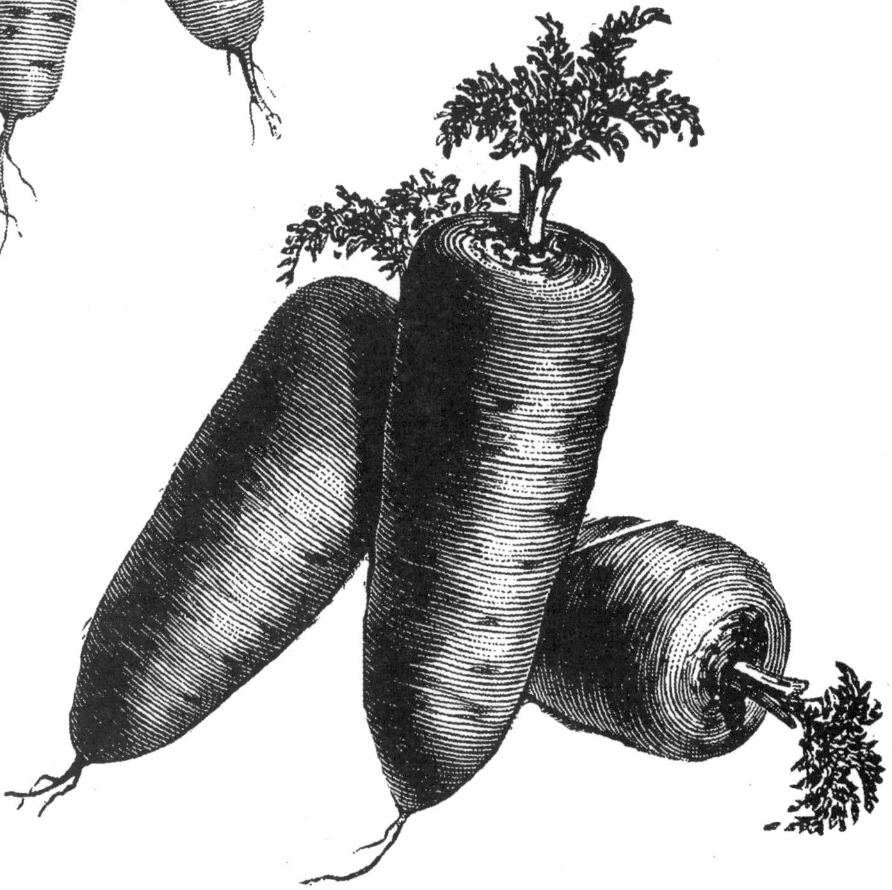

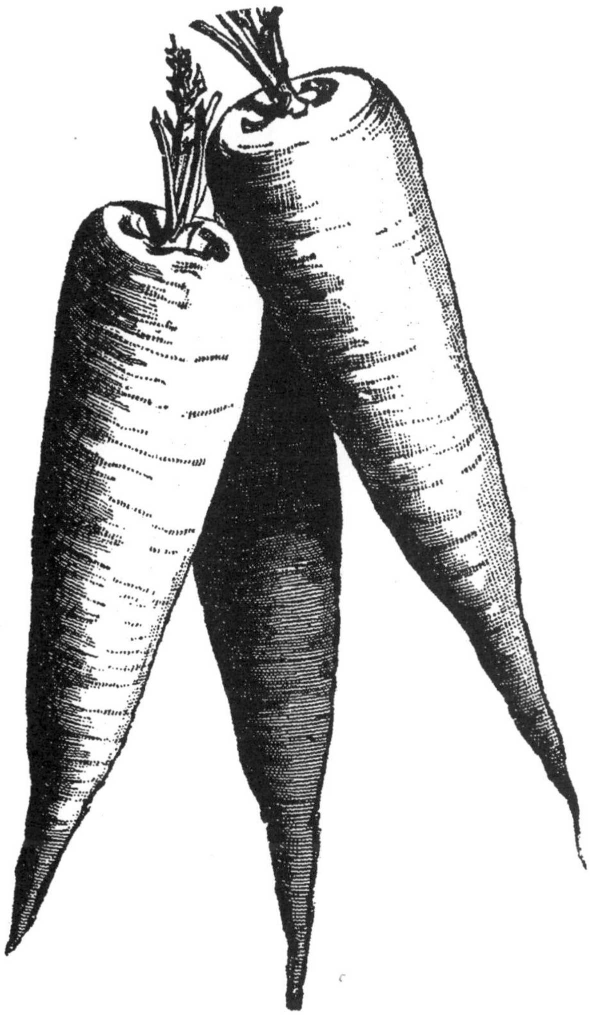
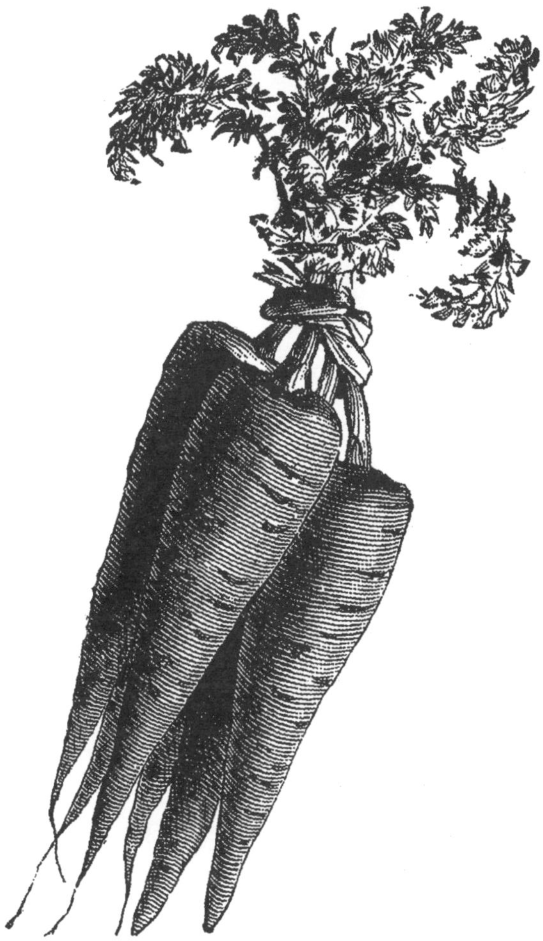
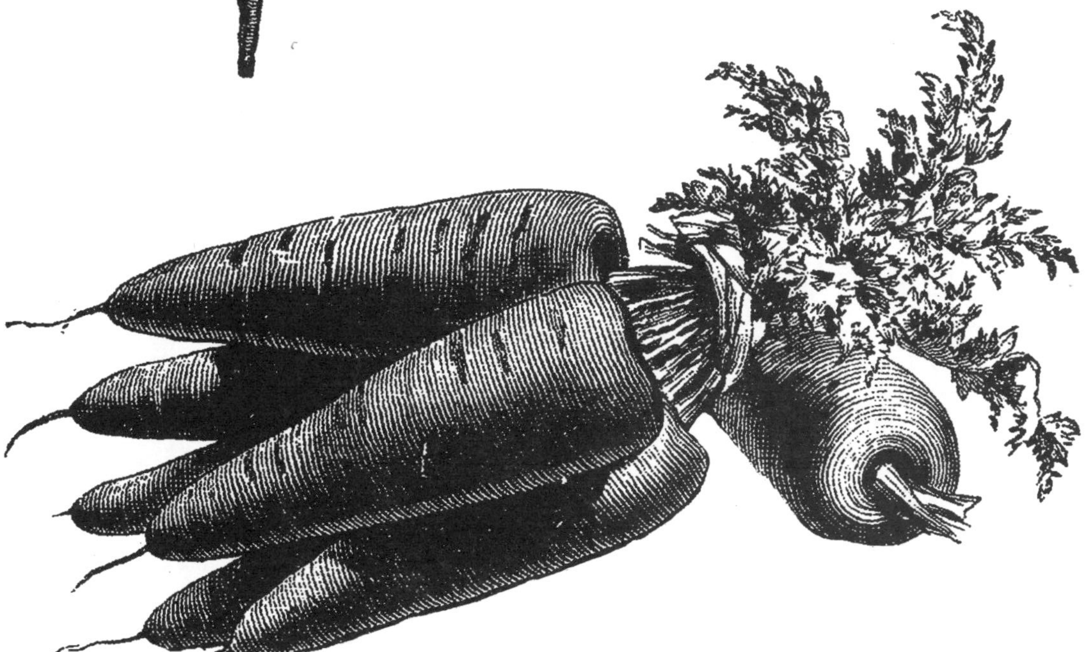

104

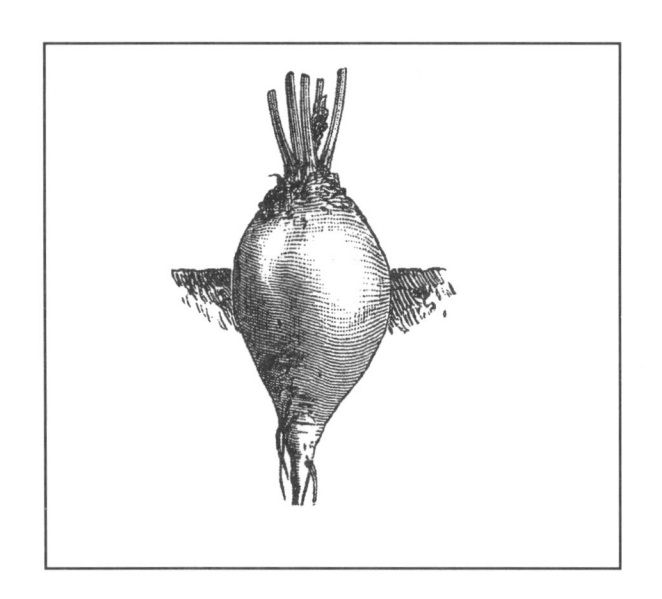

105

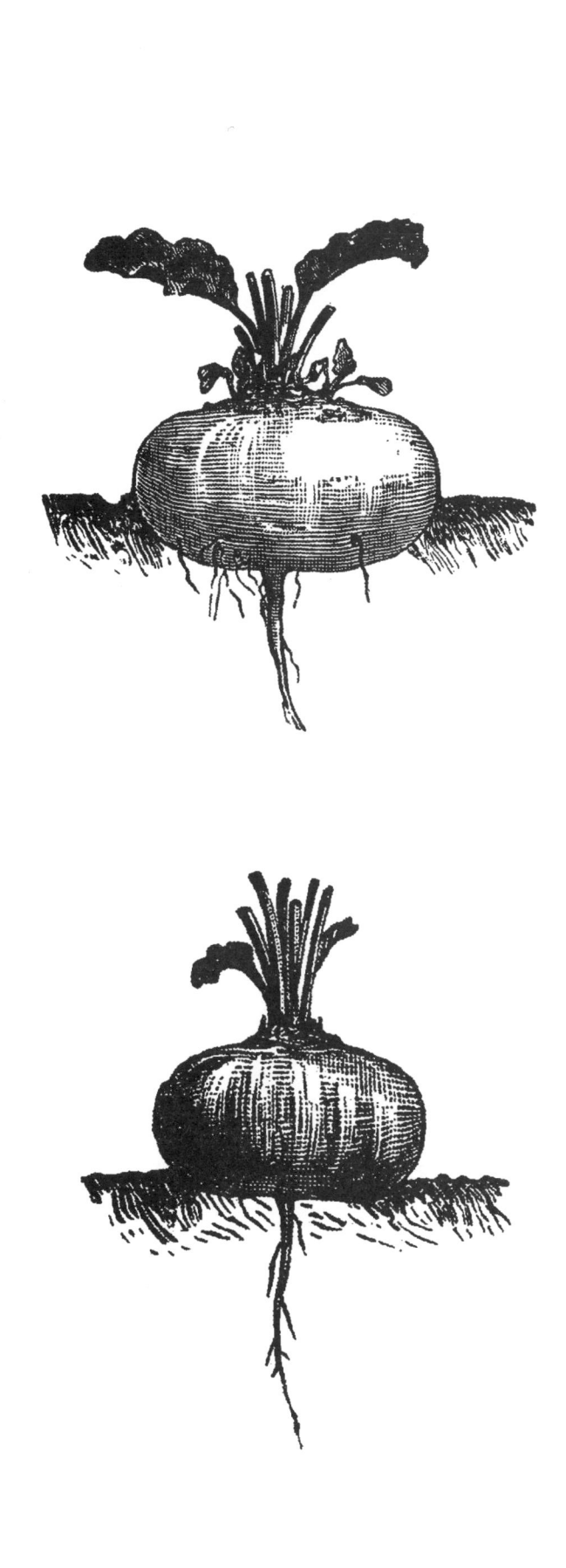

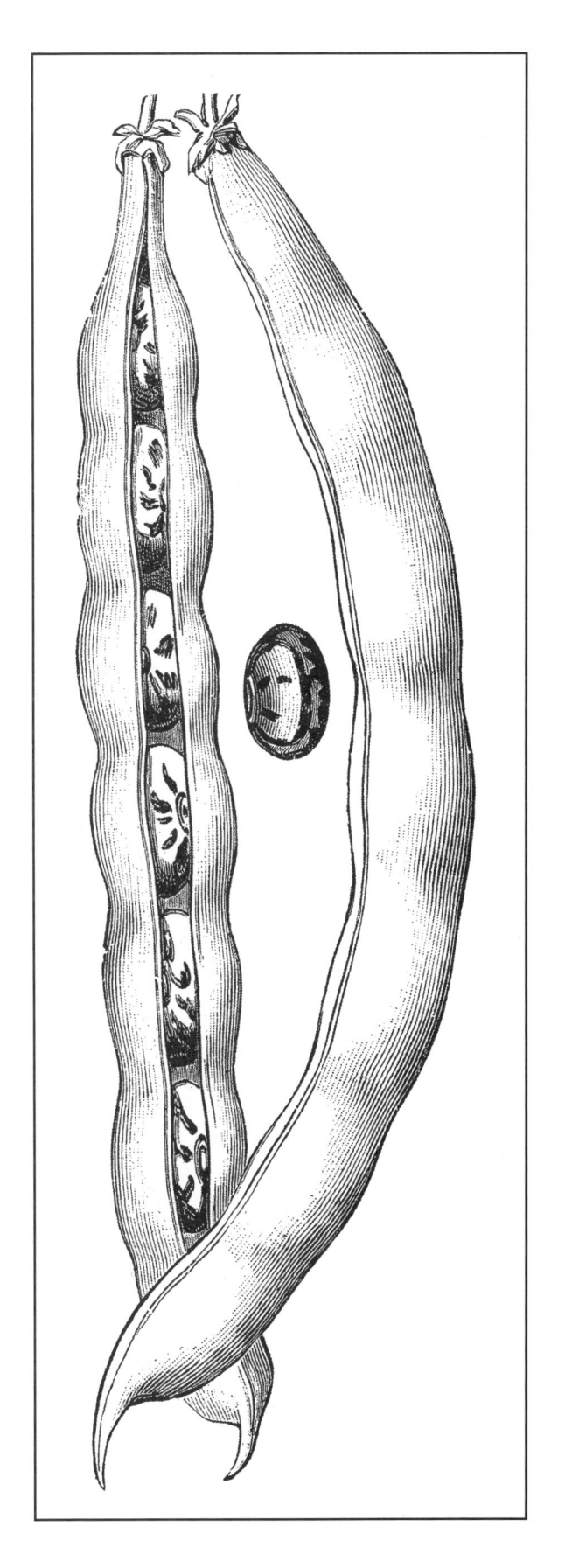

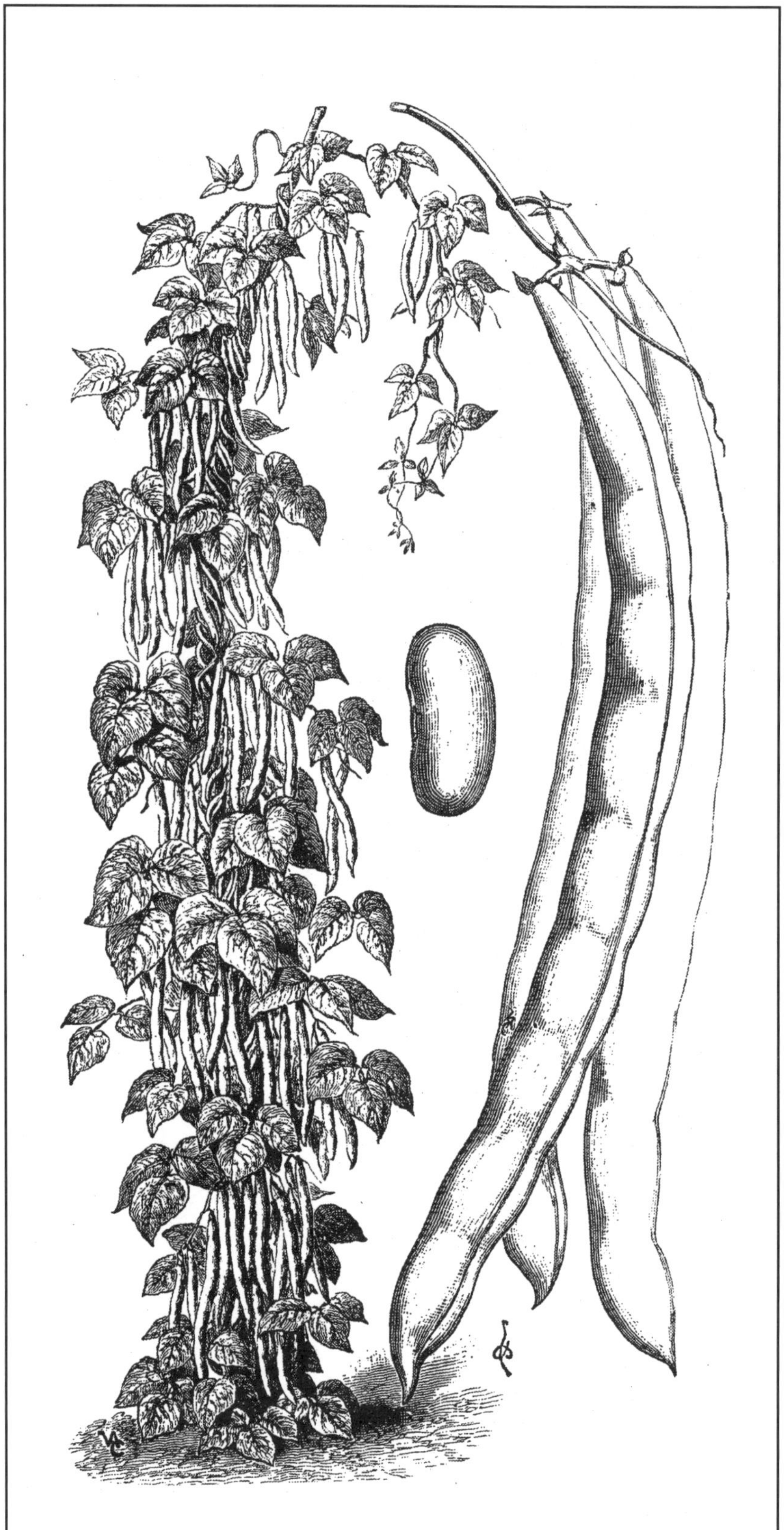

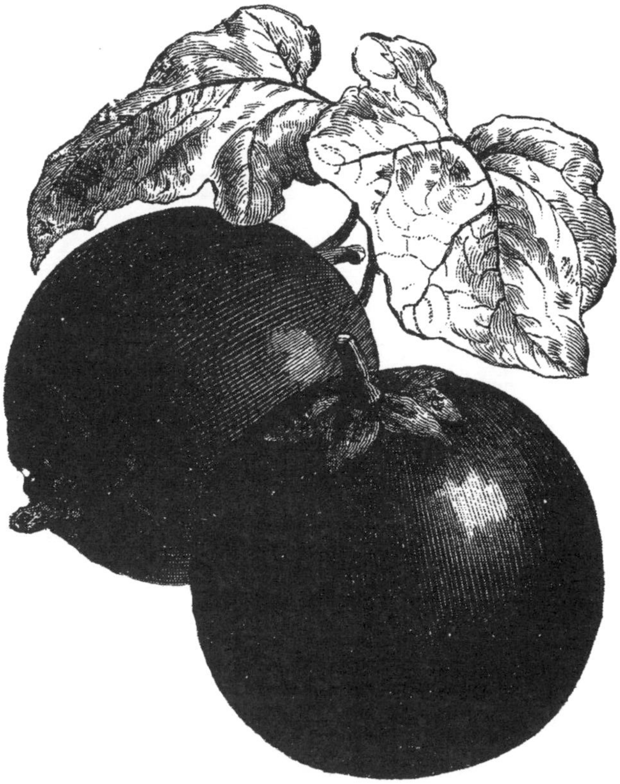

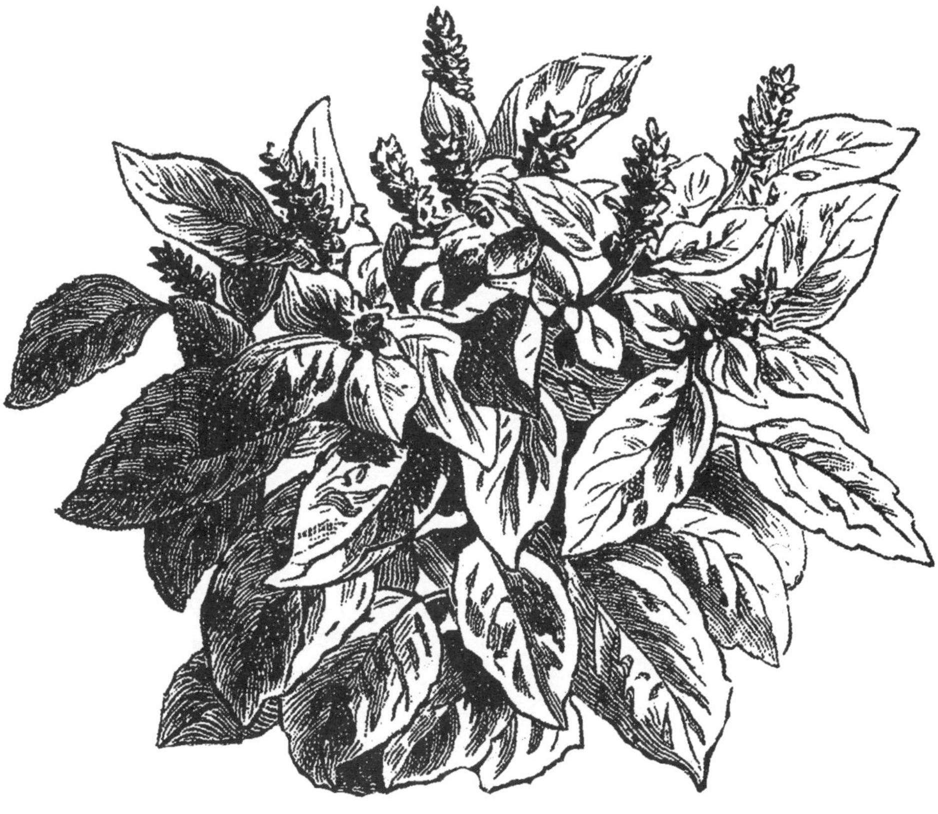

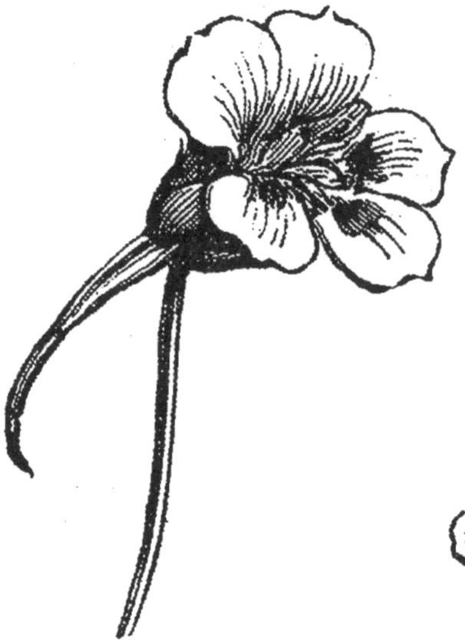
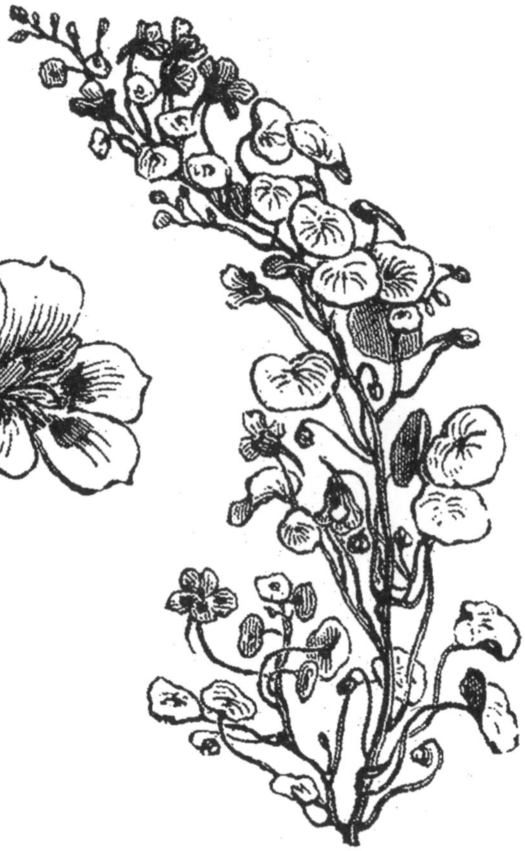
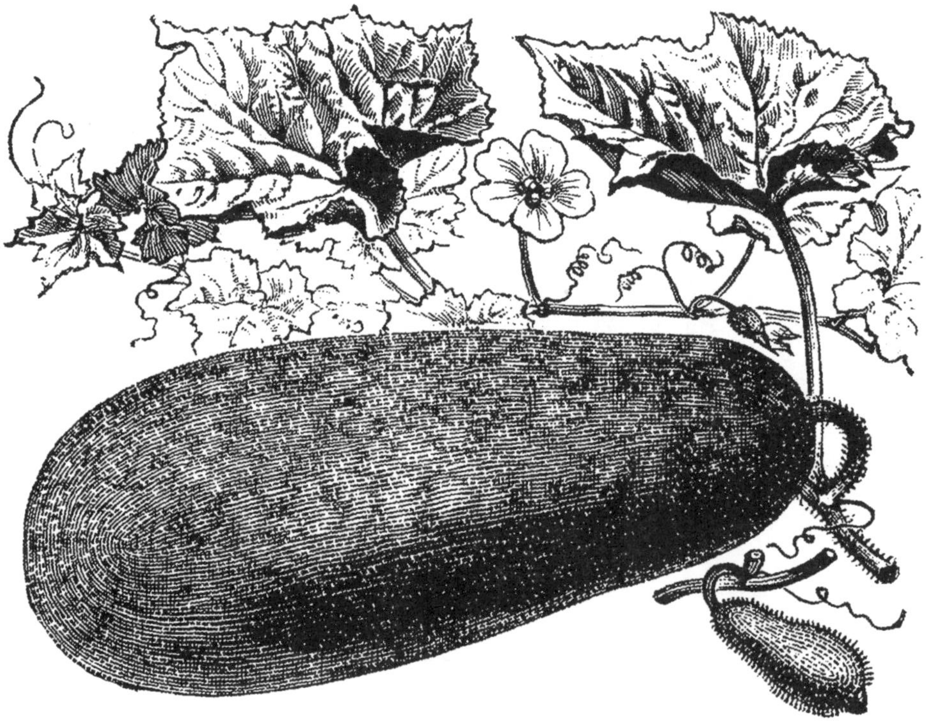

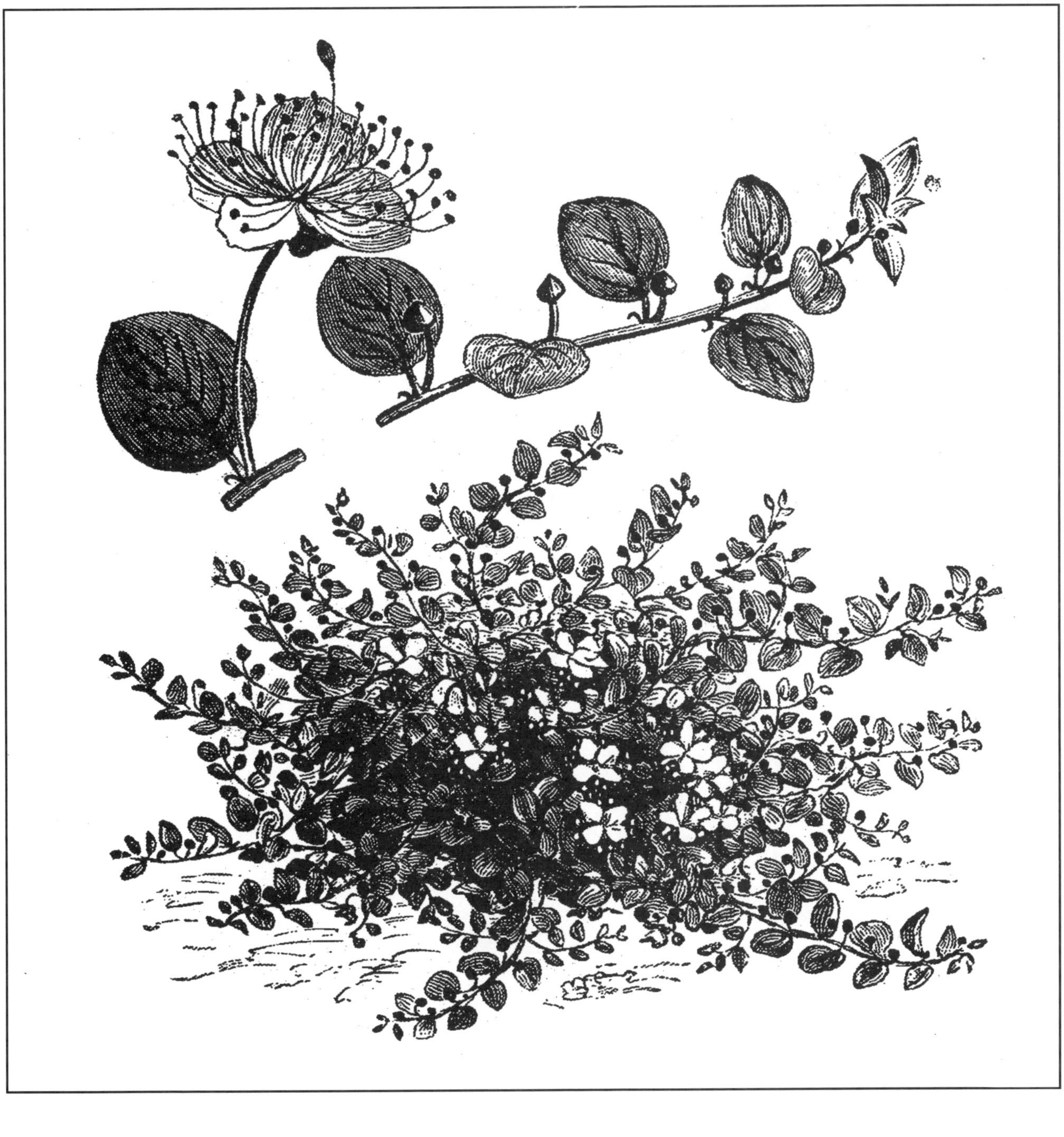

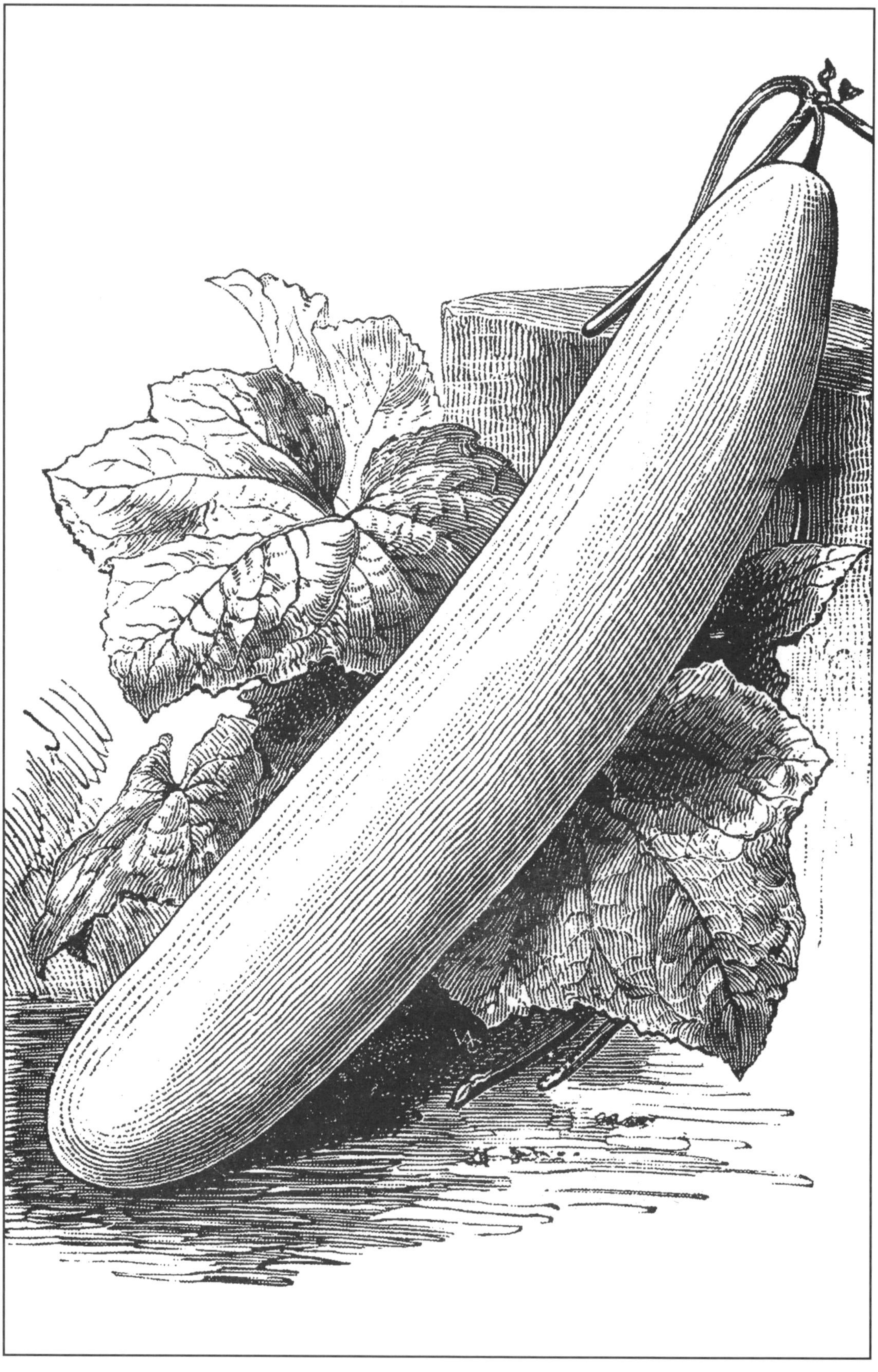

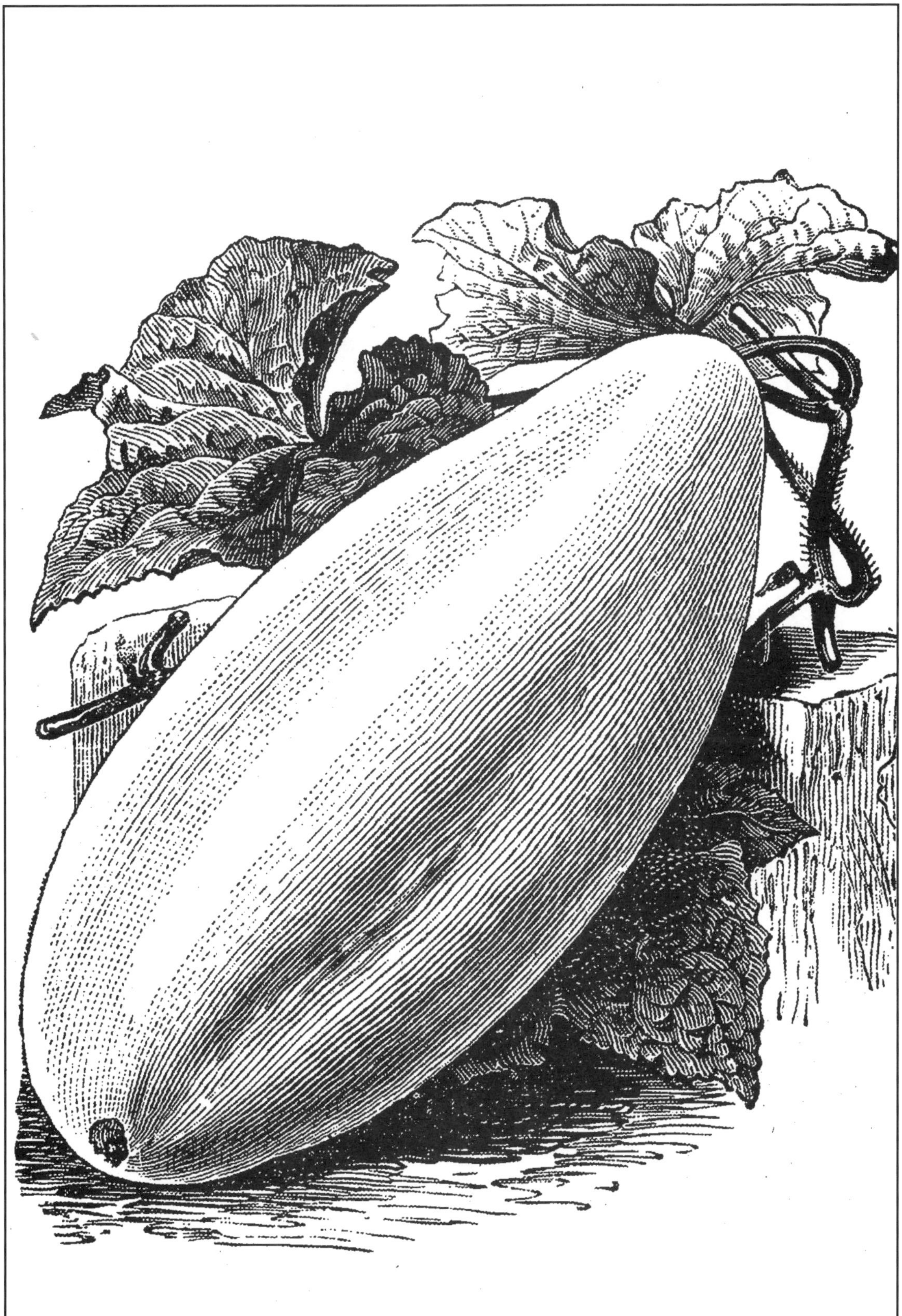

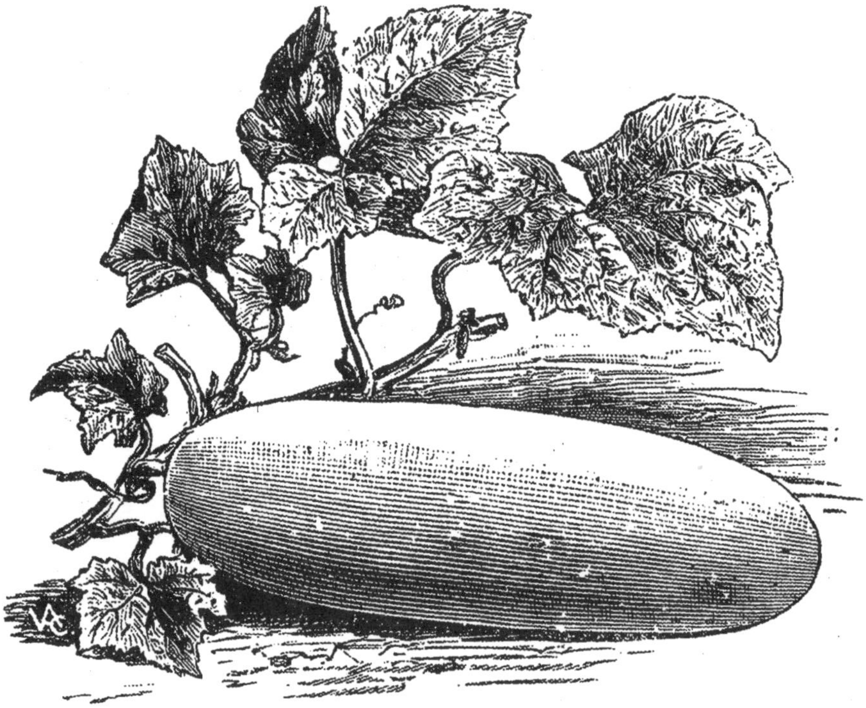

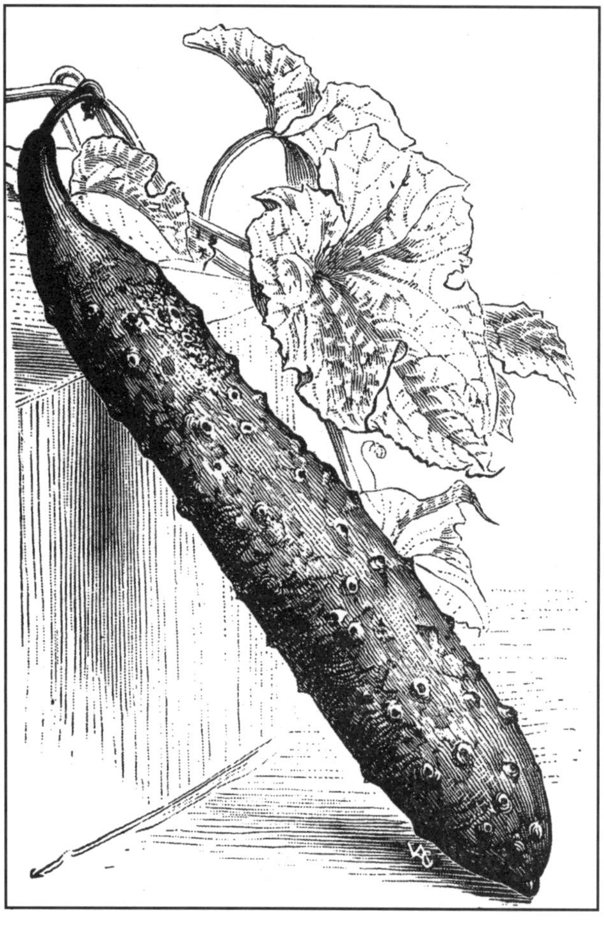

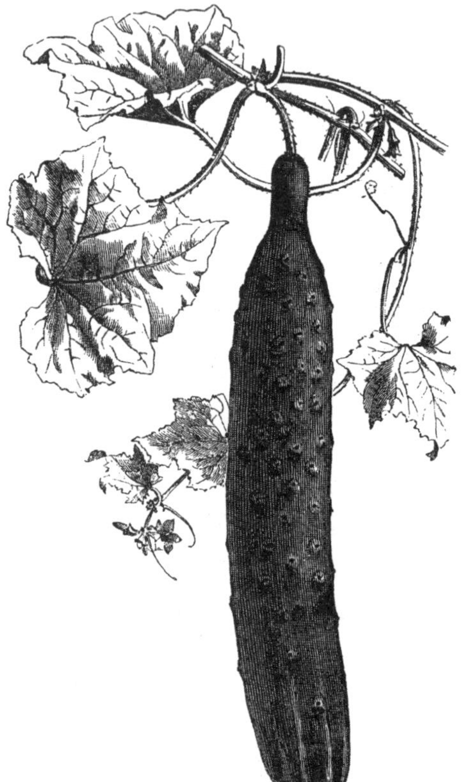

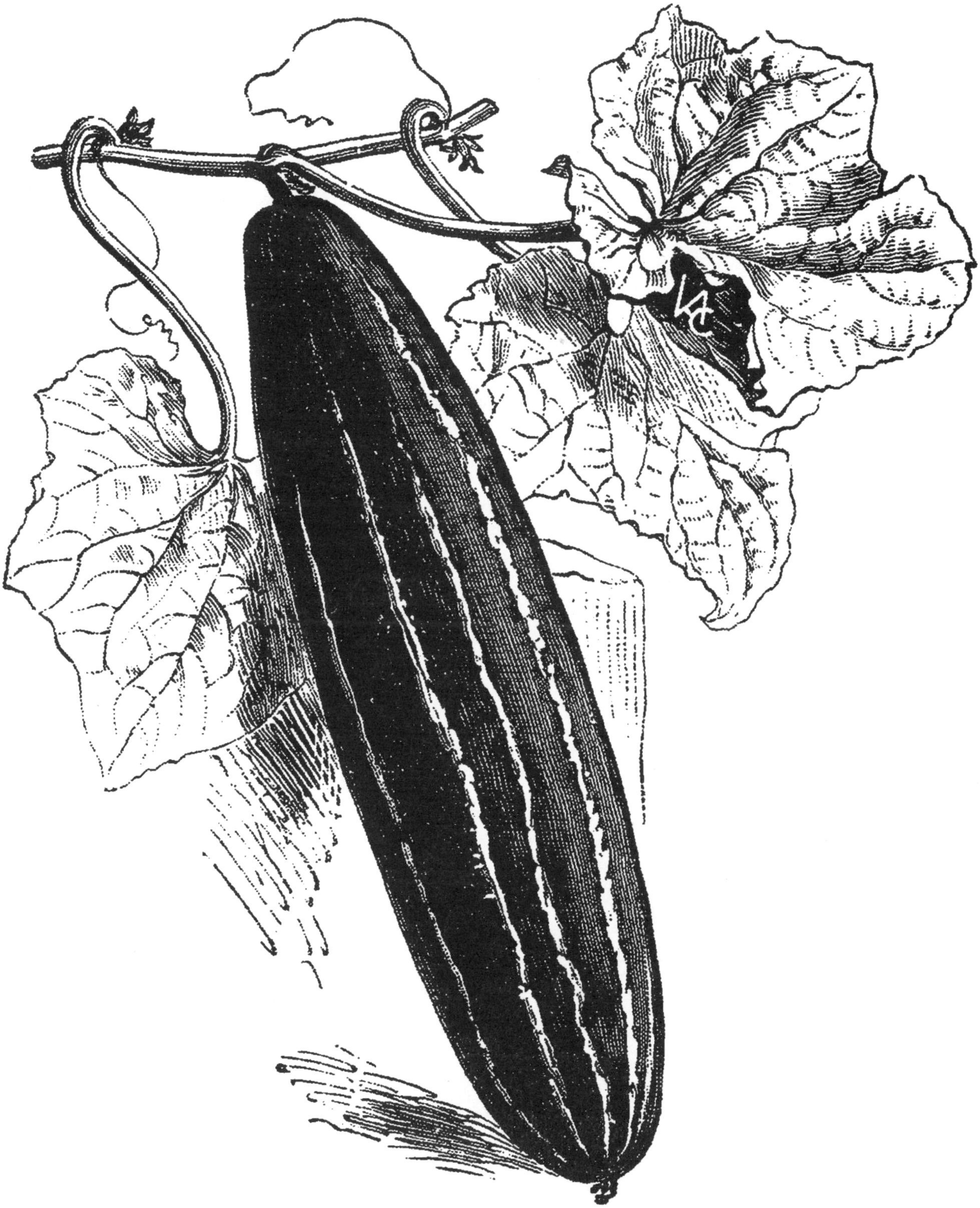

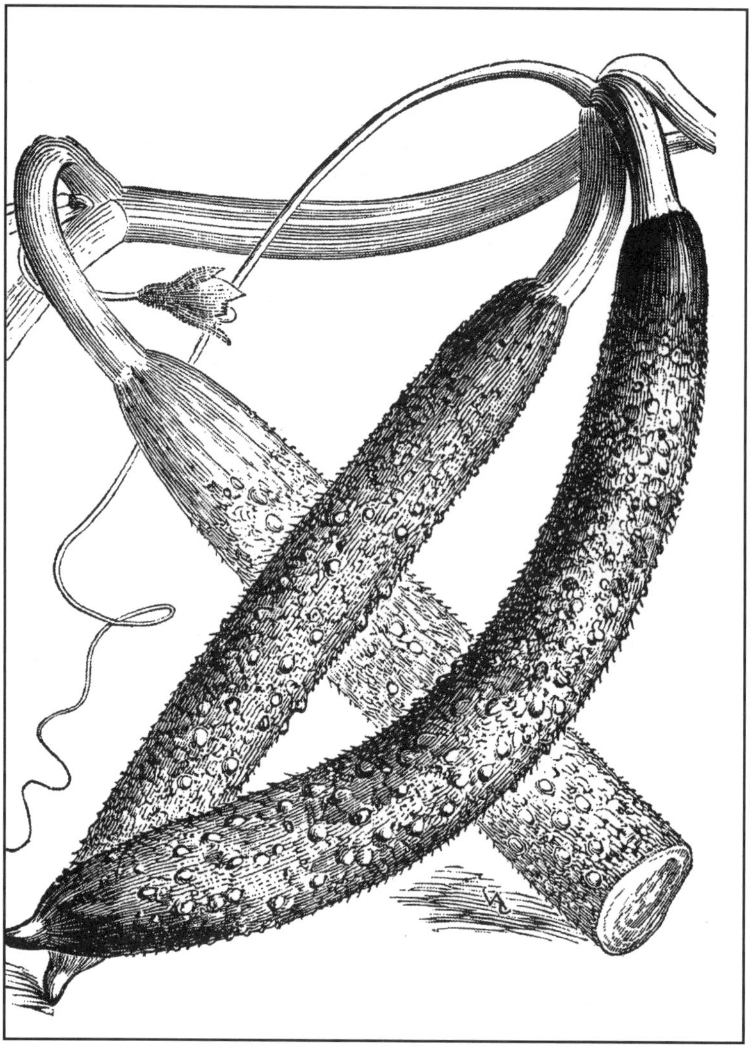

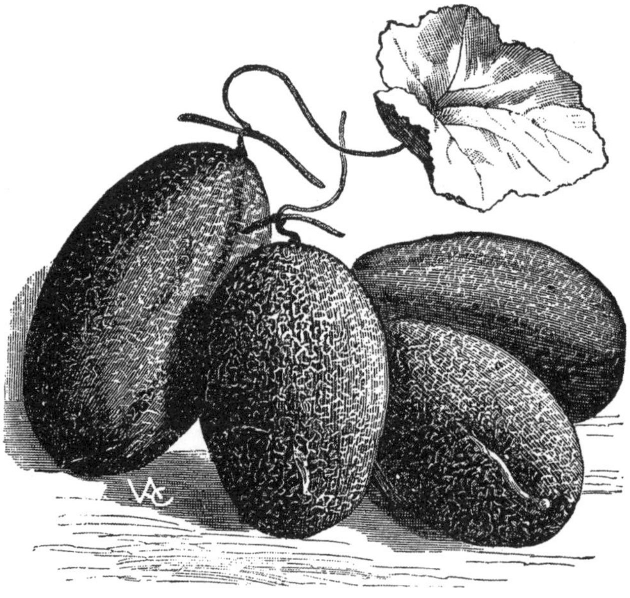

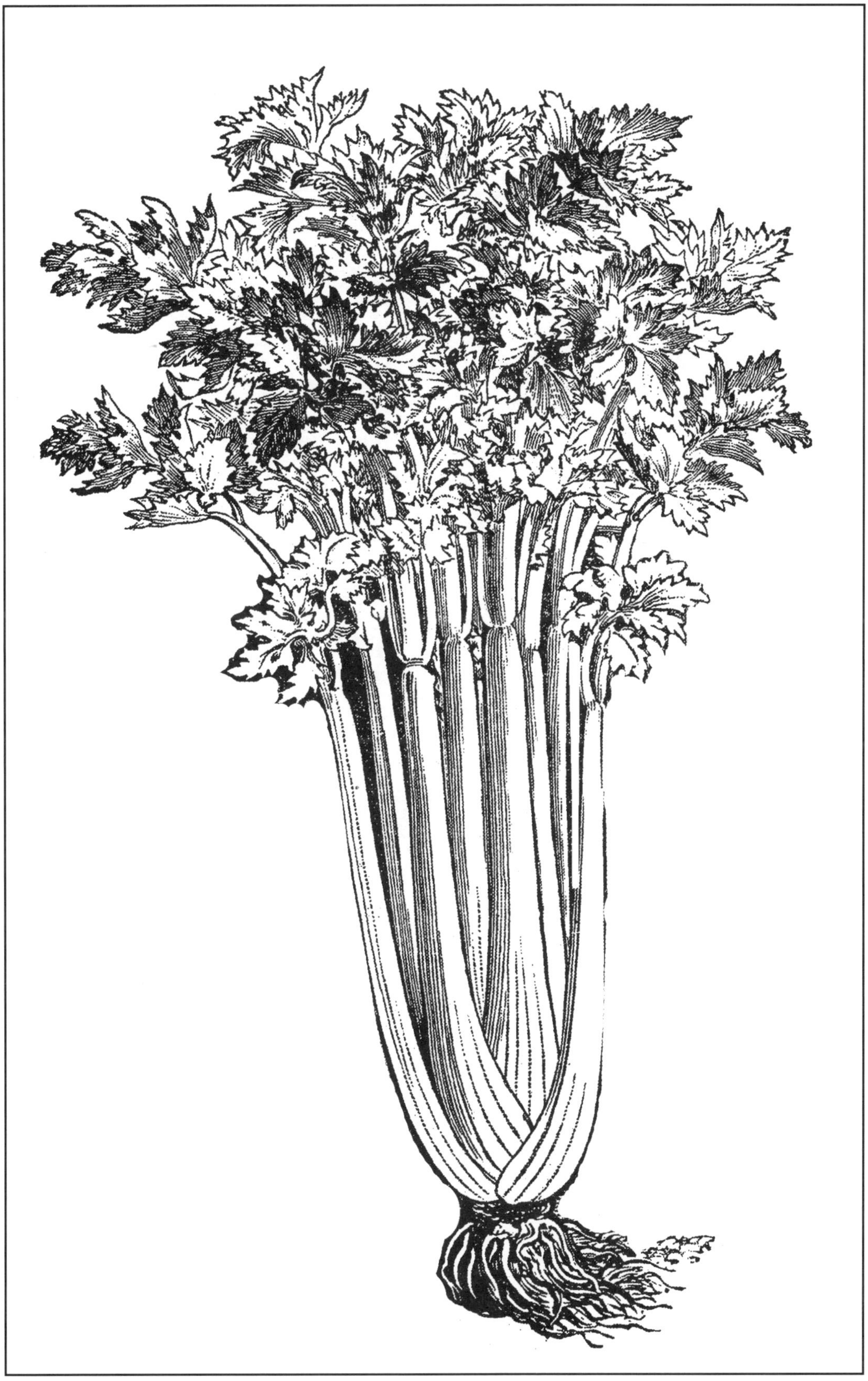

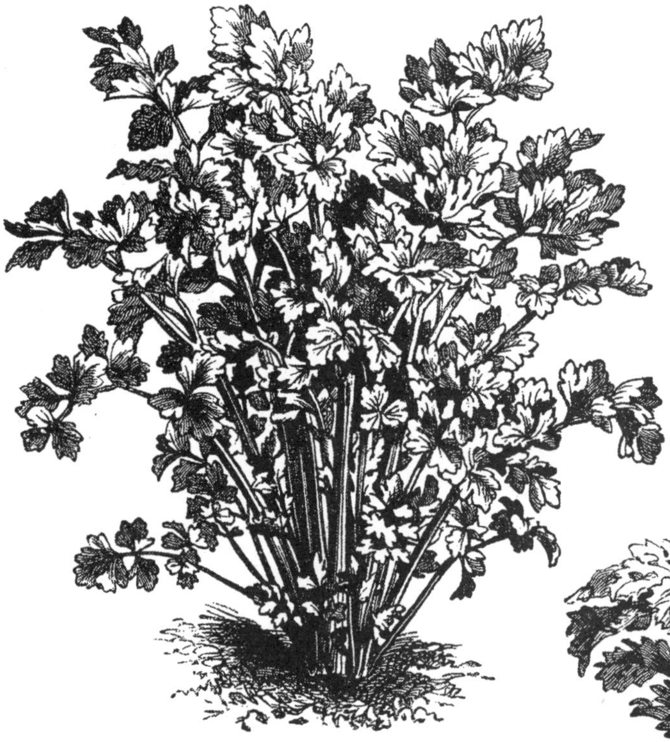

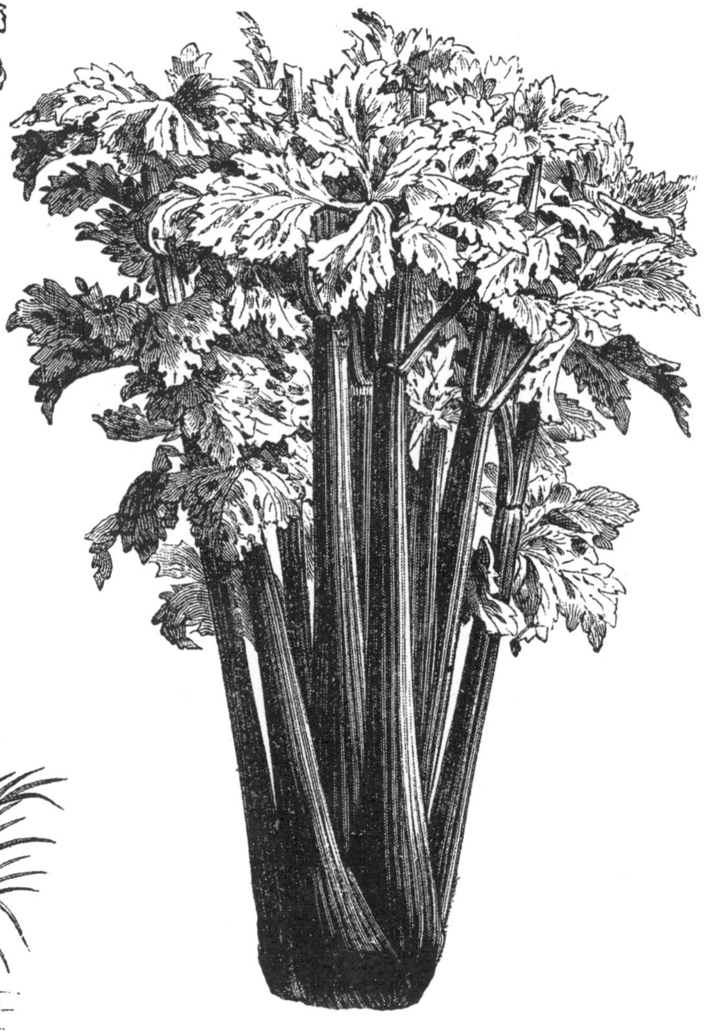

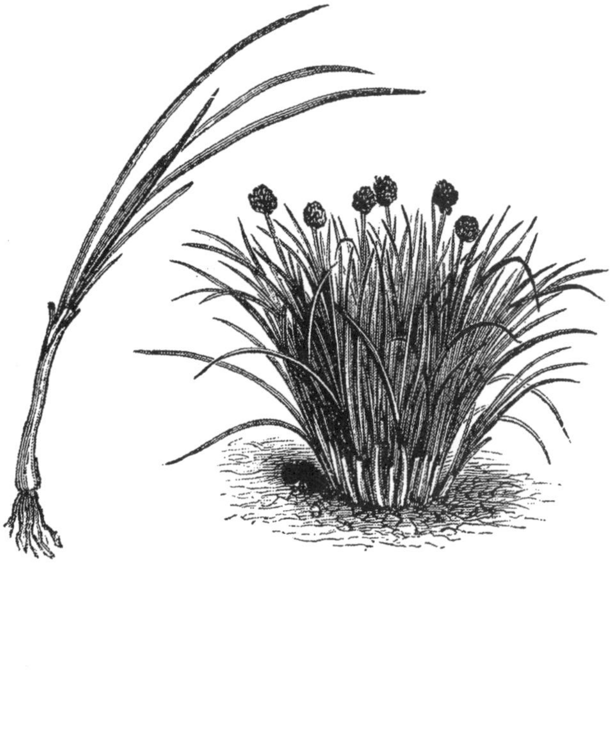

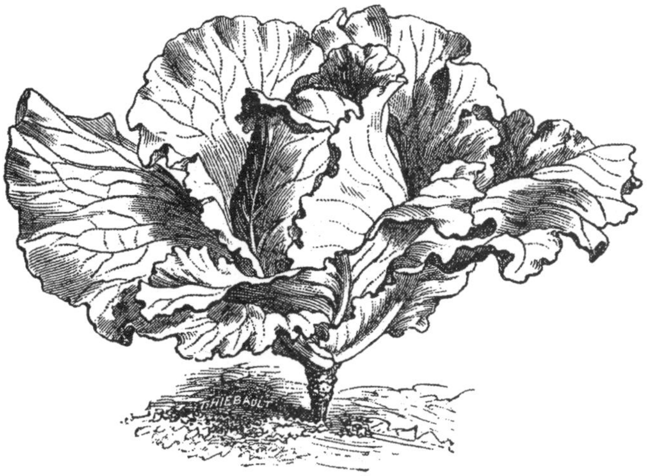

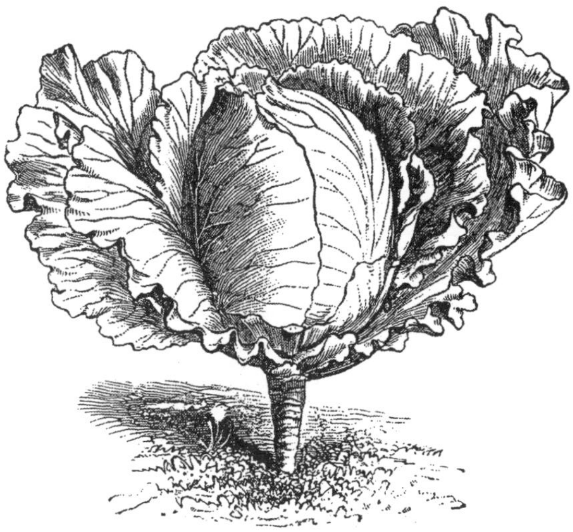

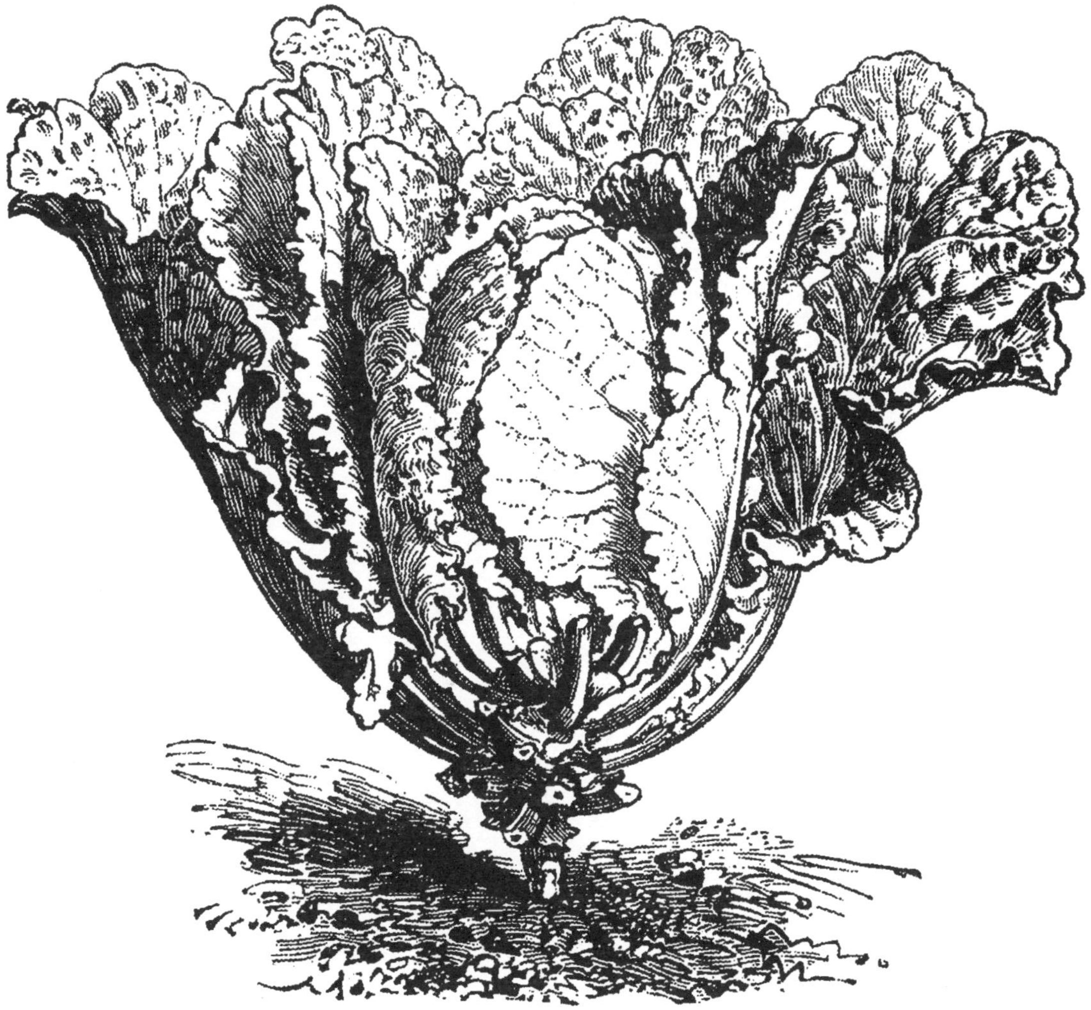

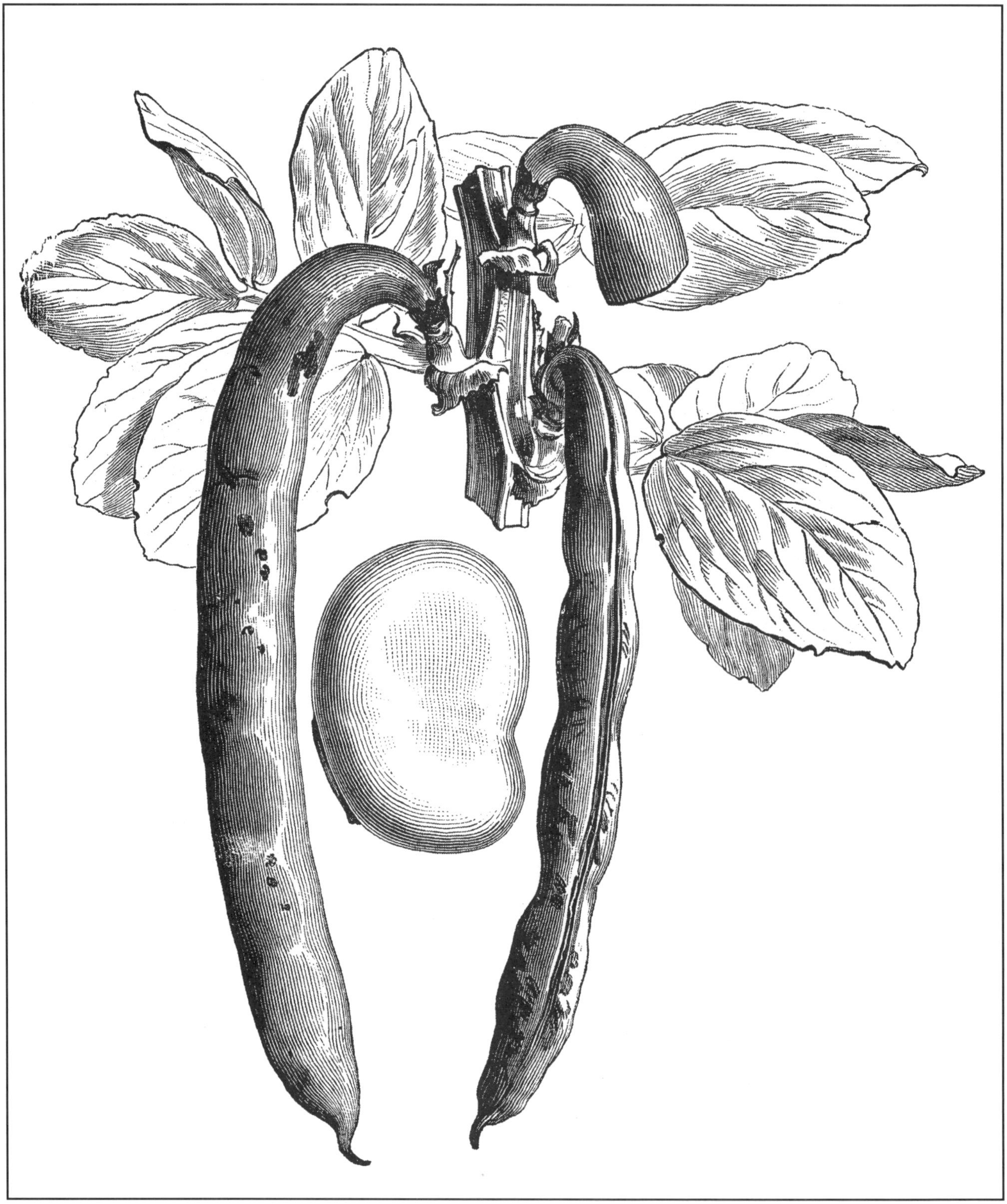

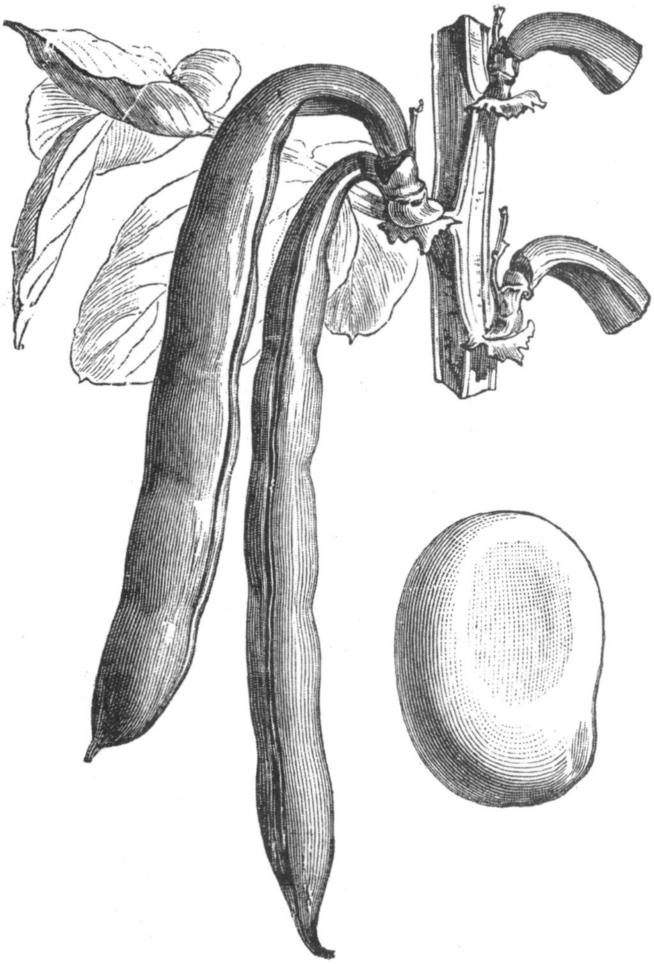

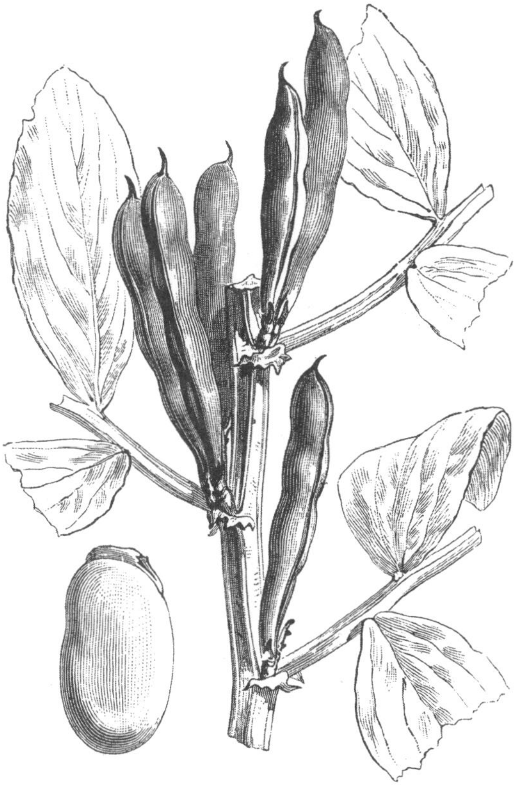

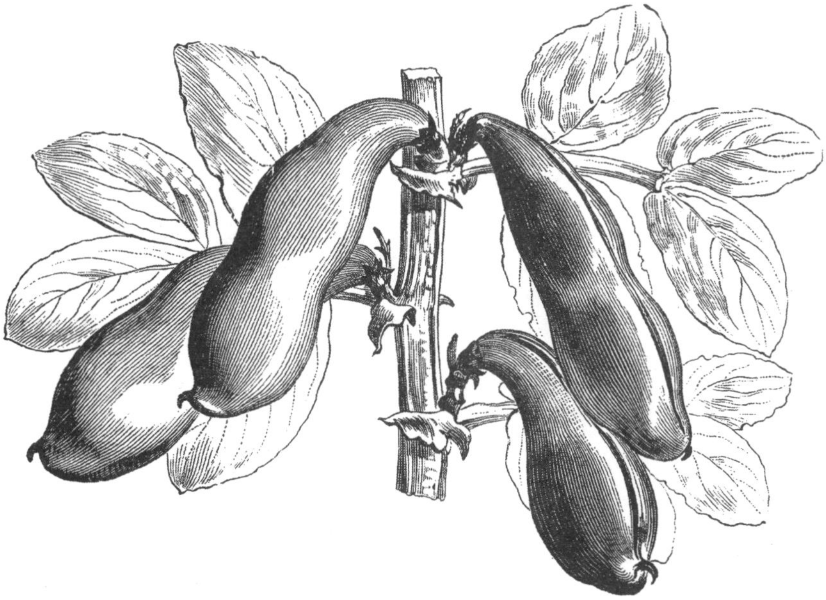

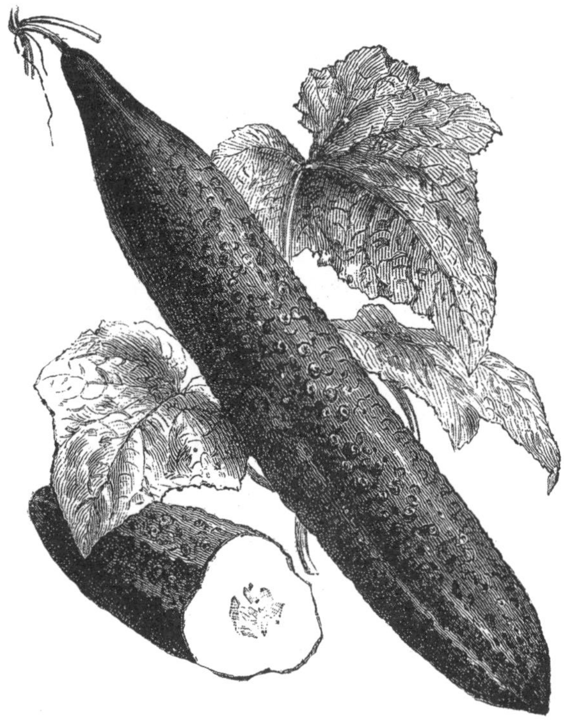

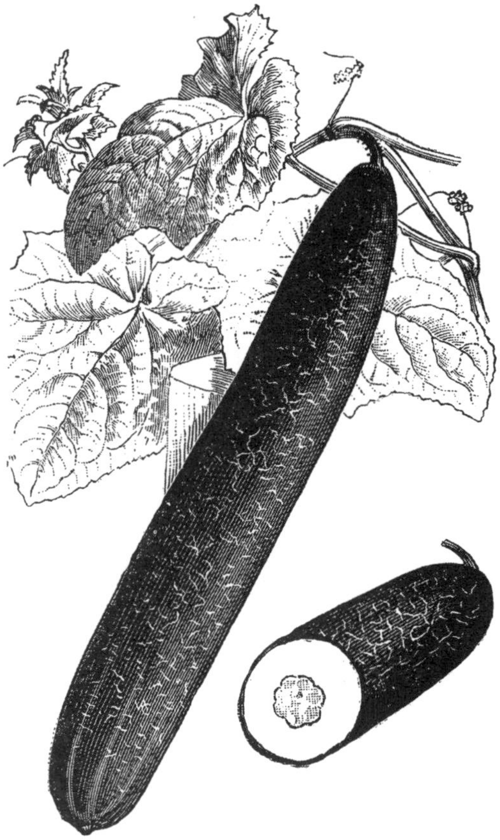

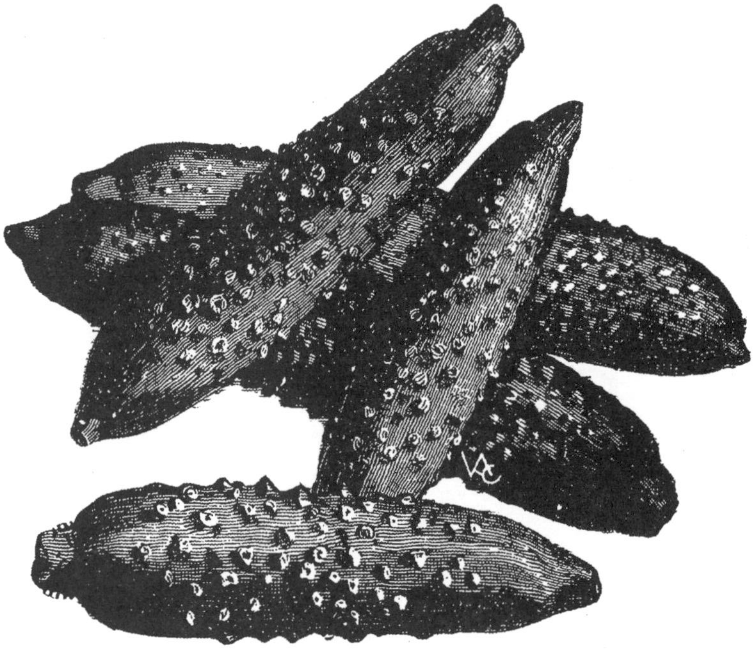

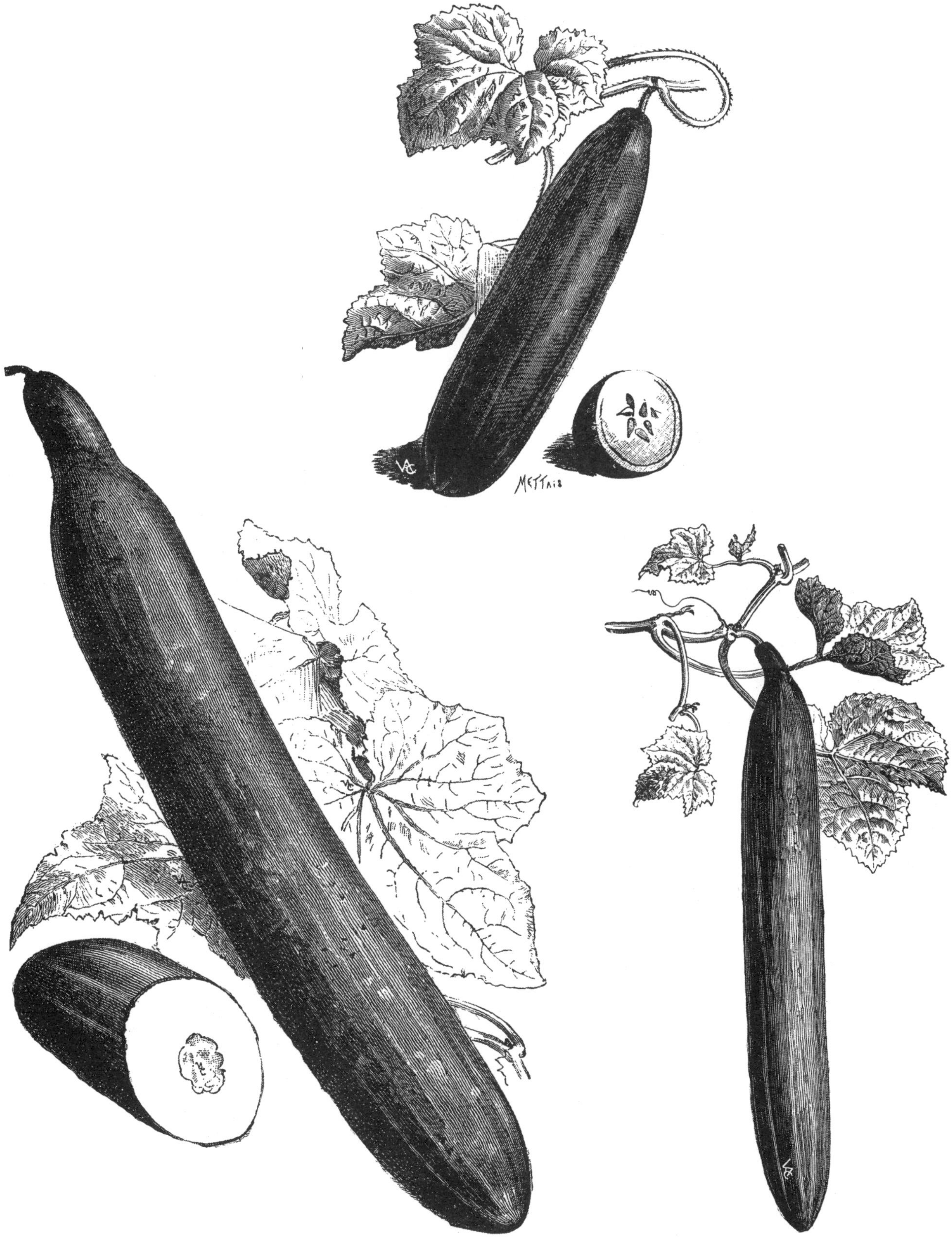

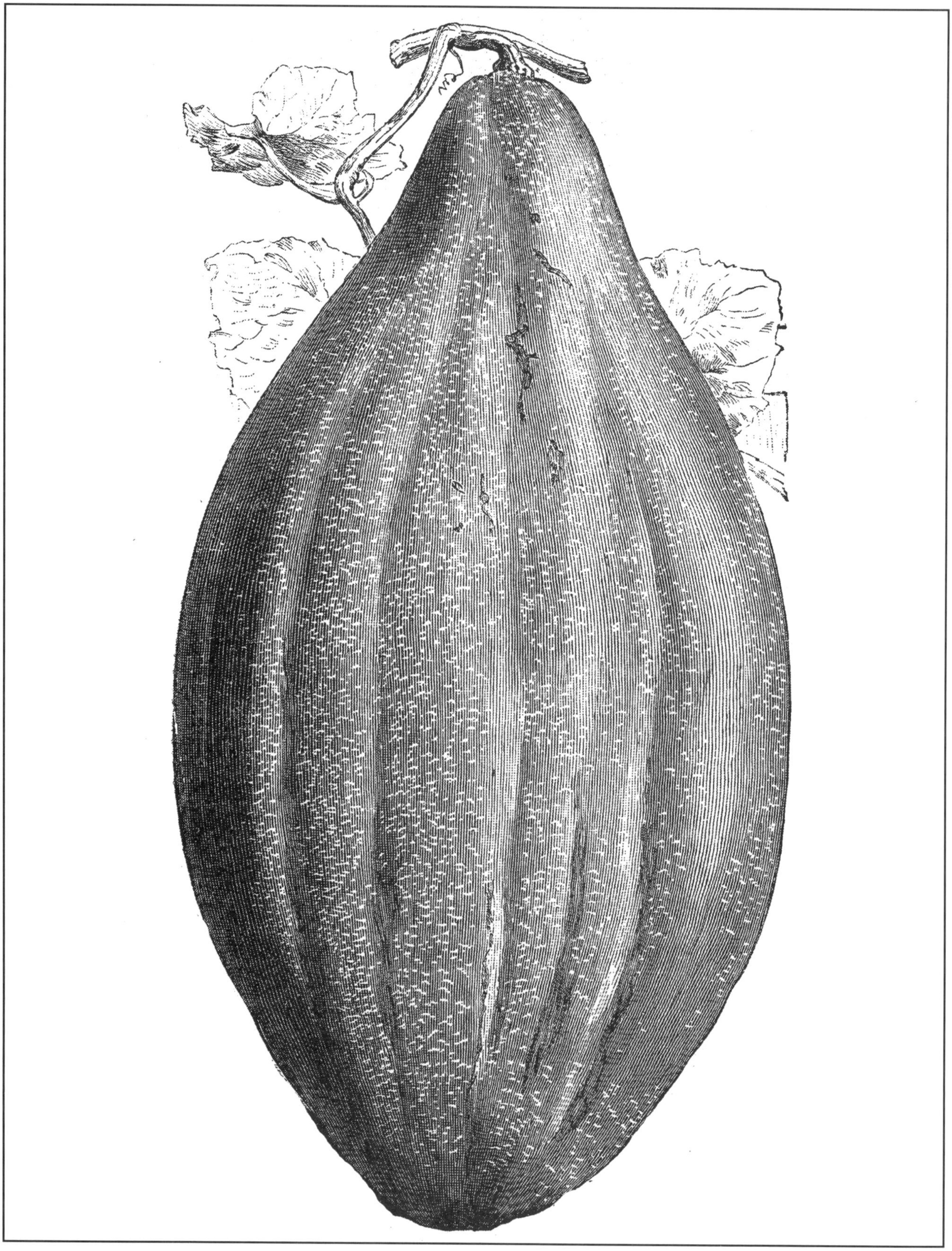

123

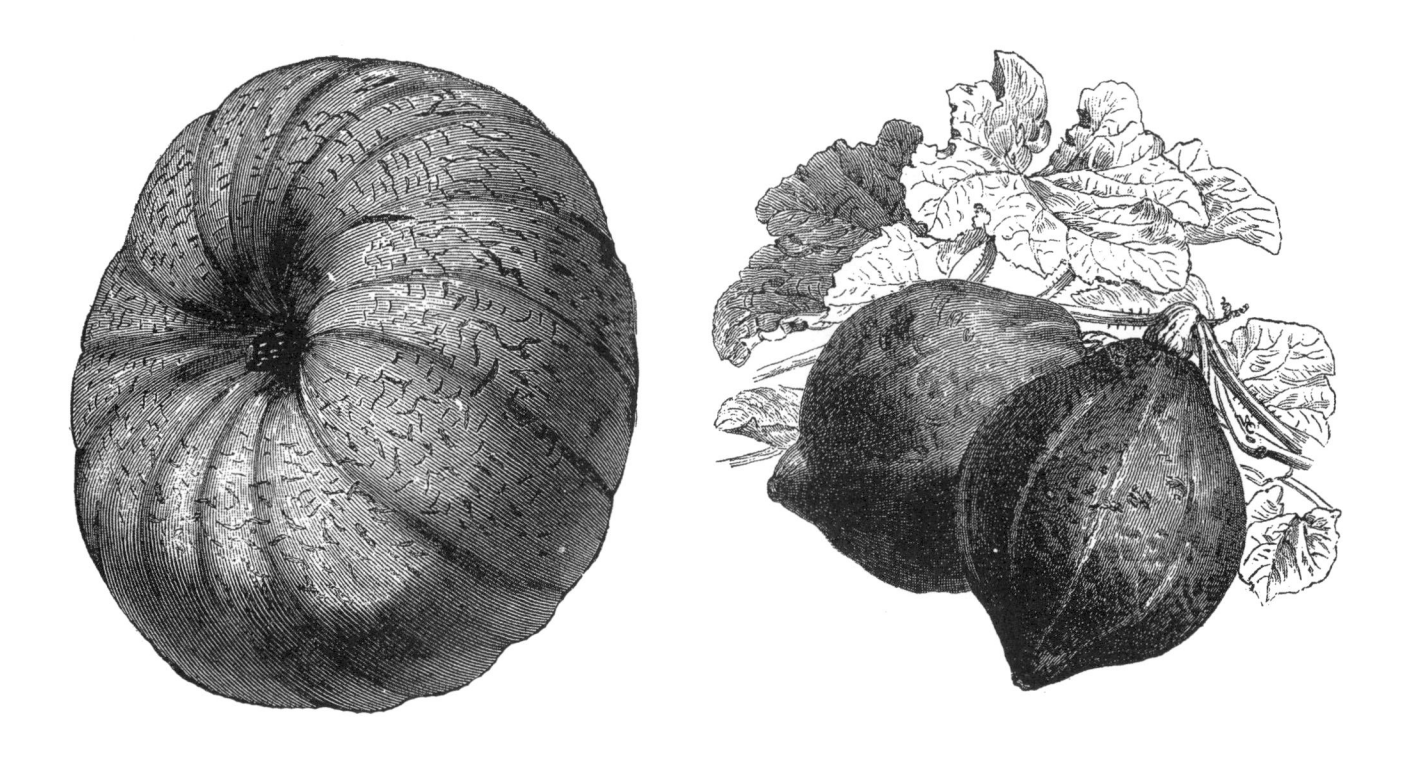

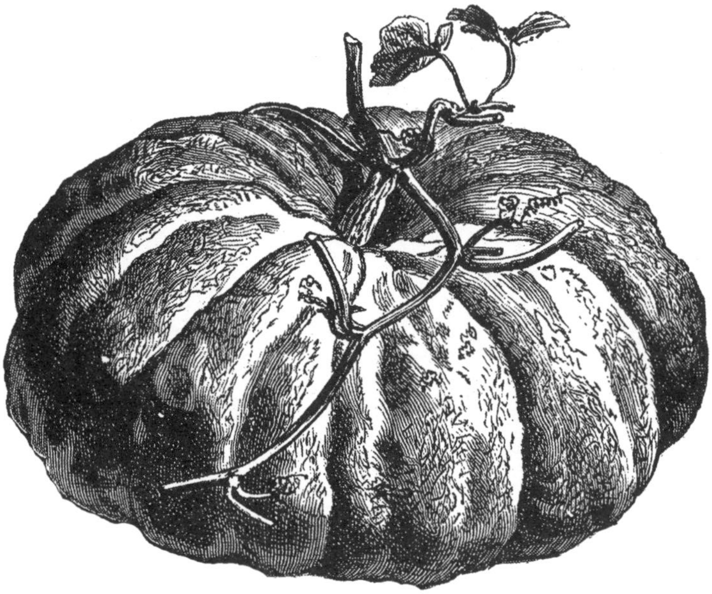

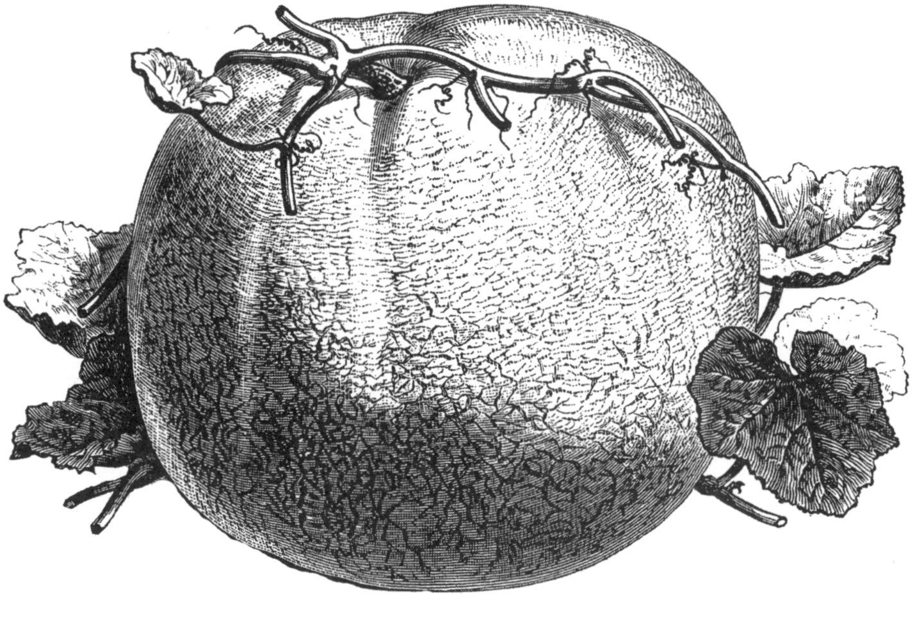

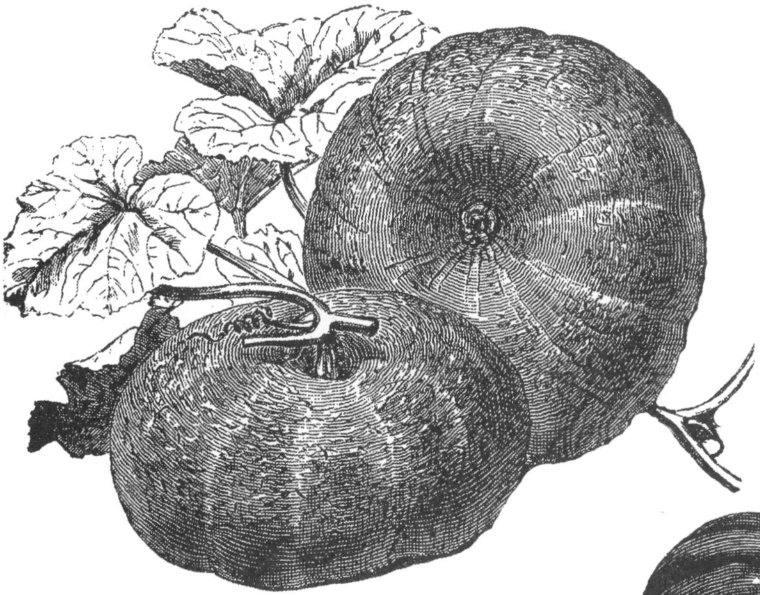

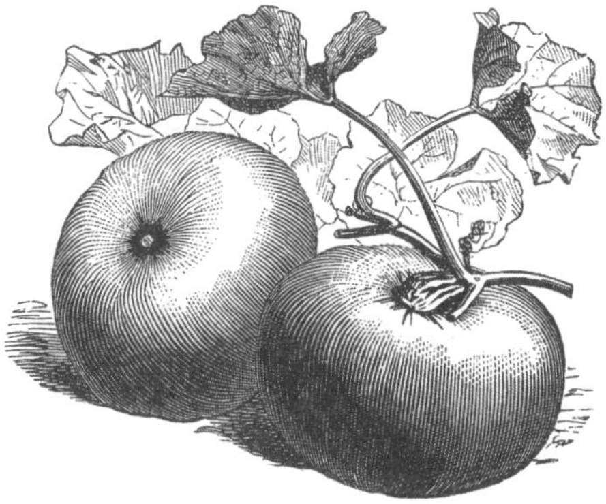

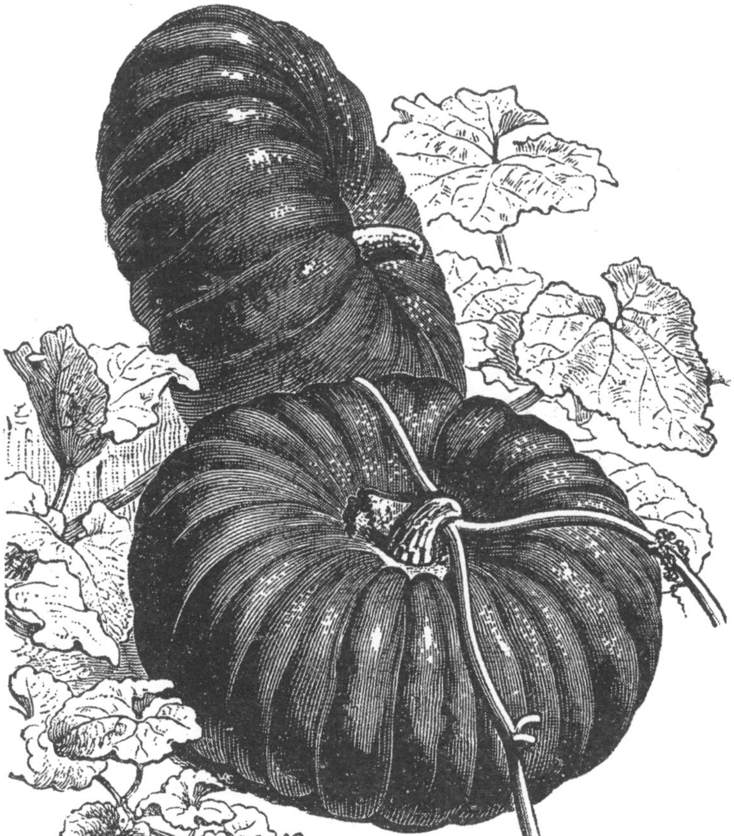

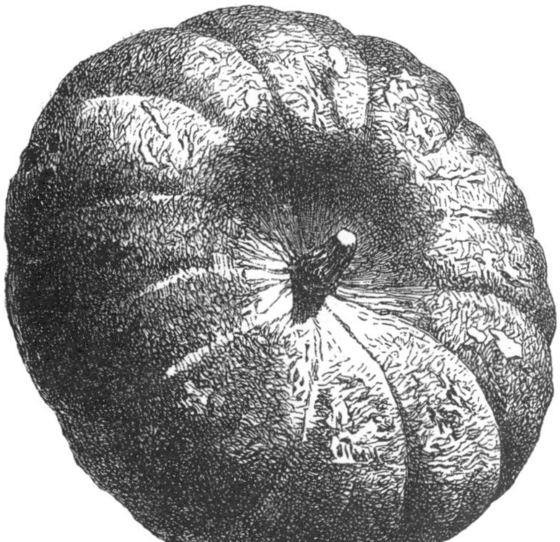

126

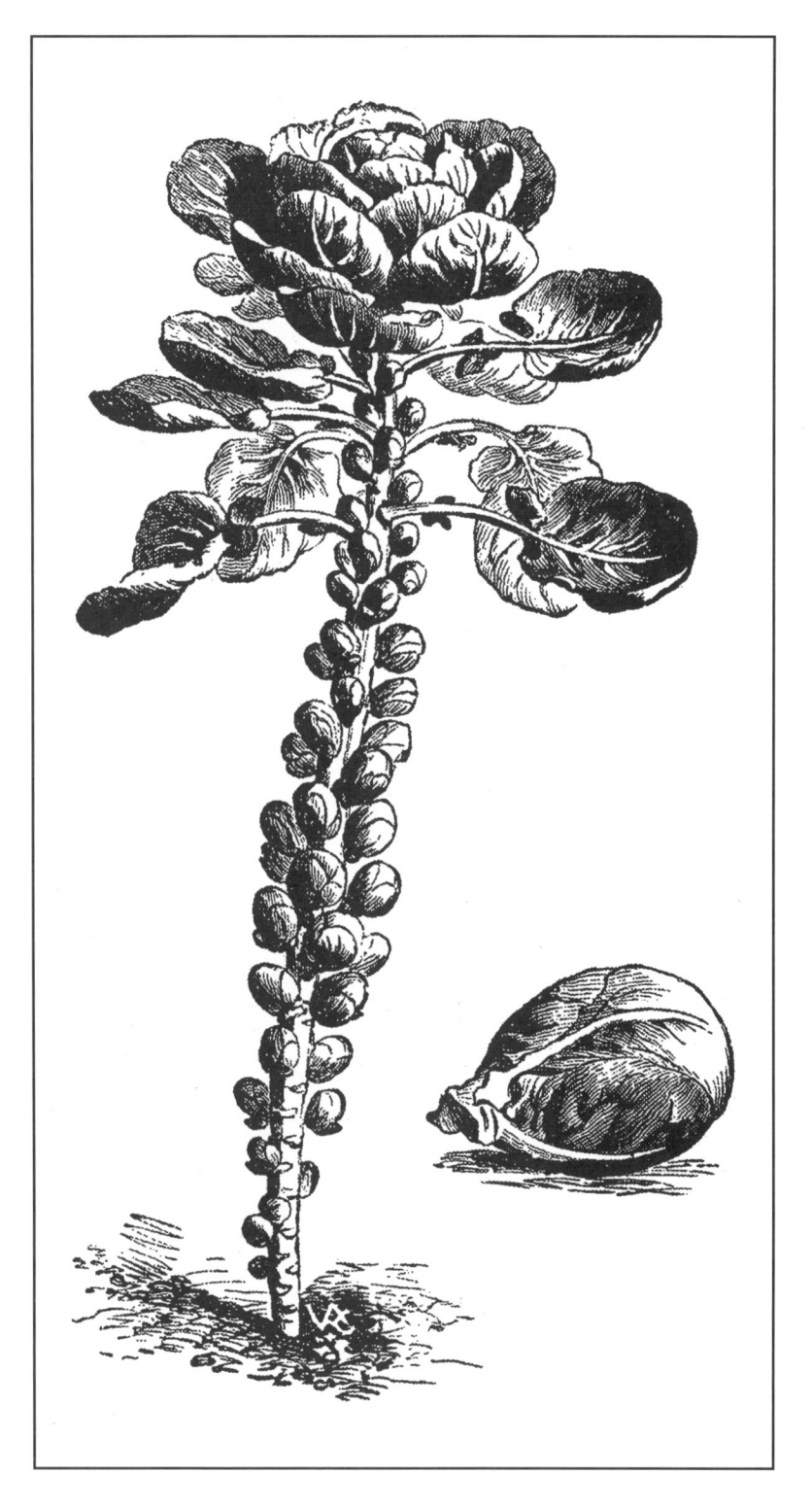

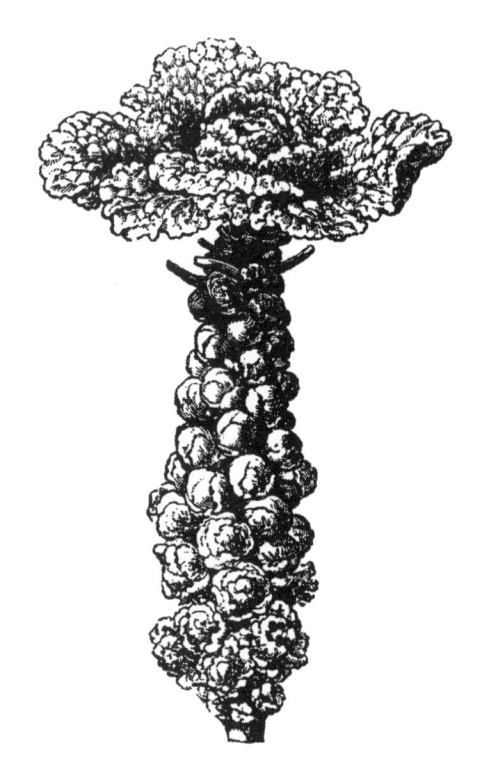

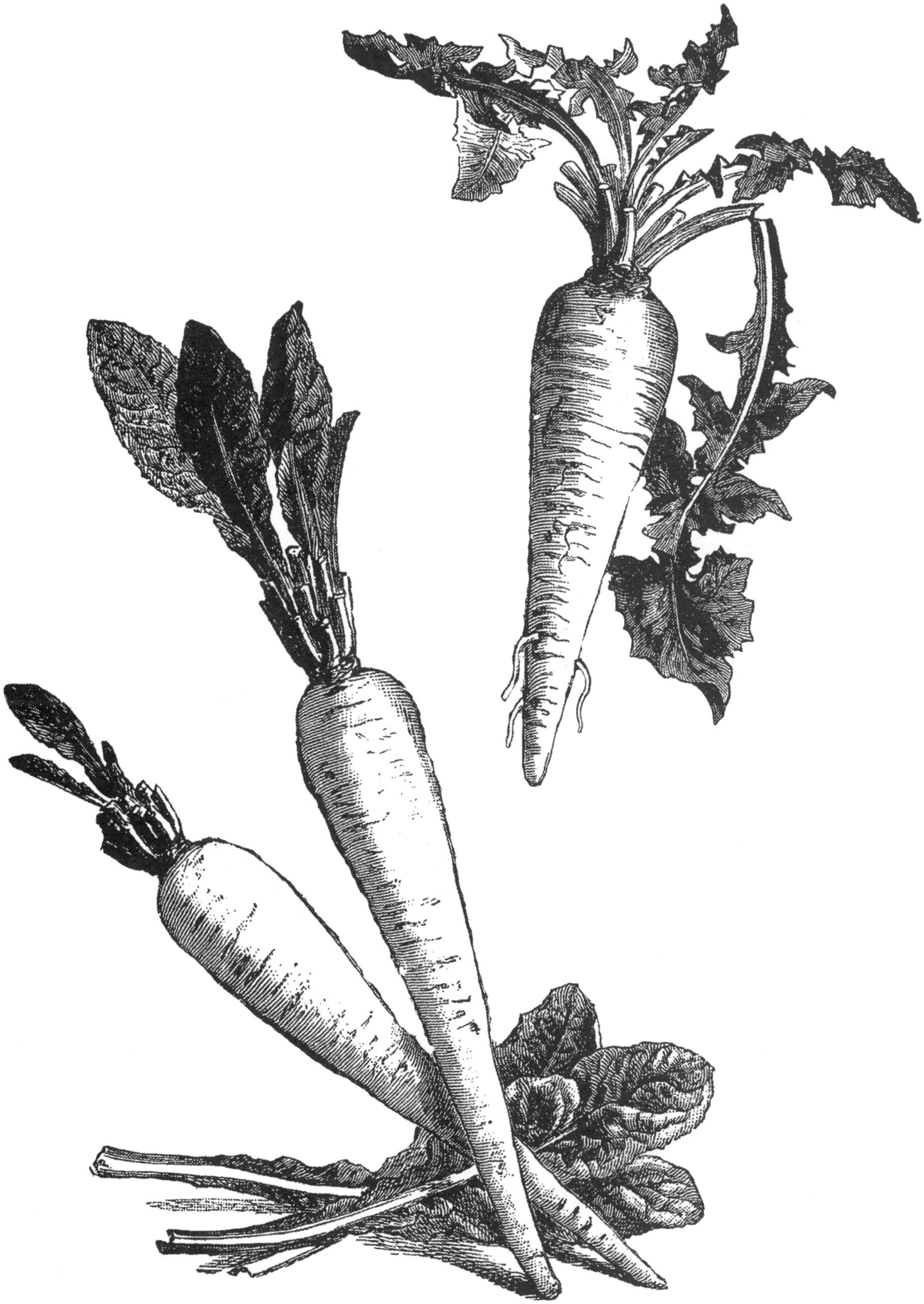

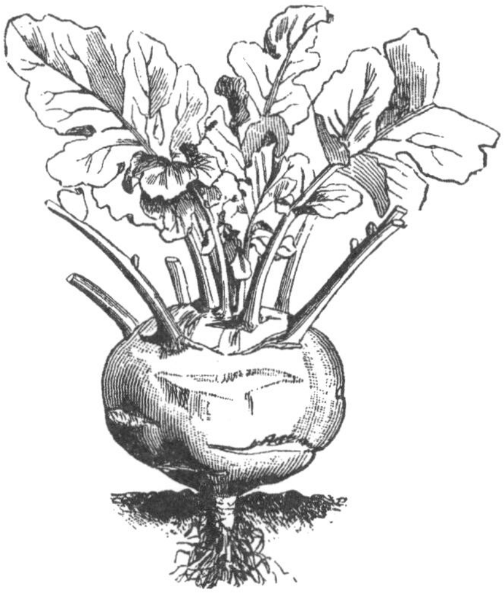

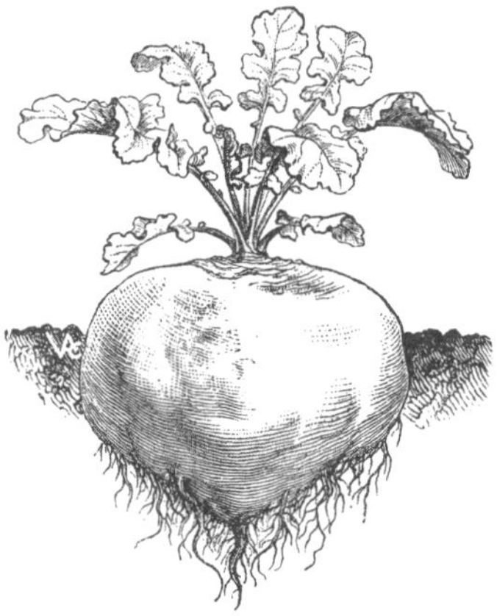

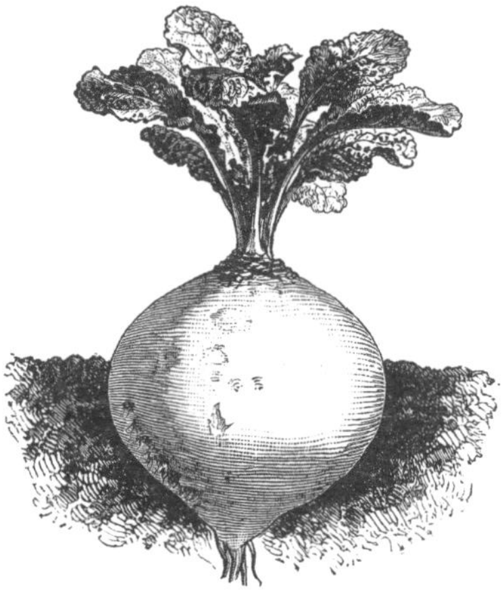

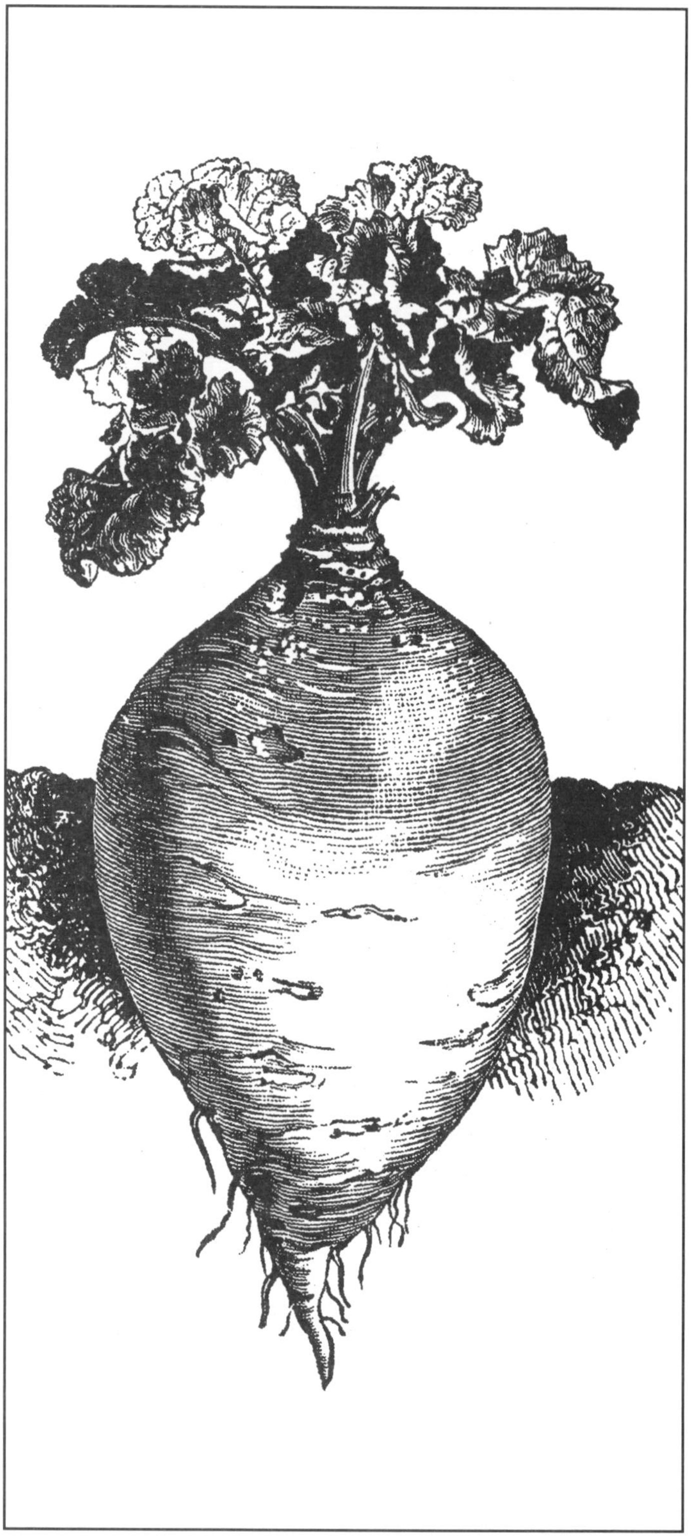

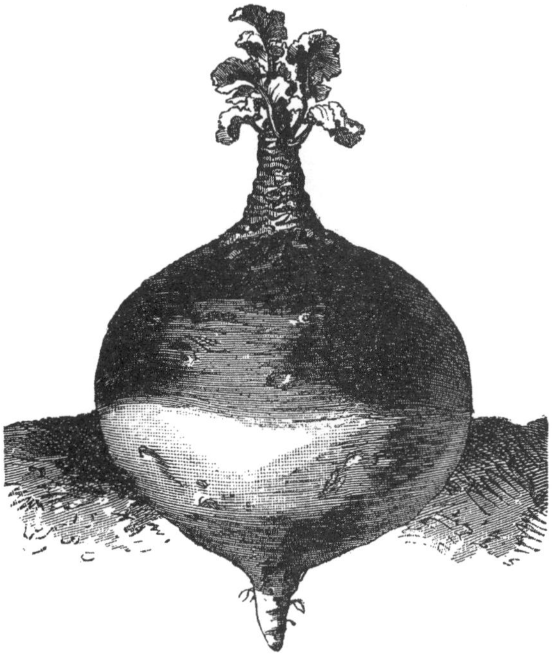

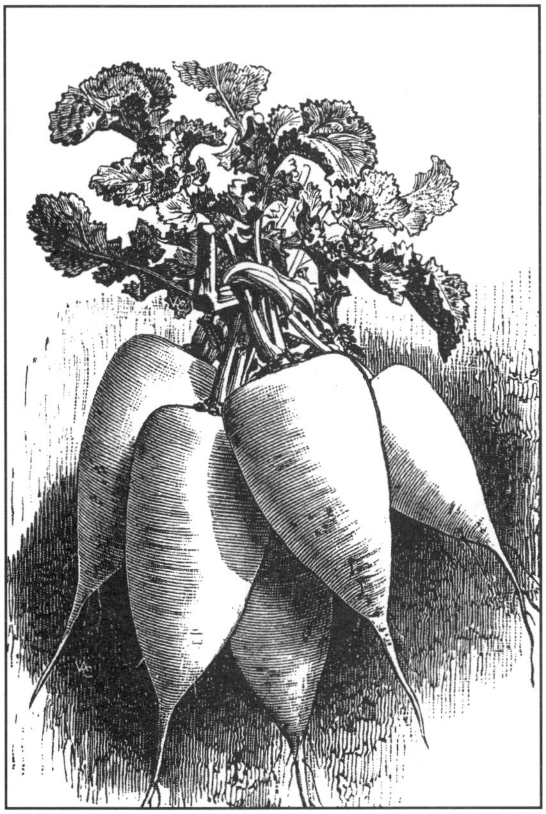

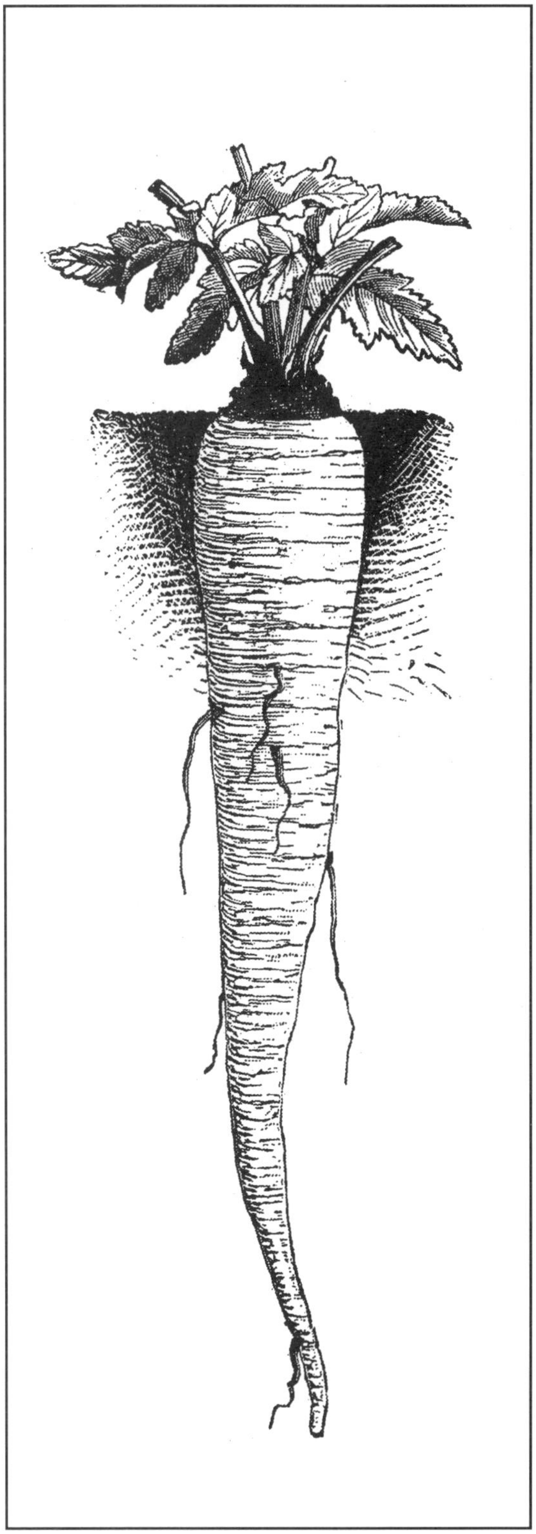

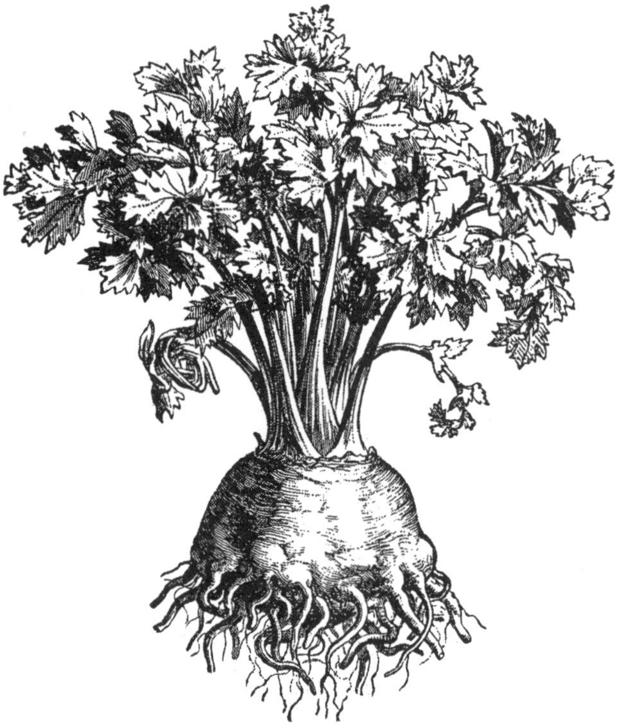

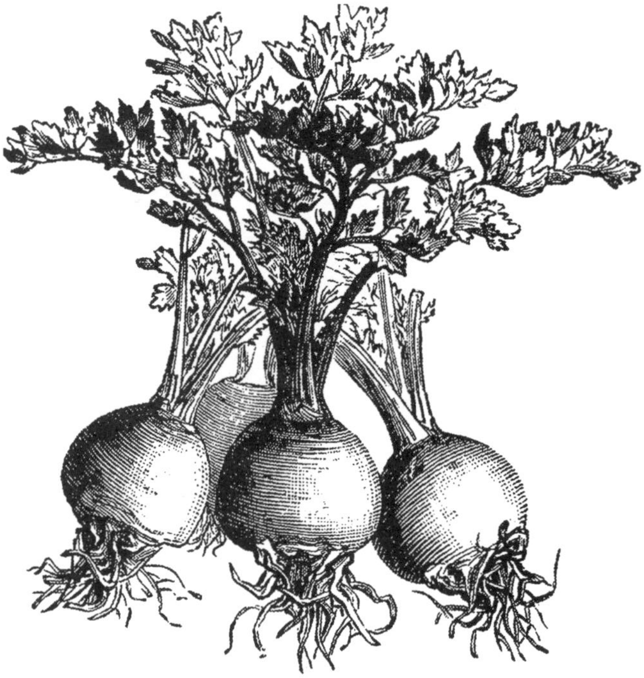

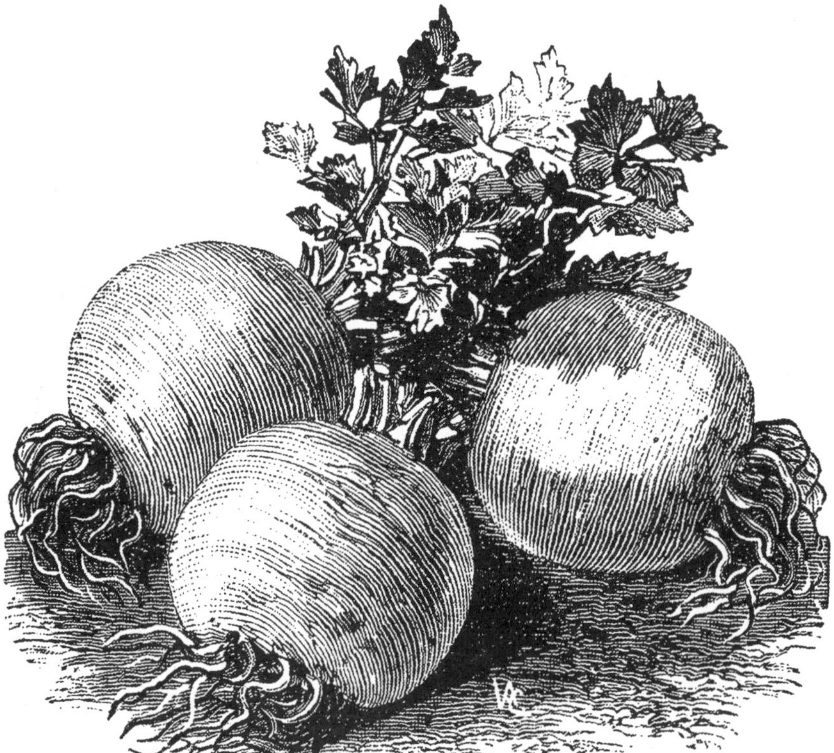

131

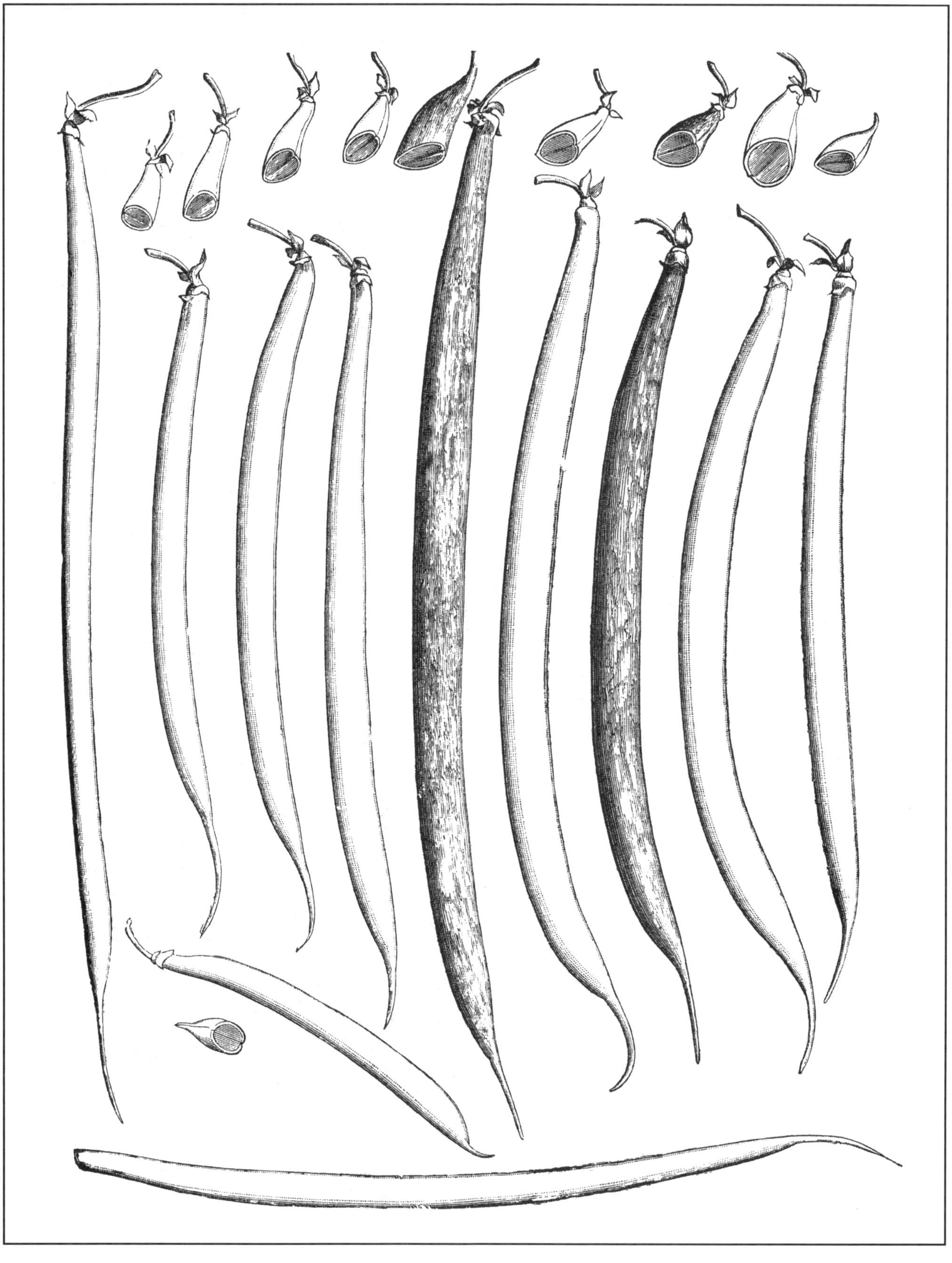

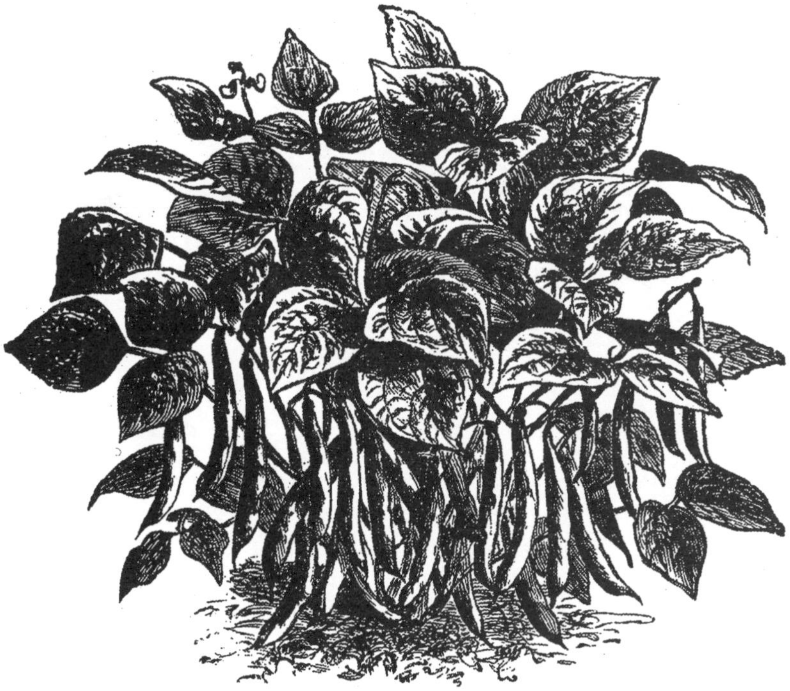

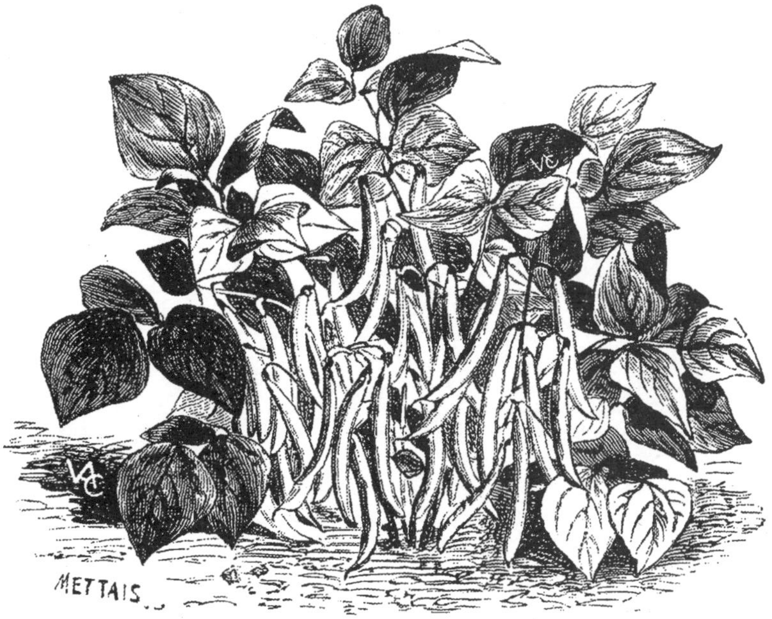
METTAIS

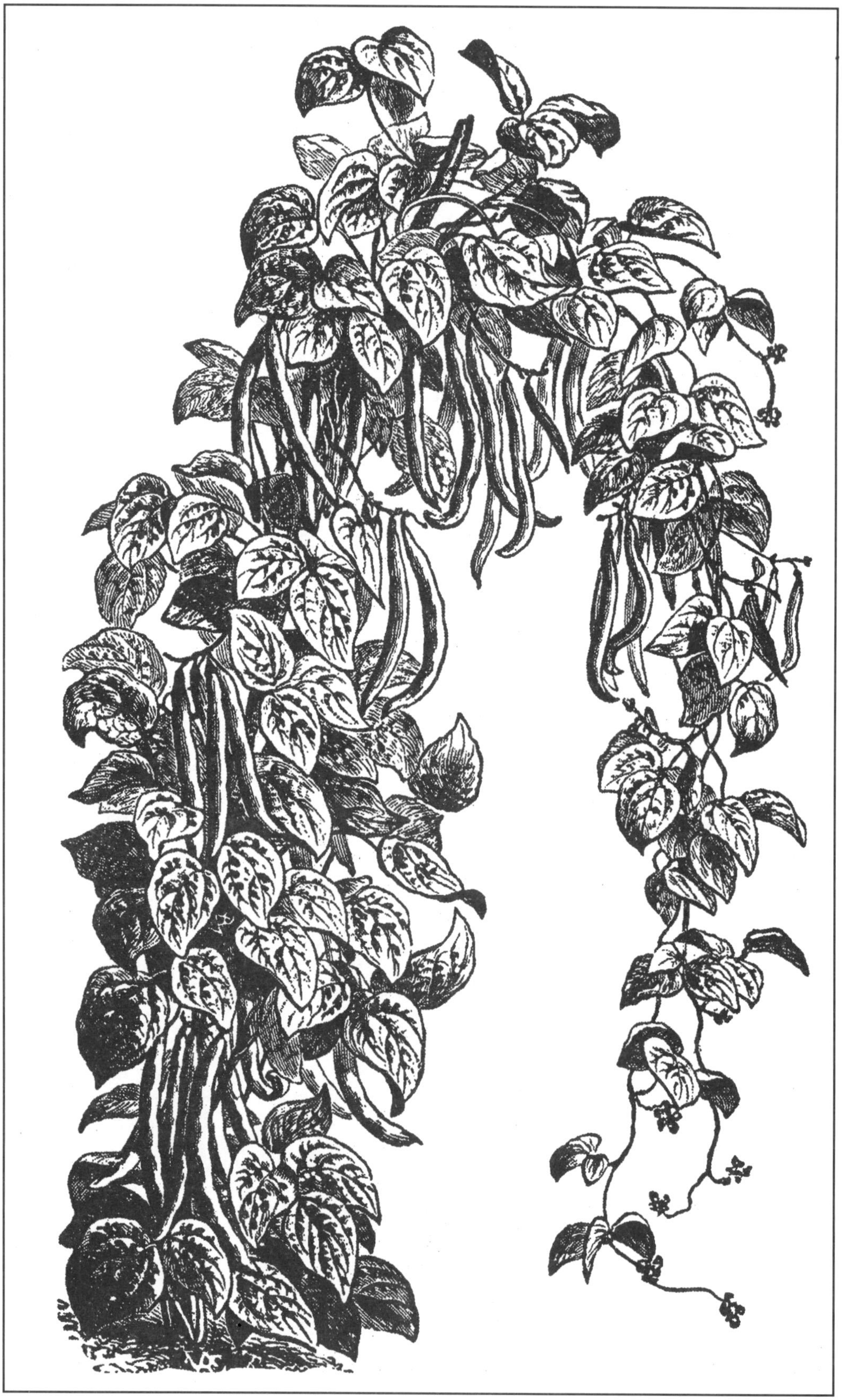

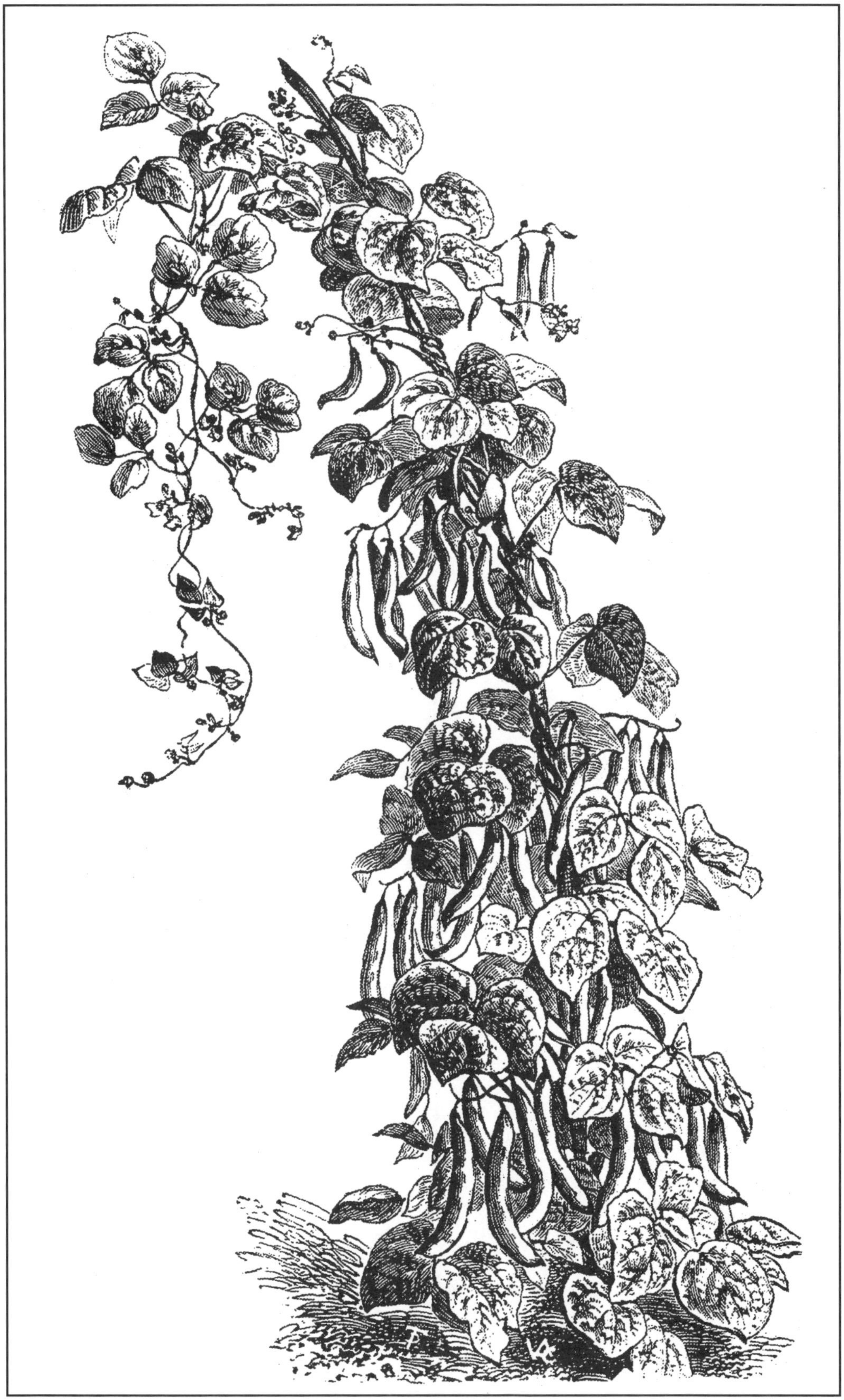

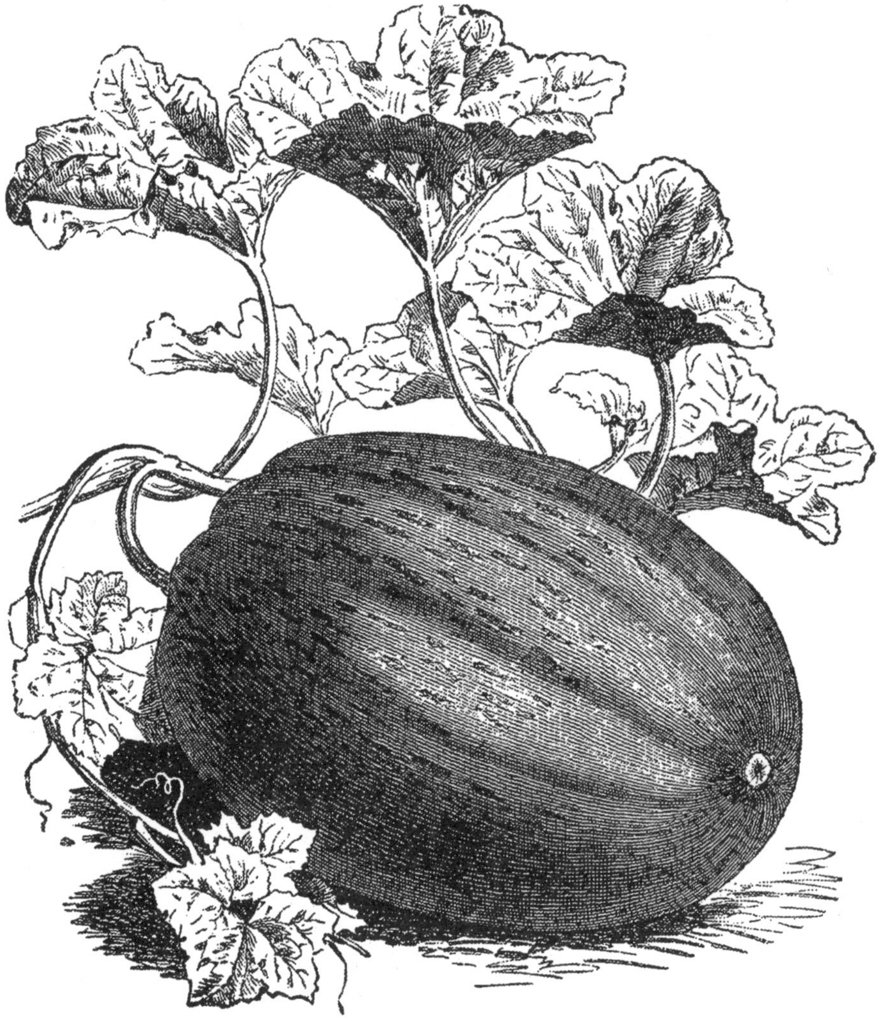

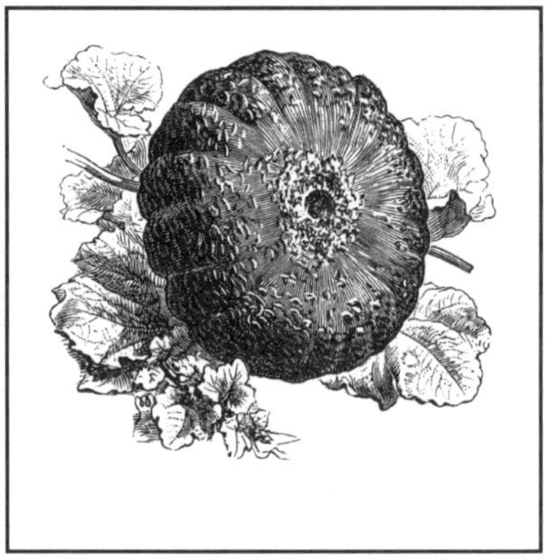

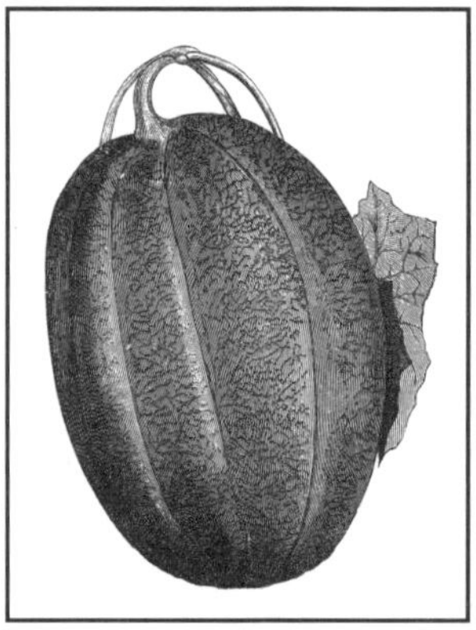

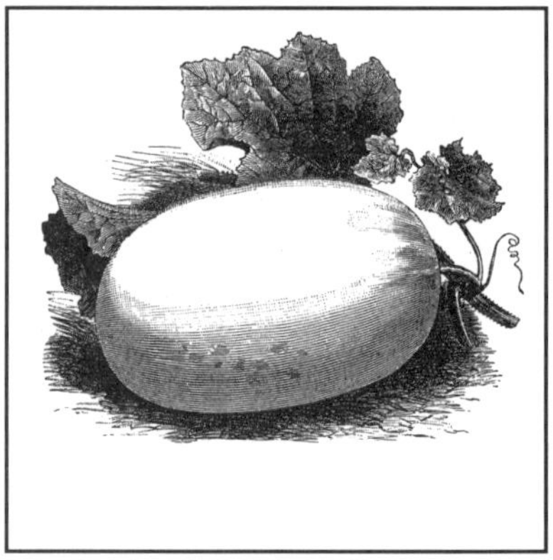

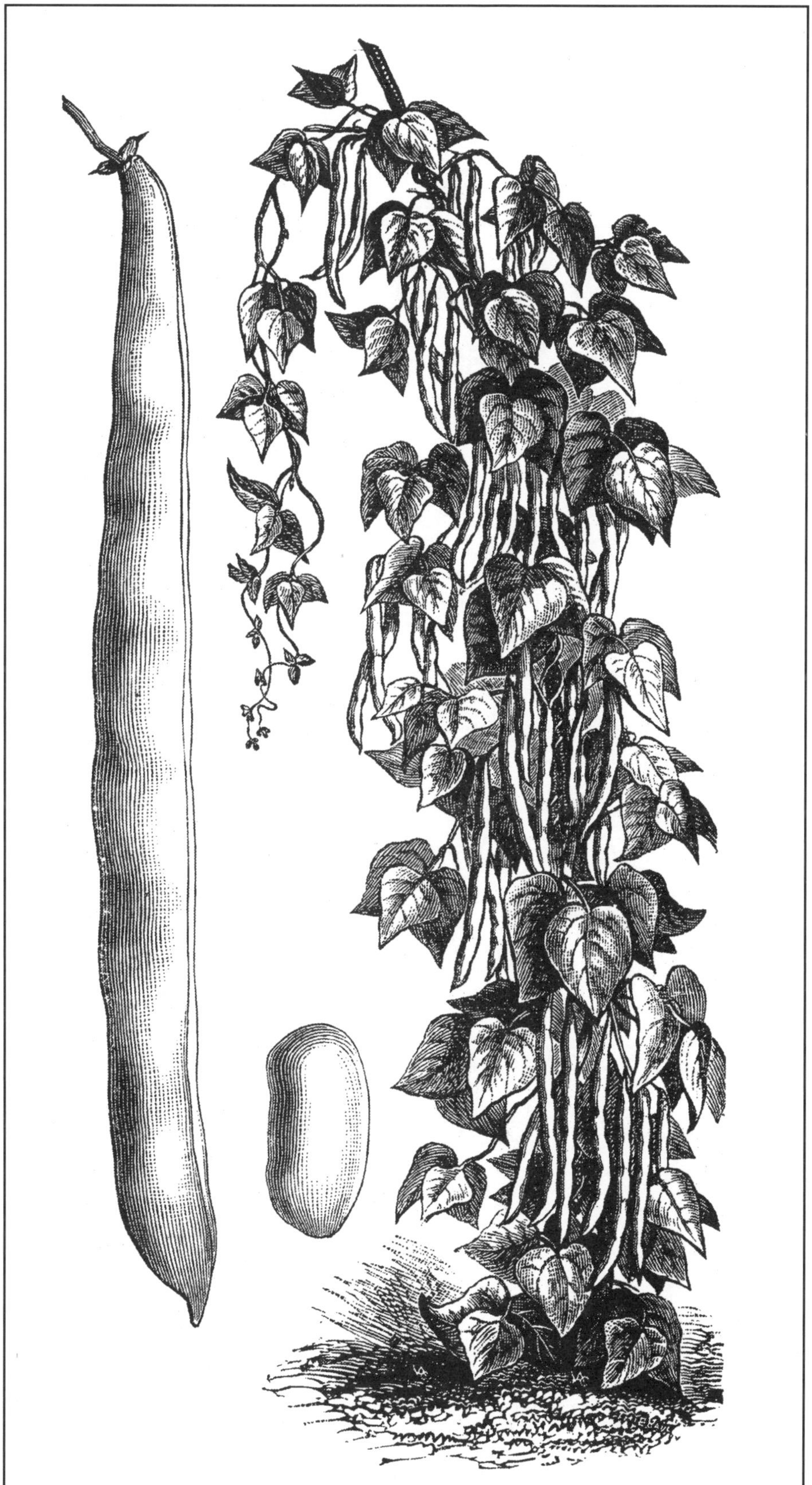

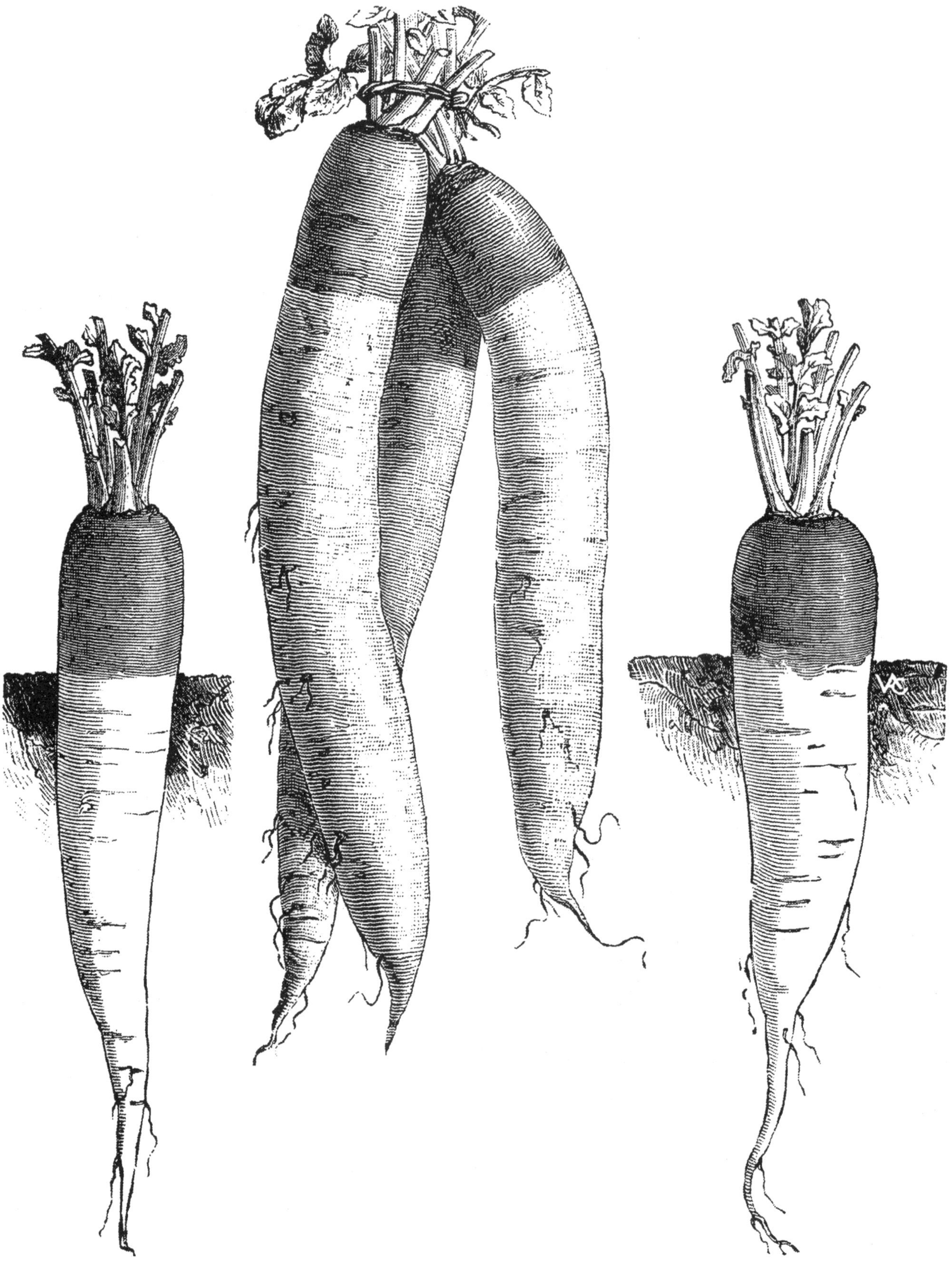

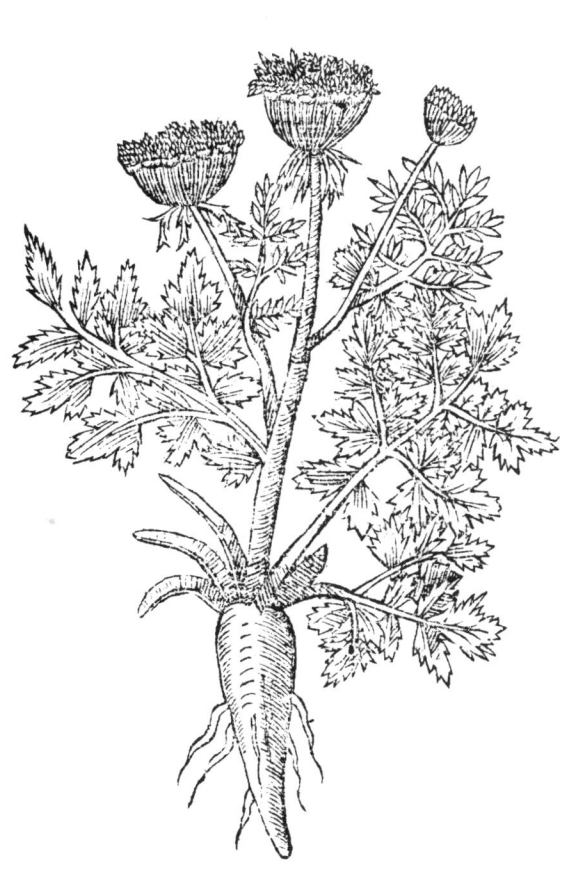

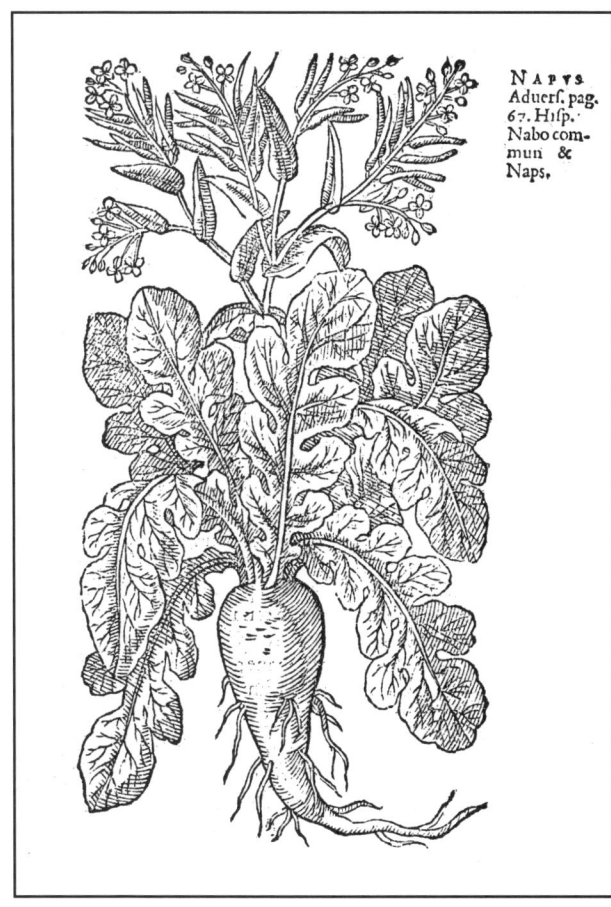

PEPO *oblongus vulgatissimus.* Ang. Gourd Belg. Pepoenen.
Germ. Pfeben. Aduerſ. 286.

NAPVS
Aduerſ. pag.
67. Hiſp.
Nabo commun &
Naps.

Pepo rotundus compressus Melonis effigie.
Aduers. pag. 286.

Colocynthis. *Gal.* Coloquinte & Courge
sauuage. *Hisp.* & *Ital.* Coloquintida.
Aduers. pag. 287.

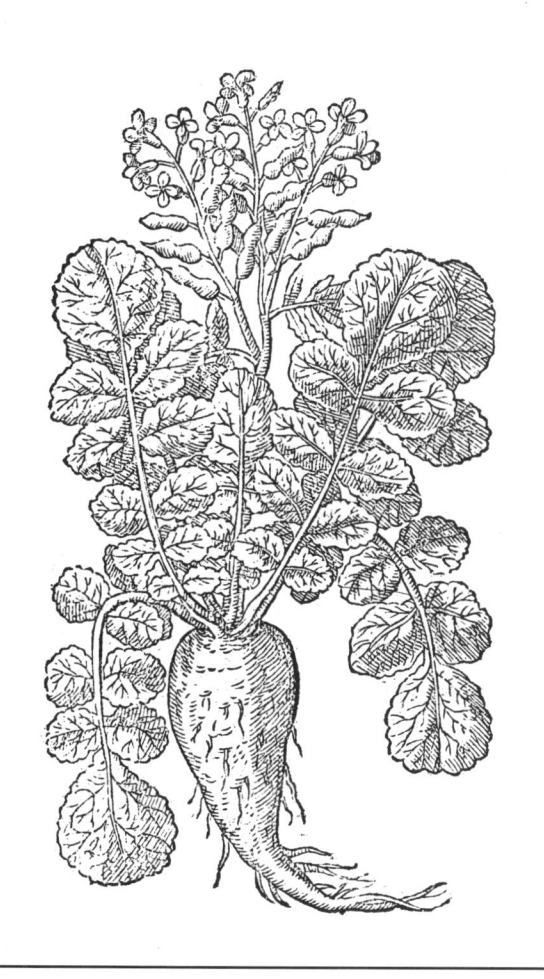

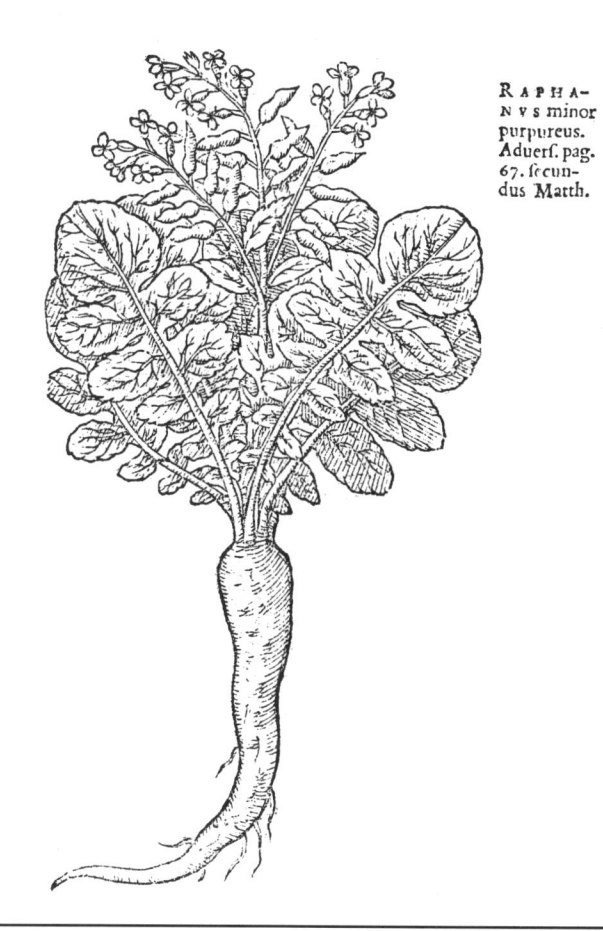

RAPHA-
NVS minor
purpureus.
Aduerſ. pag.
67. ſecun-
dus Matth.

PEPO *maximus Indicus compreſſus. Aduerſ.* 286.

magnitu-
dine à ſu-
perioribus
differt; fru-
ctus autē
interdum
80. libras
pendit: &
folia rotū-
diora.

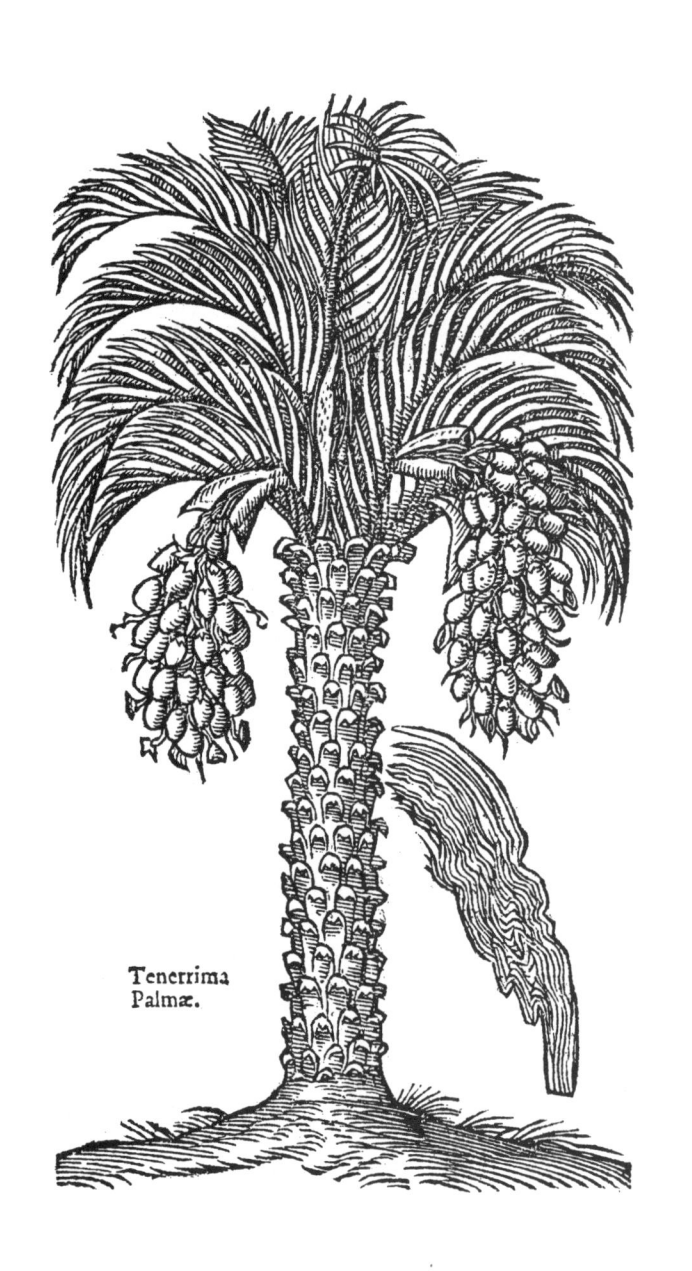

Tenerrima Palmæ.

CERRIS Plin. maiore glande.
Aduerſ. 431.

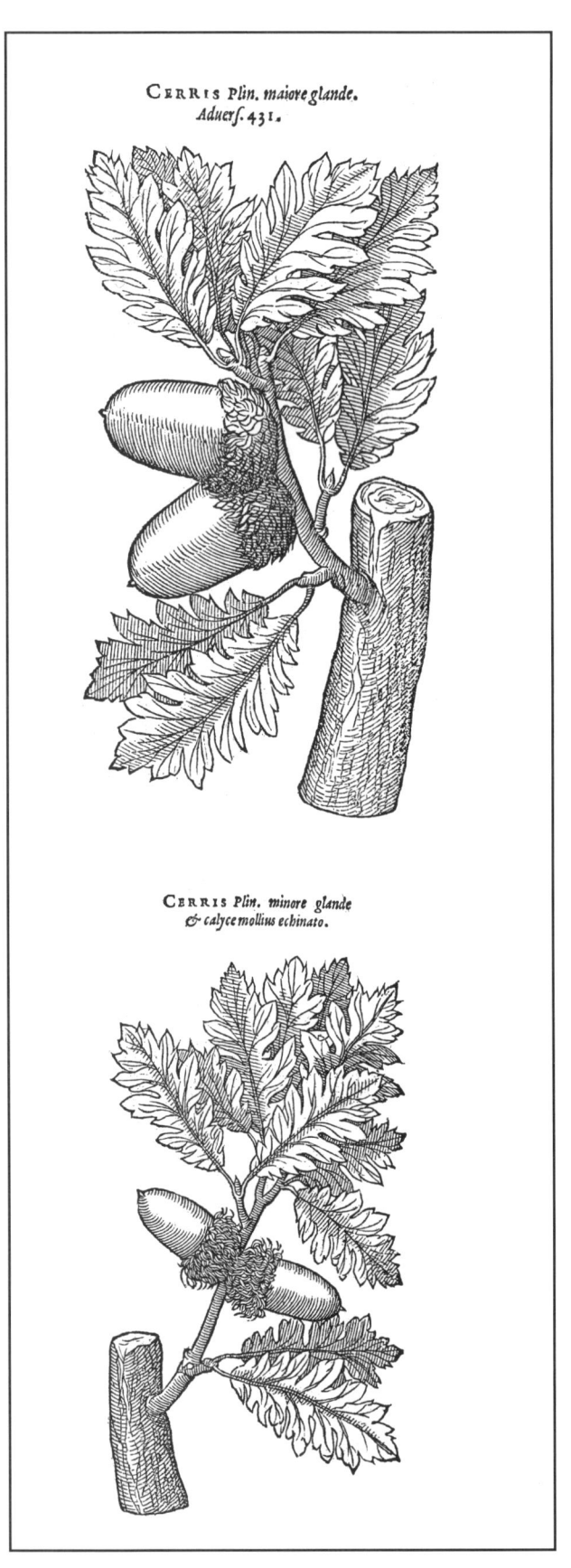

CERRIS Plin. minore glande
& calyce mollius echinato.

143

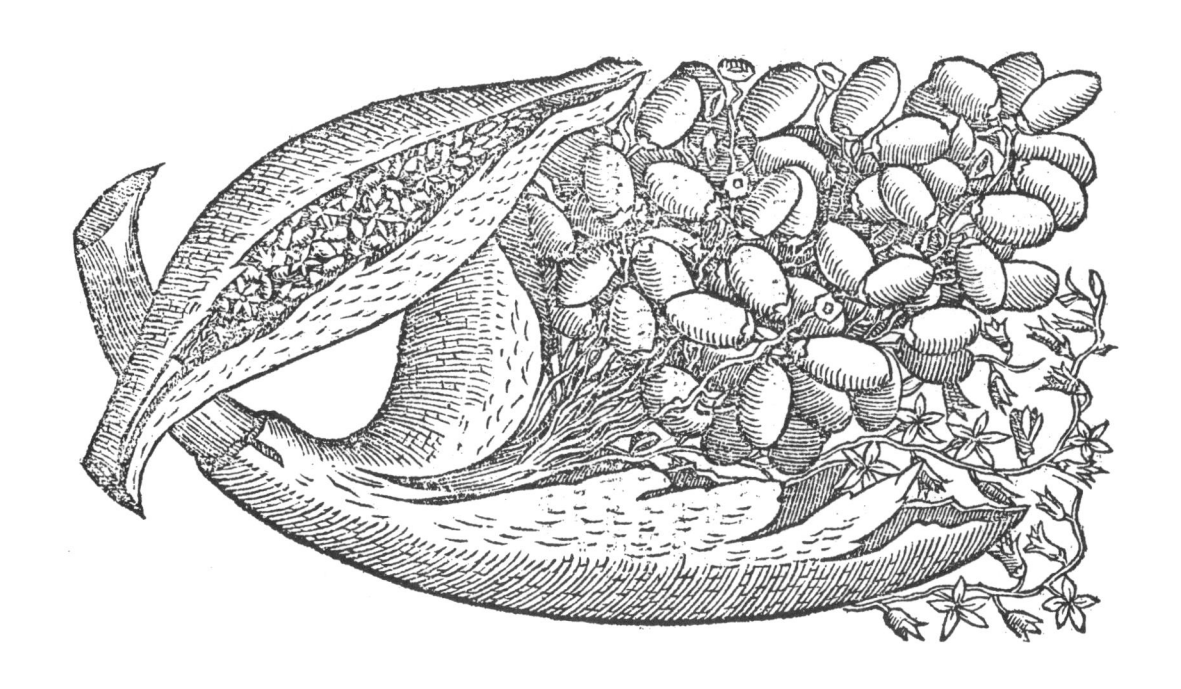

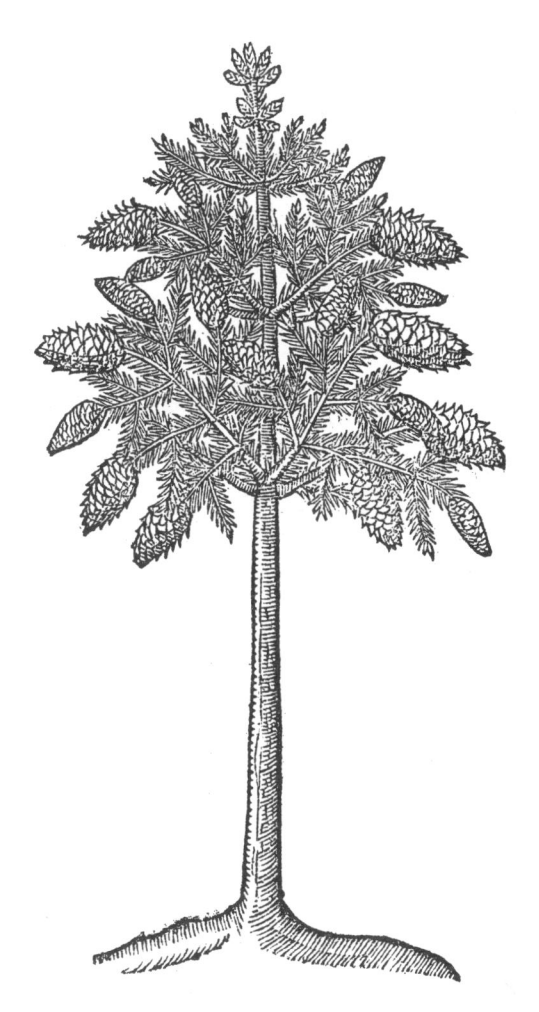

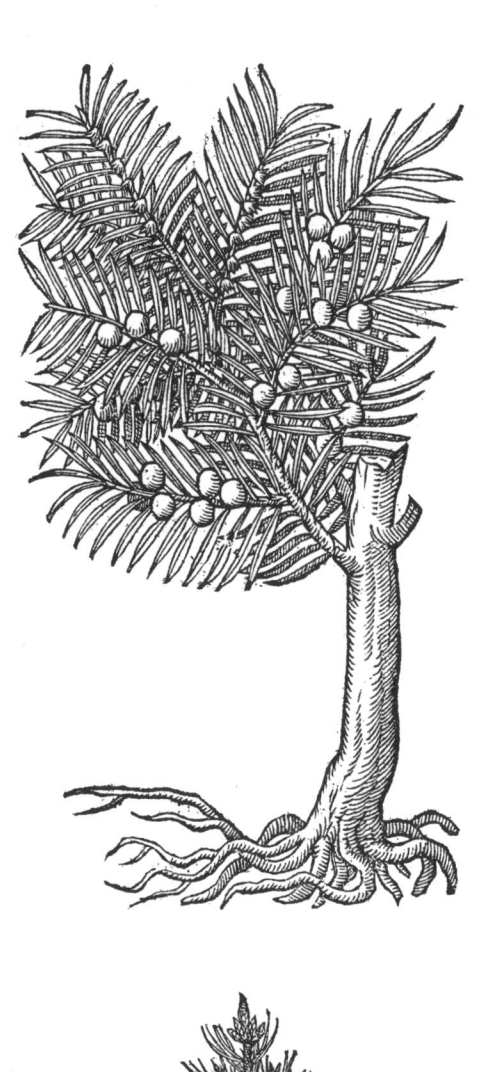

ABIES.
Germ. Dannenbaum.
Belg. Mast boom. Ang.
Masttre & Deele. Ital.
Abete. Gal.
Sapin Aduers. 450.

LL   PINVS

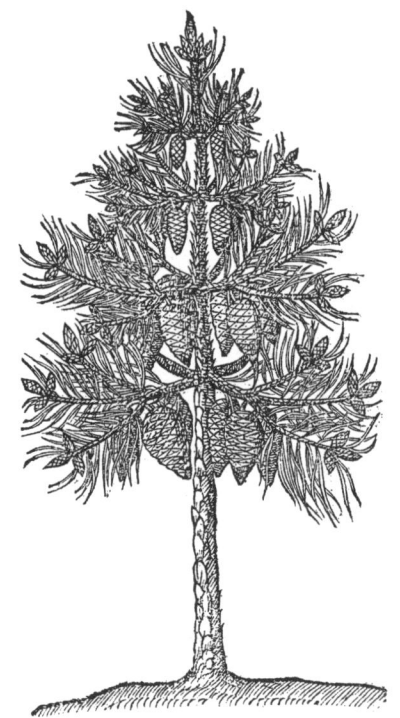

LARIX.
Germ. Larchenbaum.
Gal. Melze
& Meleze.
Ital. & Hisp.
Larice.
Aduers. 449.

145

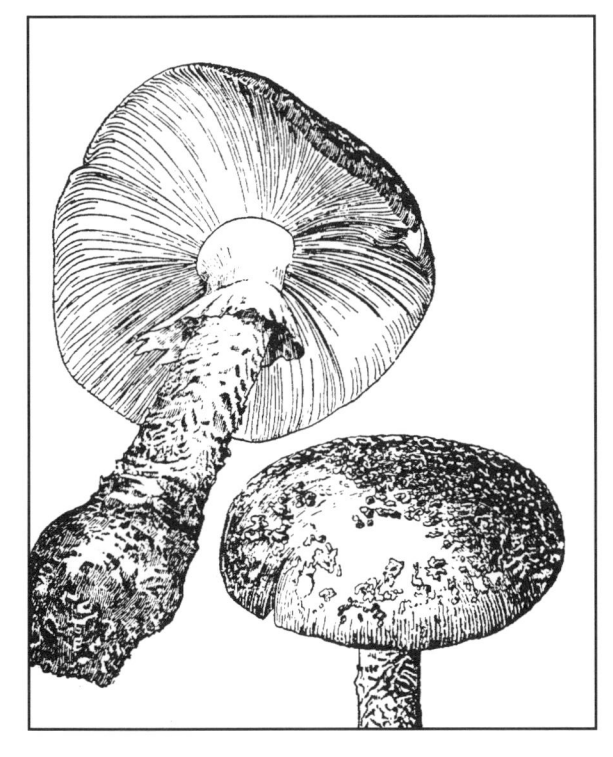

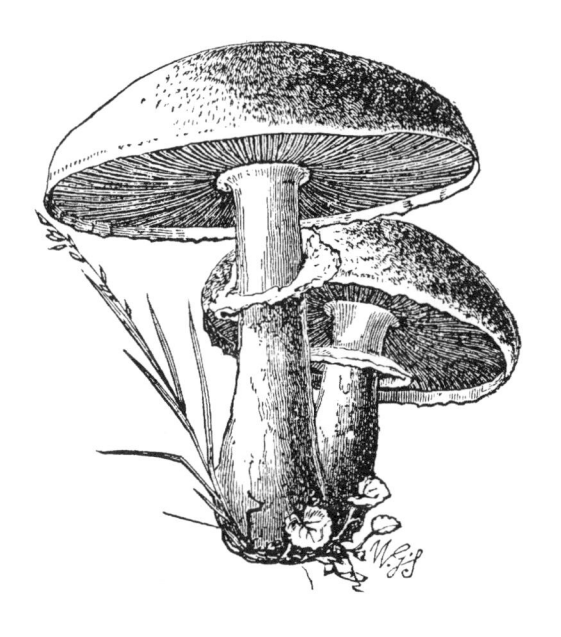

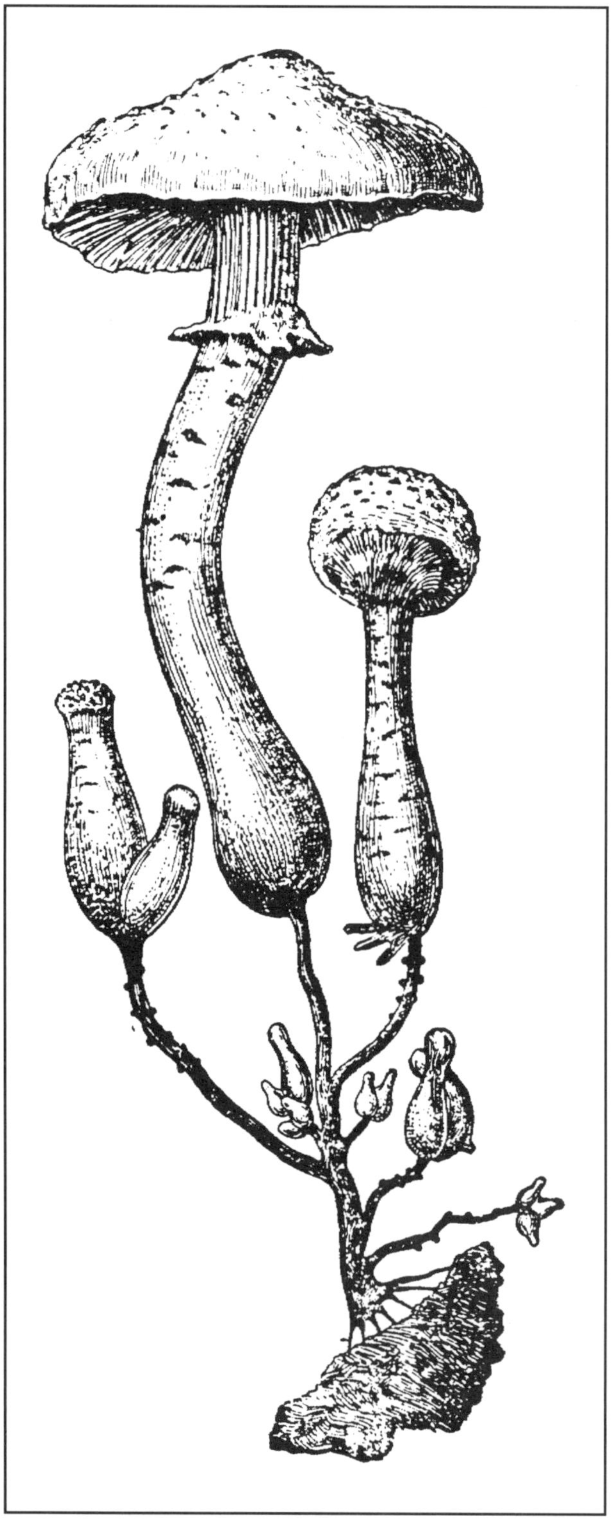

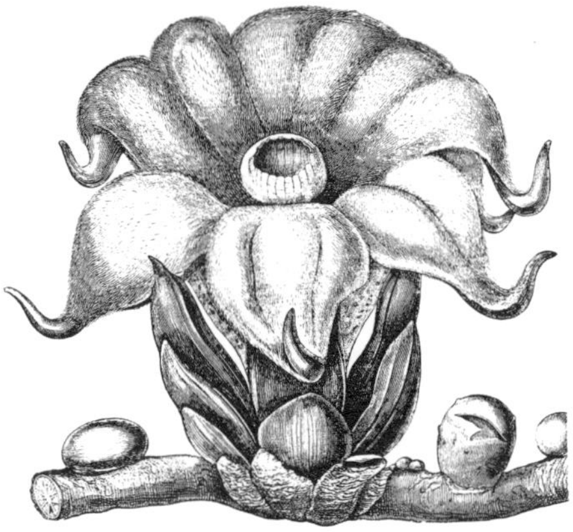

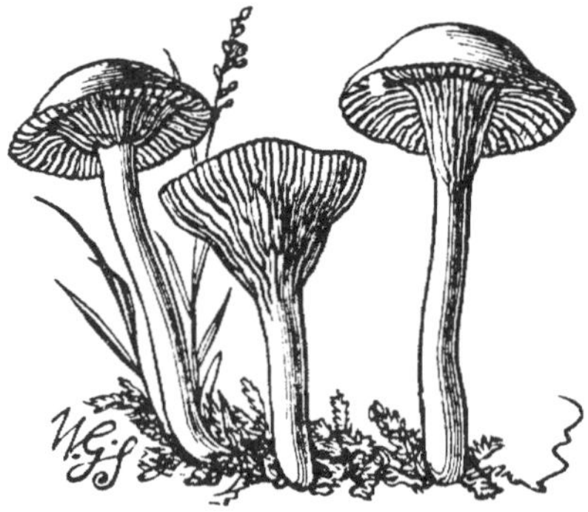

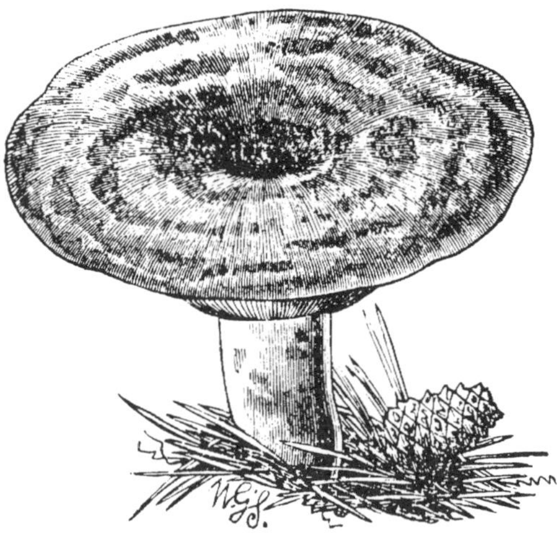

147

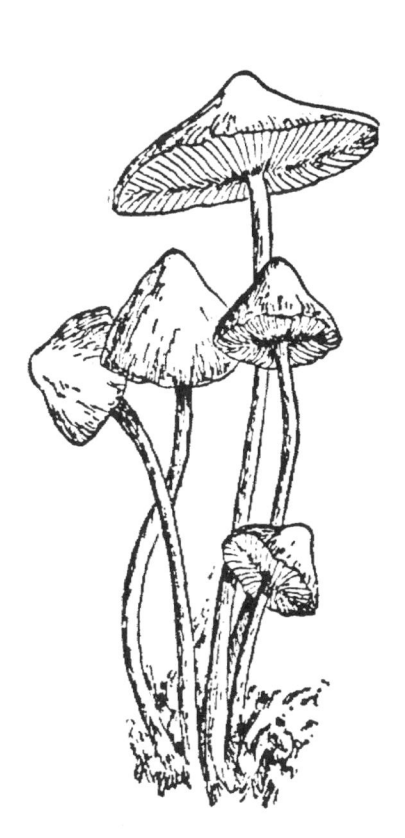

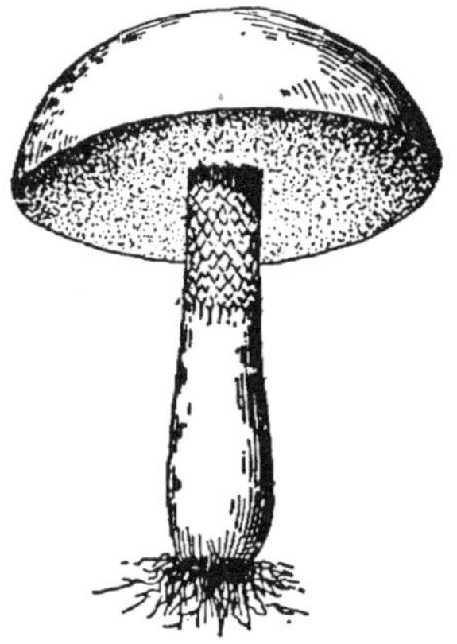

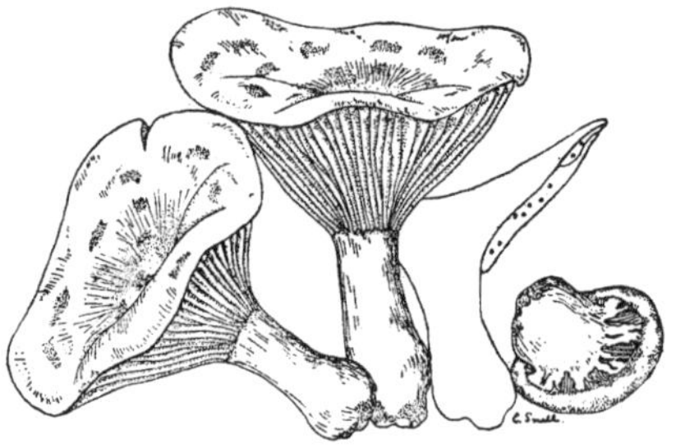

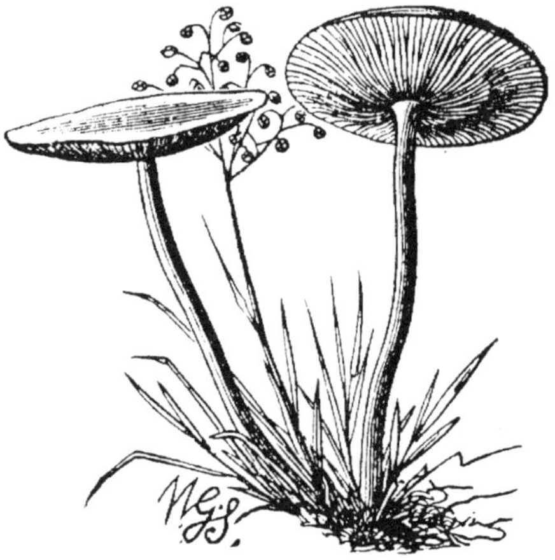

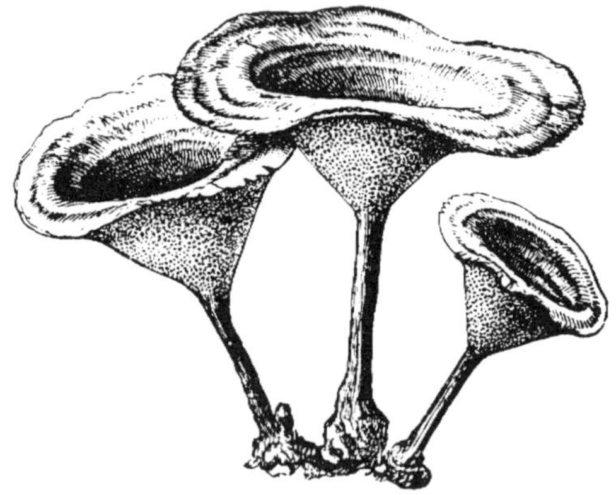

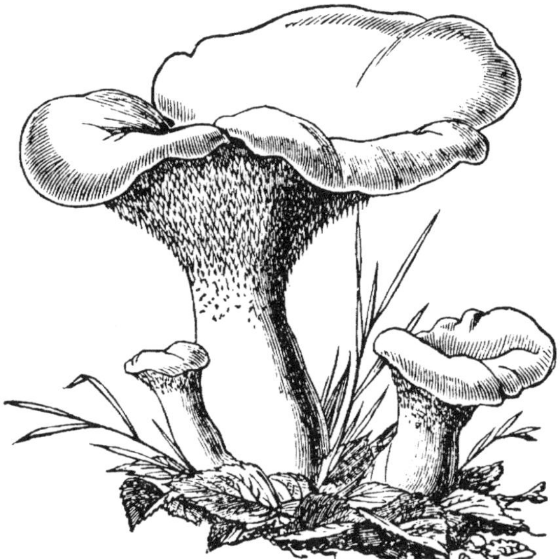

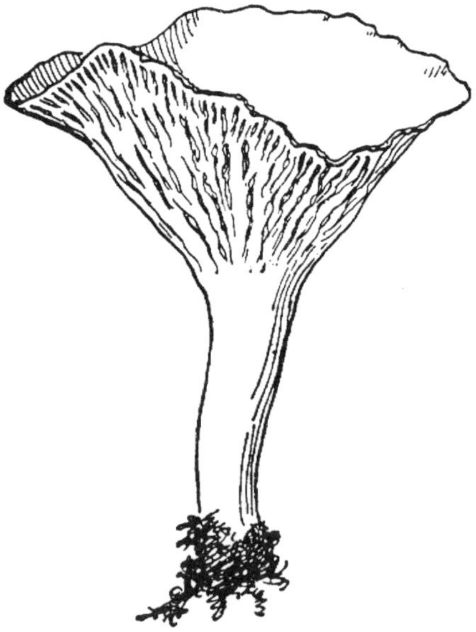

Malus Aurantia Striis Aureis Distincta.

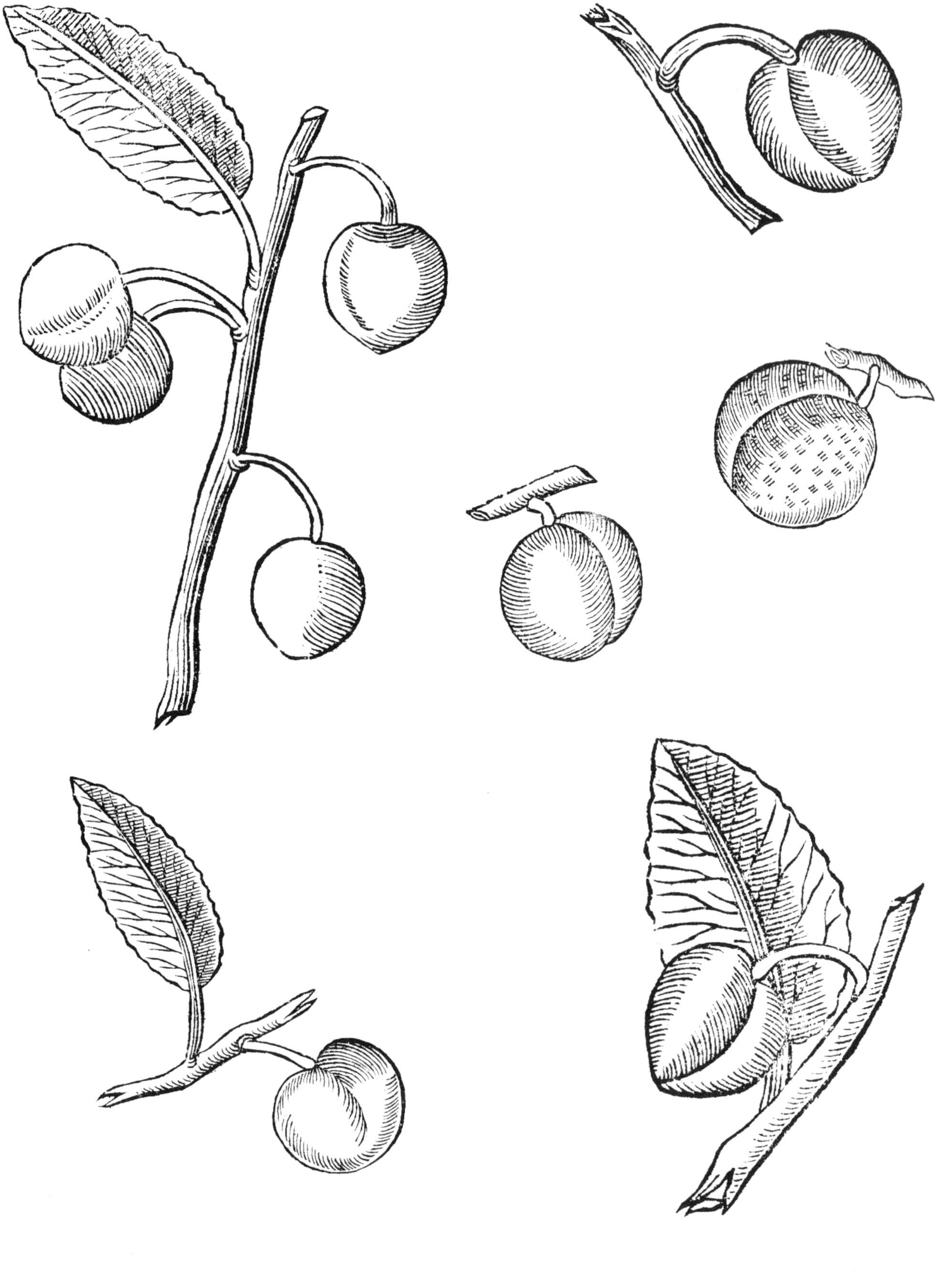

151

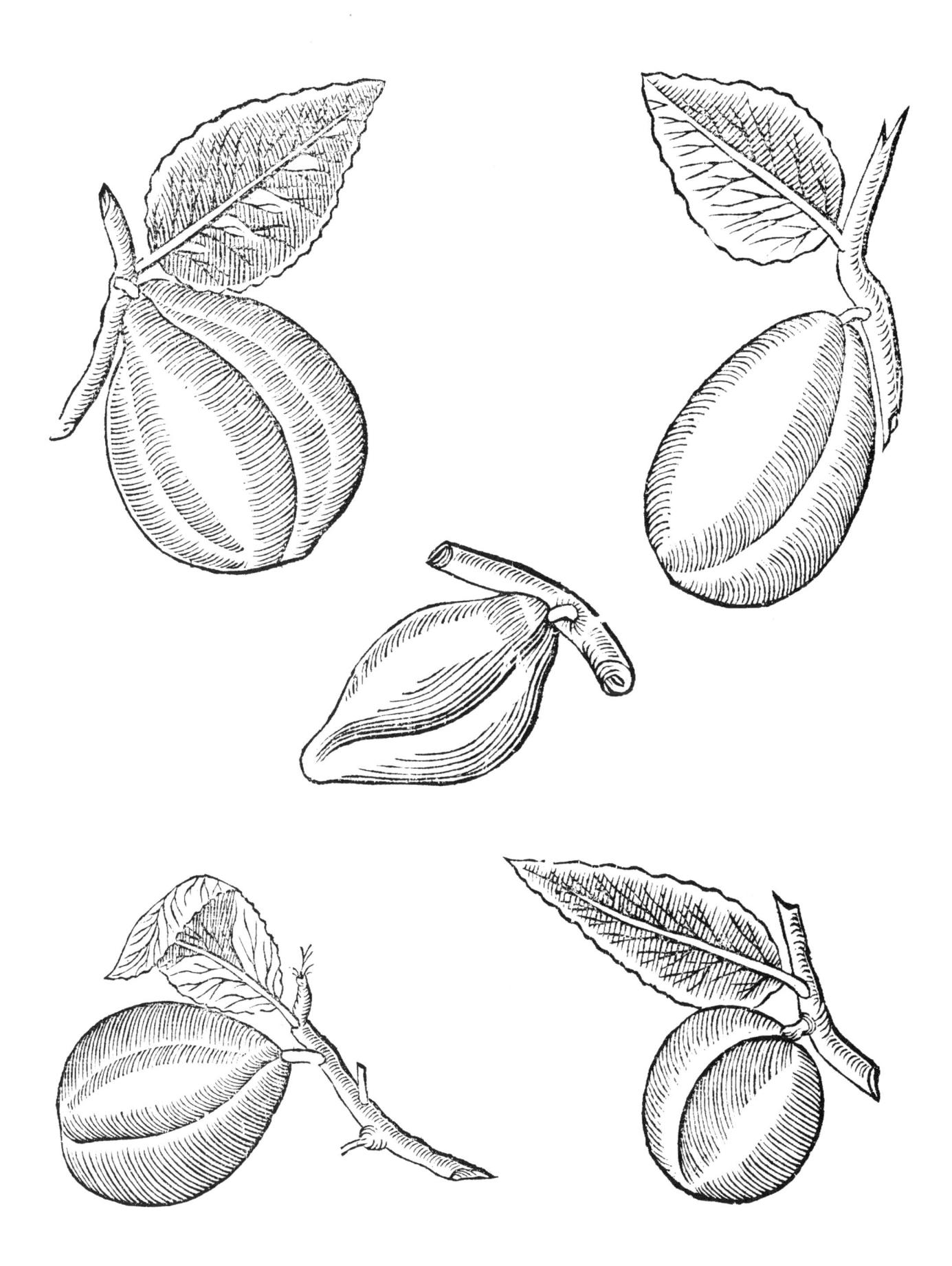

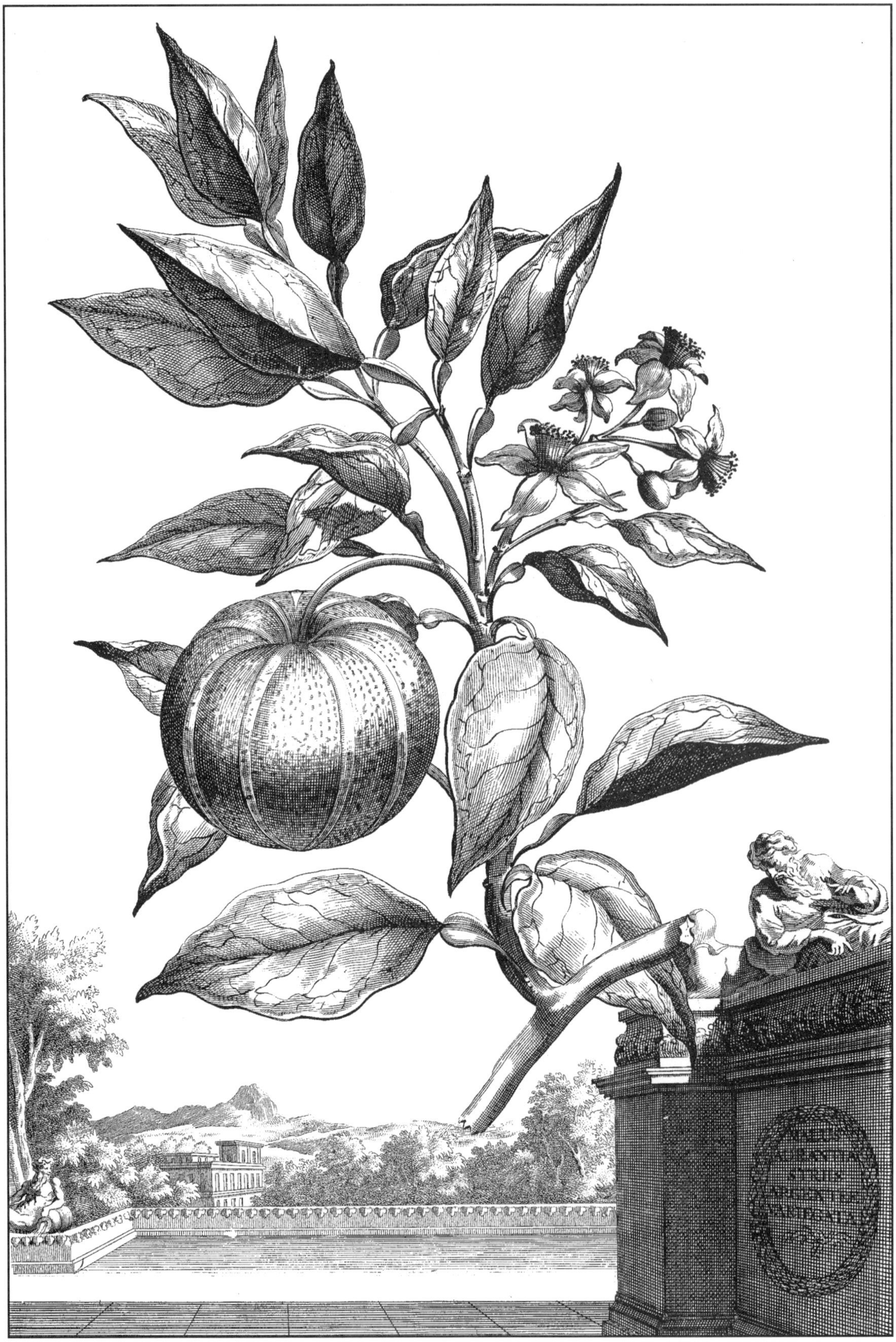

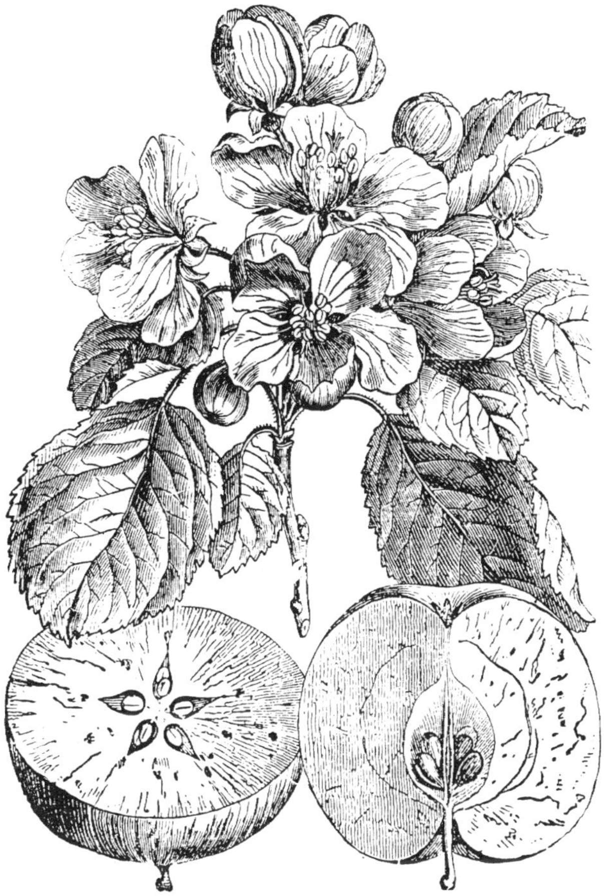

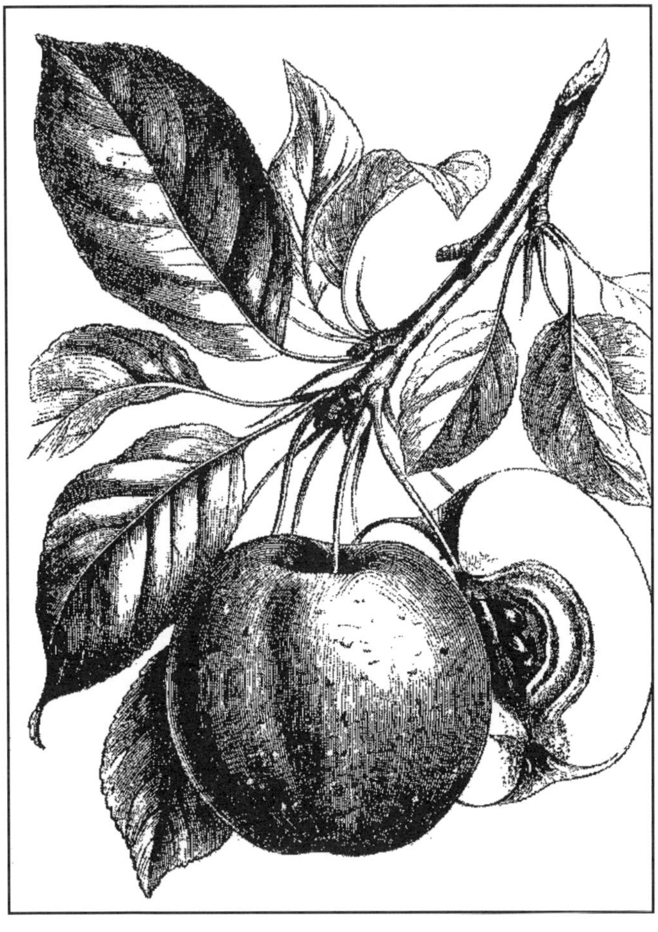

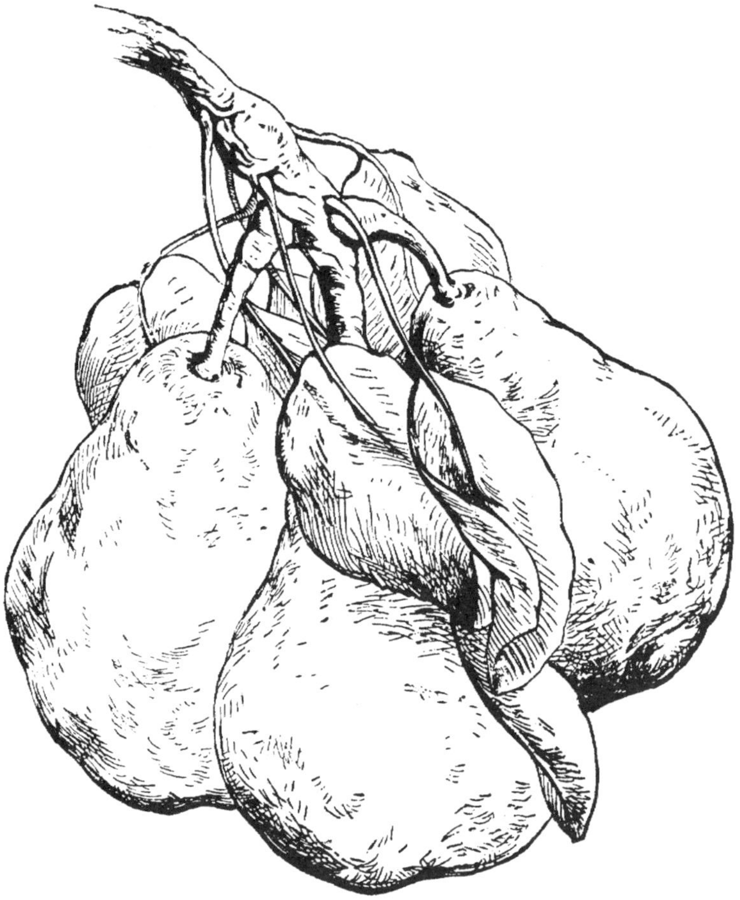

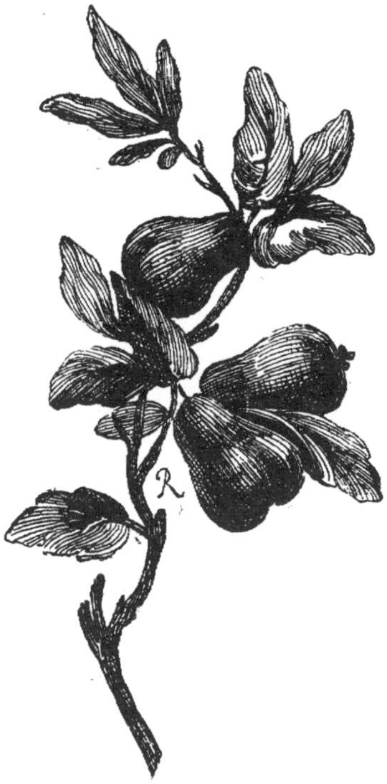

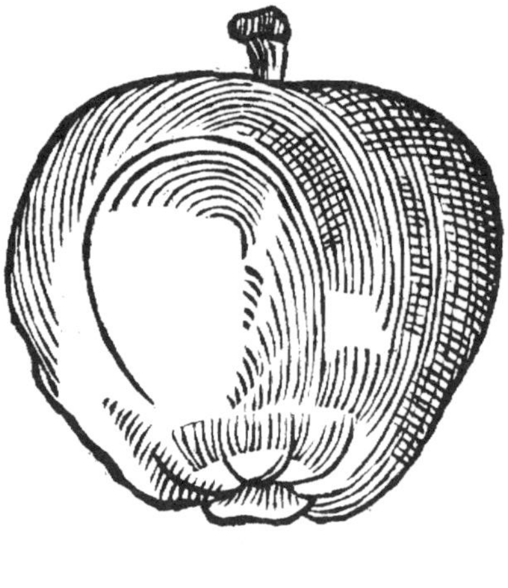

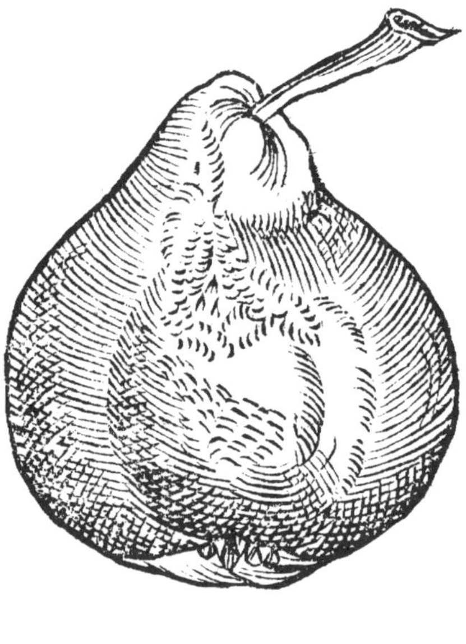

Guanabanus Folio Ficulneo.

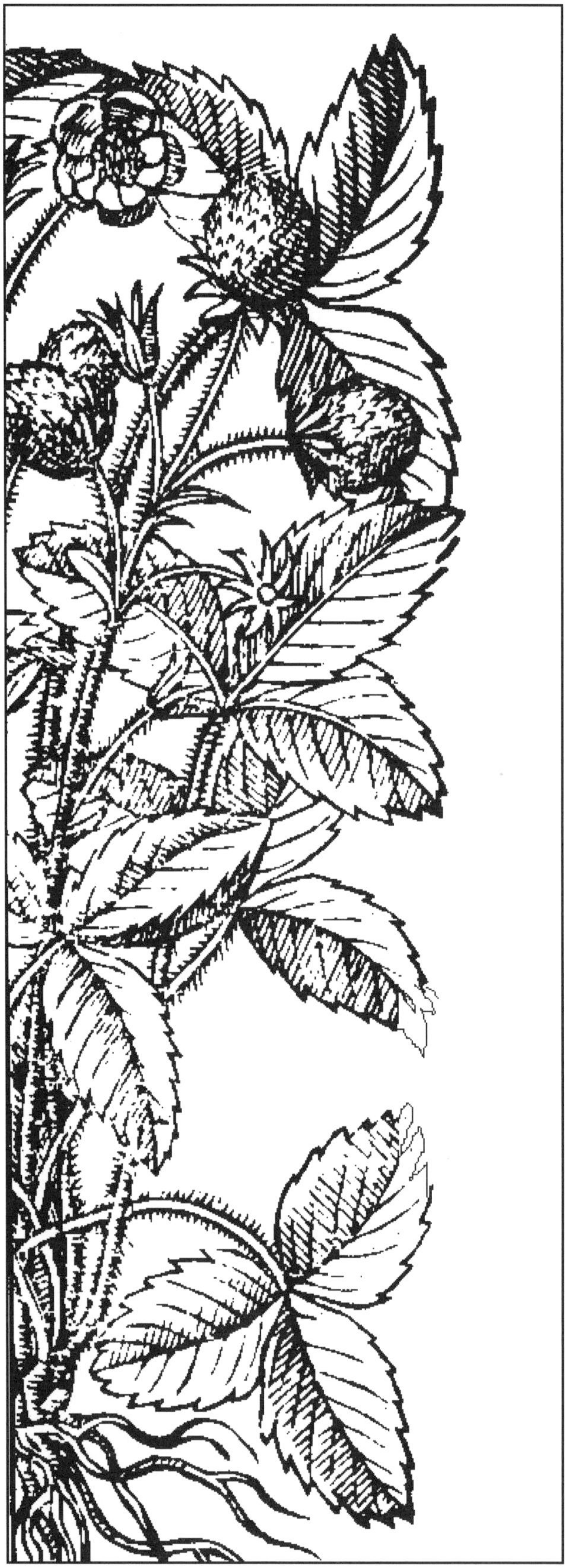

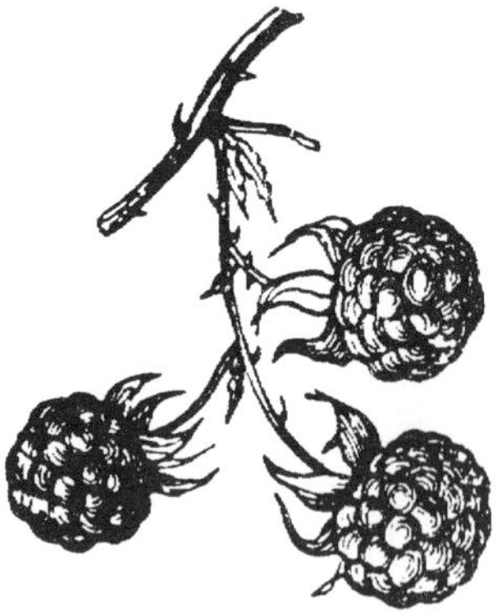

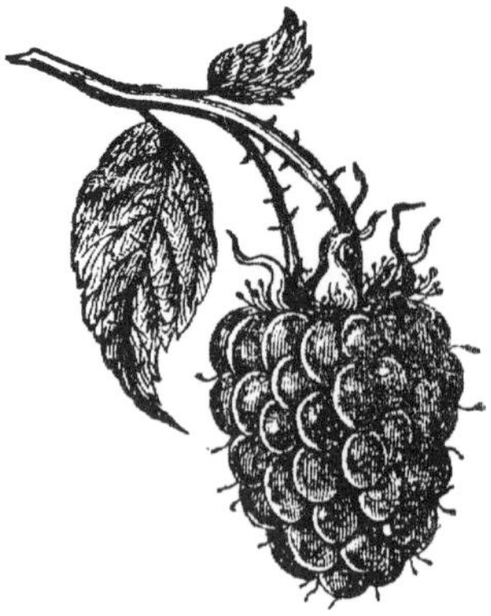

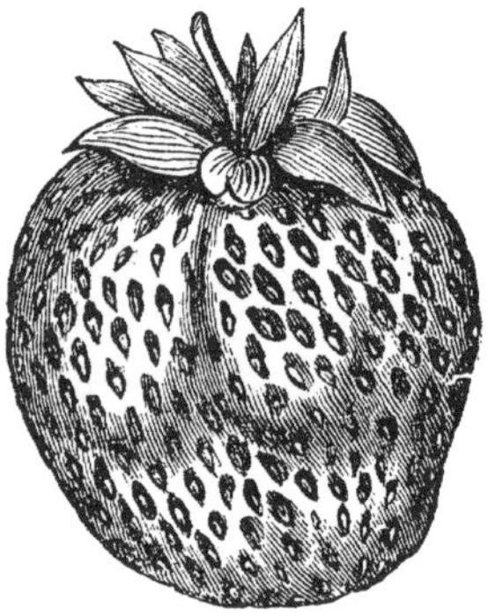

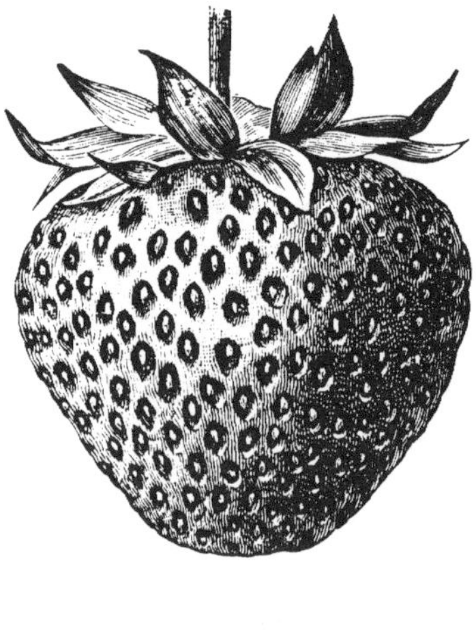

157

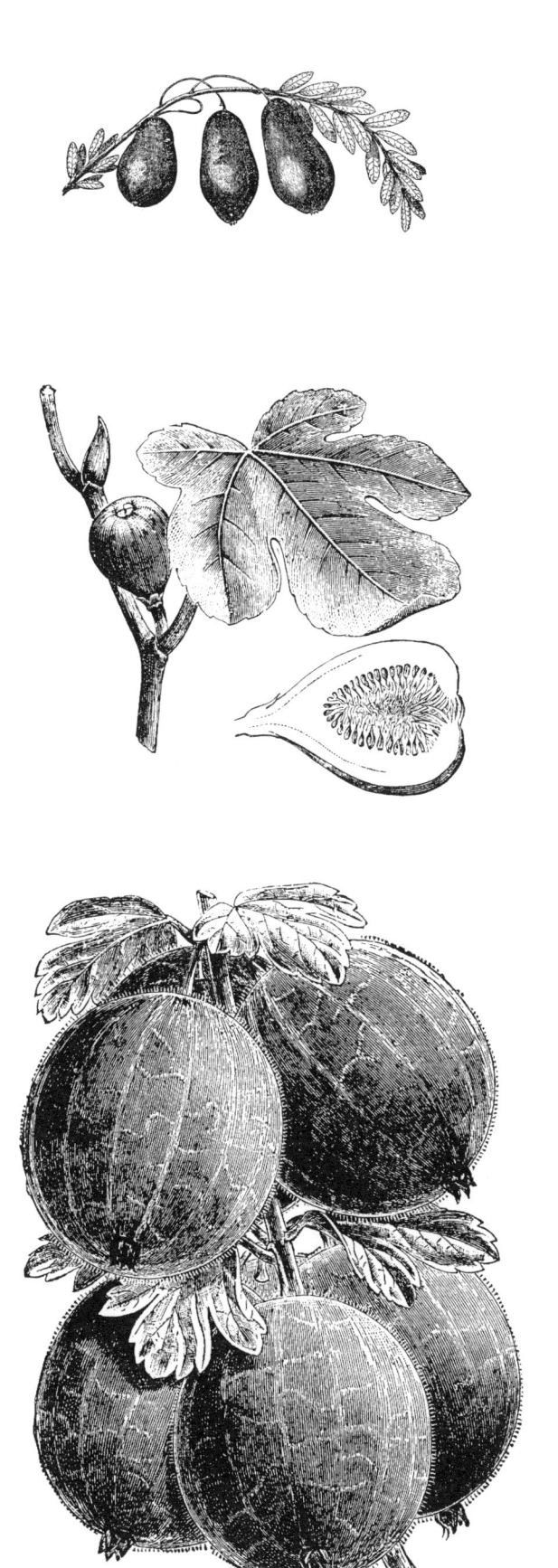

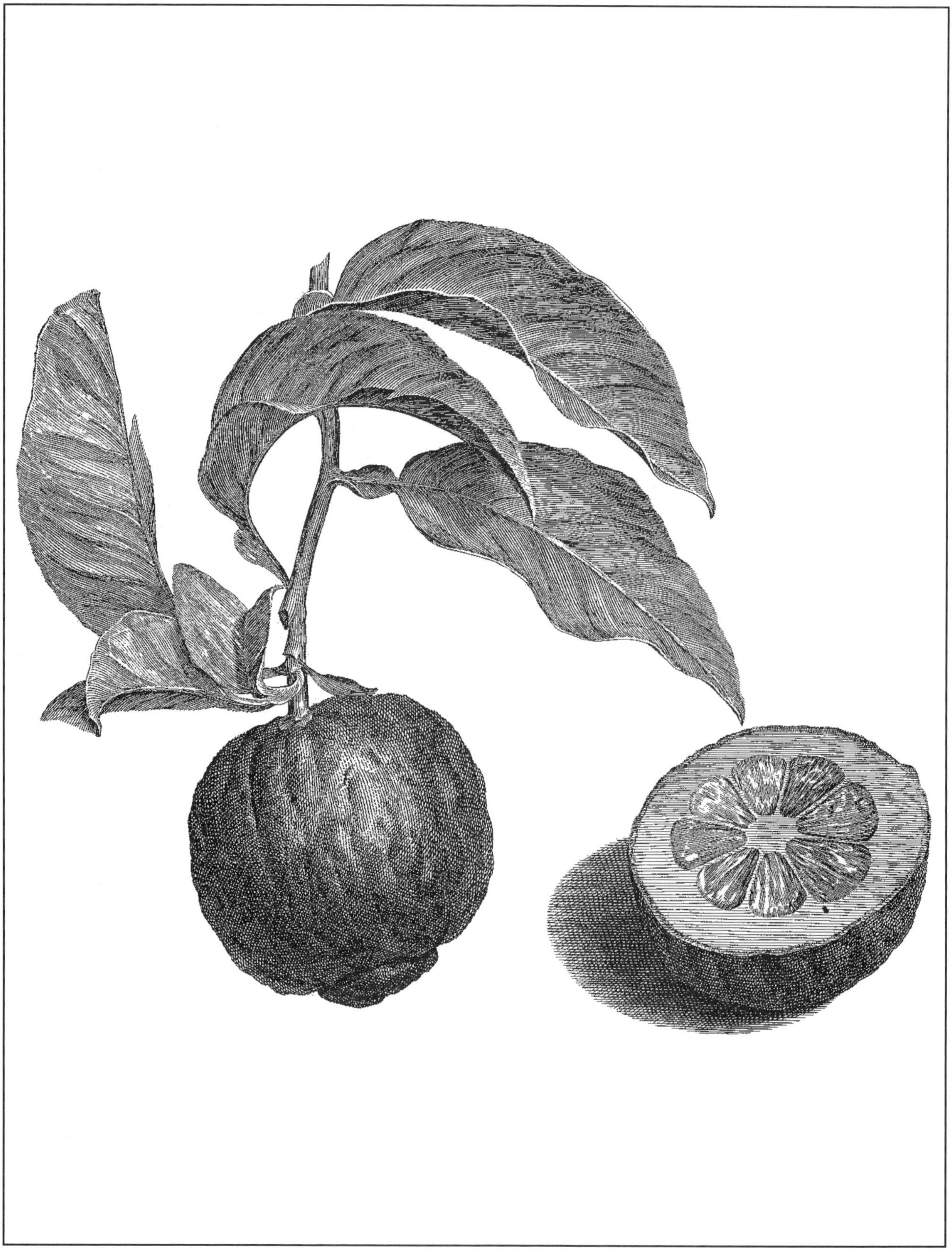

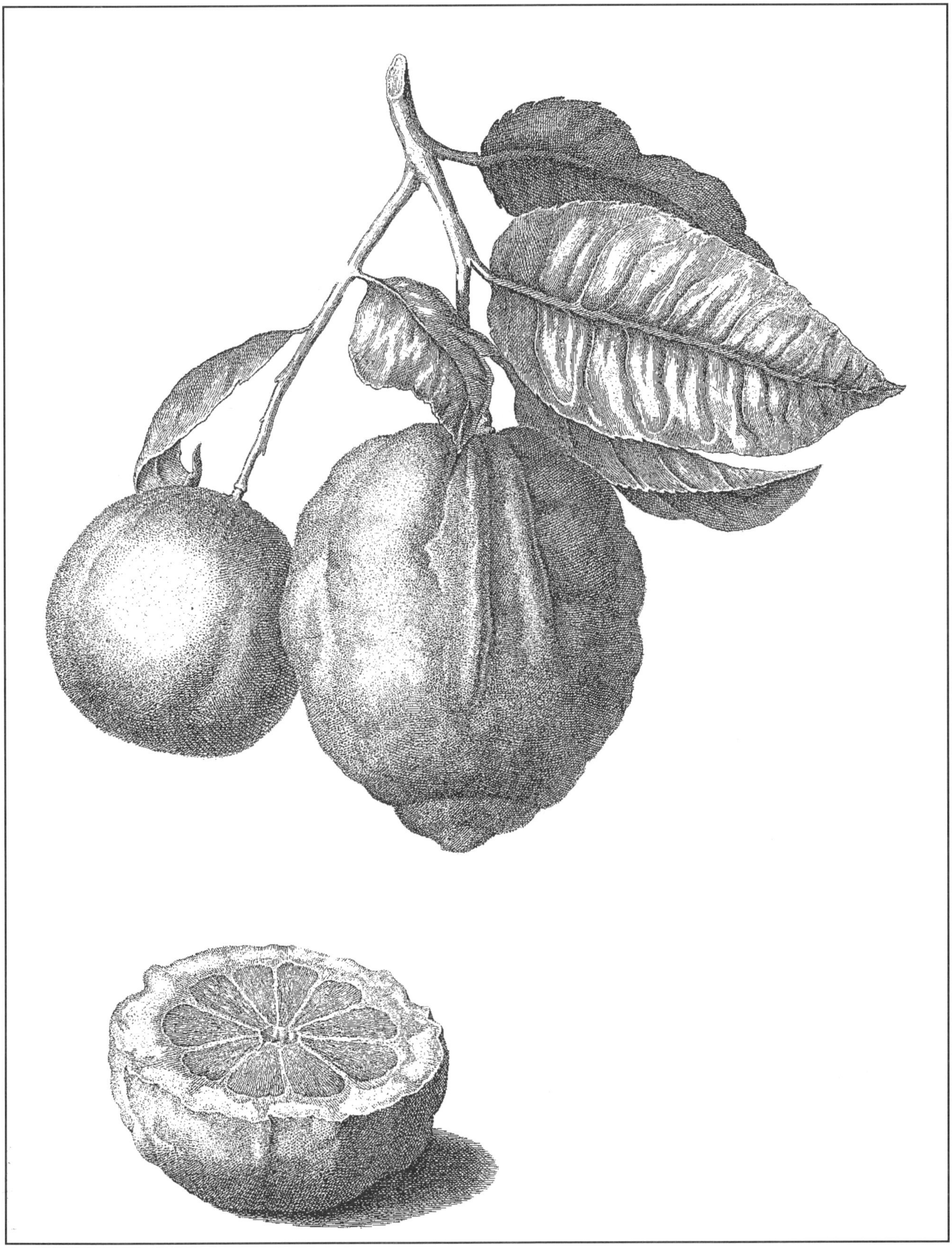

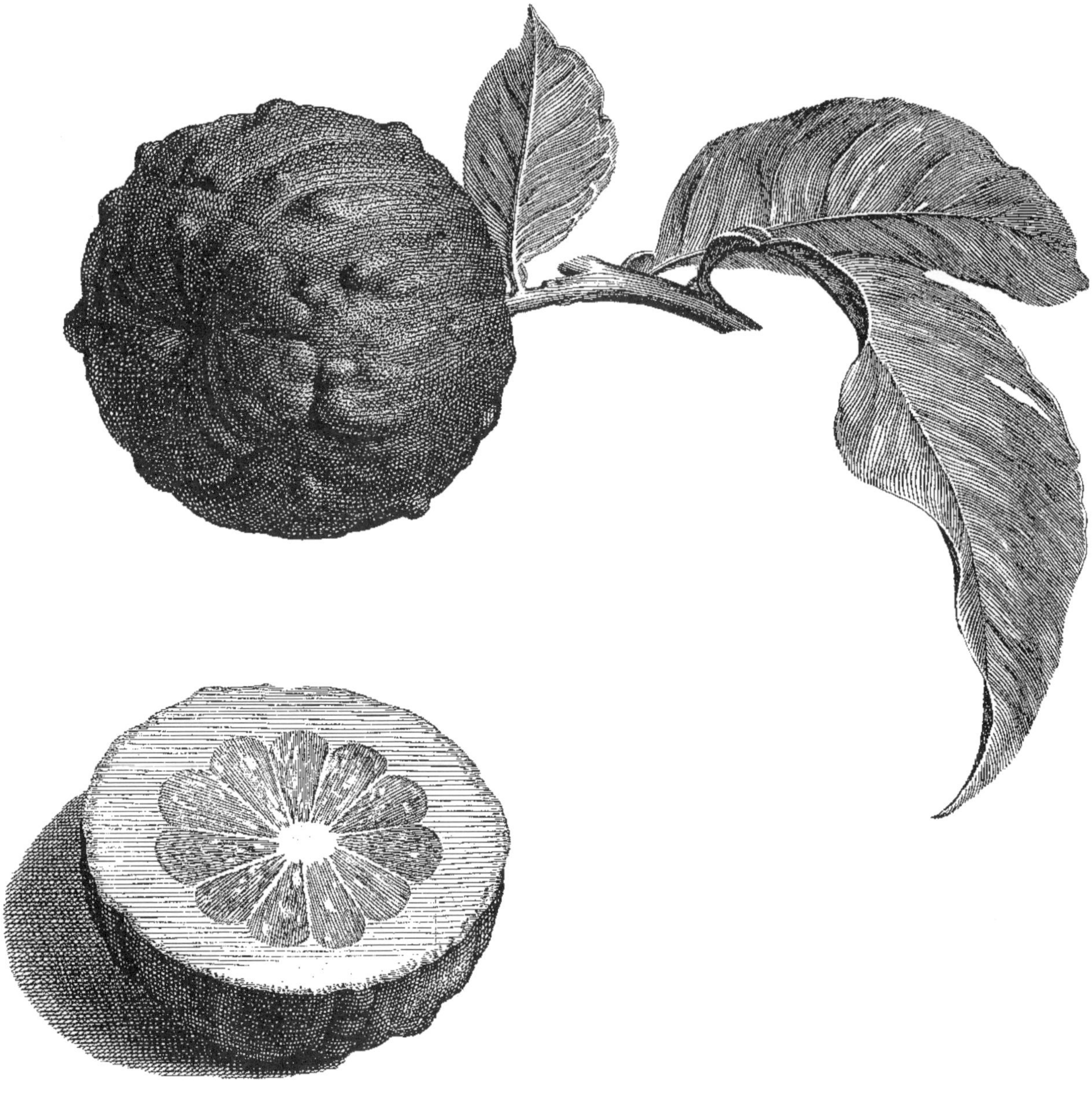

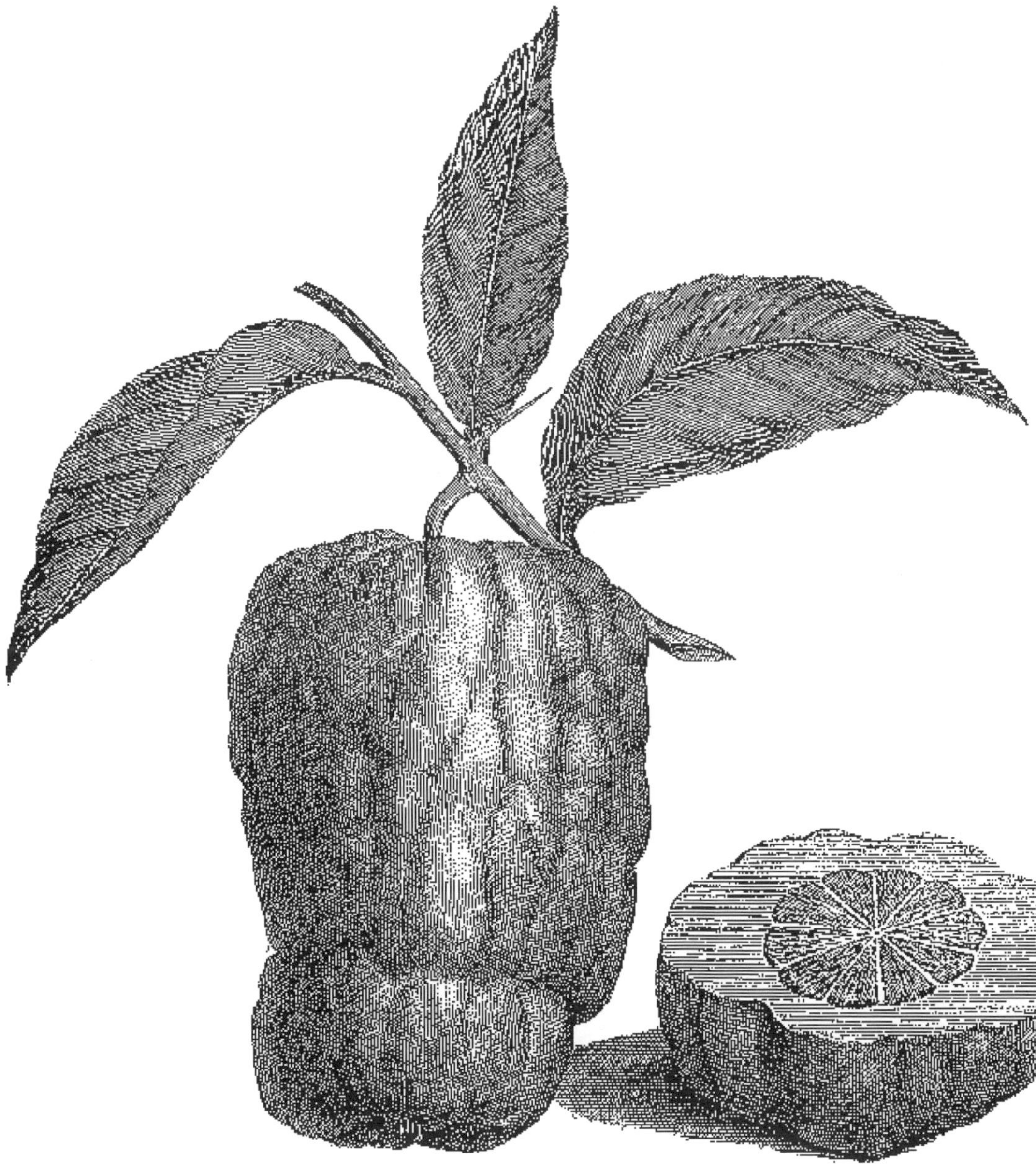

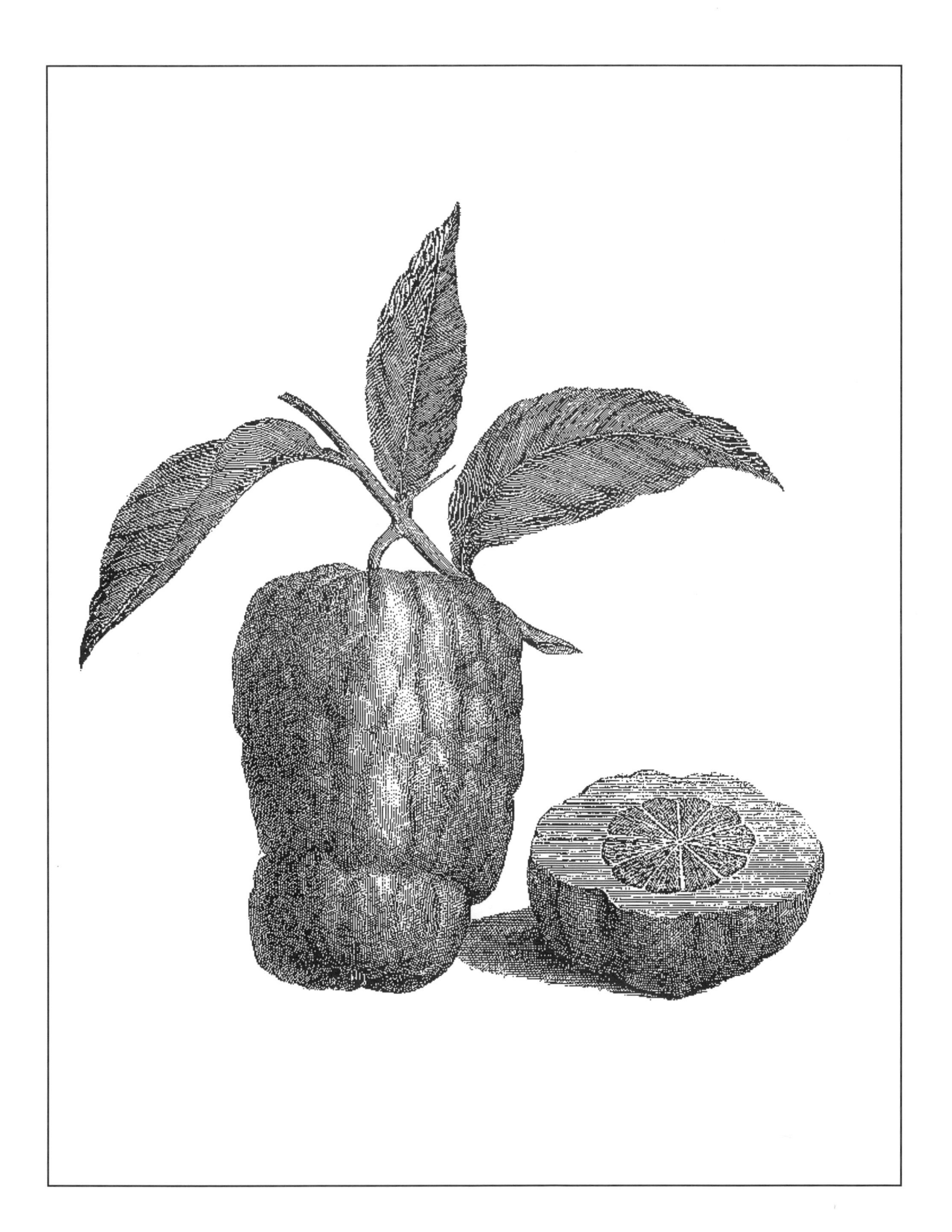

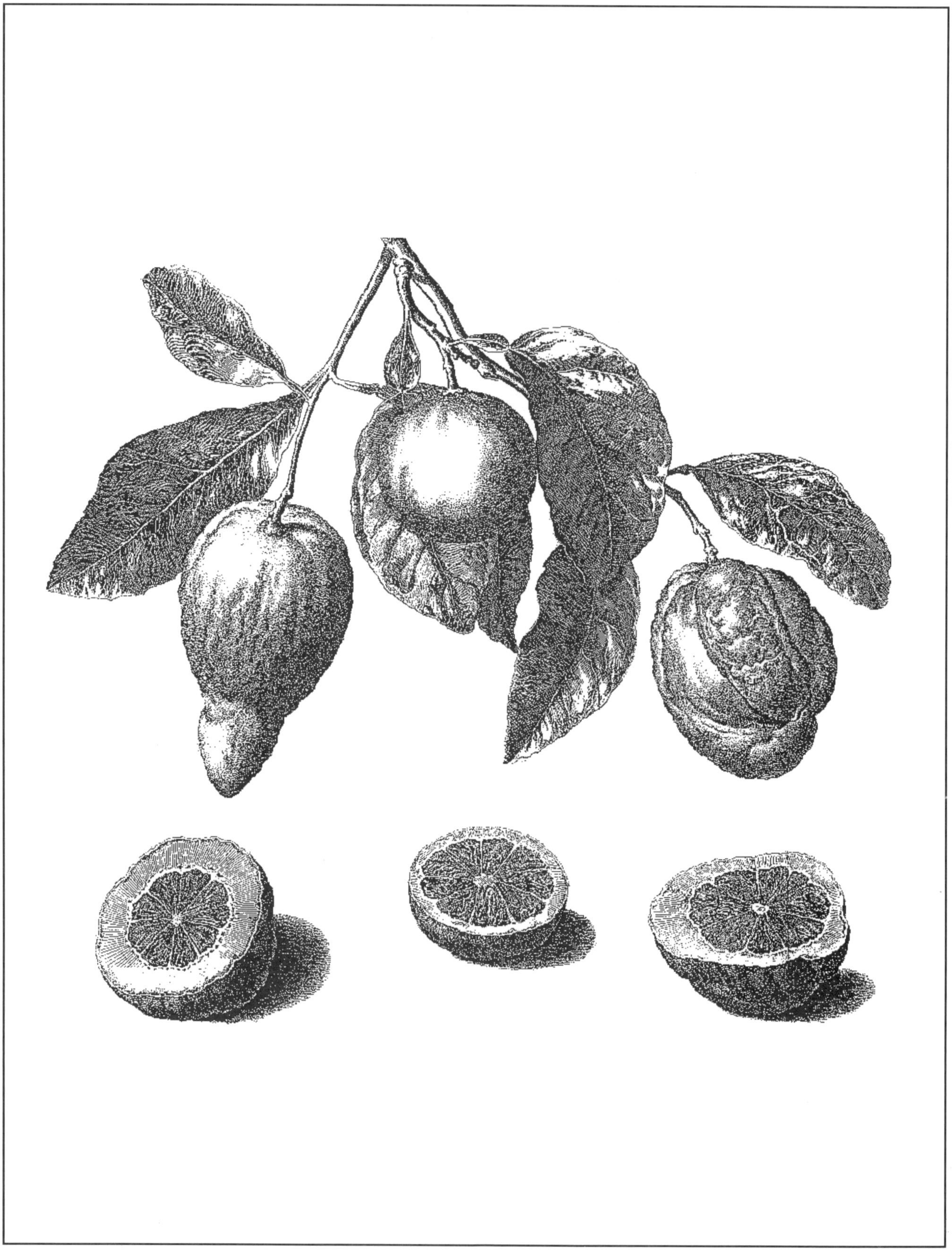

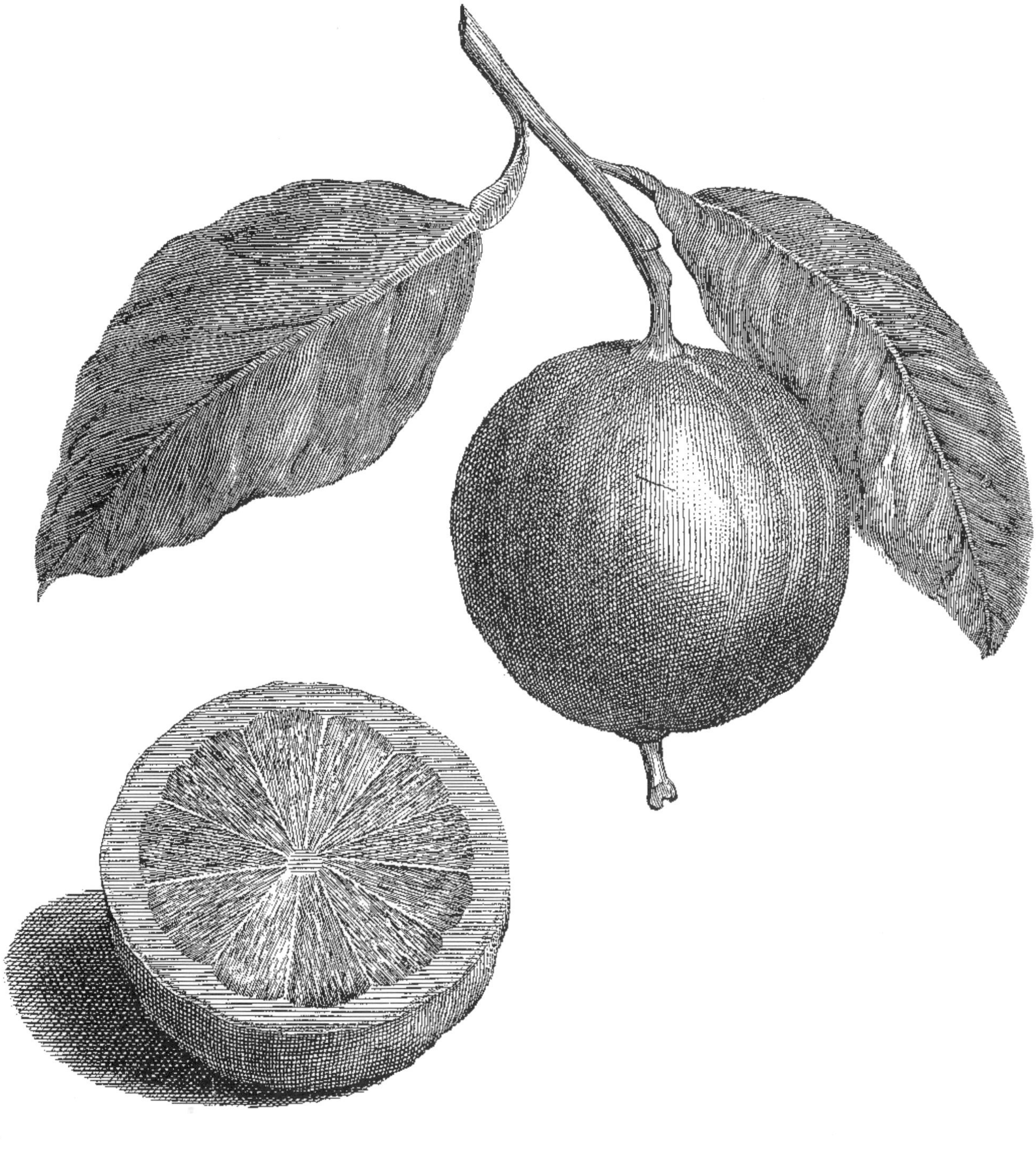

CAROLI CLVSI RARIORVM

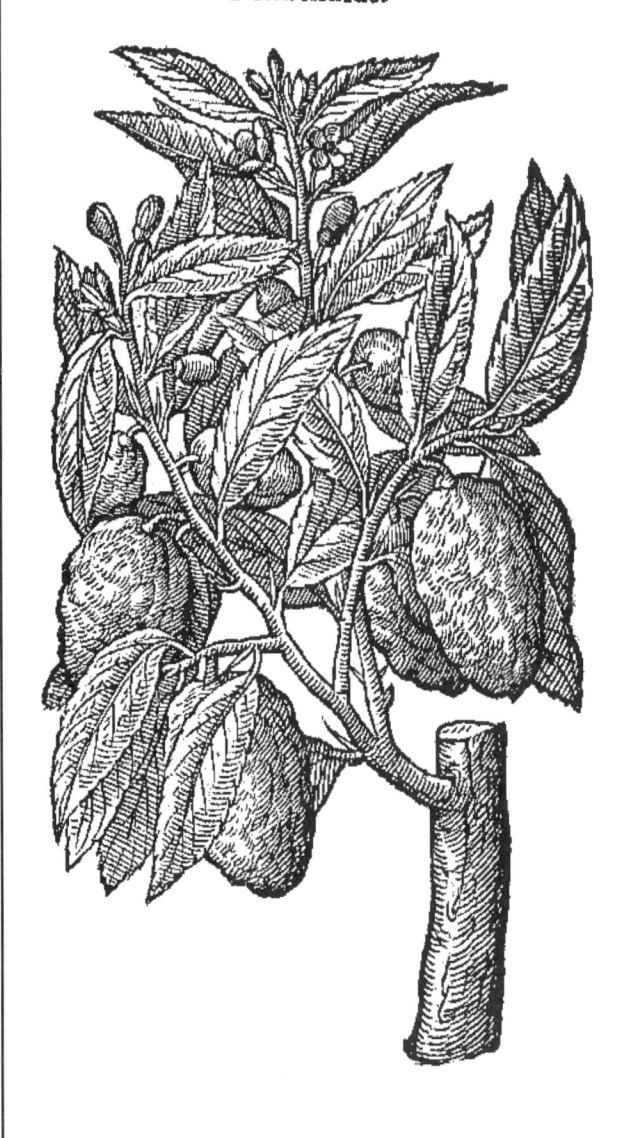

Citria malus. Limones.

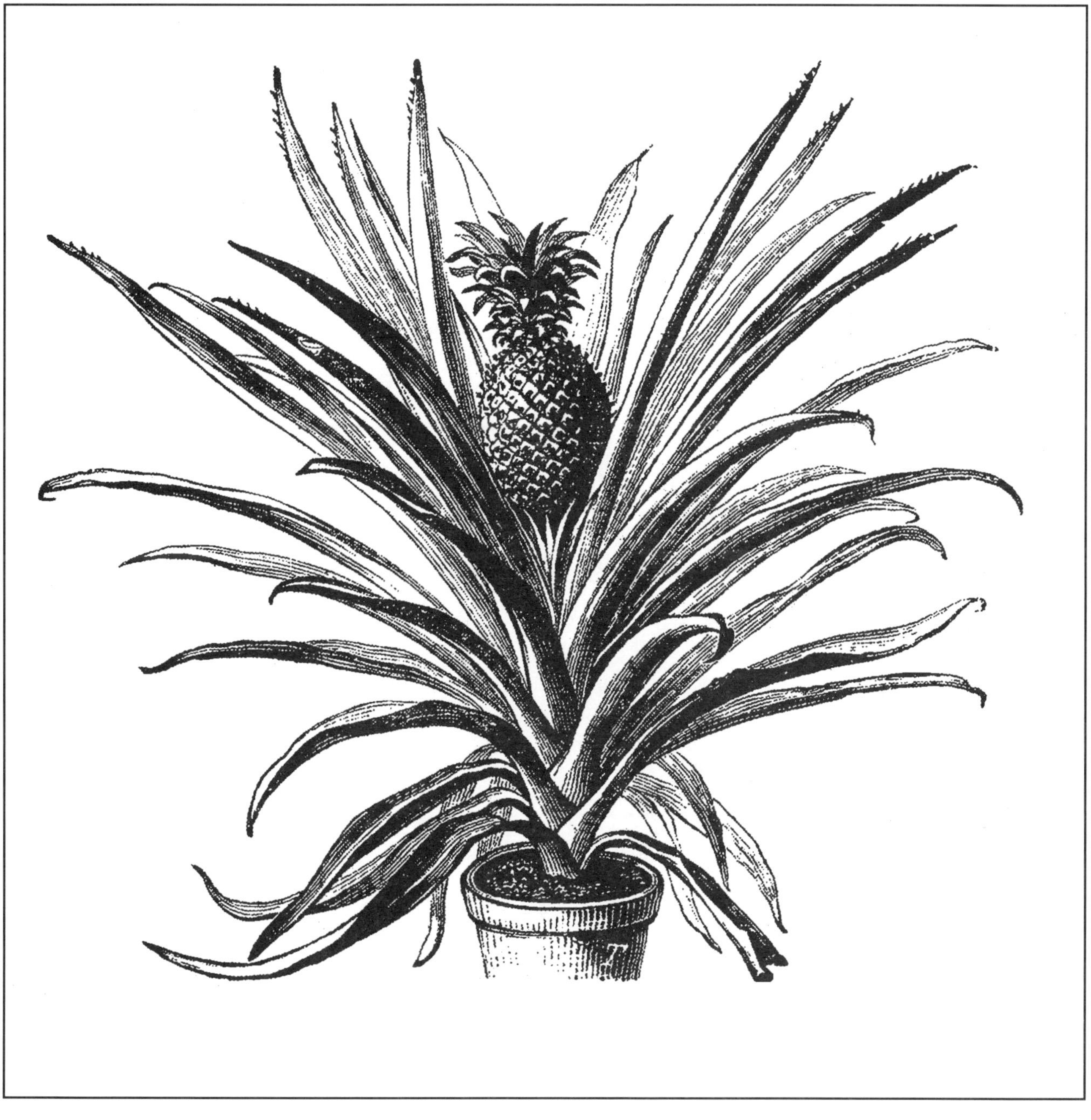

ANANAS
SYLVESTRIS

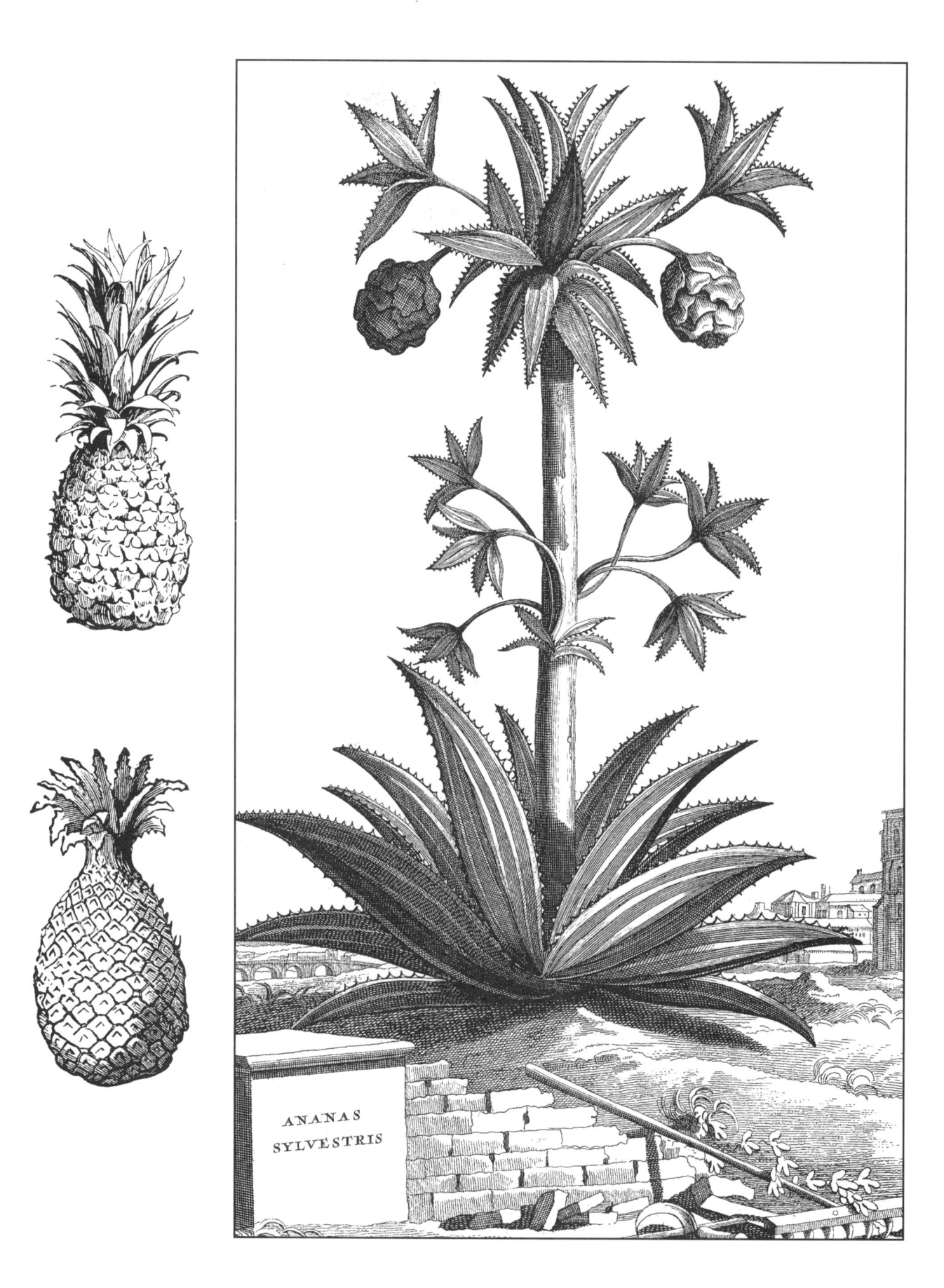

166

ANANAS

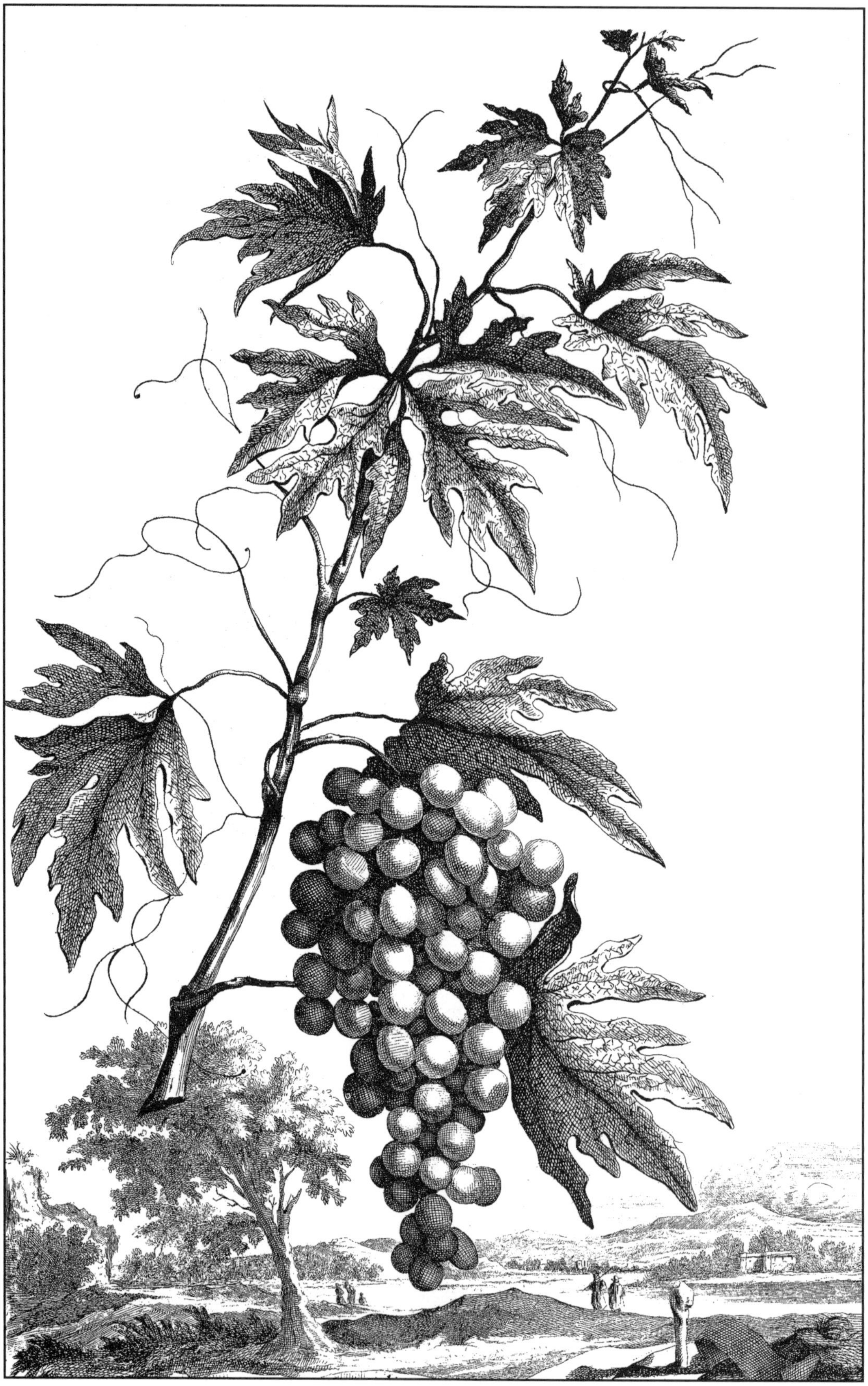

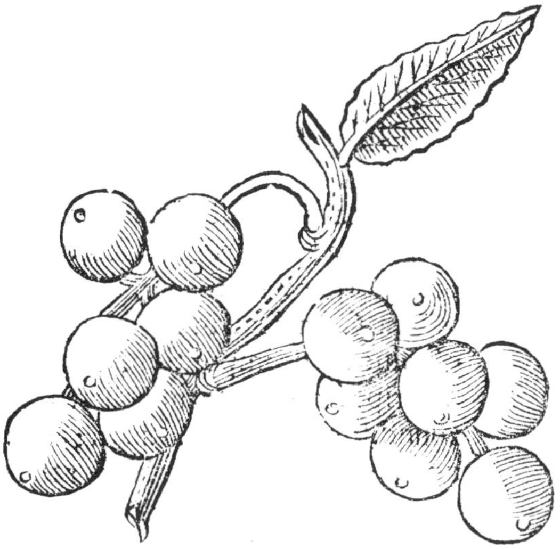

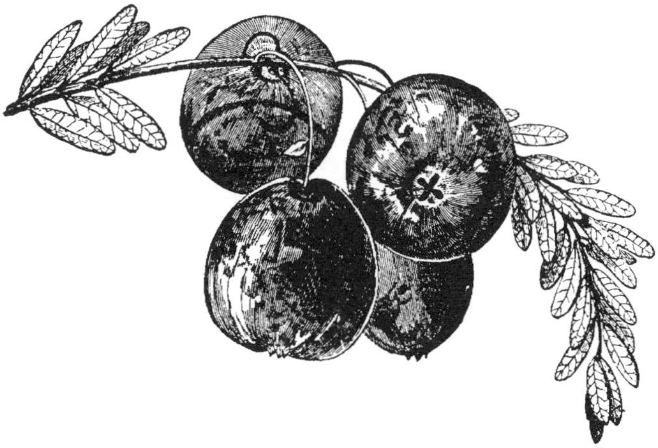

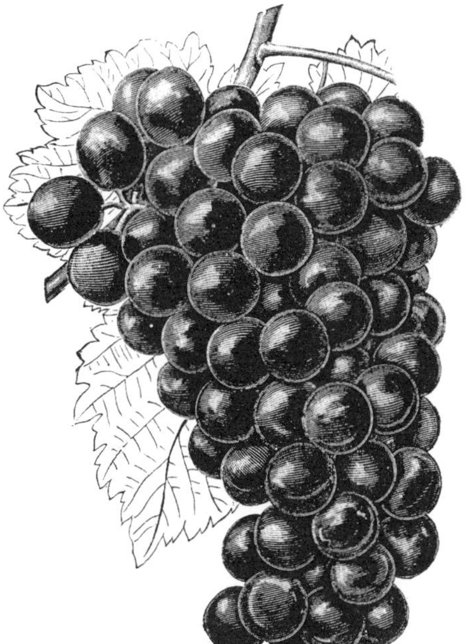

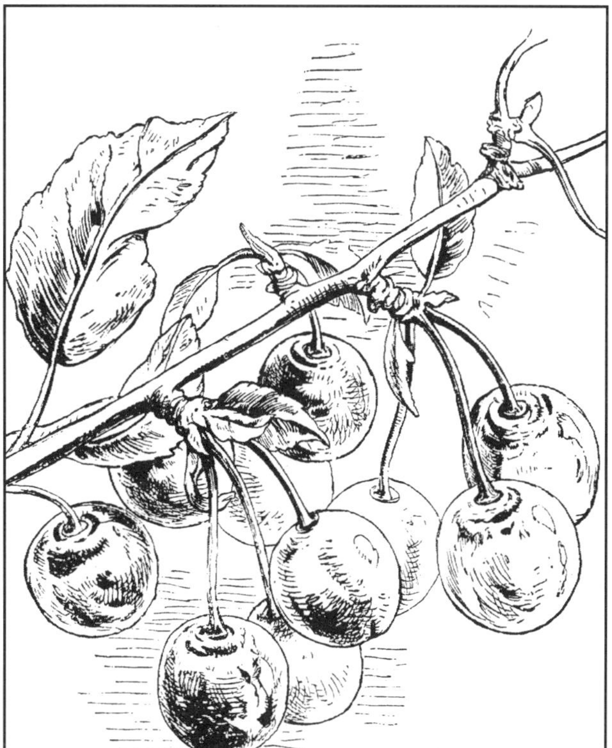

- Stylization -
- Stylisation -
- Stimittel -
- Estilización -

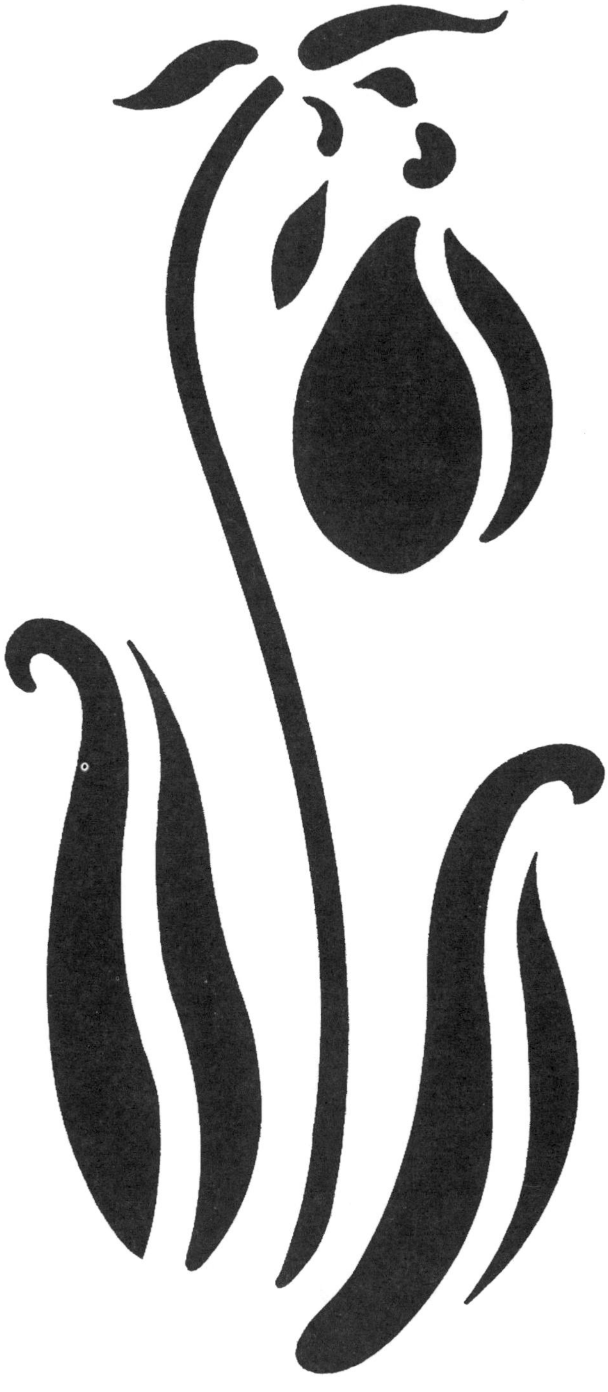

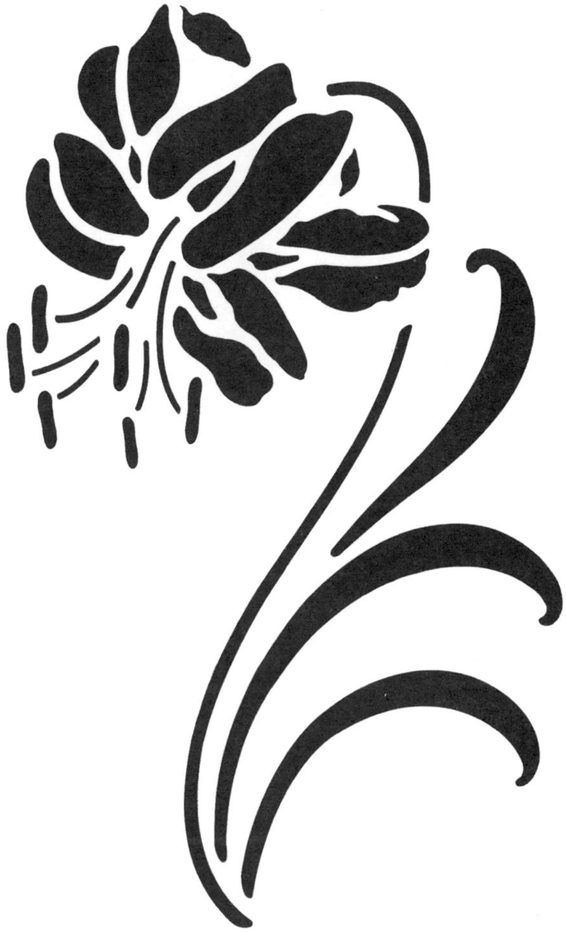

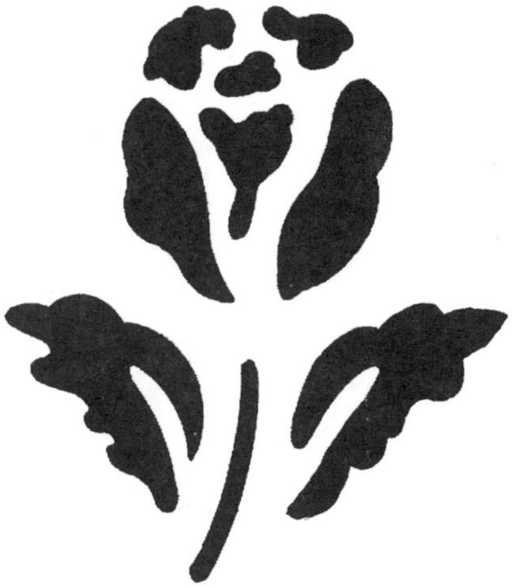

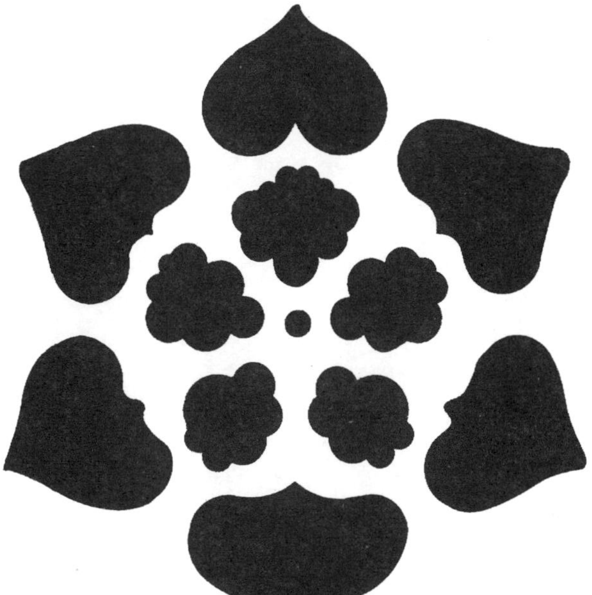

174

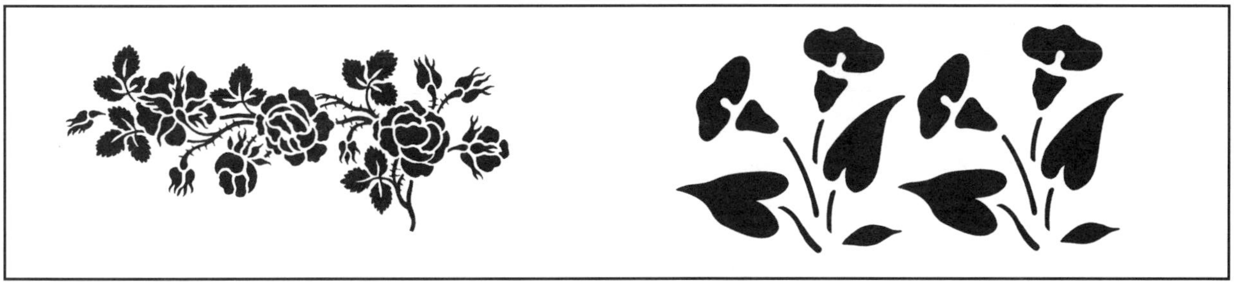

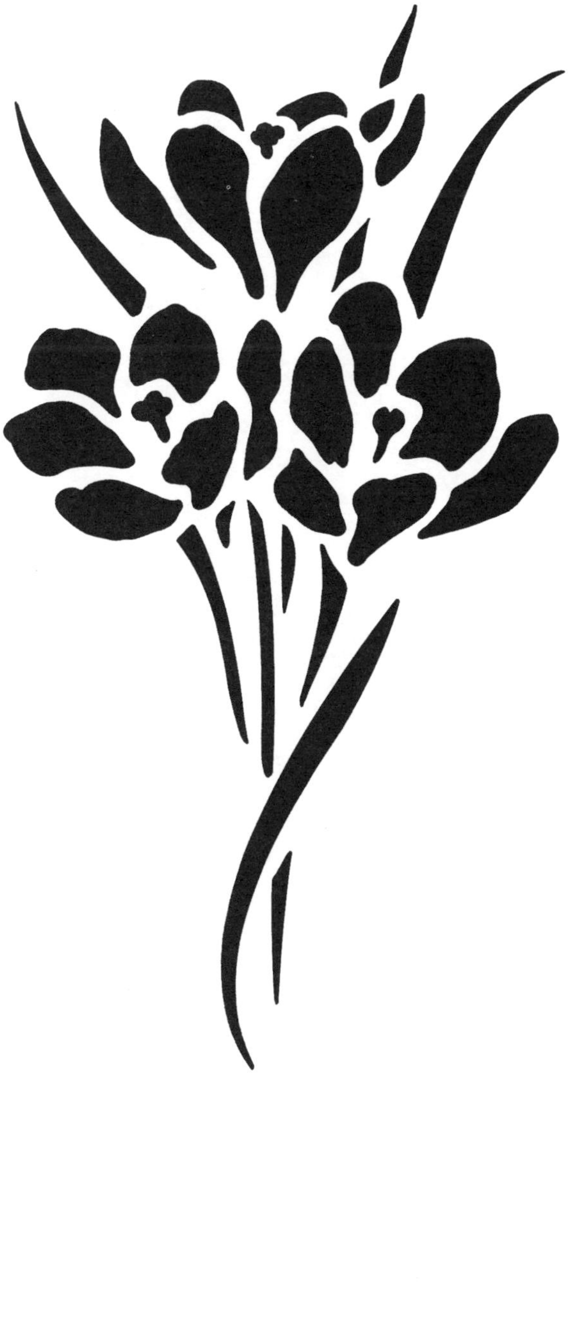

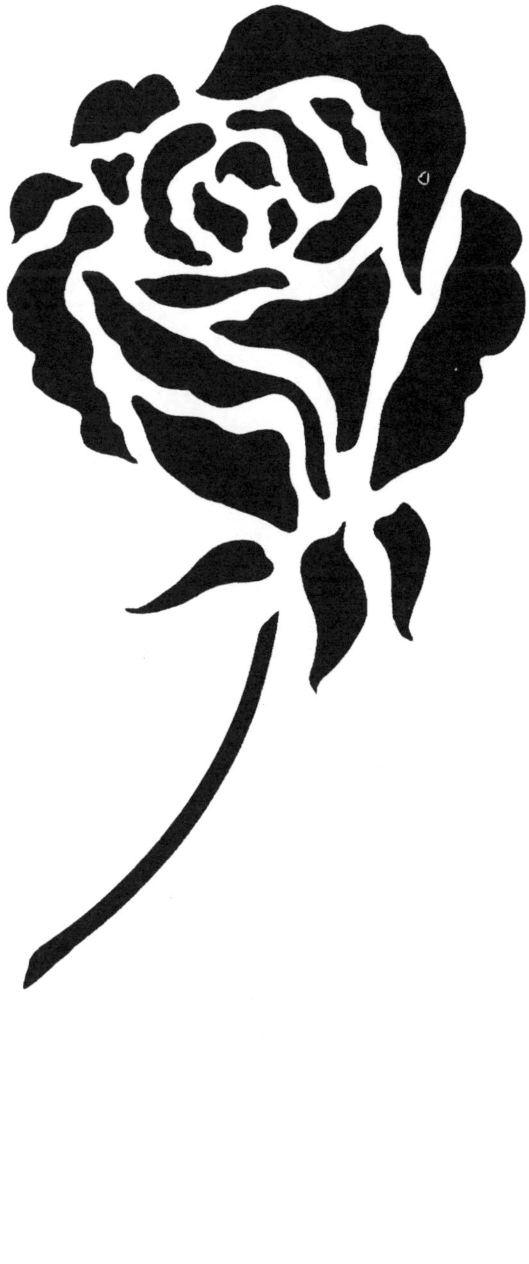

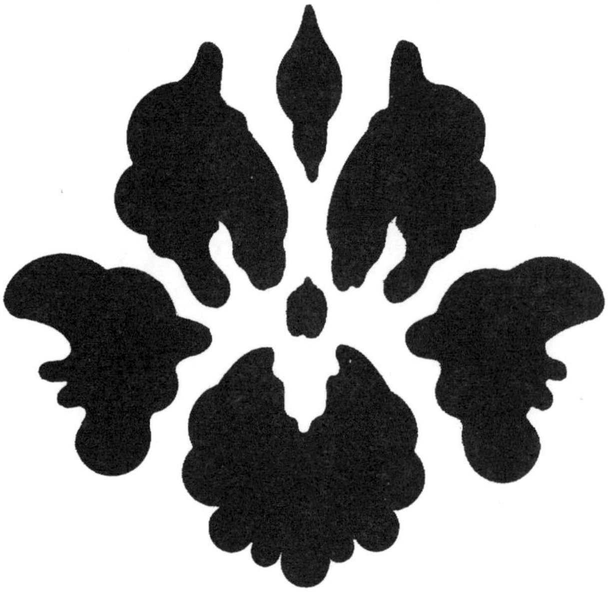

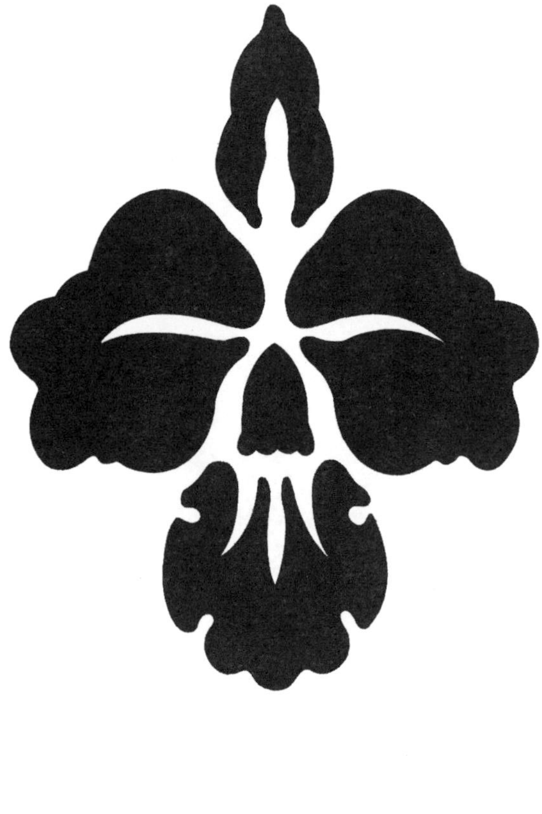

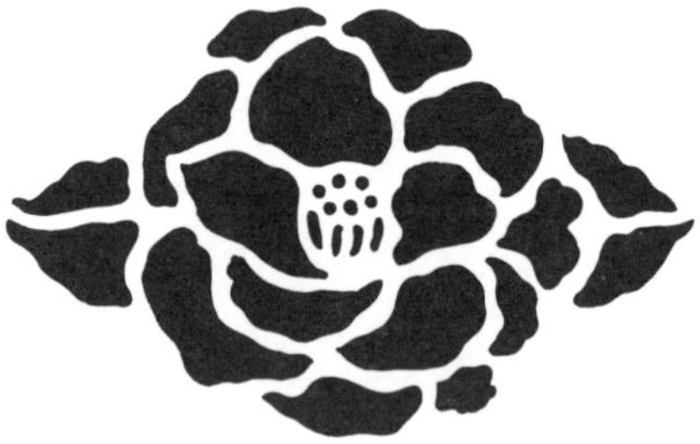

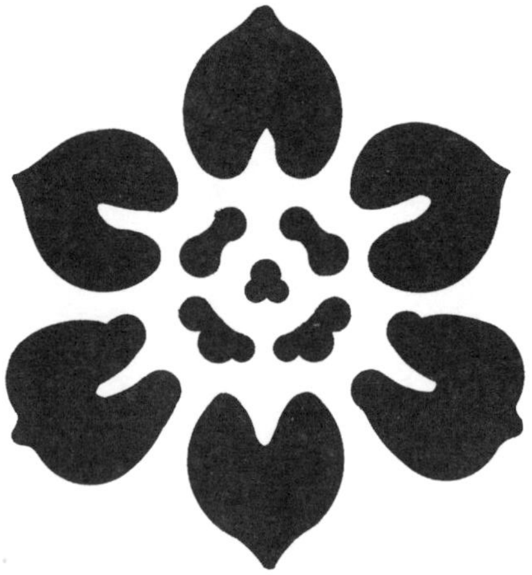

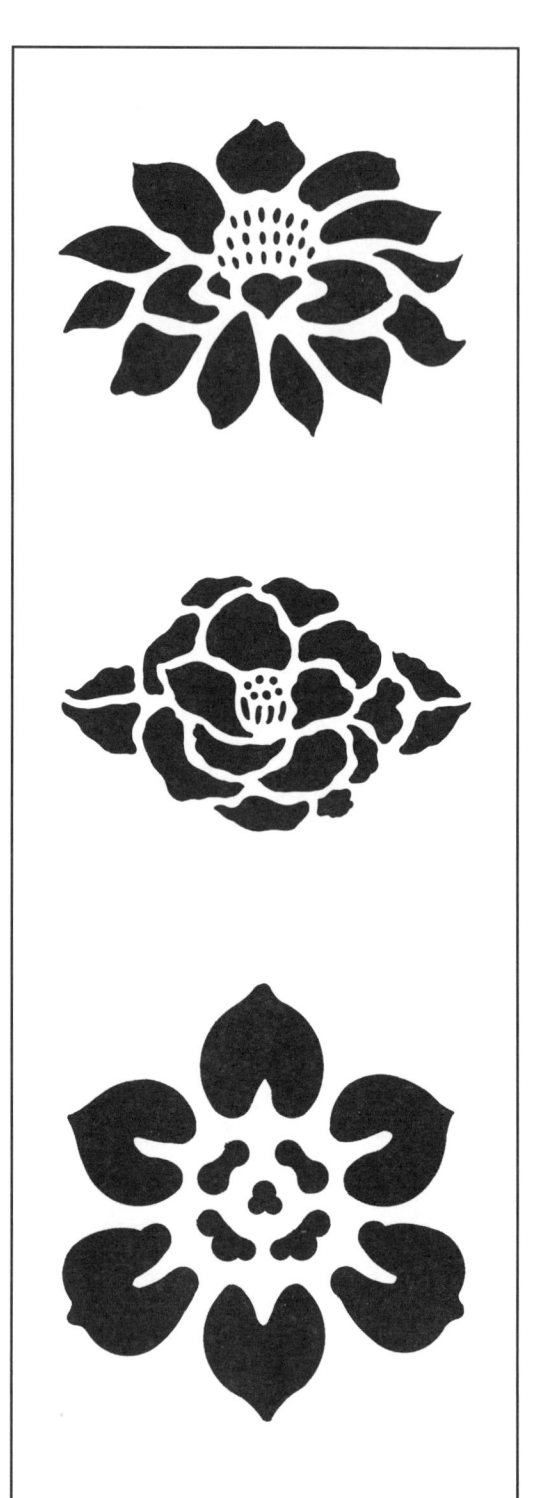

177

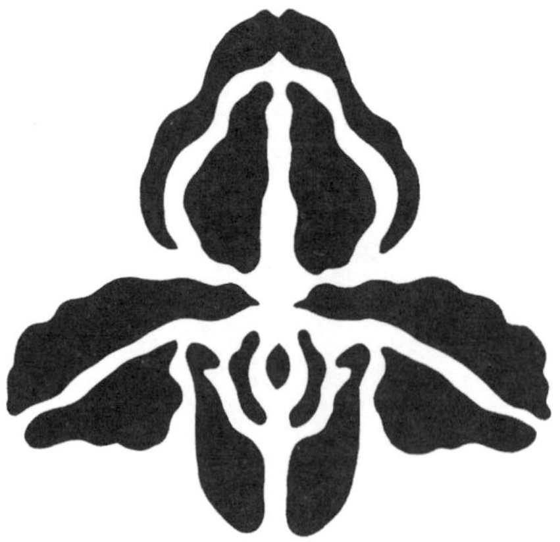

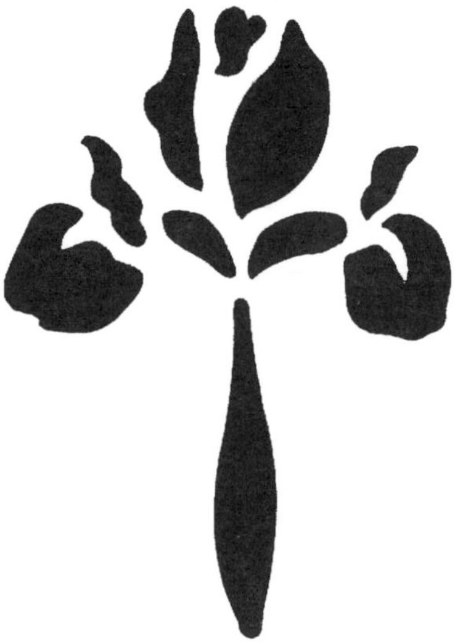

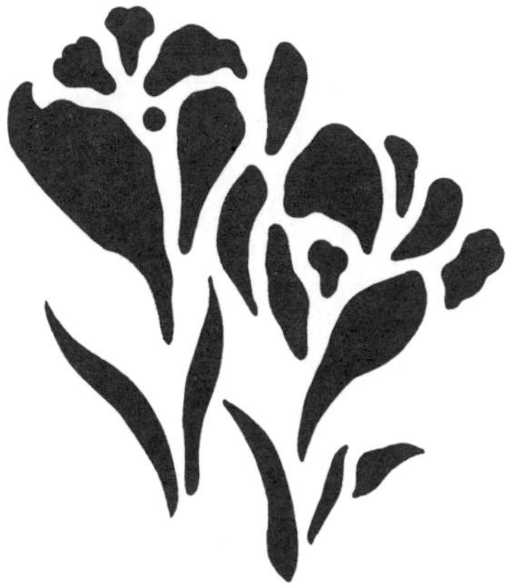

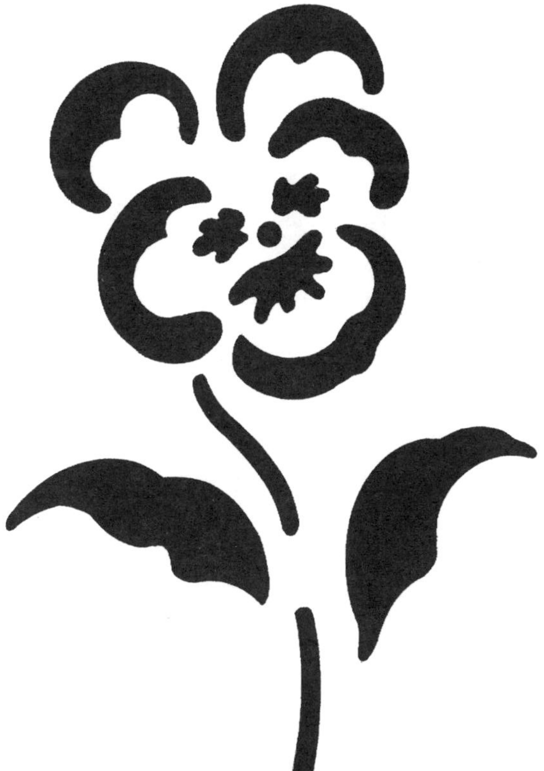

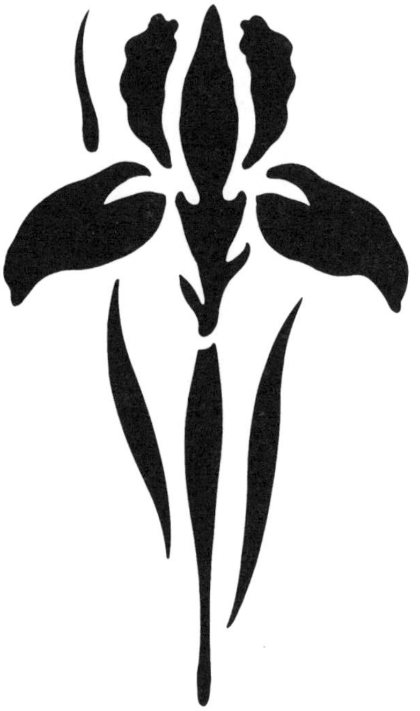

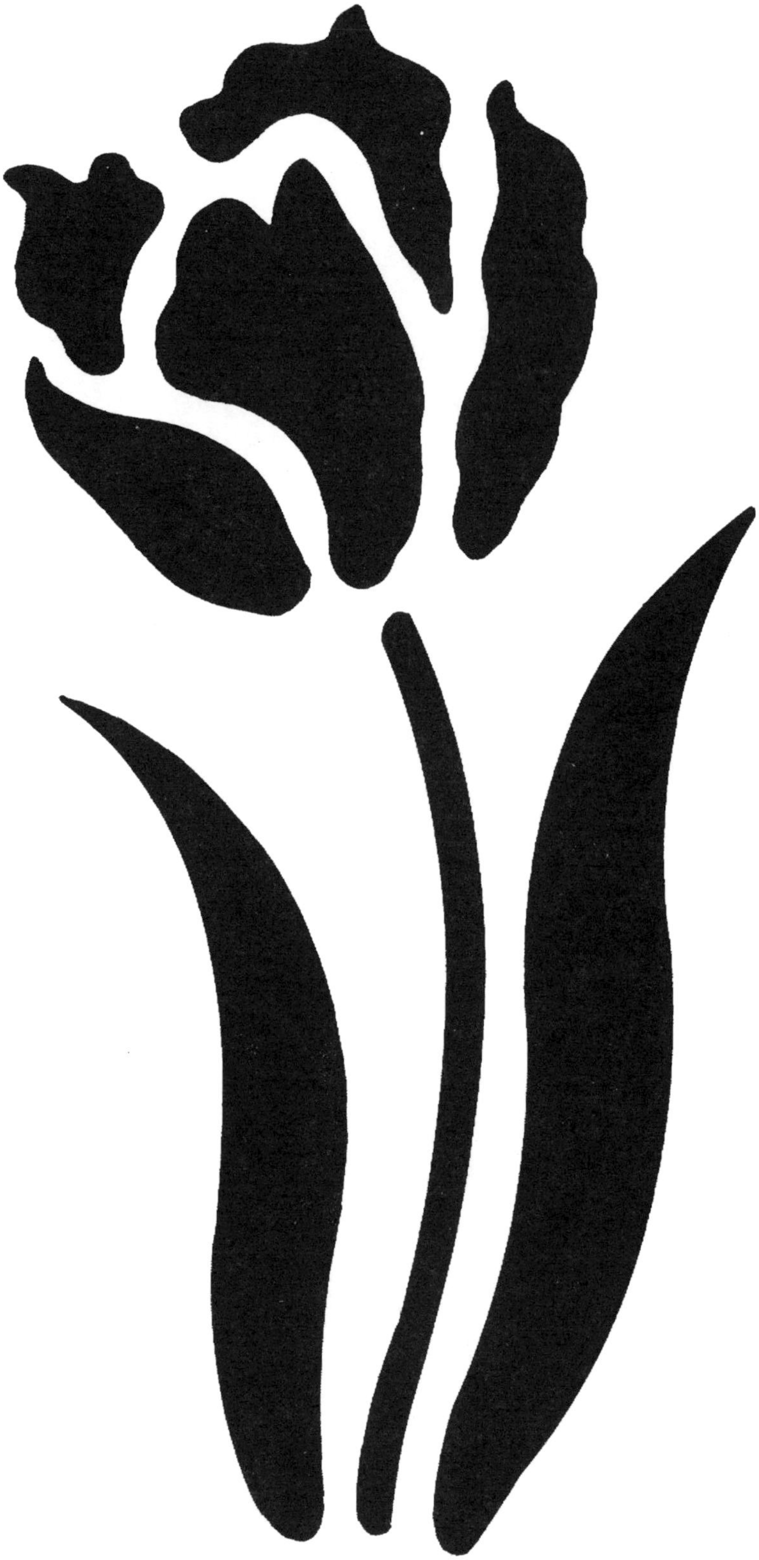

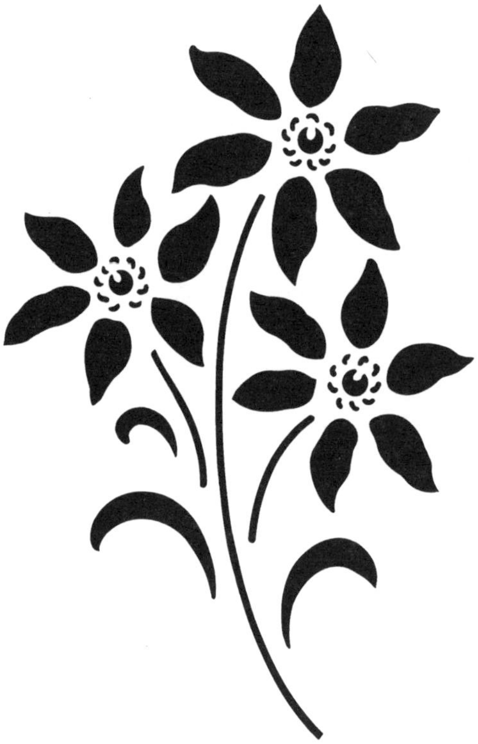

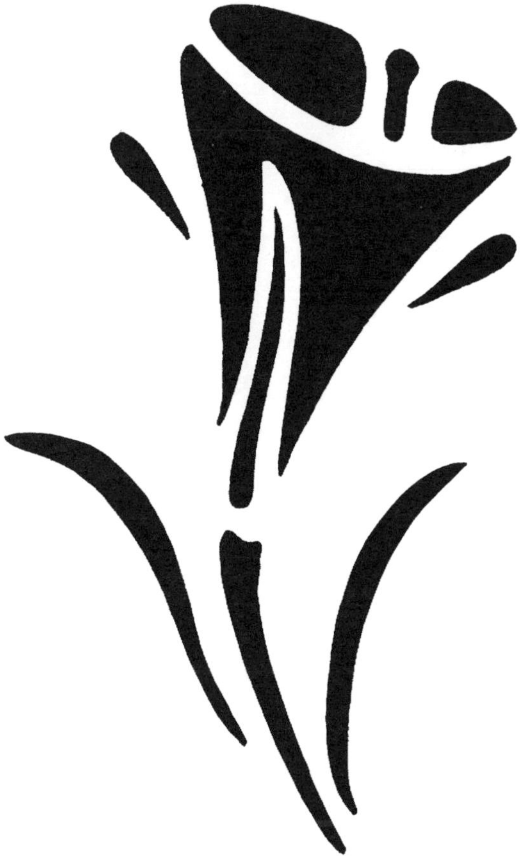

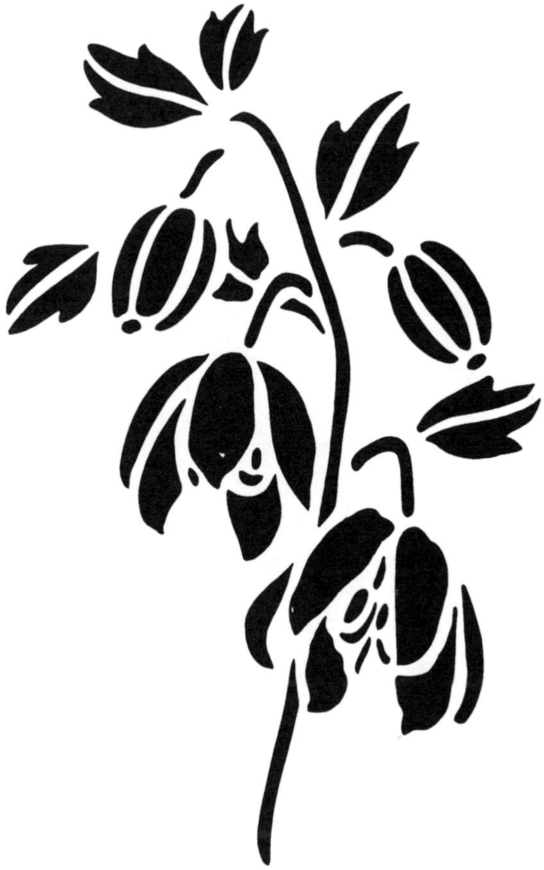

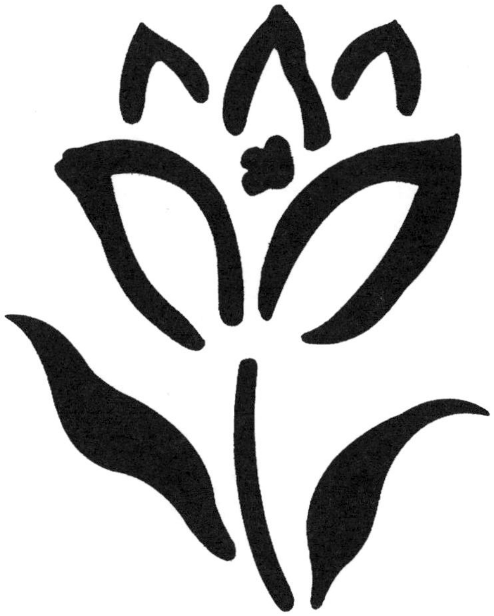

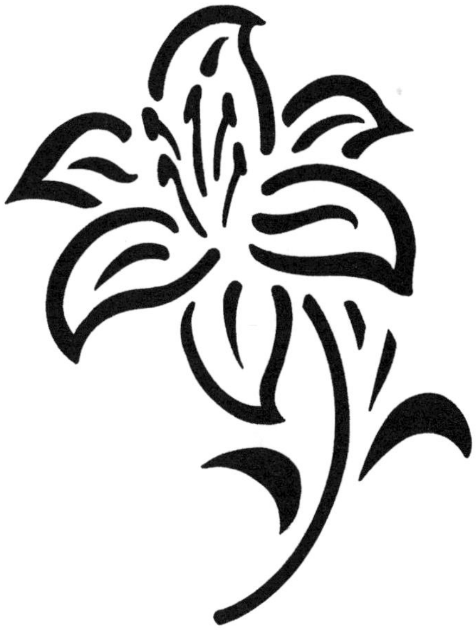

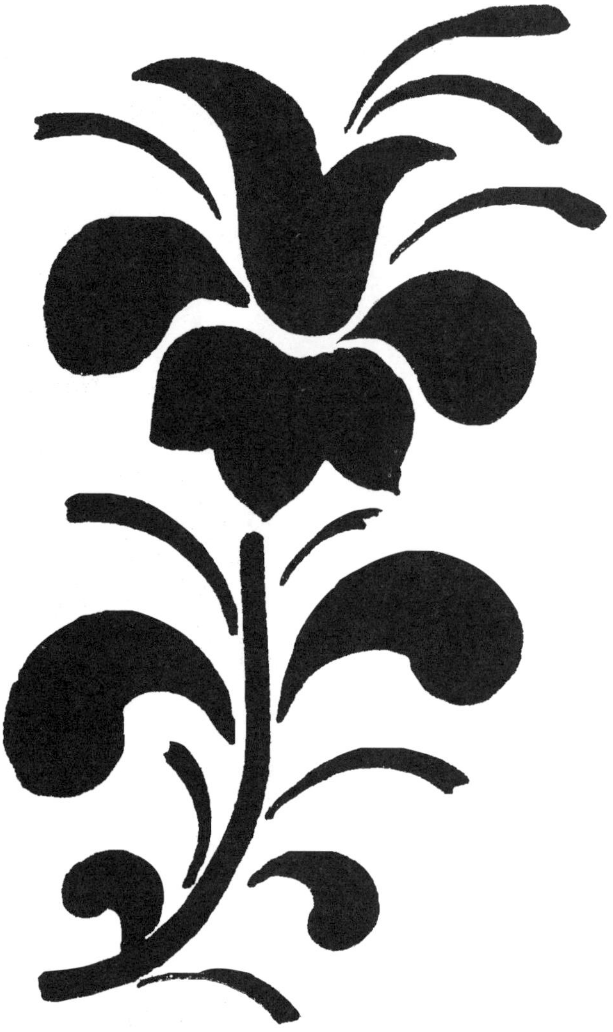

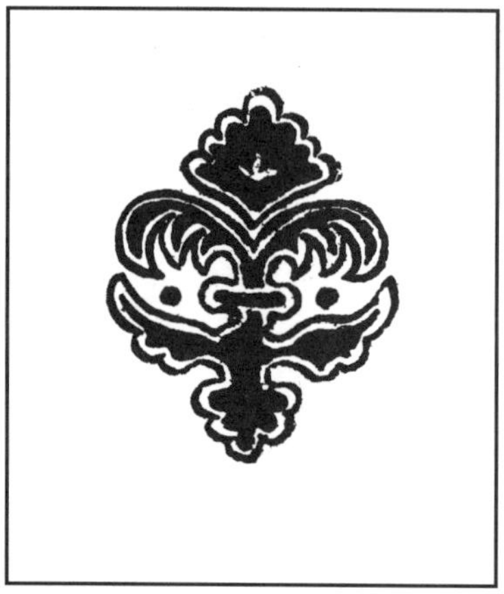

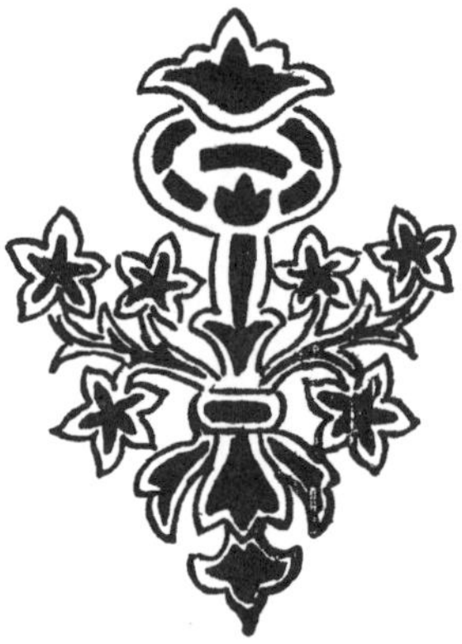

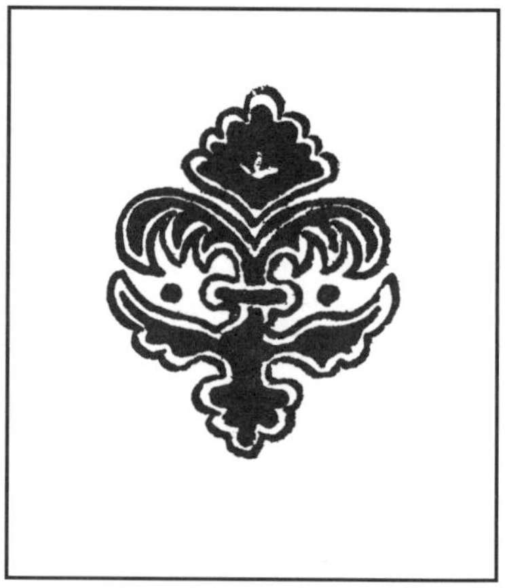

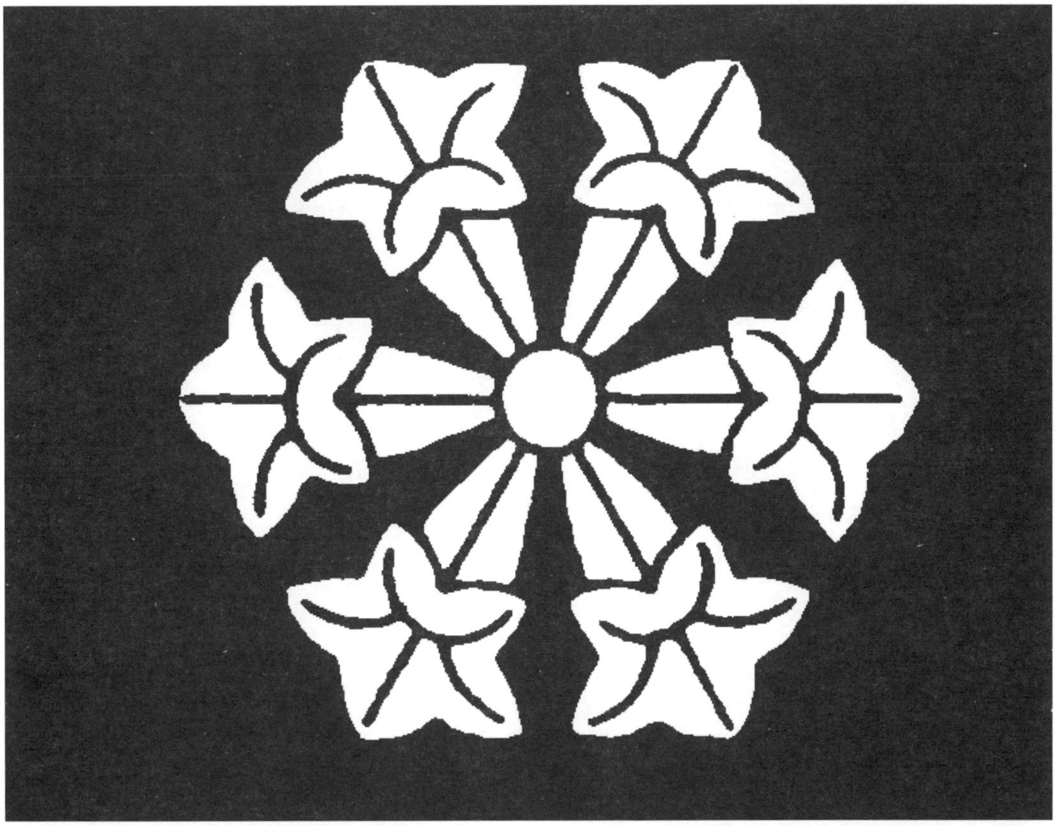

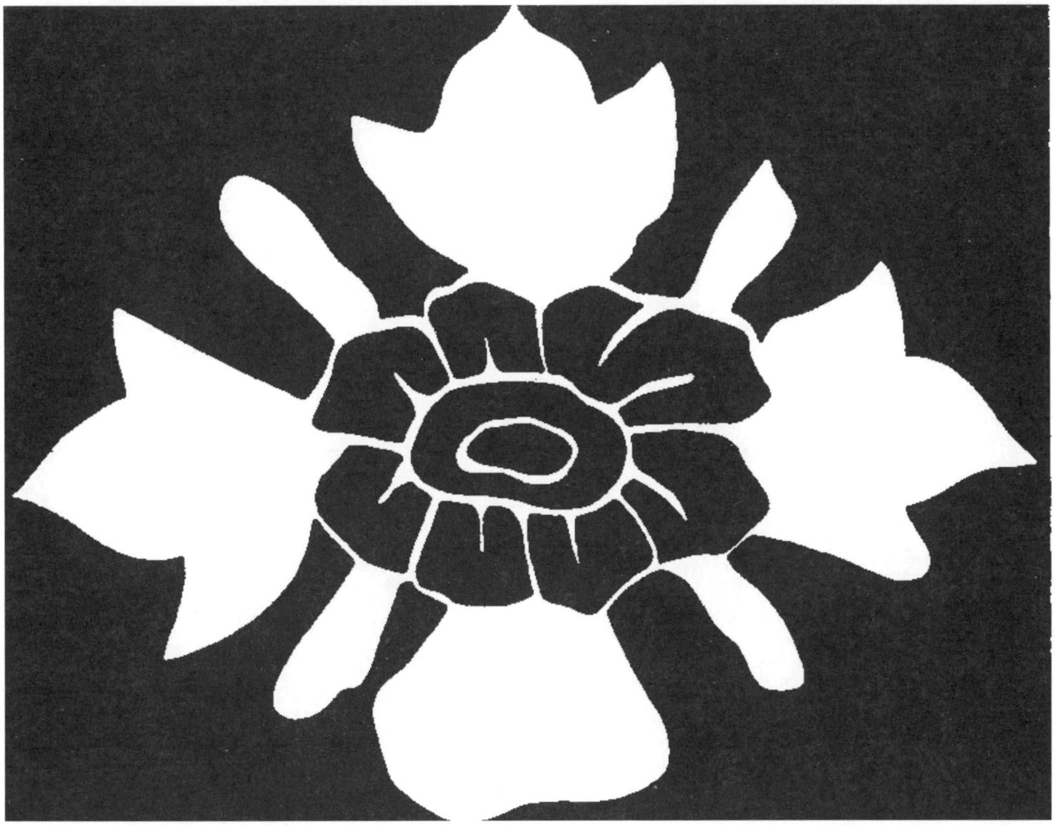

184

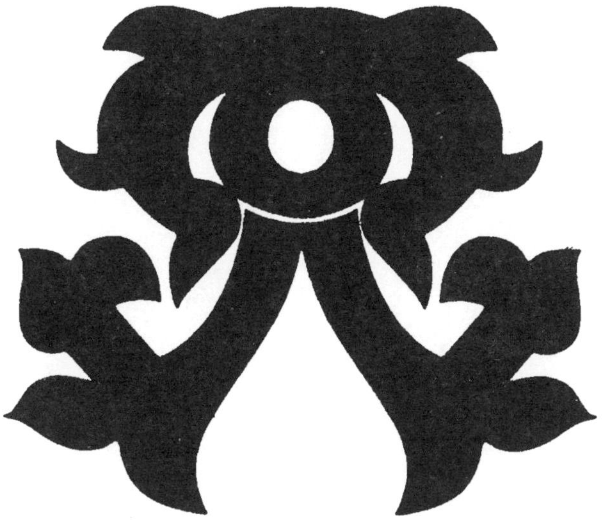

186

188

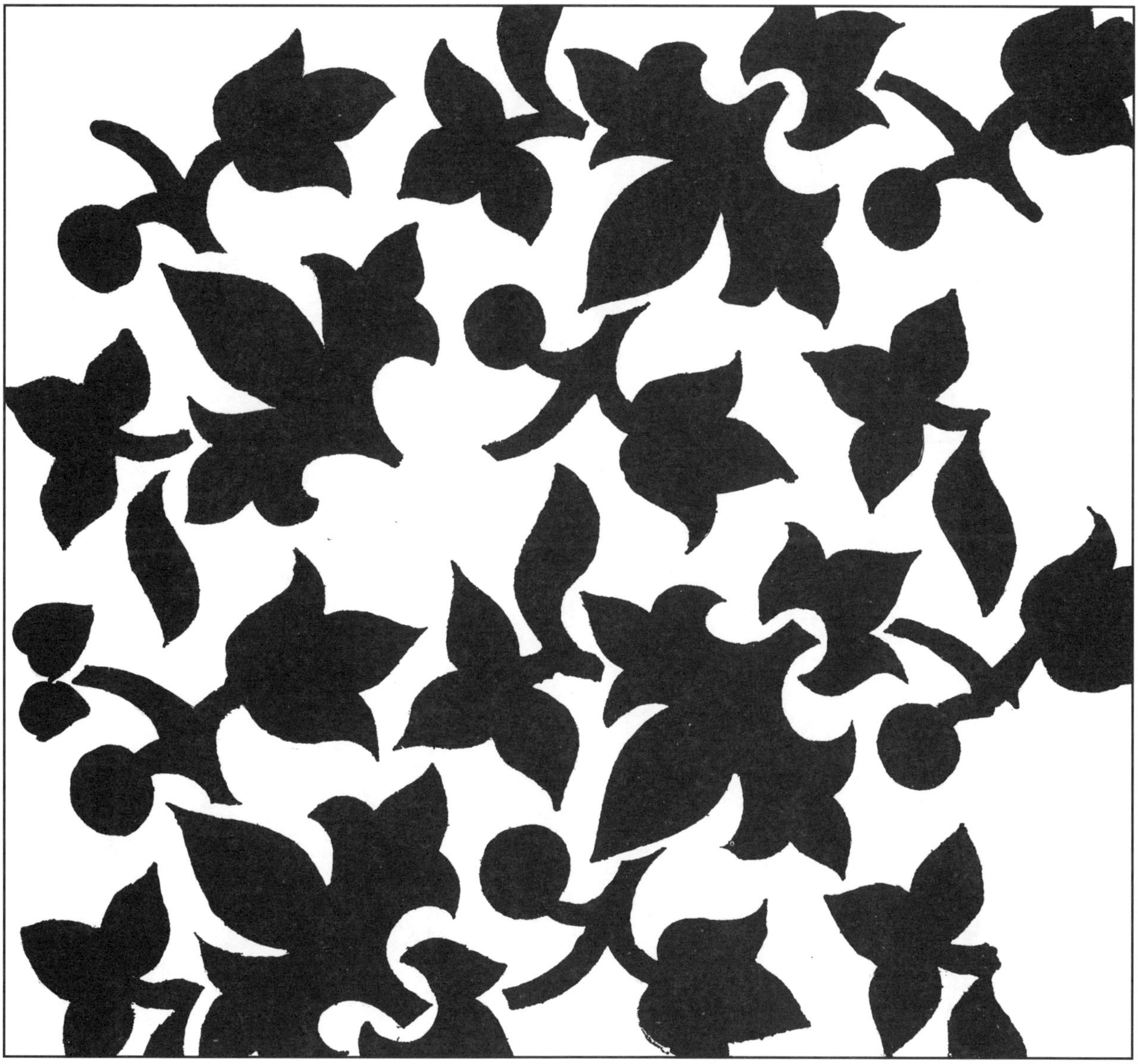

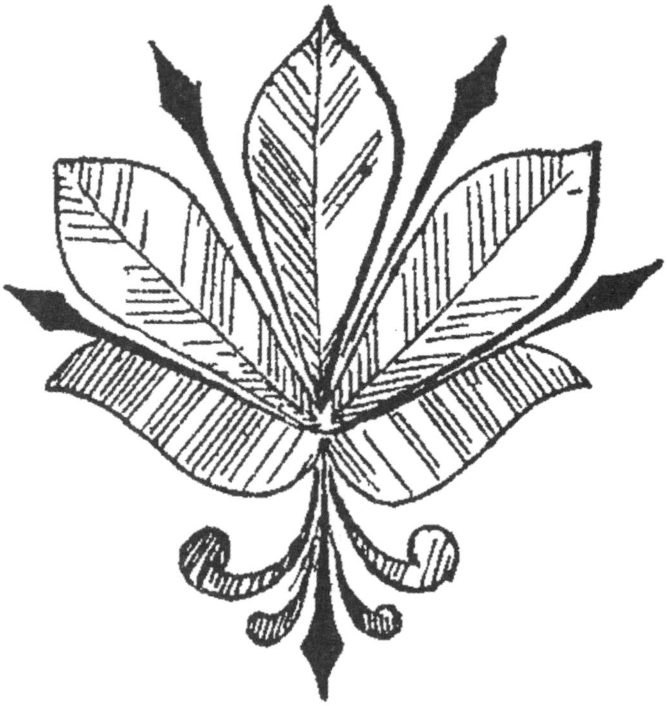

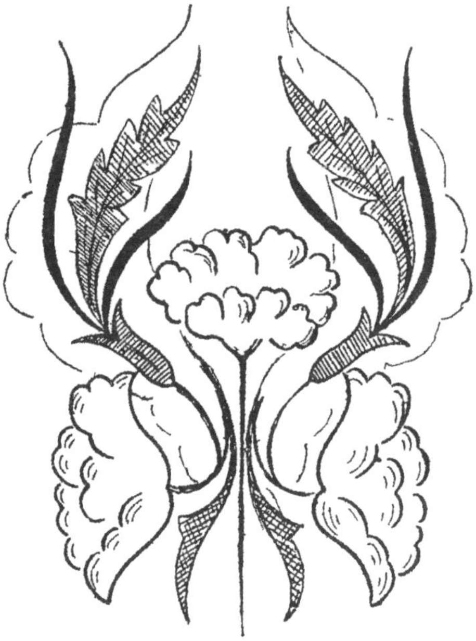

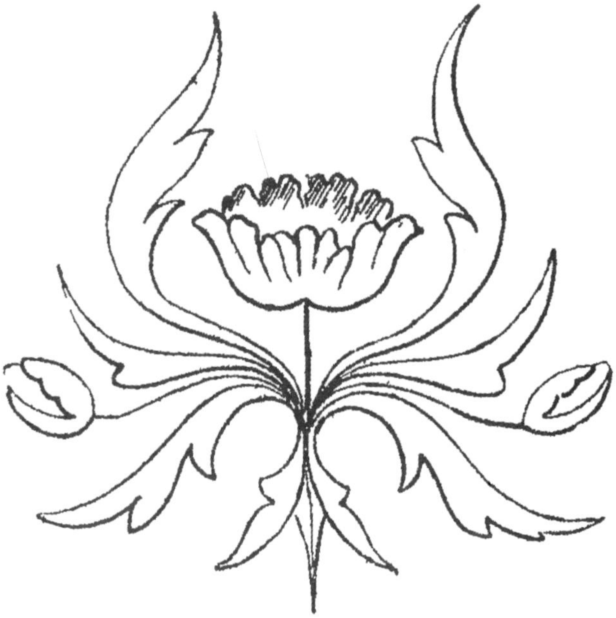

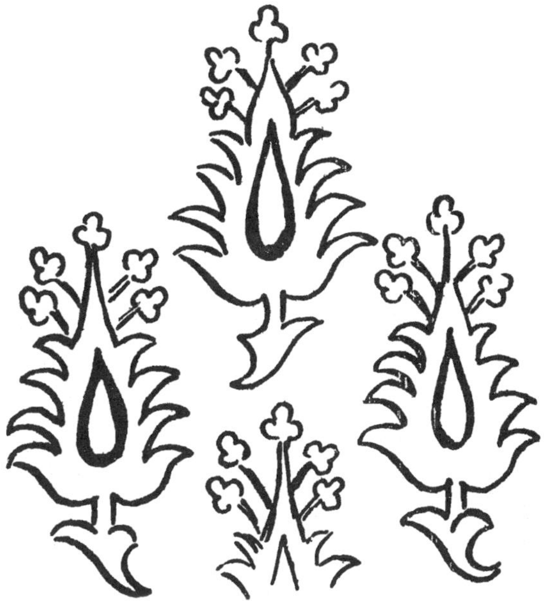

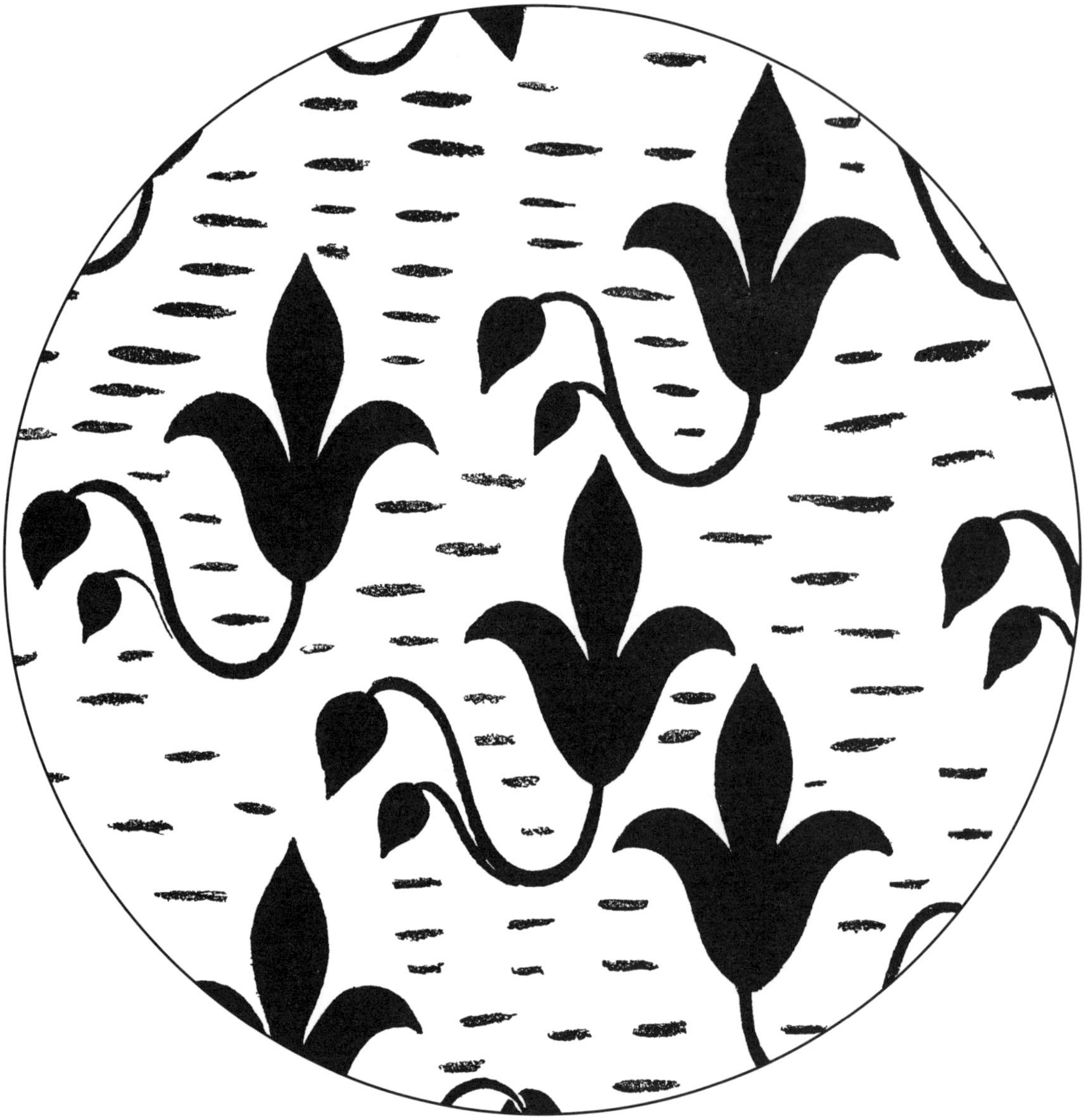

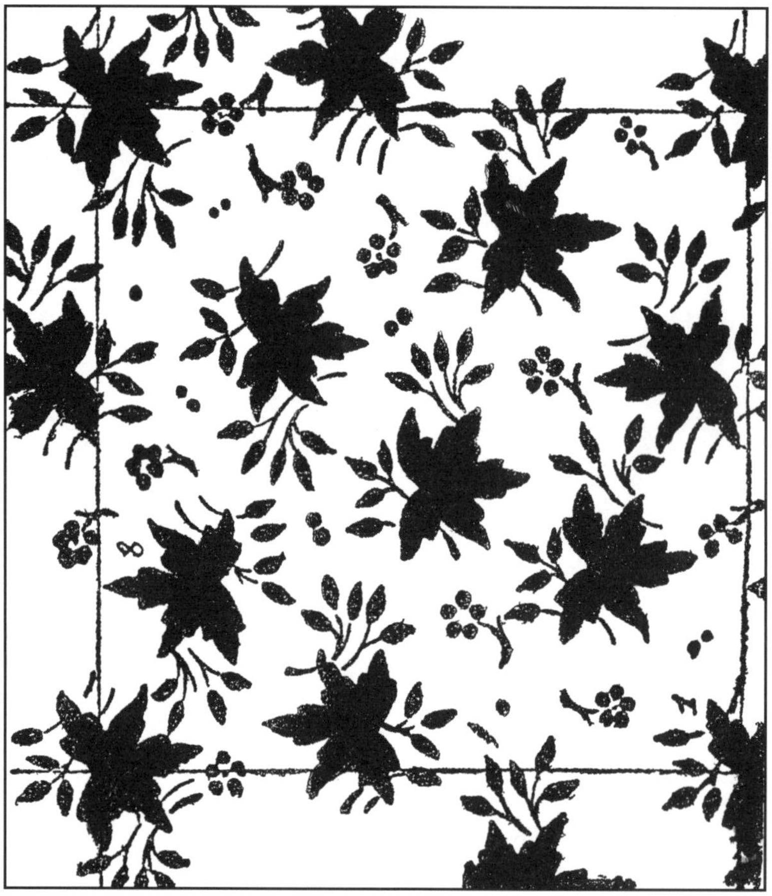

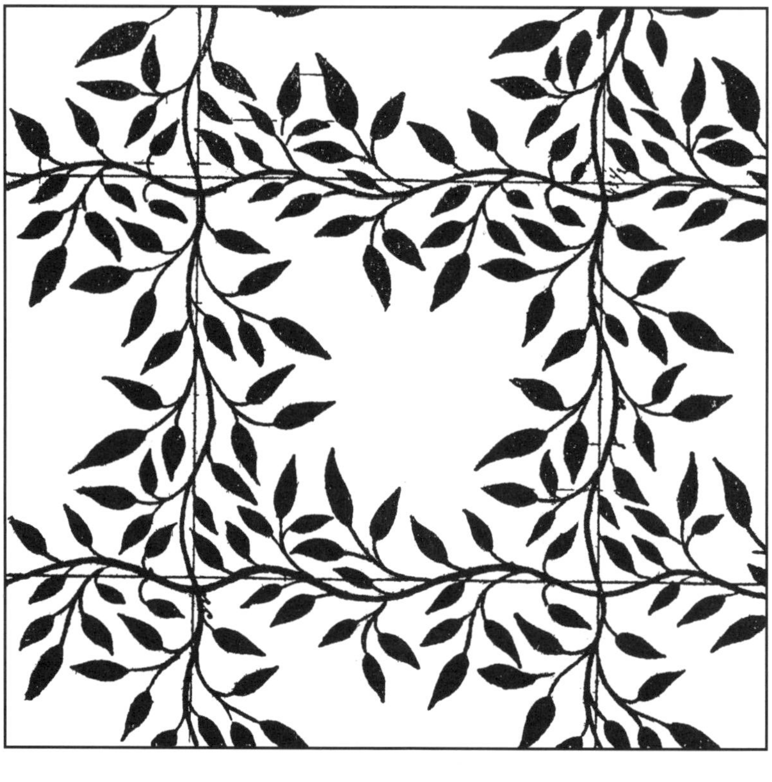

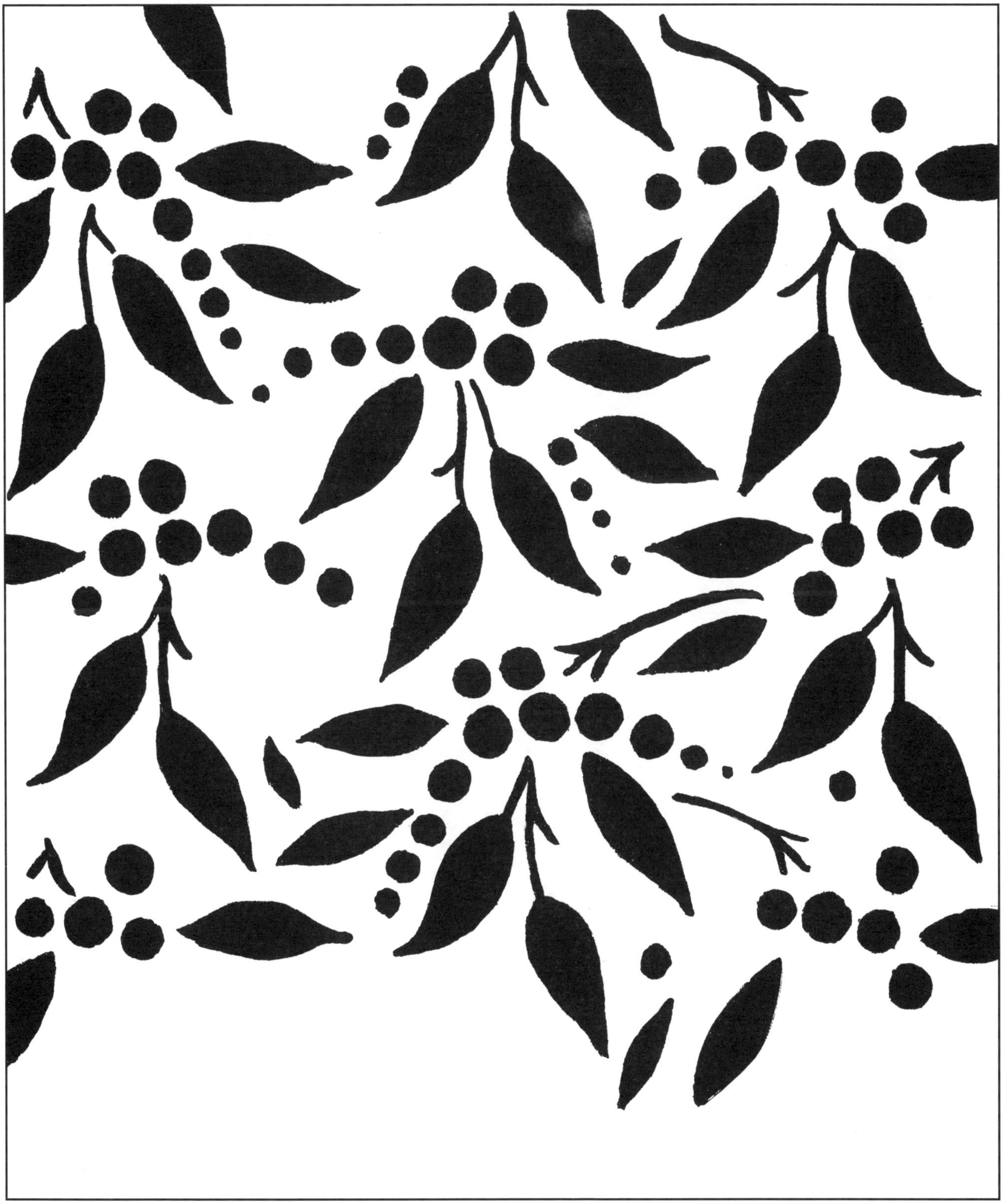

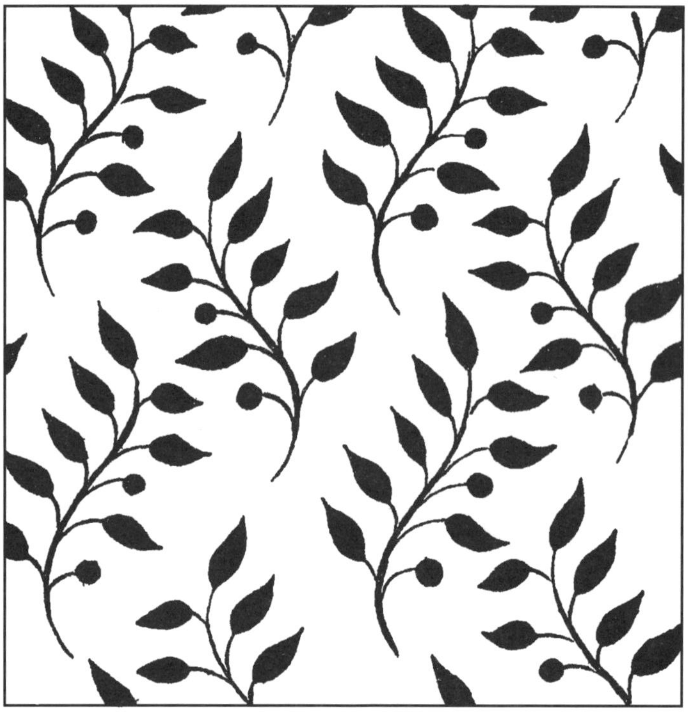

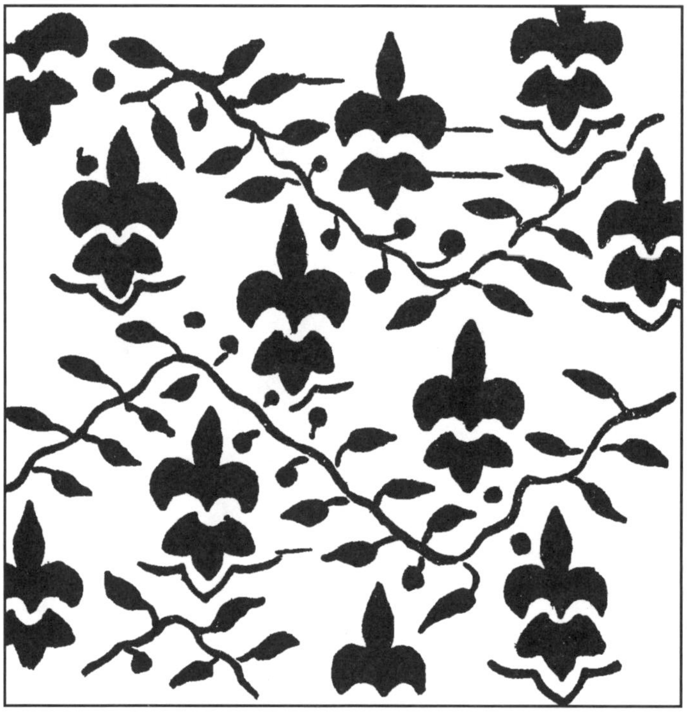

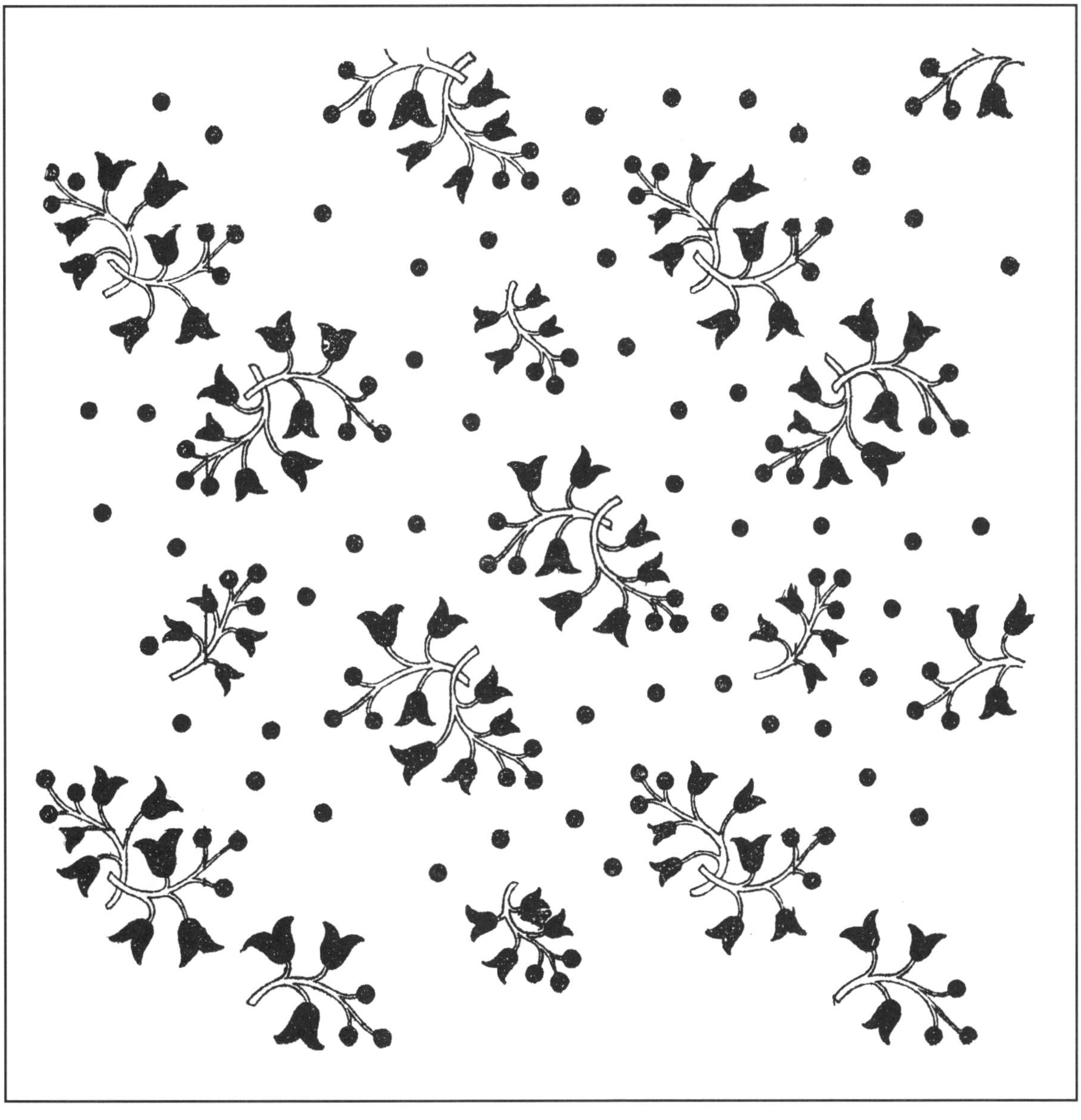

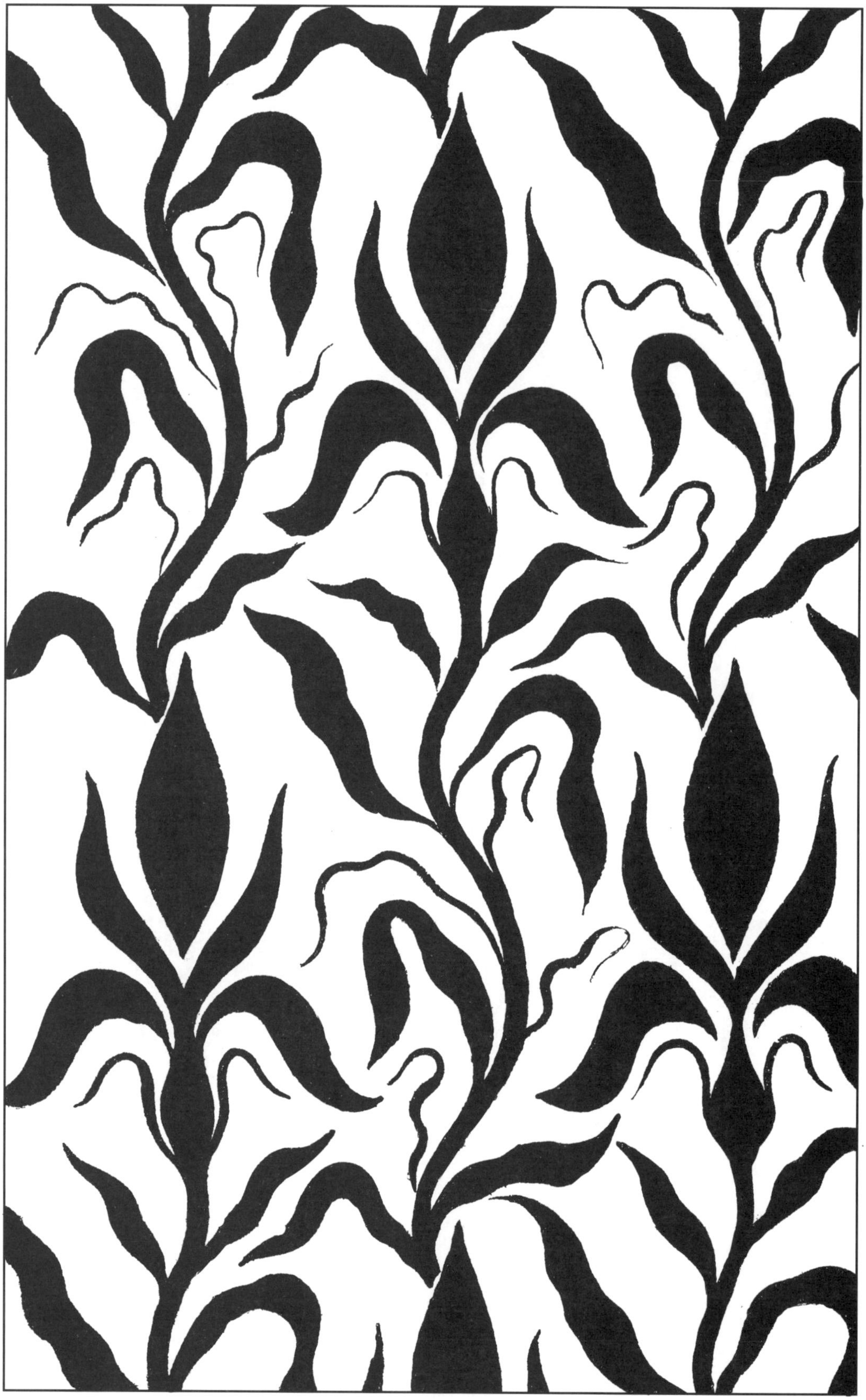

199

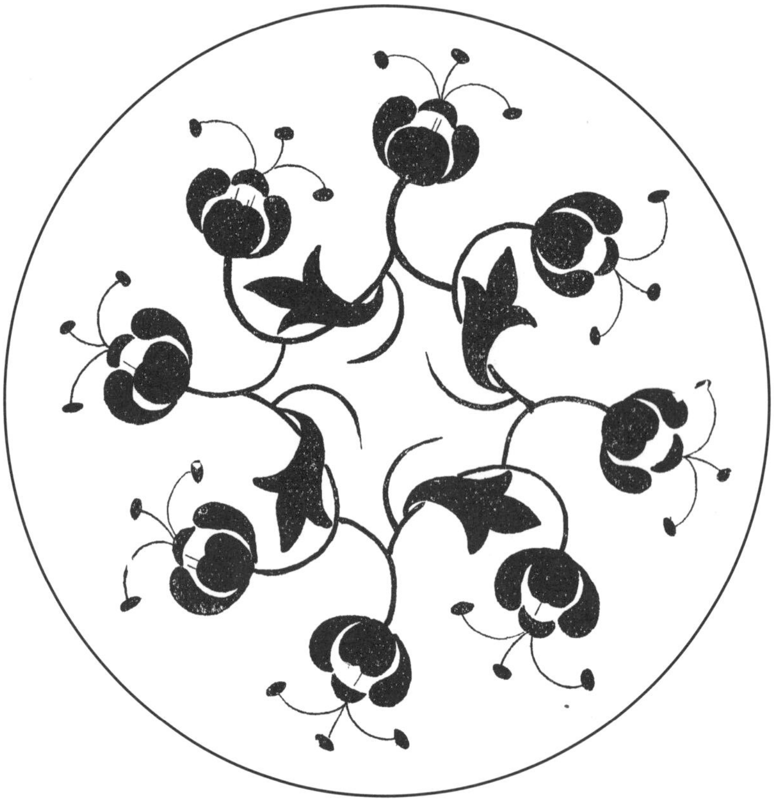

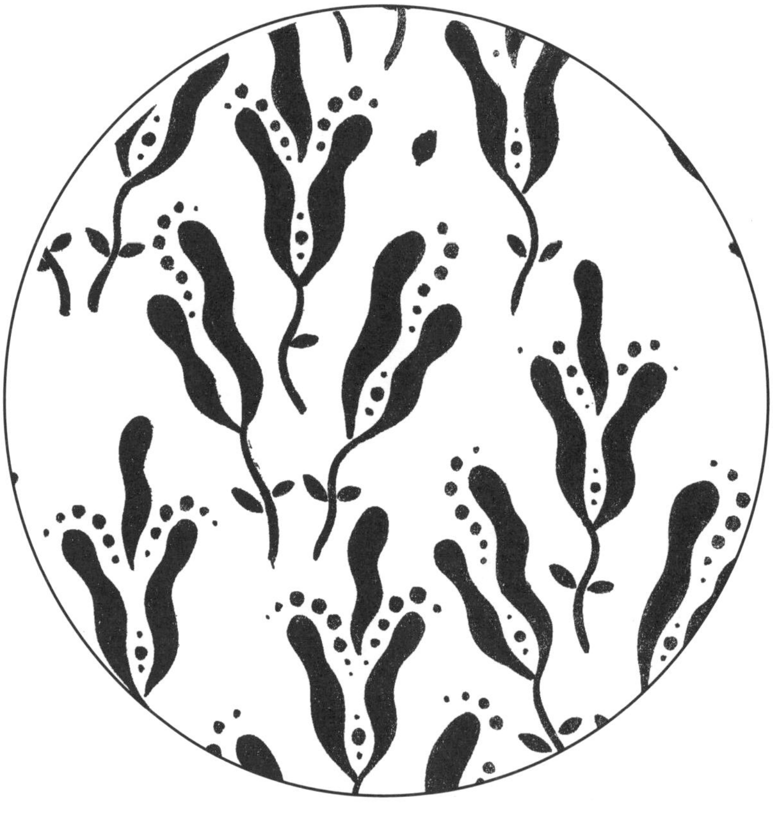

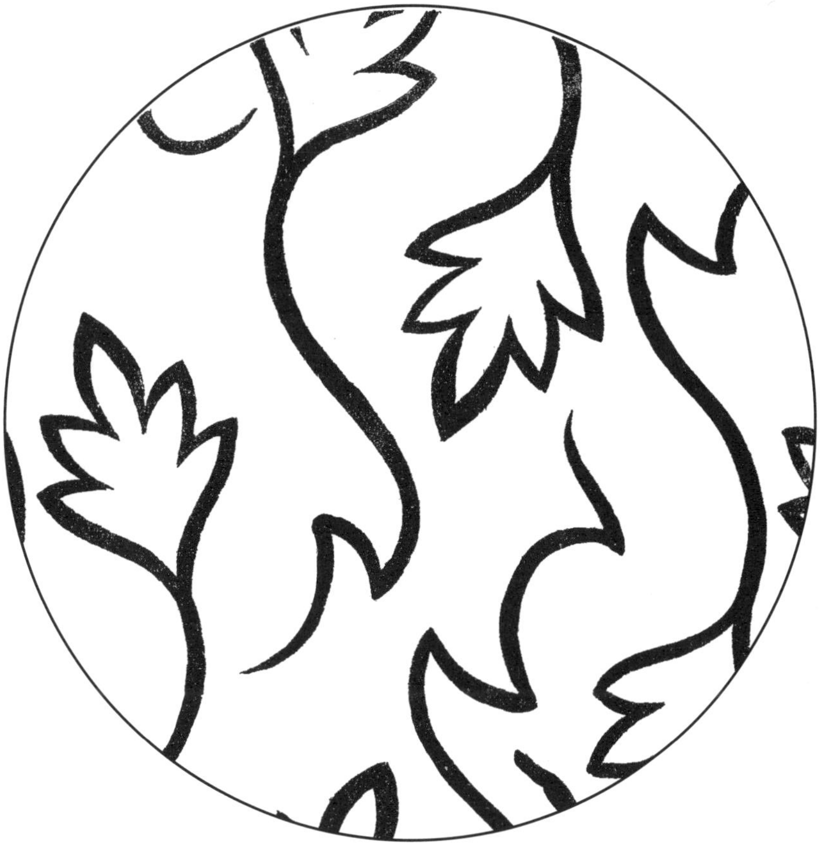

205

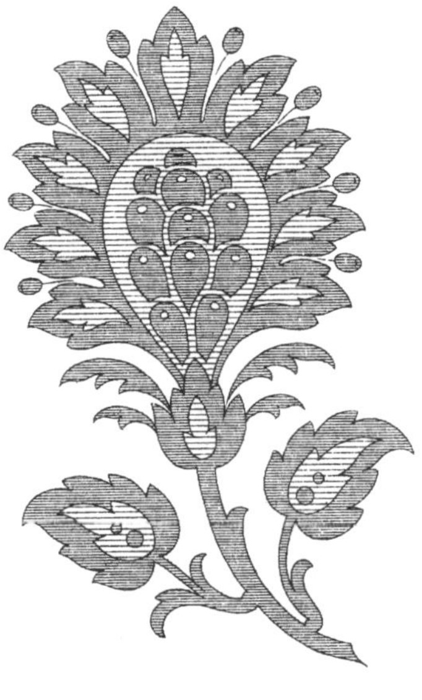

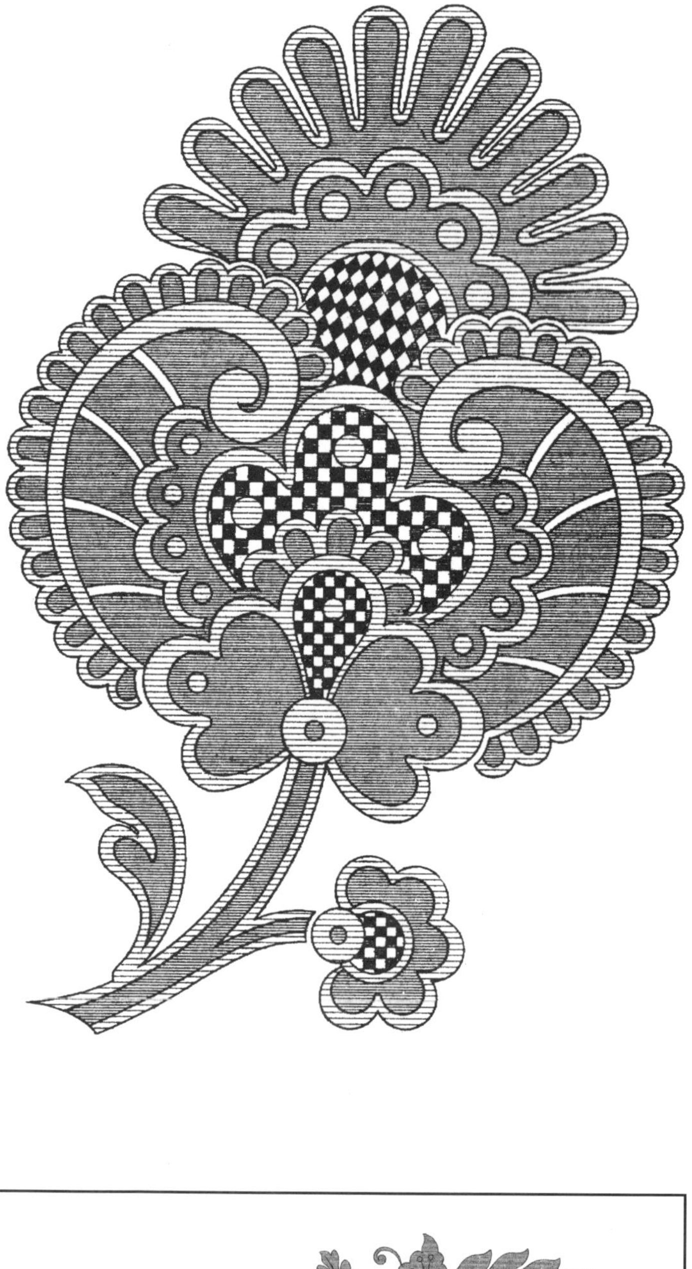

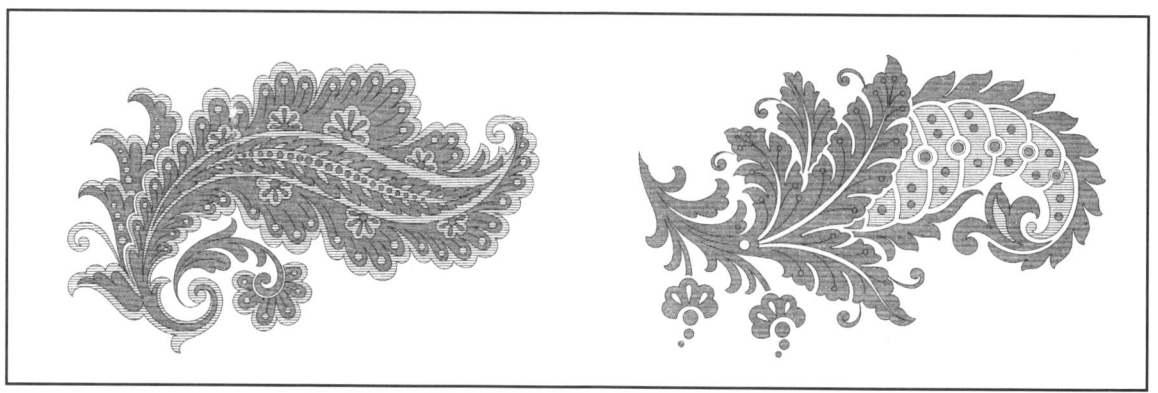

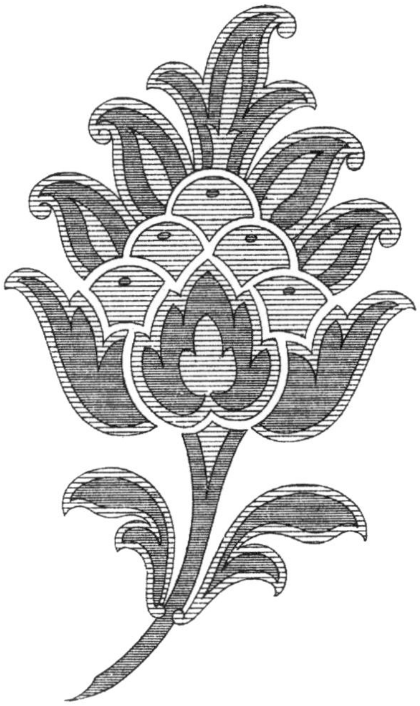

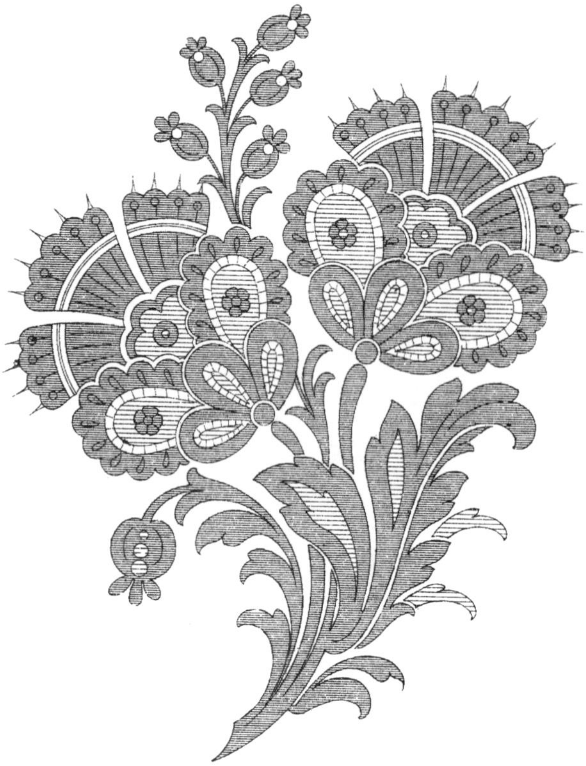

209

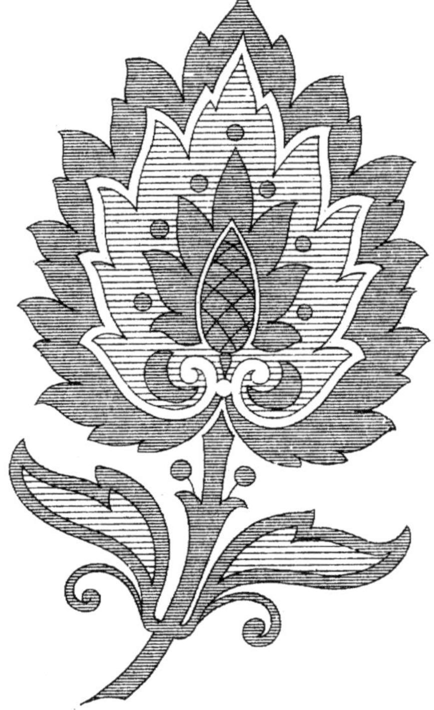

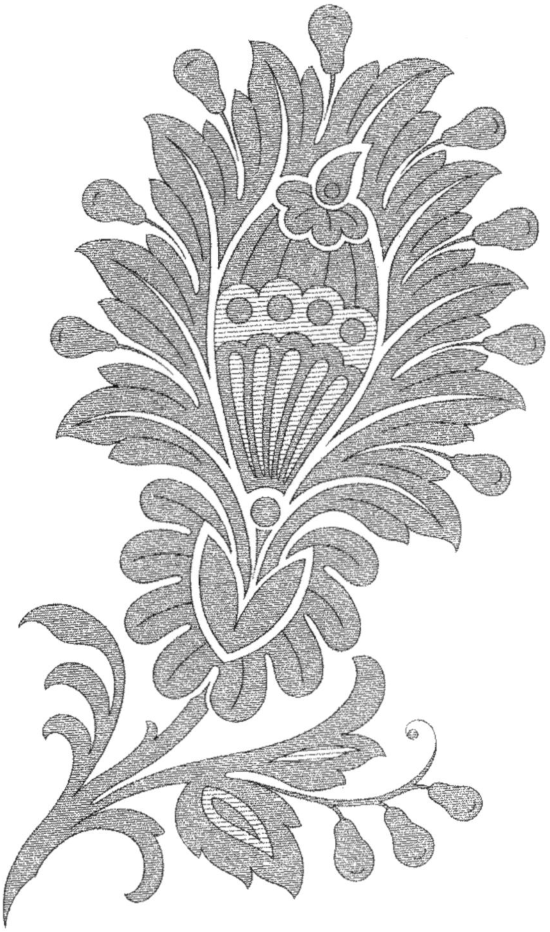

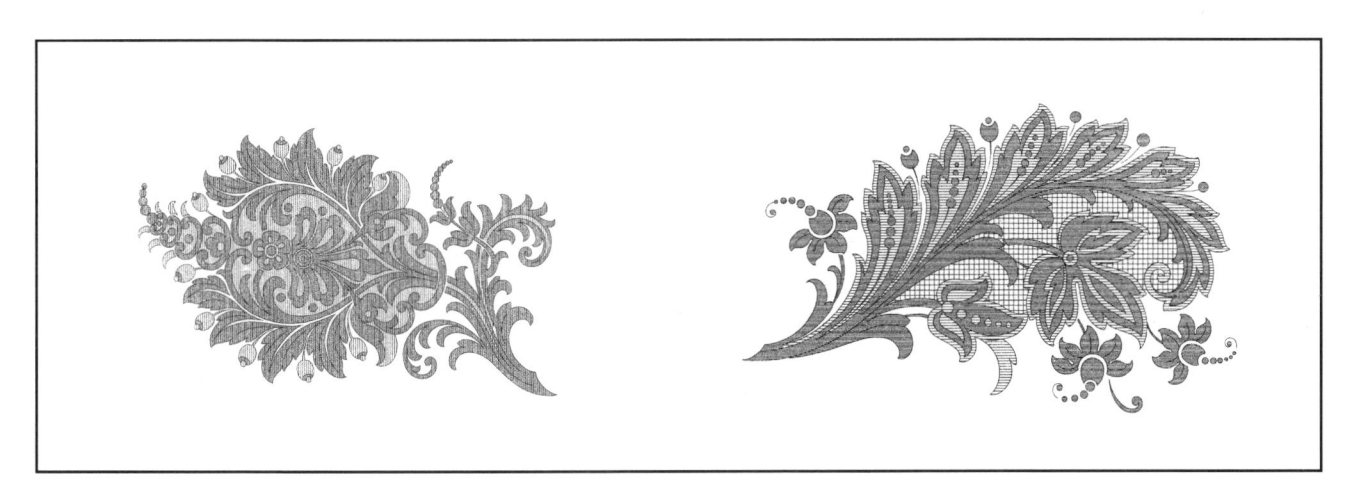

214

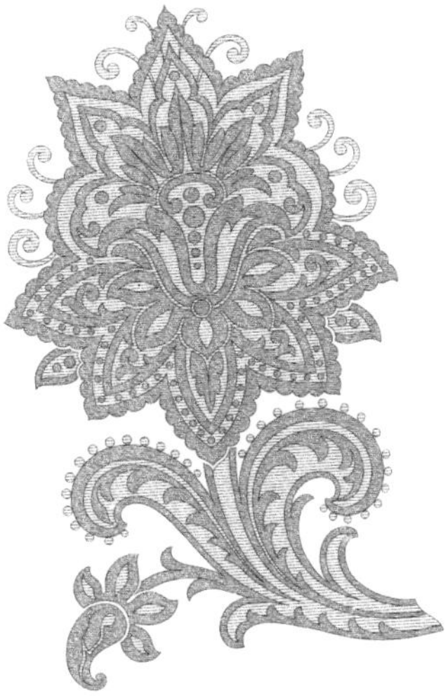

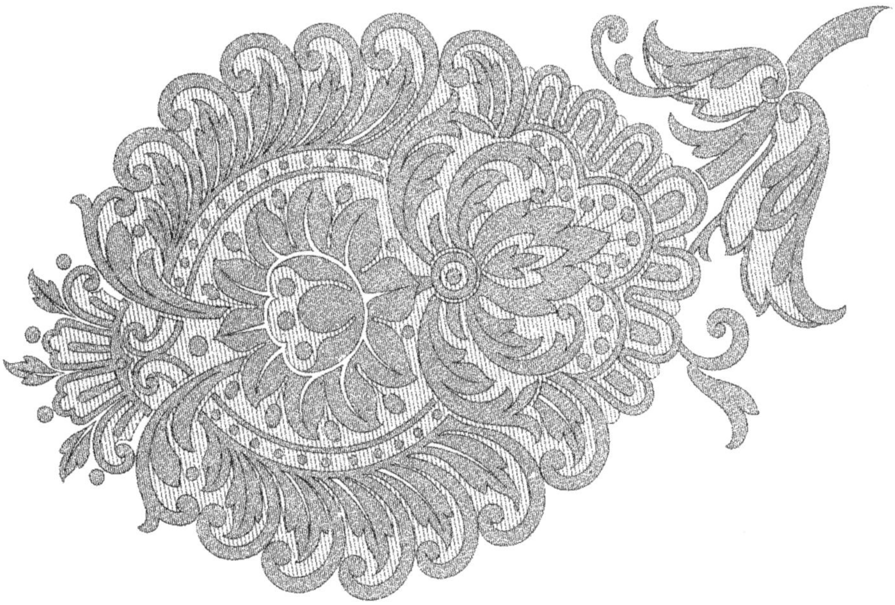

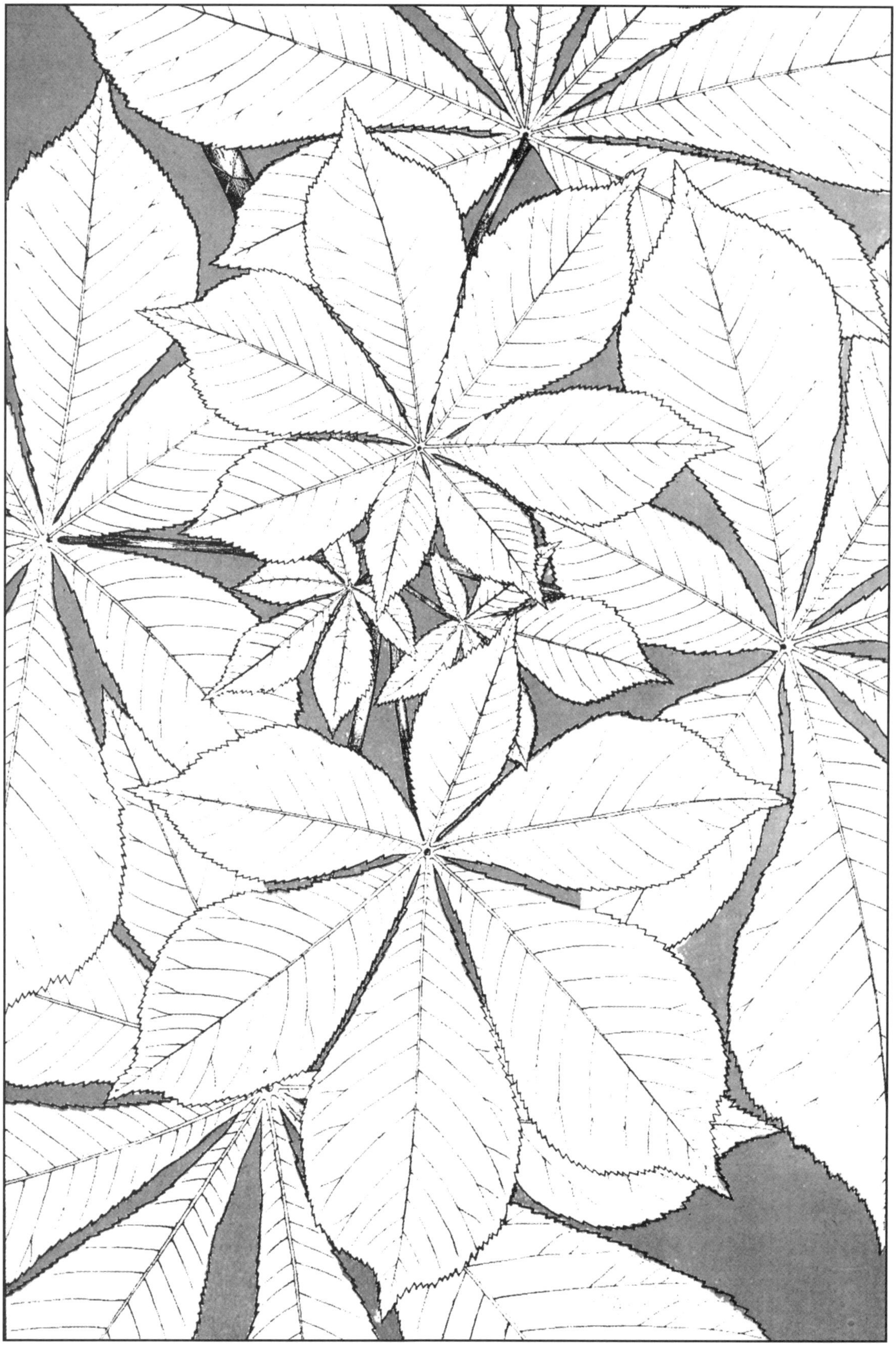

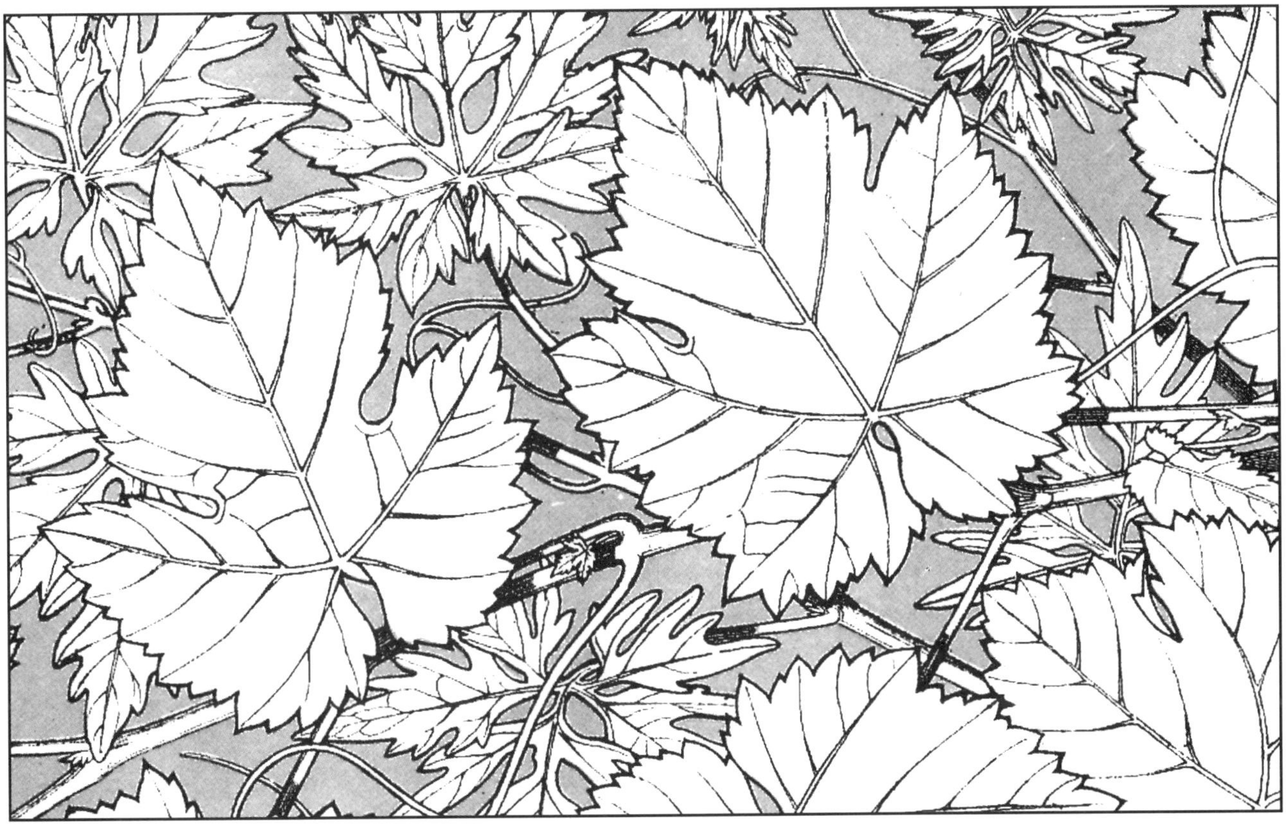

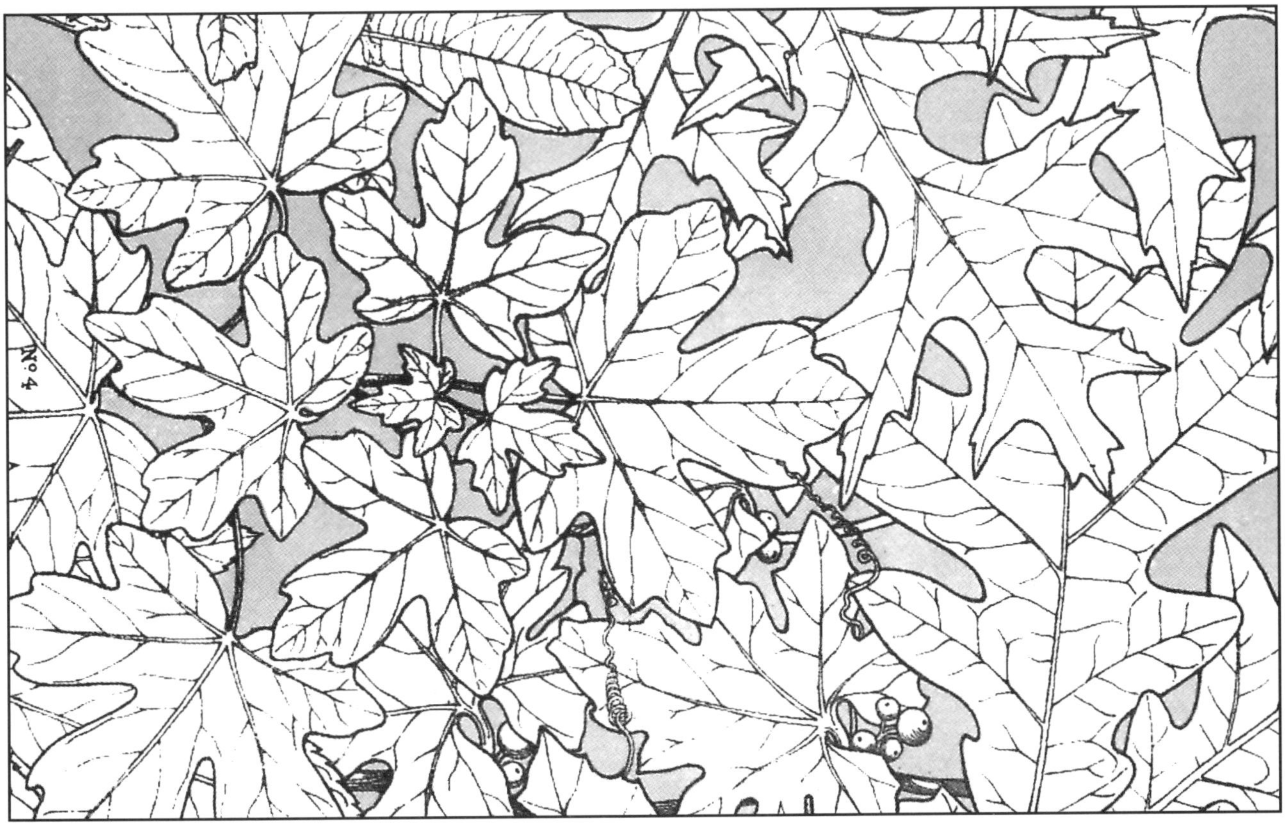
Nº 4

Nº 2

Nº 3

Nº 4

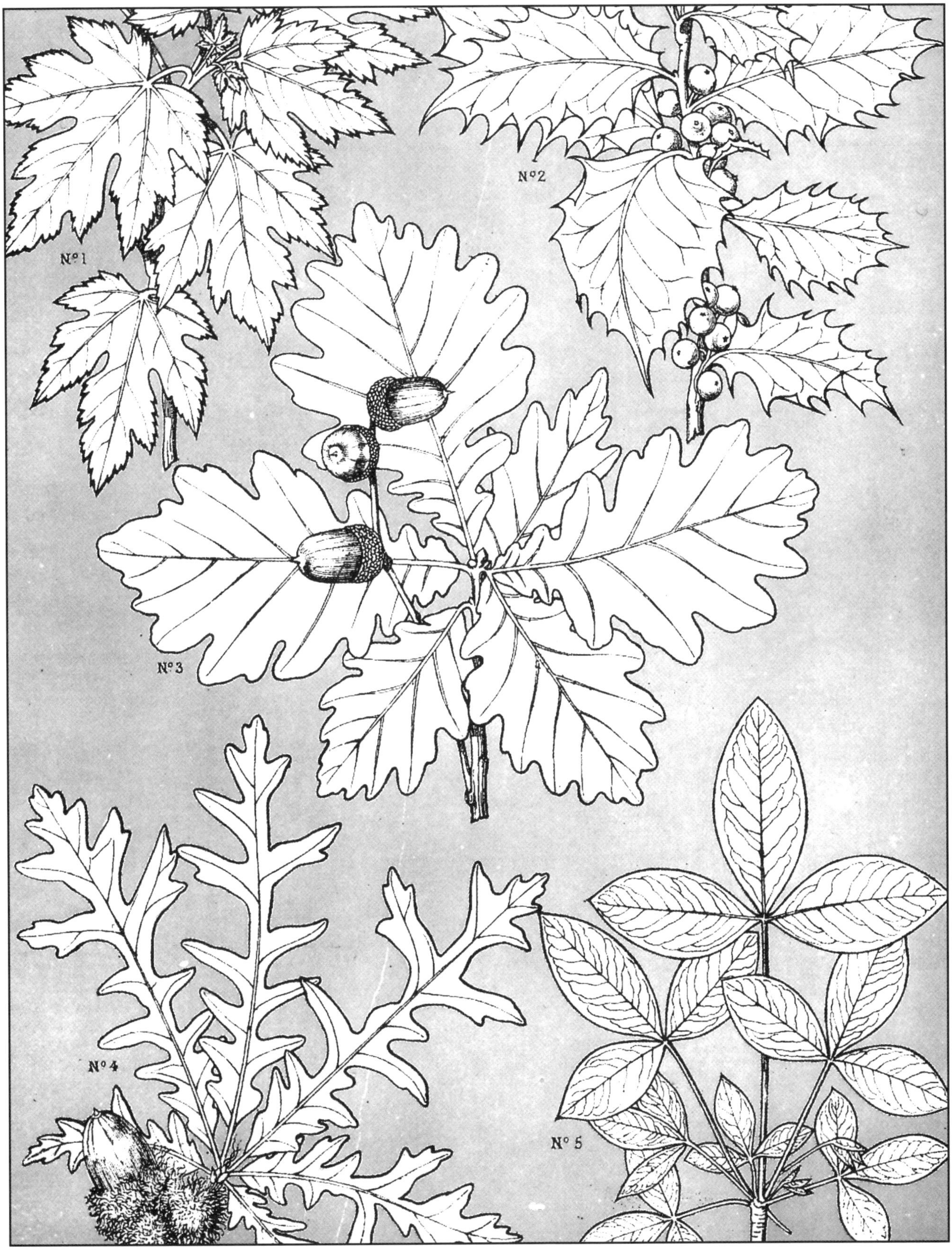
N°1
N°2
N°3
N°4
N°5

Nº 1.

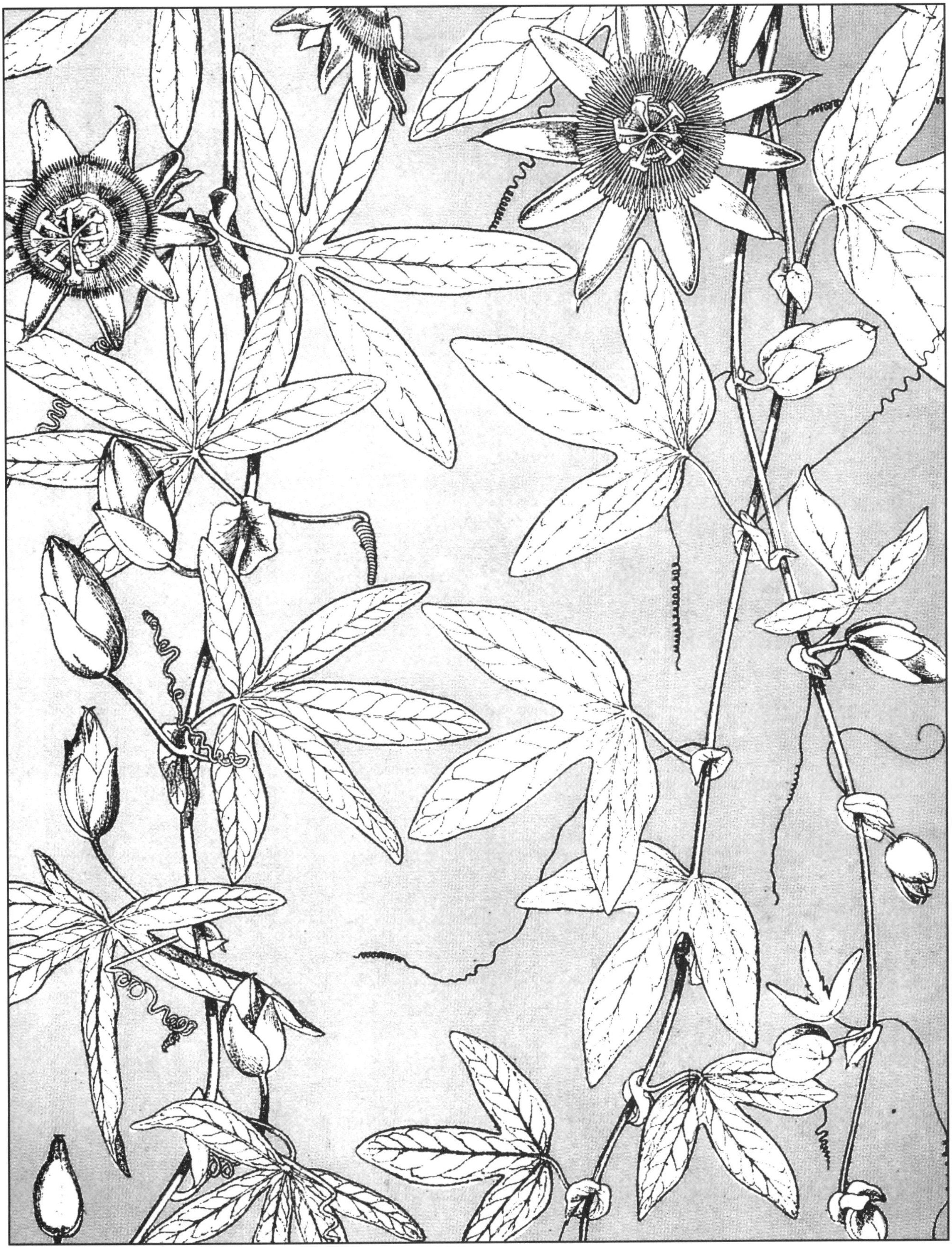

N° 1

N° 2

N° 3

223

- Borders and frames -
- Bordures et encadrements -
- Borten und Rahmen -
- Ribetes y recuadros -

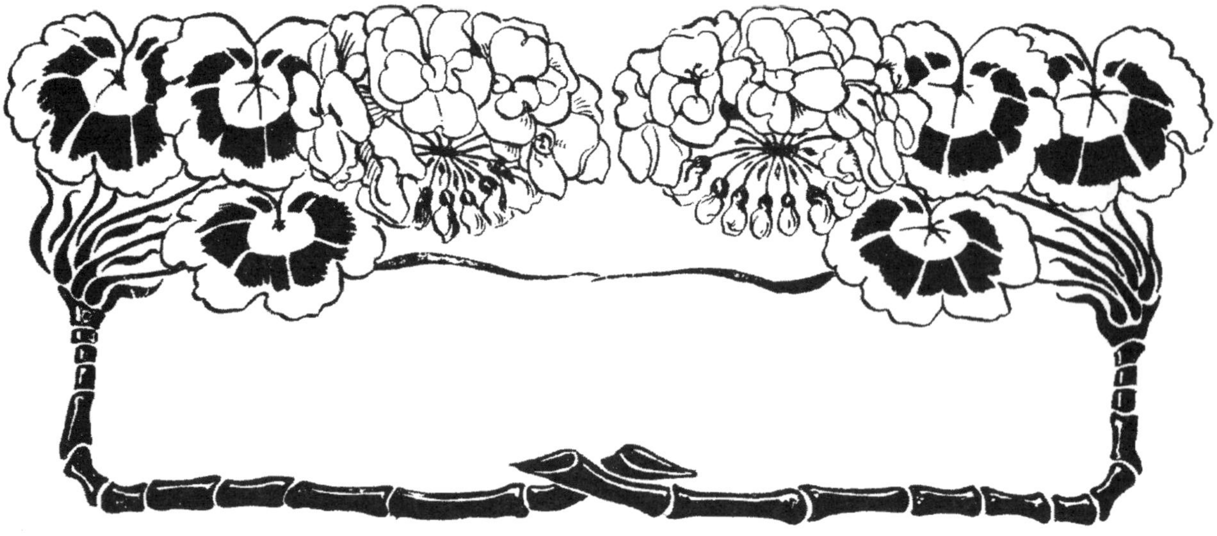

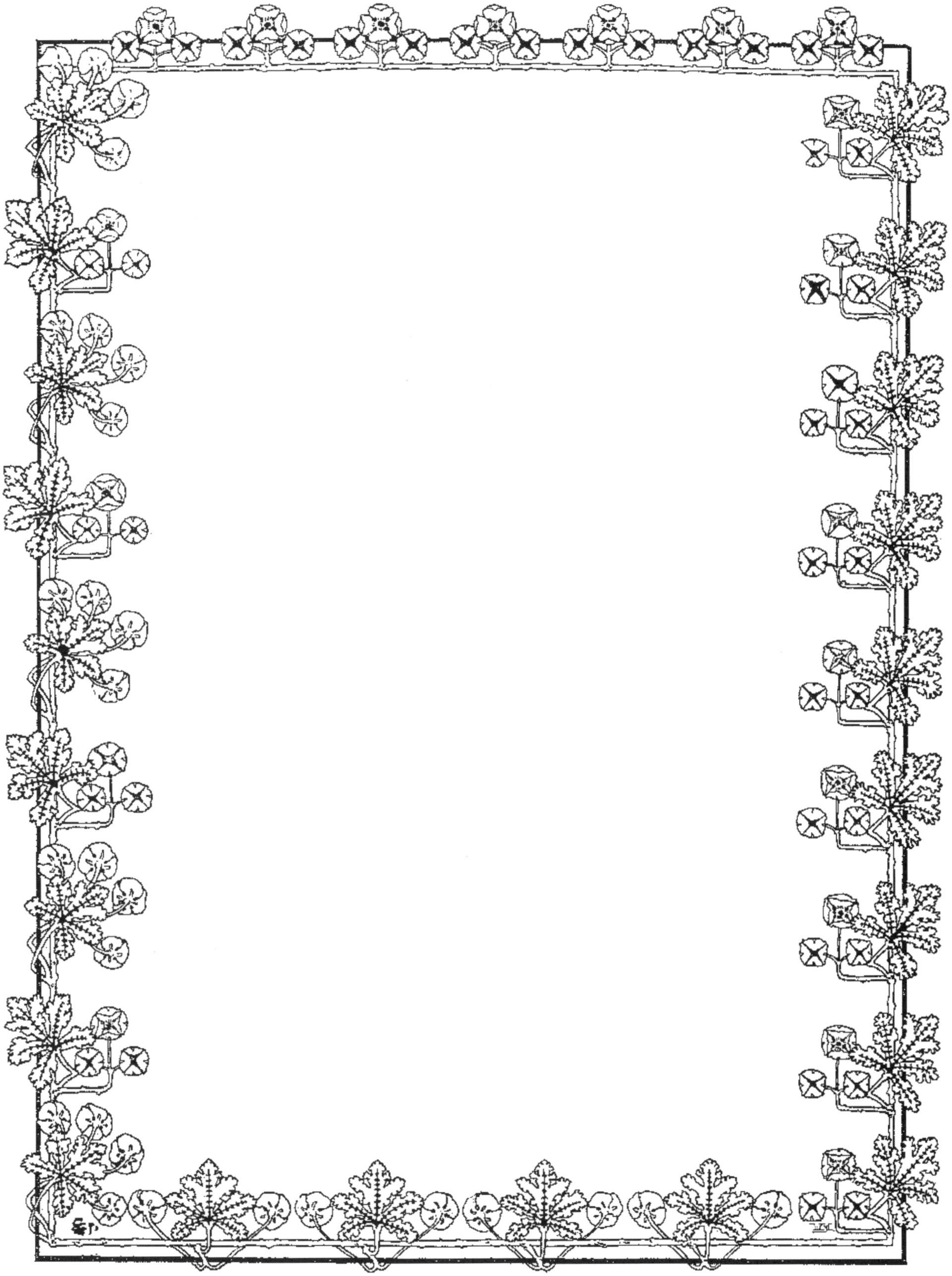

231

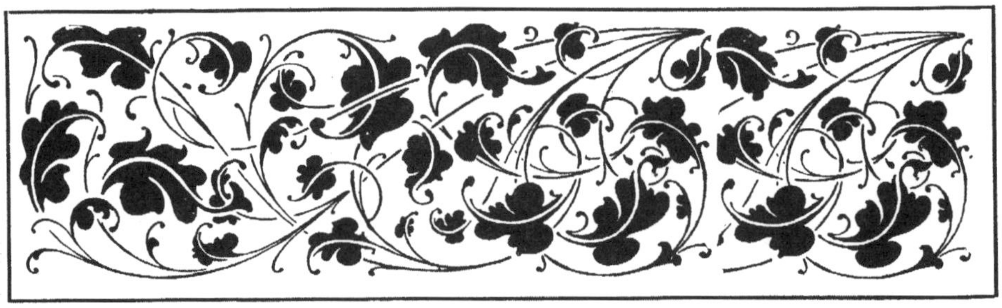

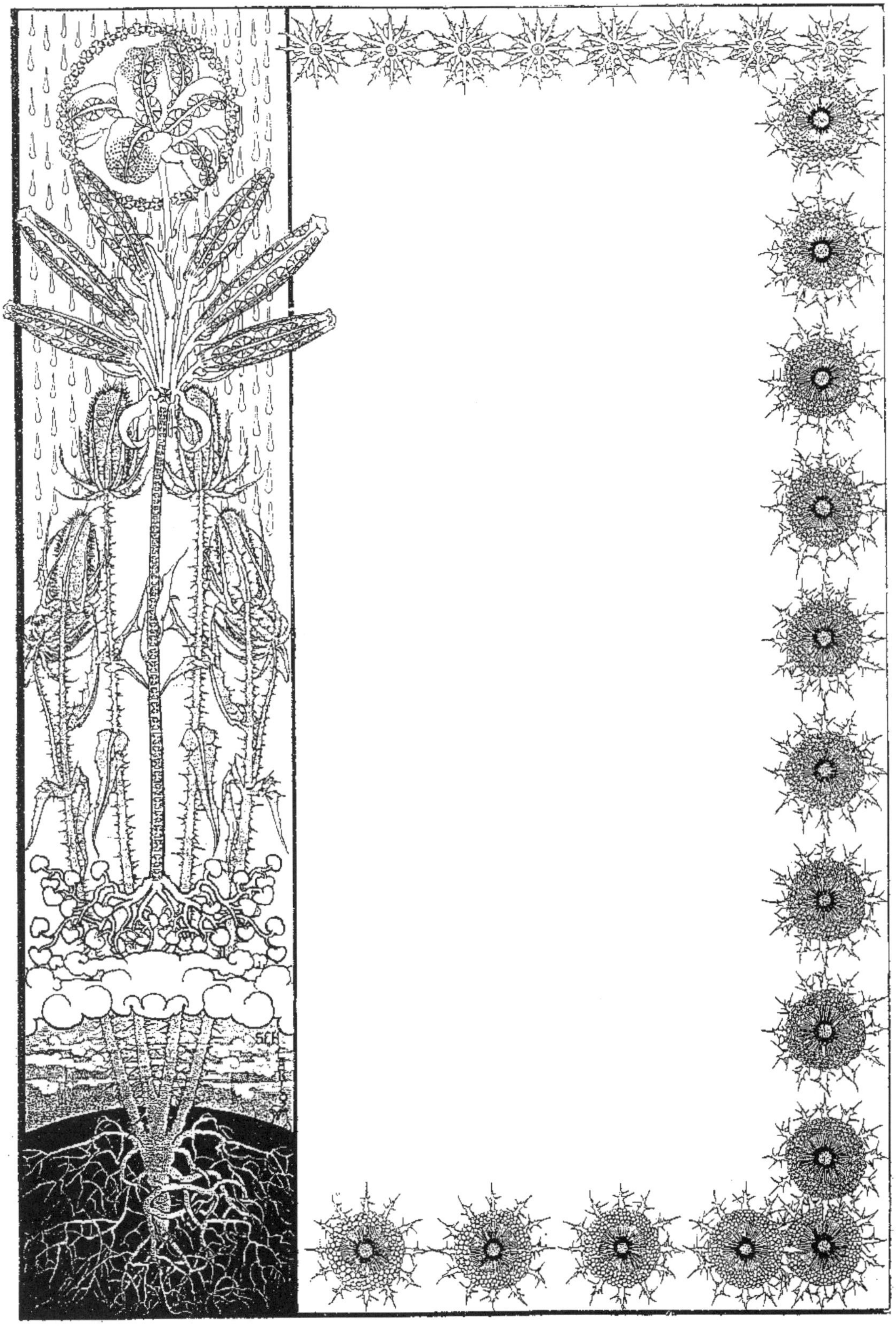

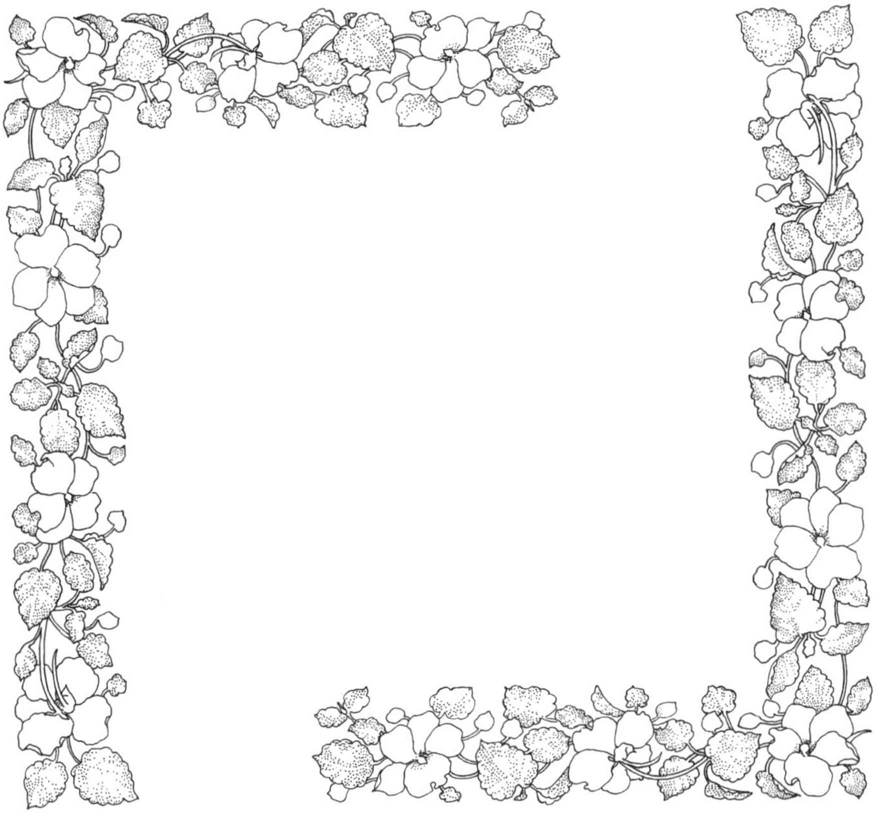

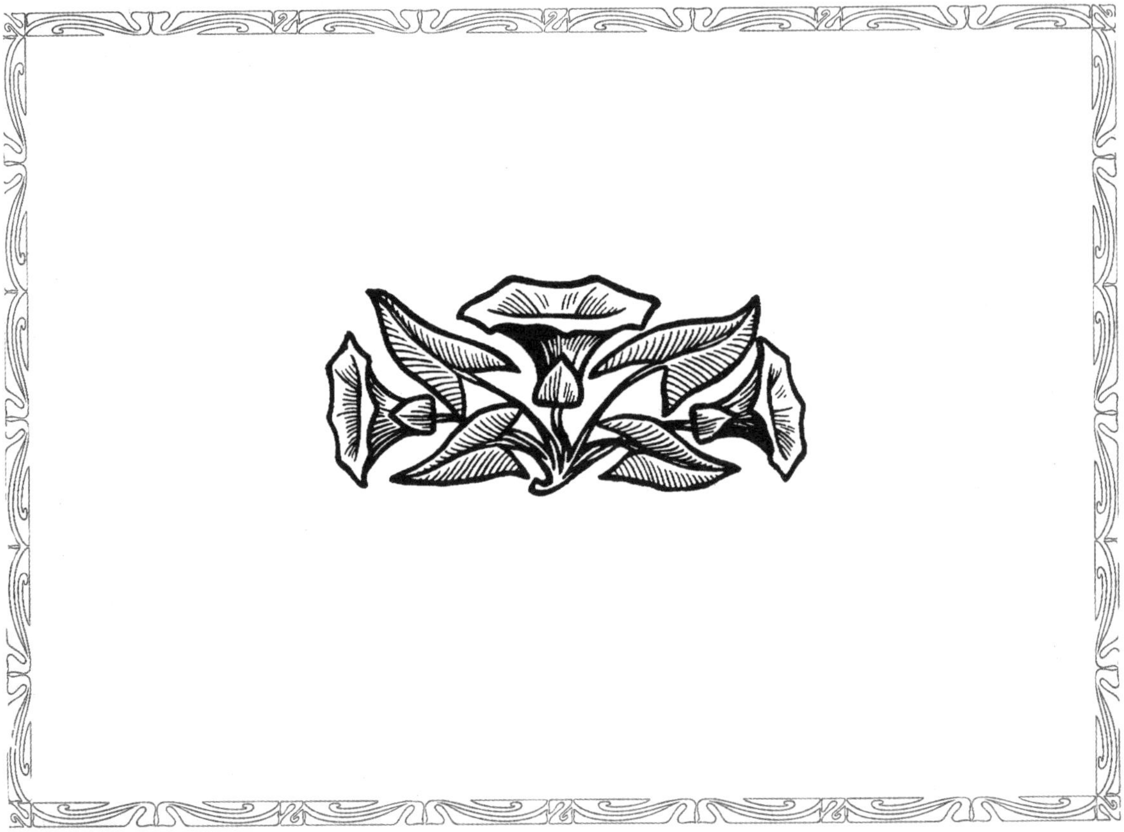

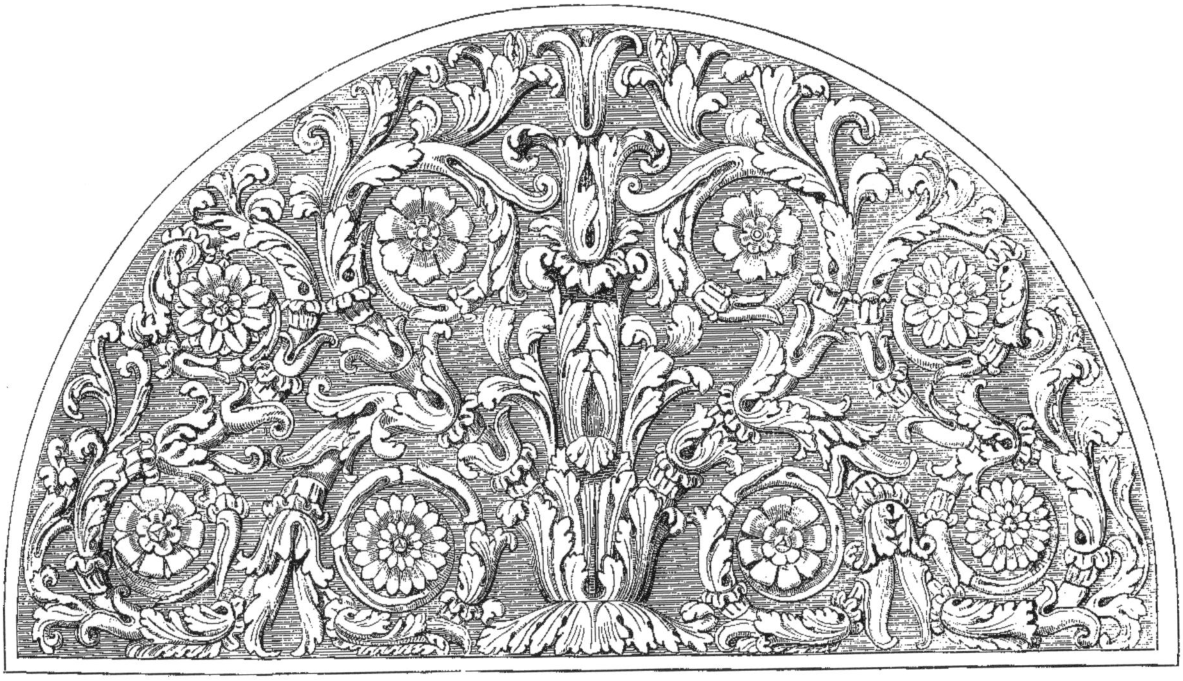

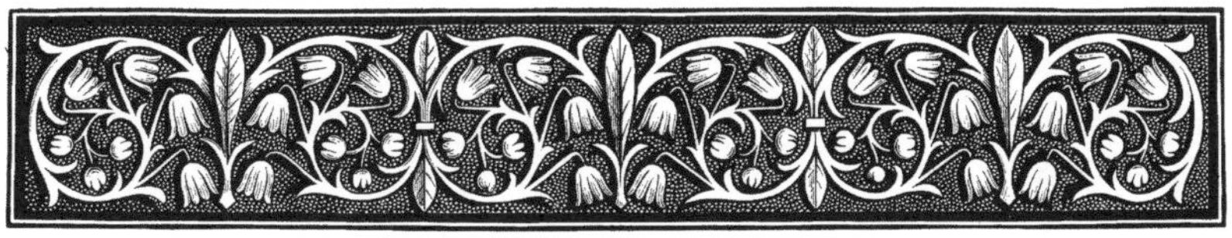

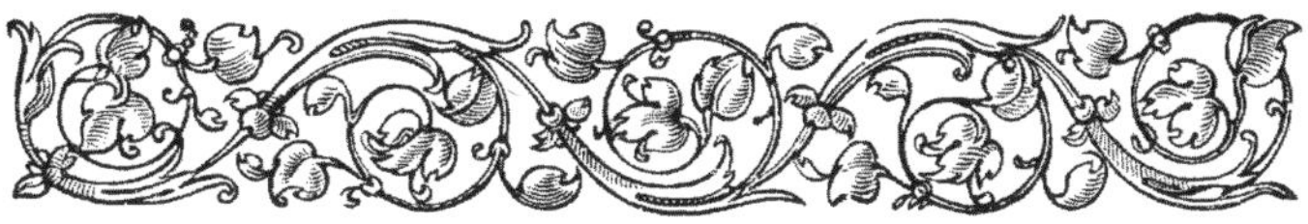

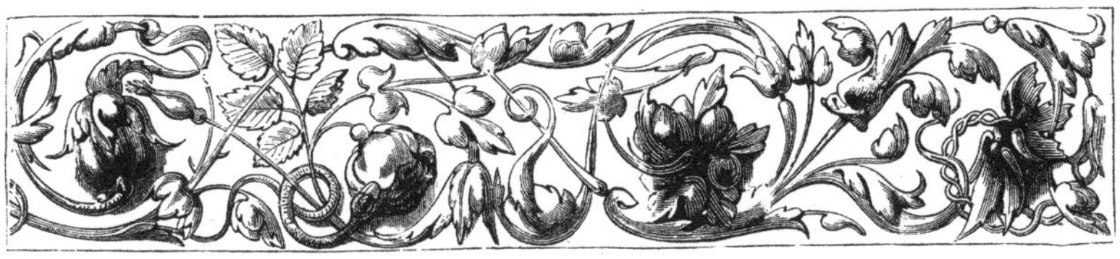

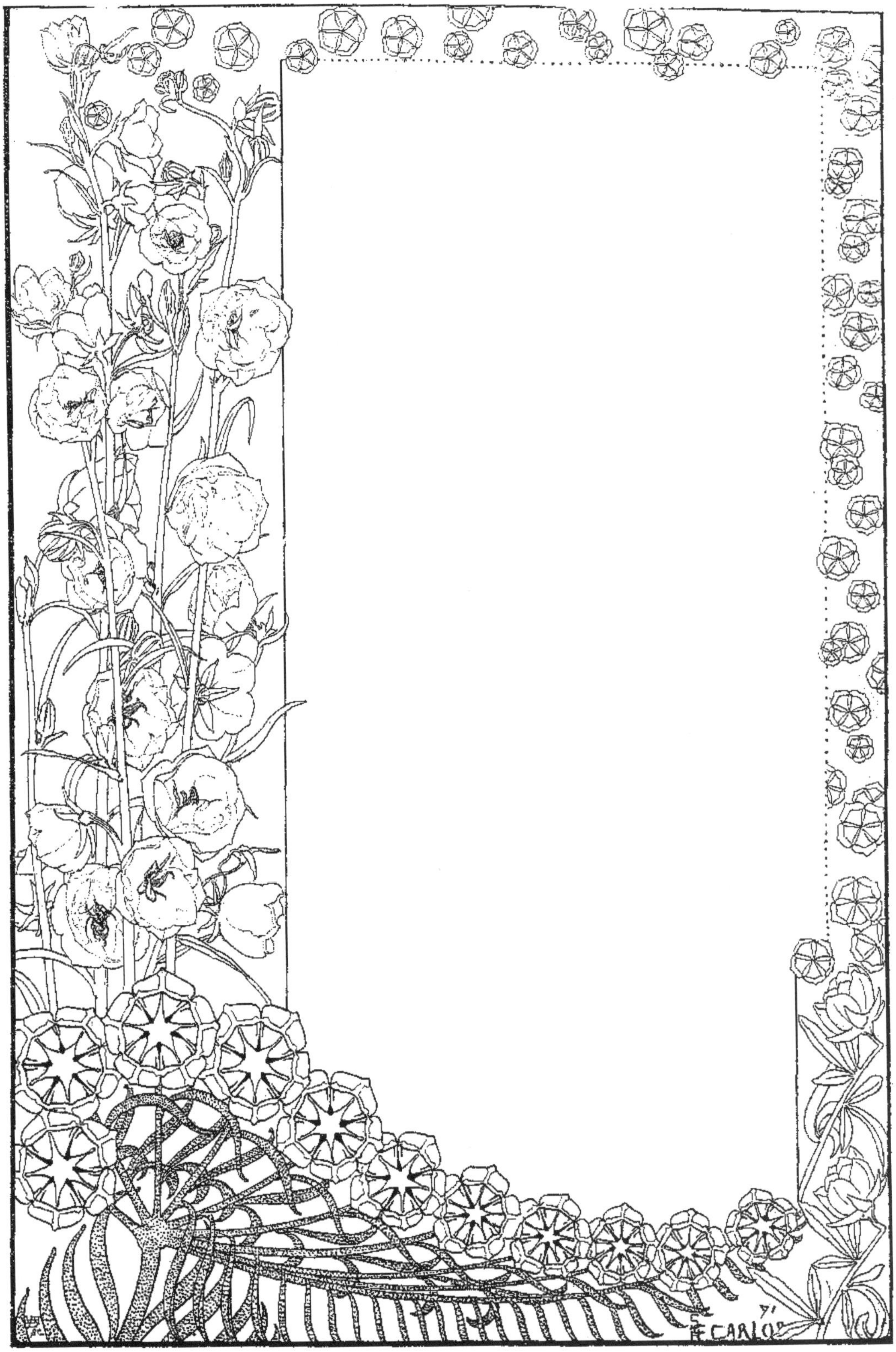

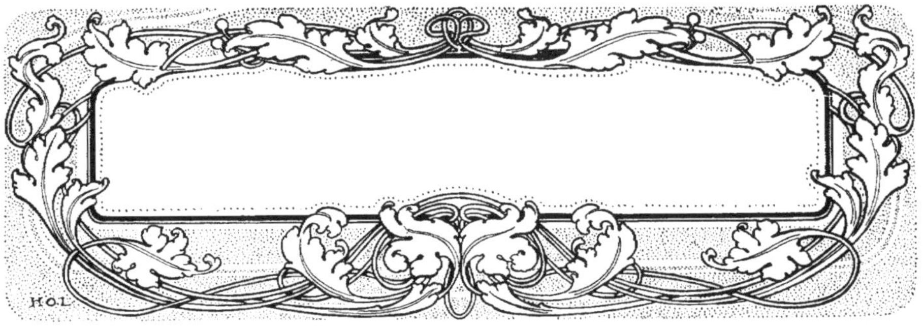

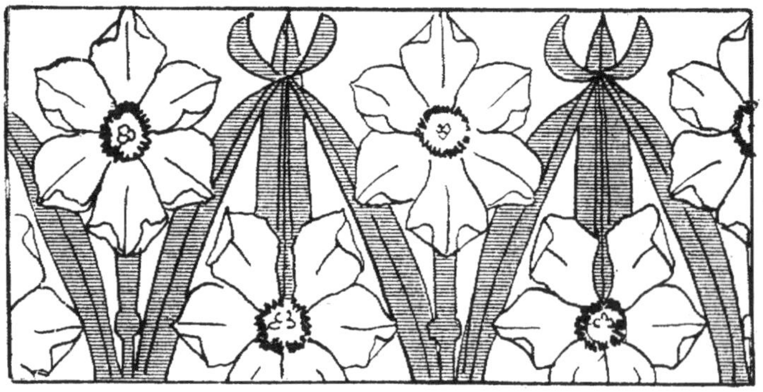

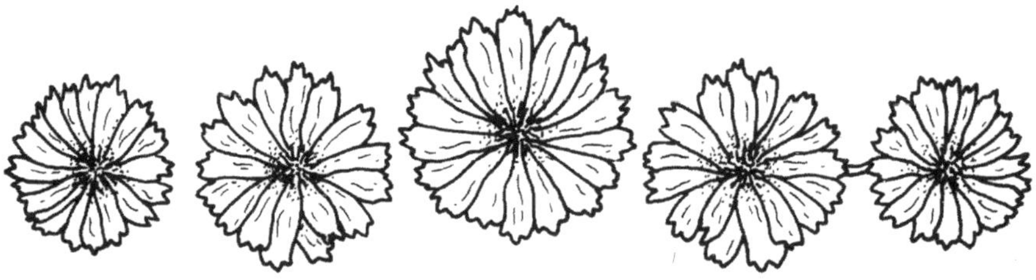

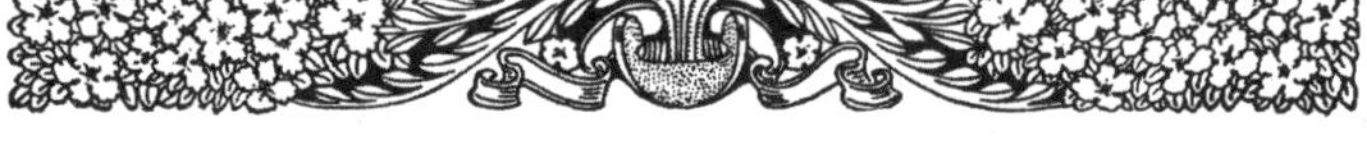

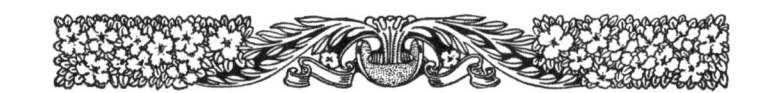

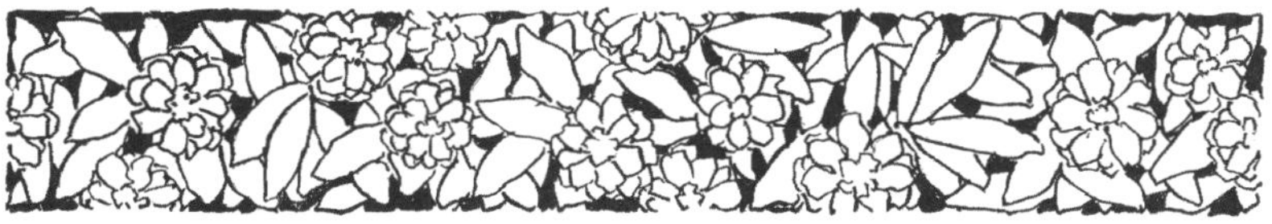

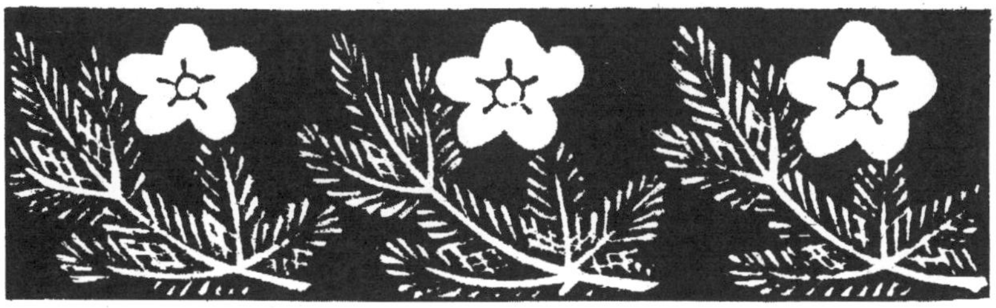

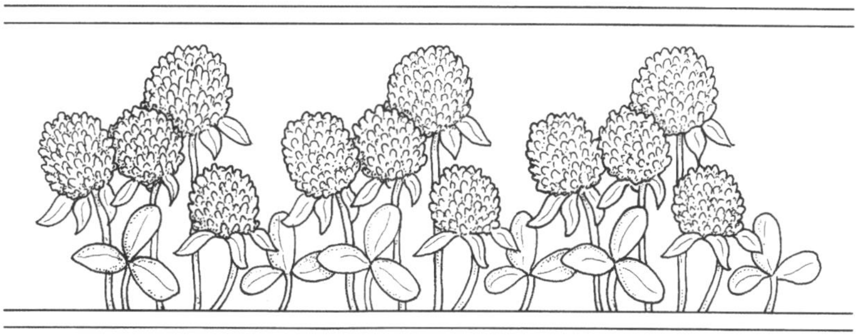

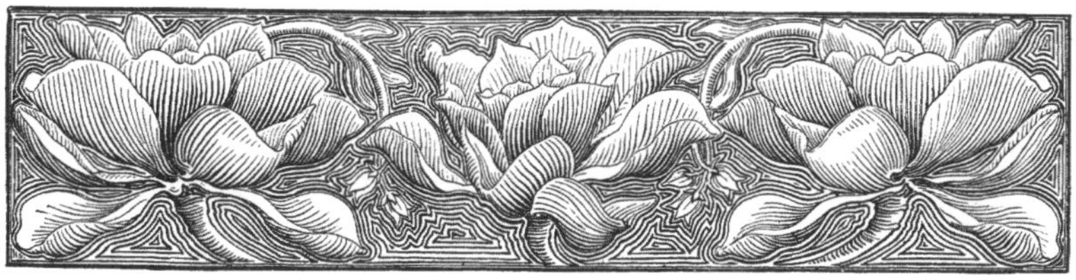

240

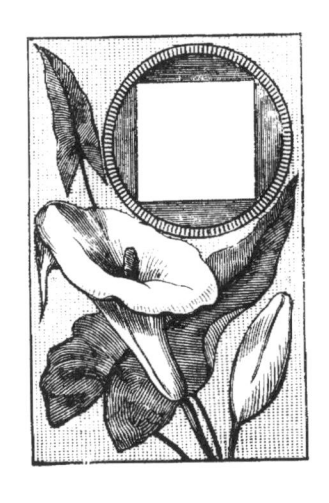

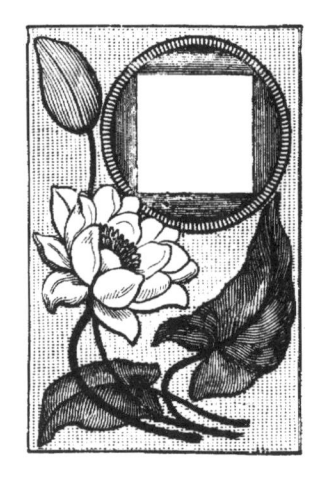

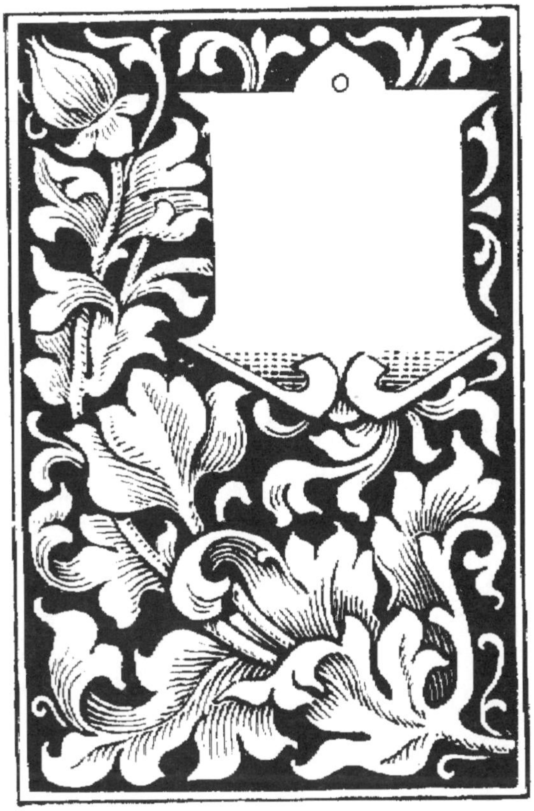

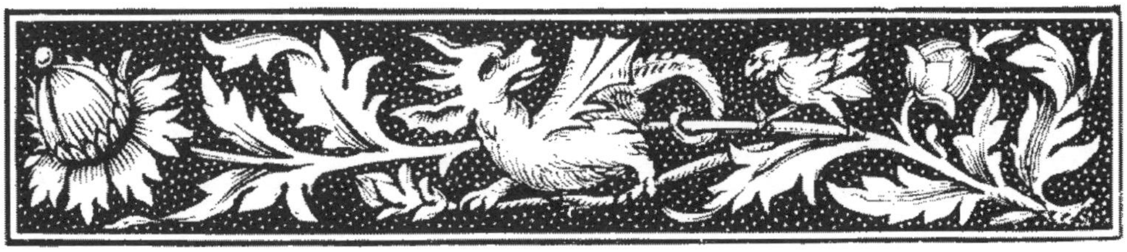

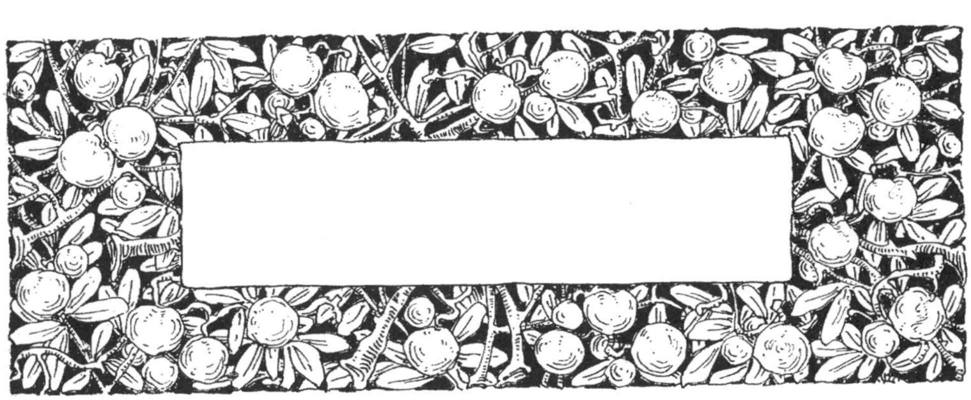

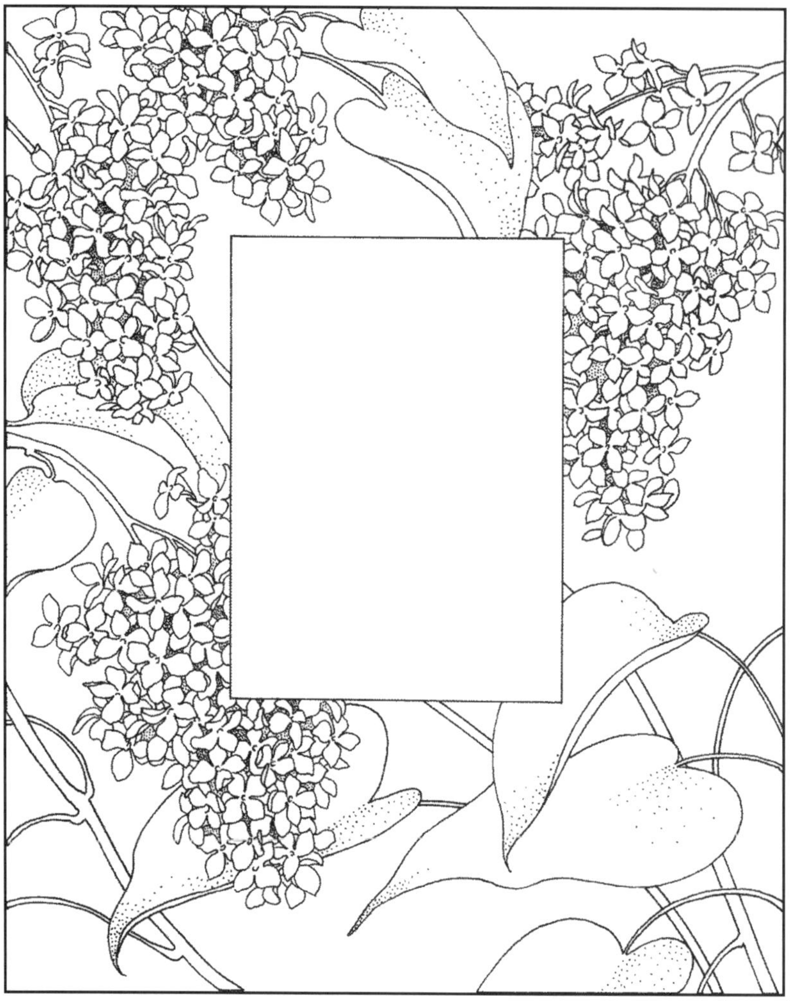

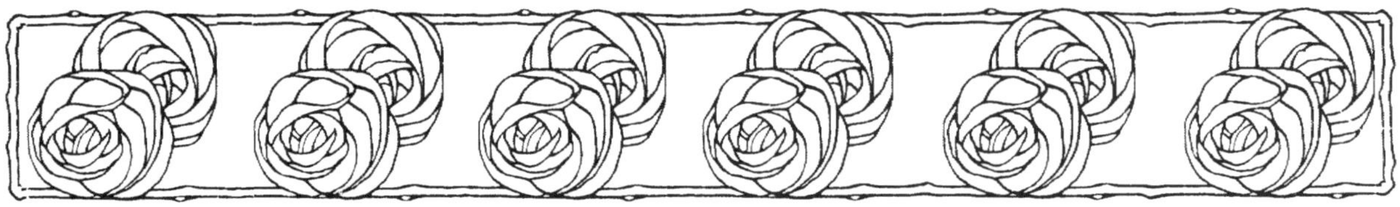

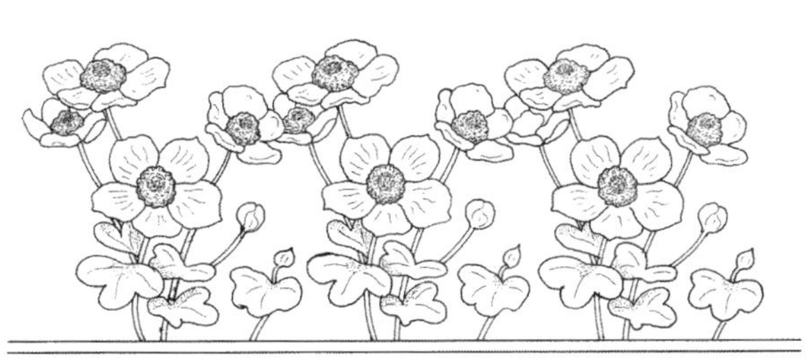
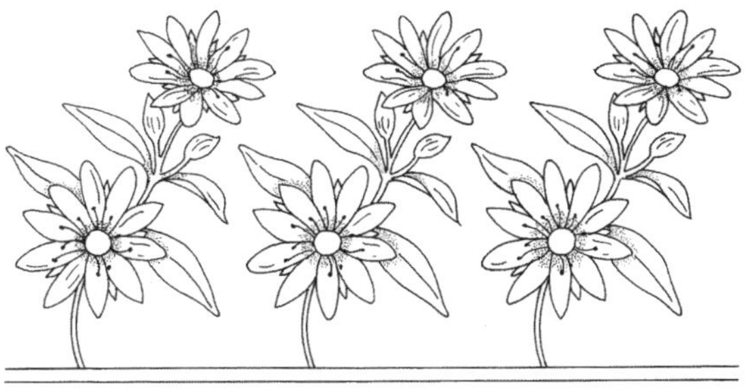

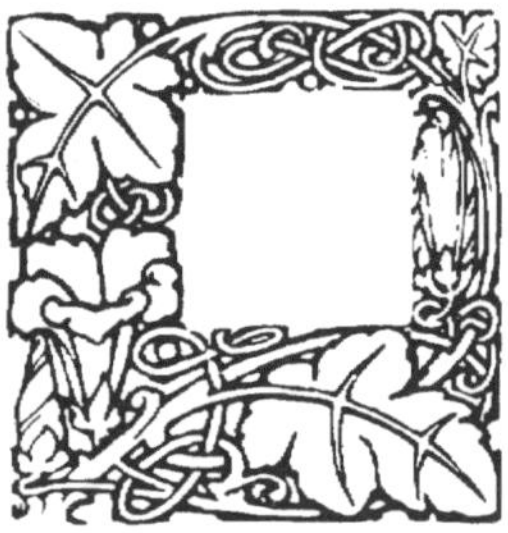

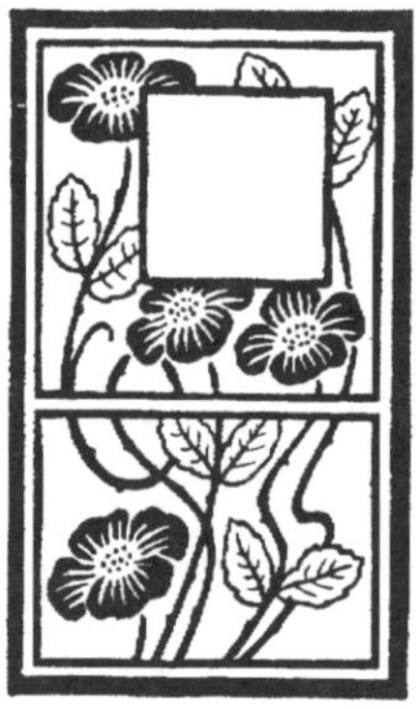

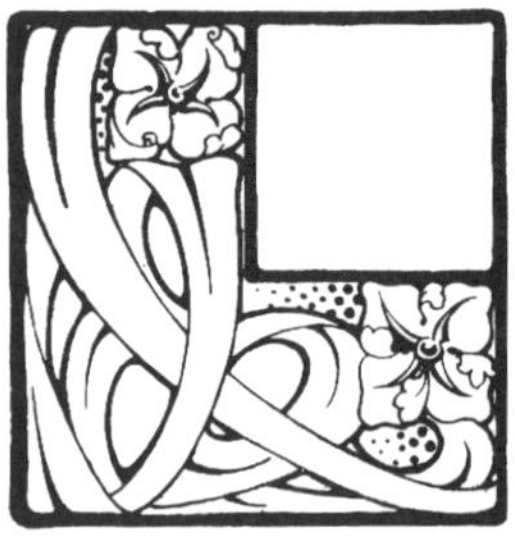

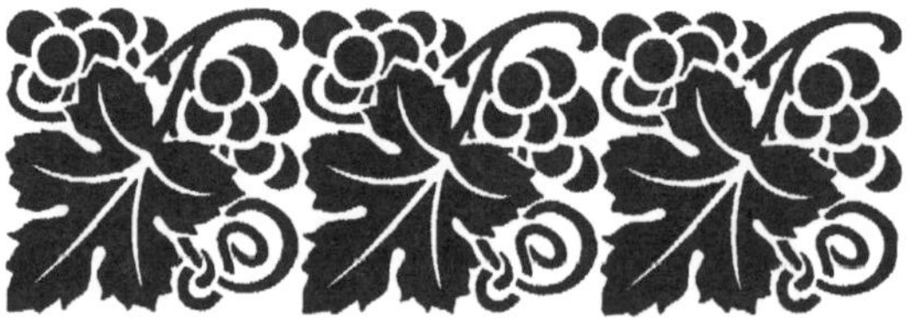

245

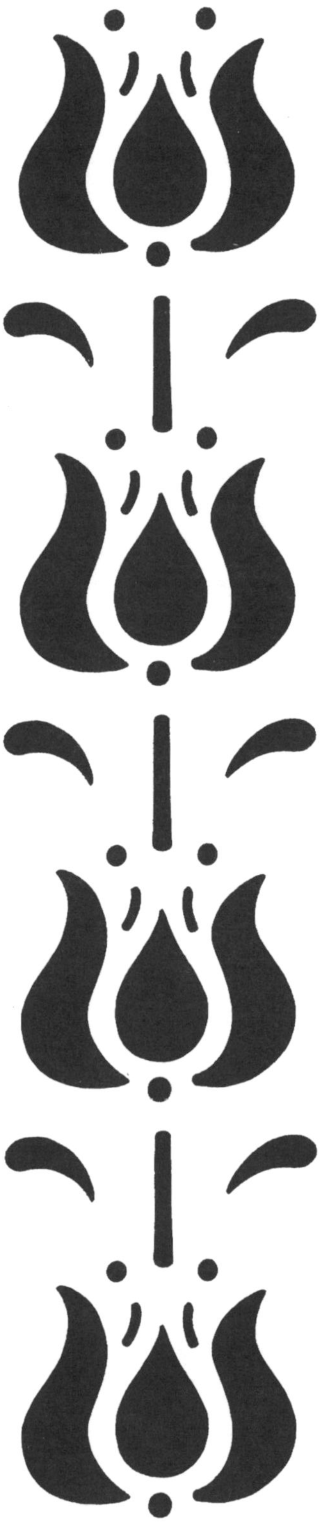

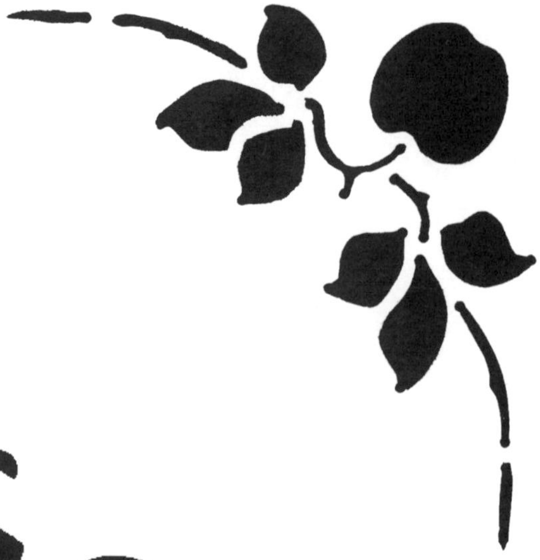

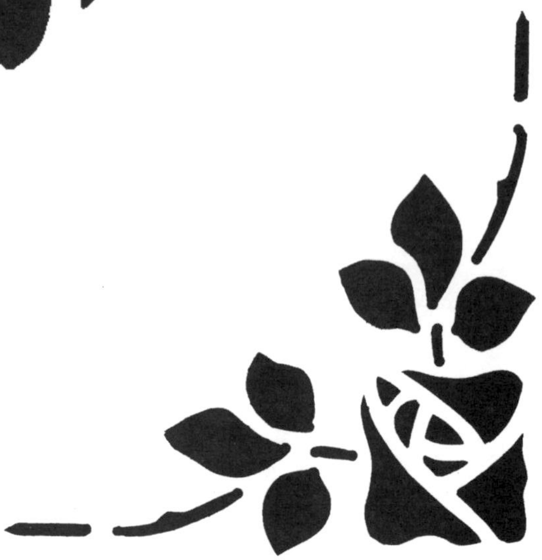

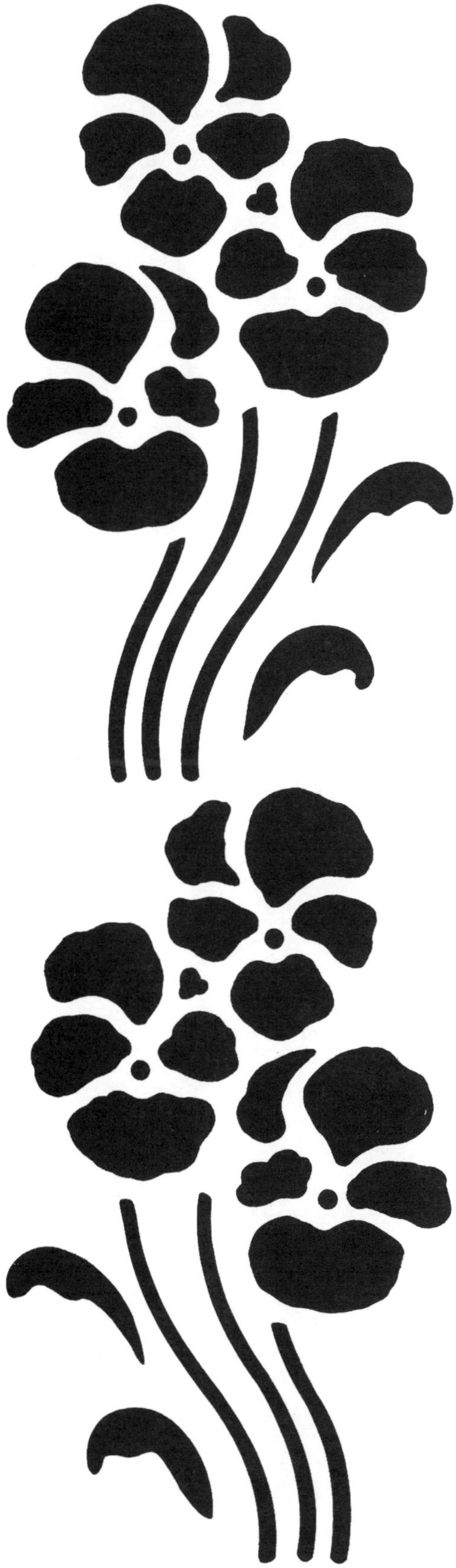

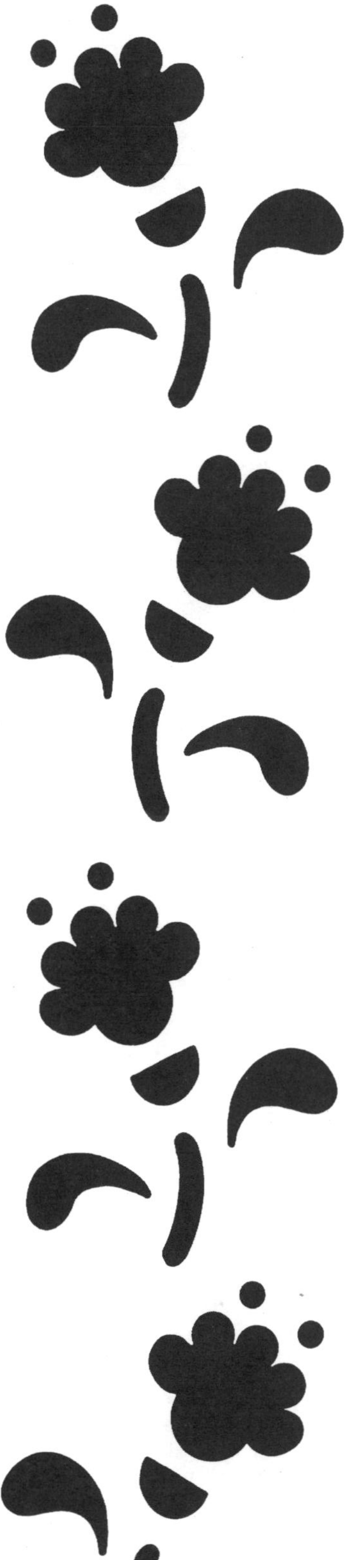

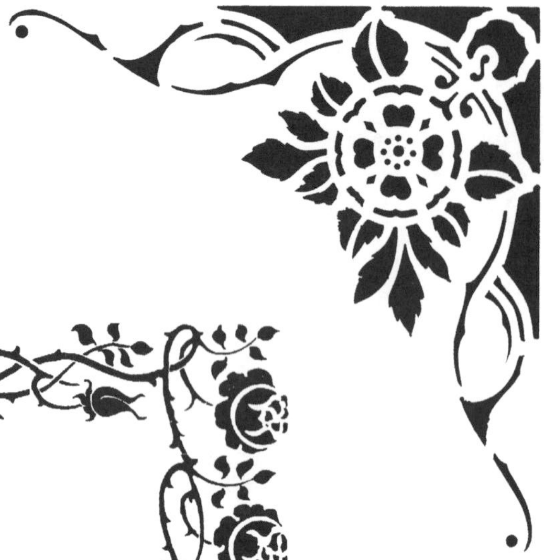
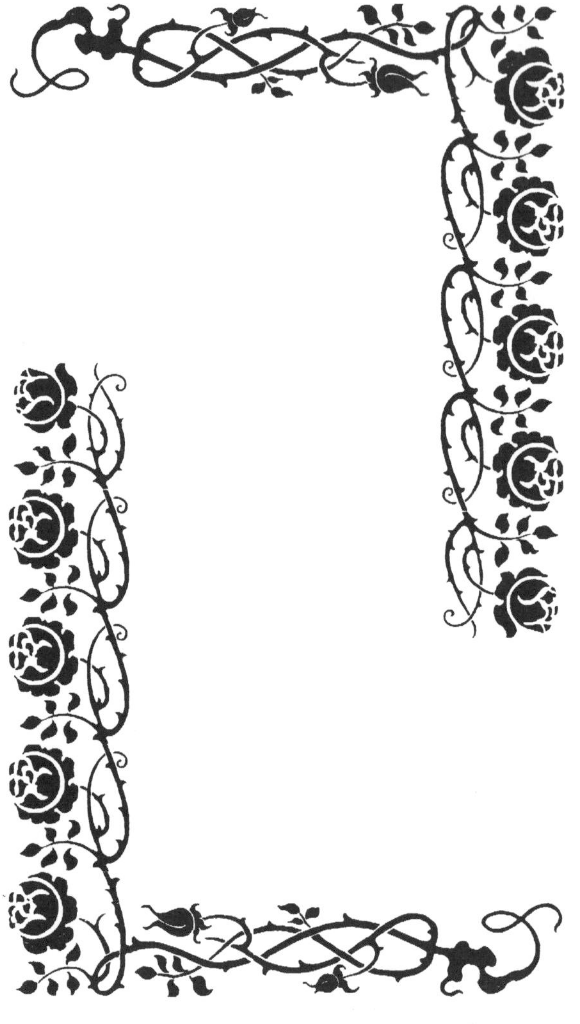

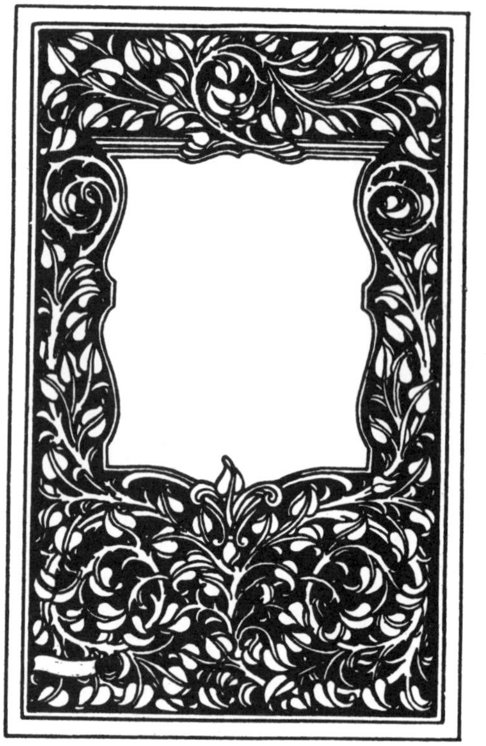

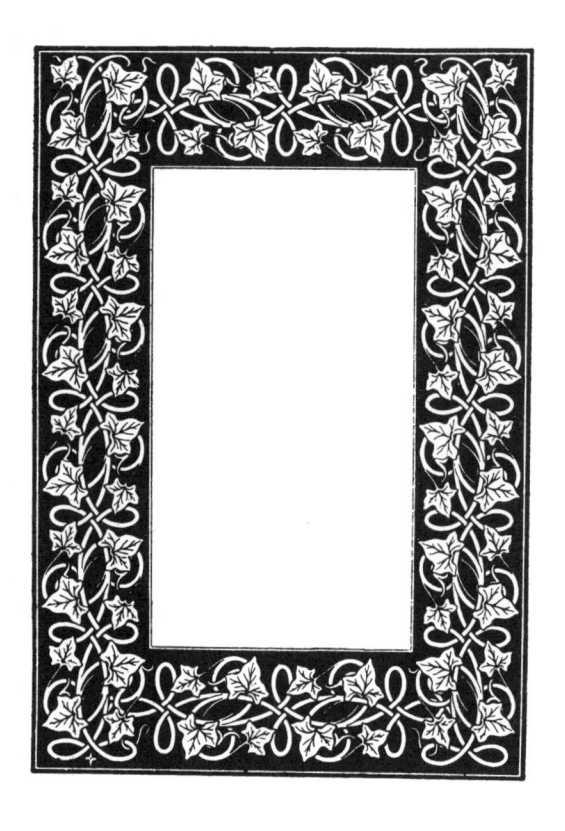

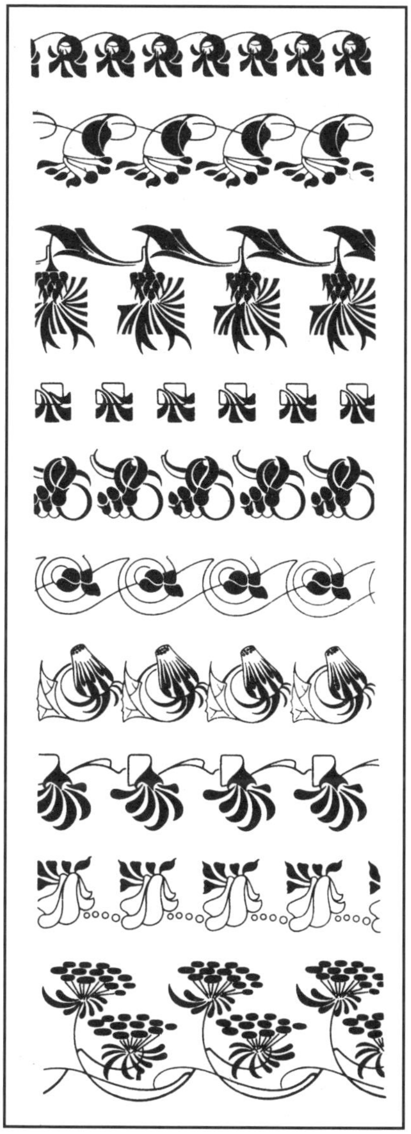

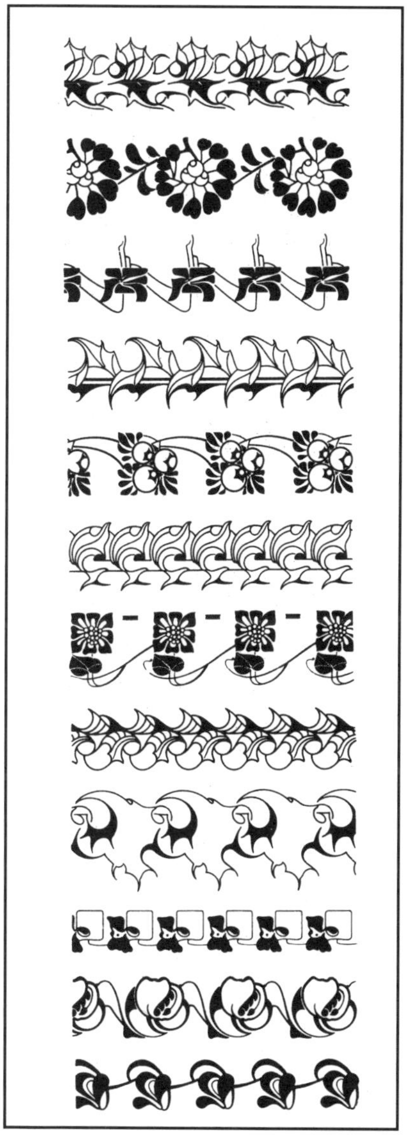

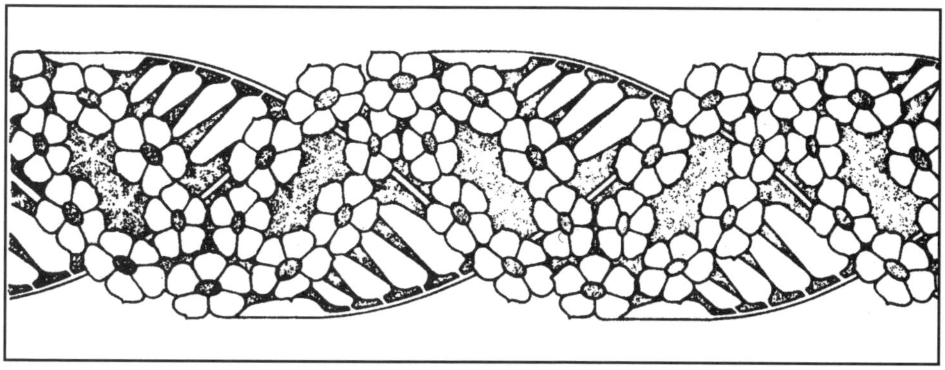

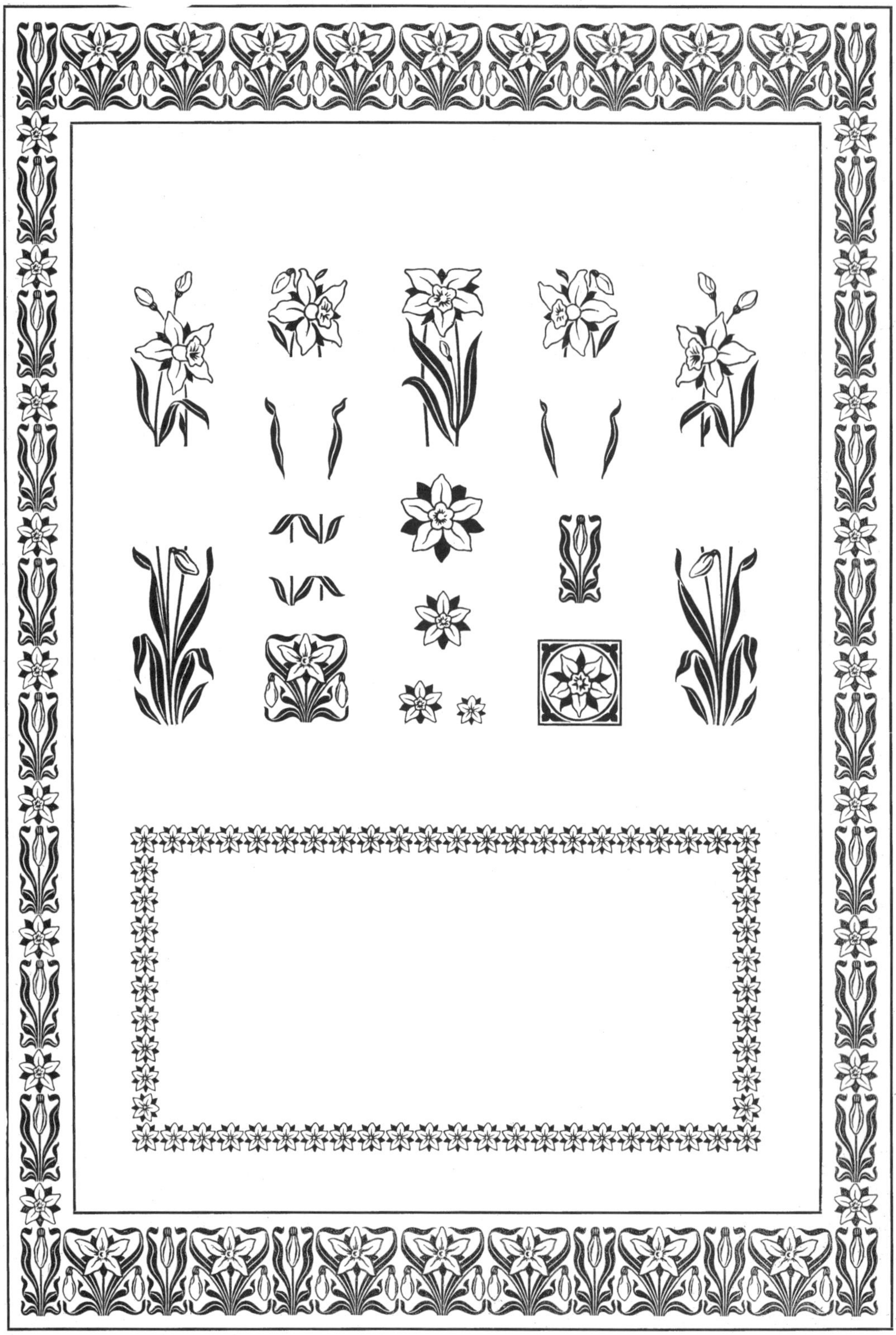

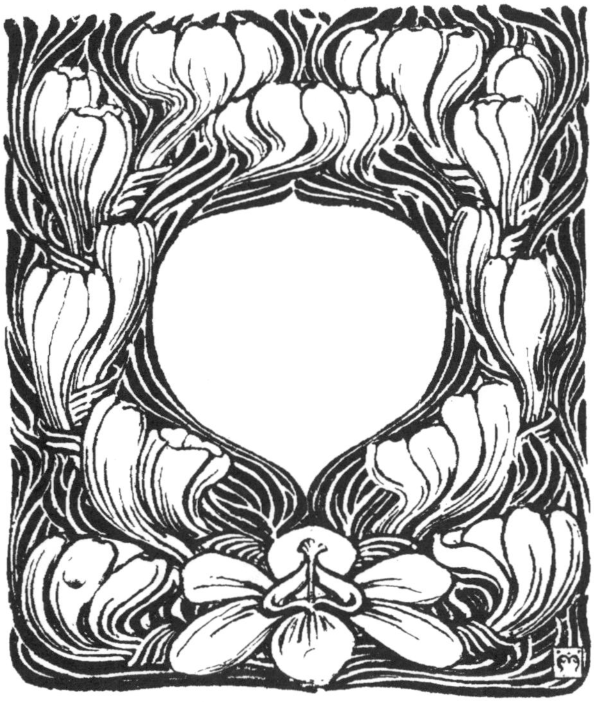

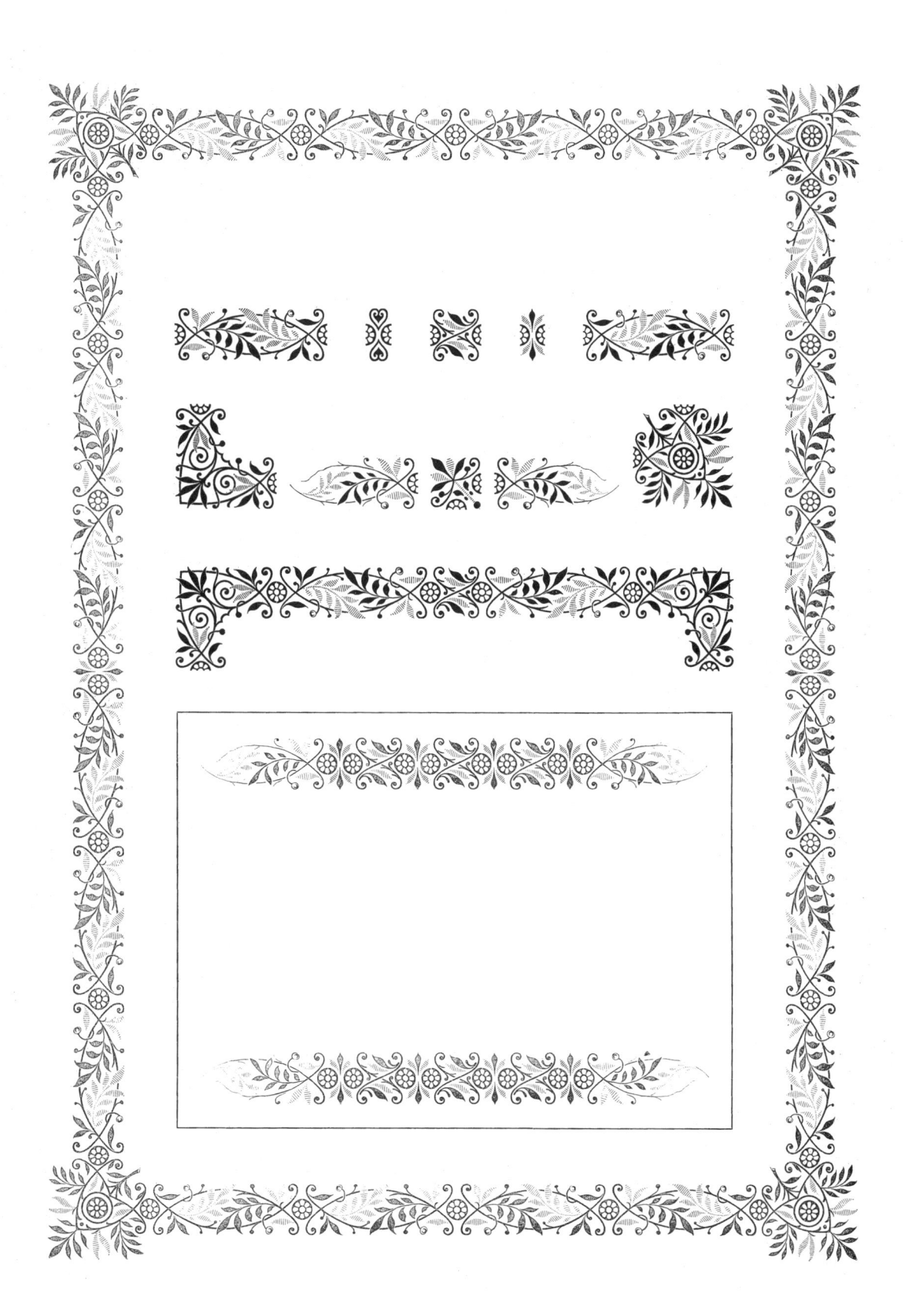

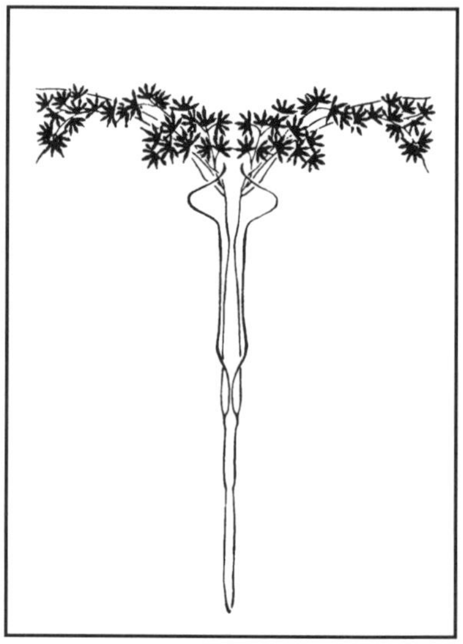

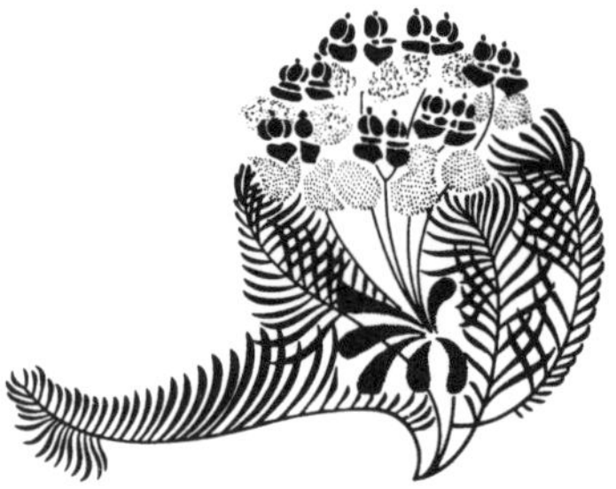

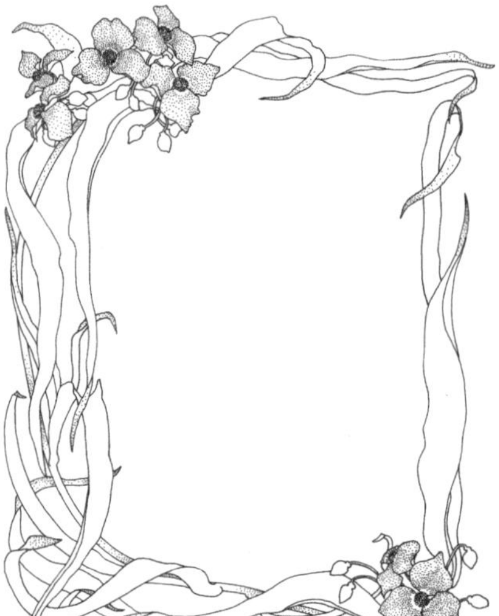

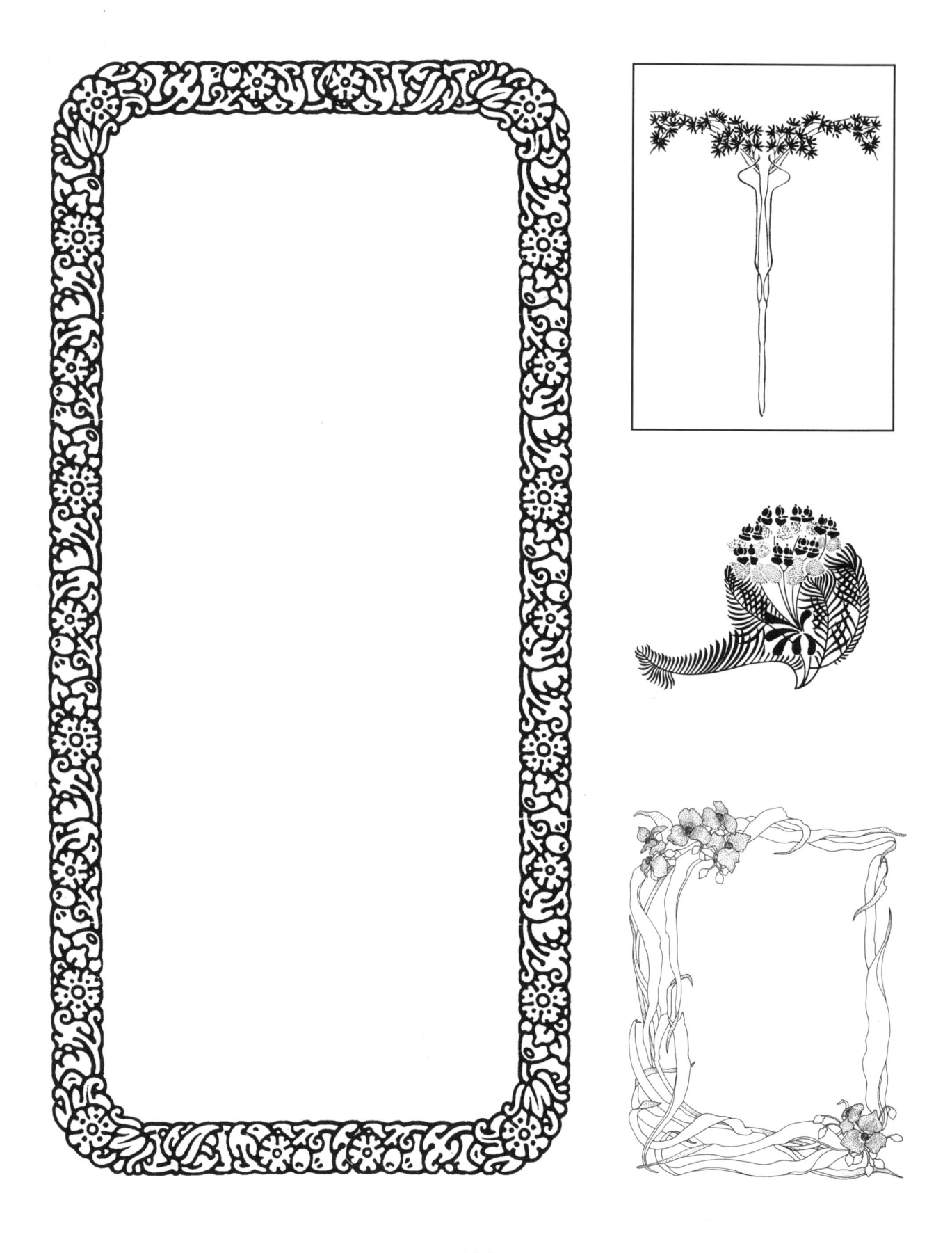

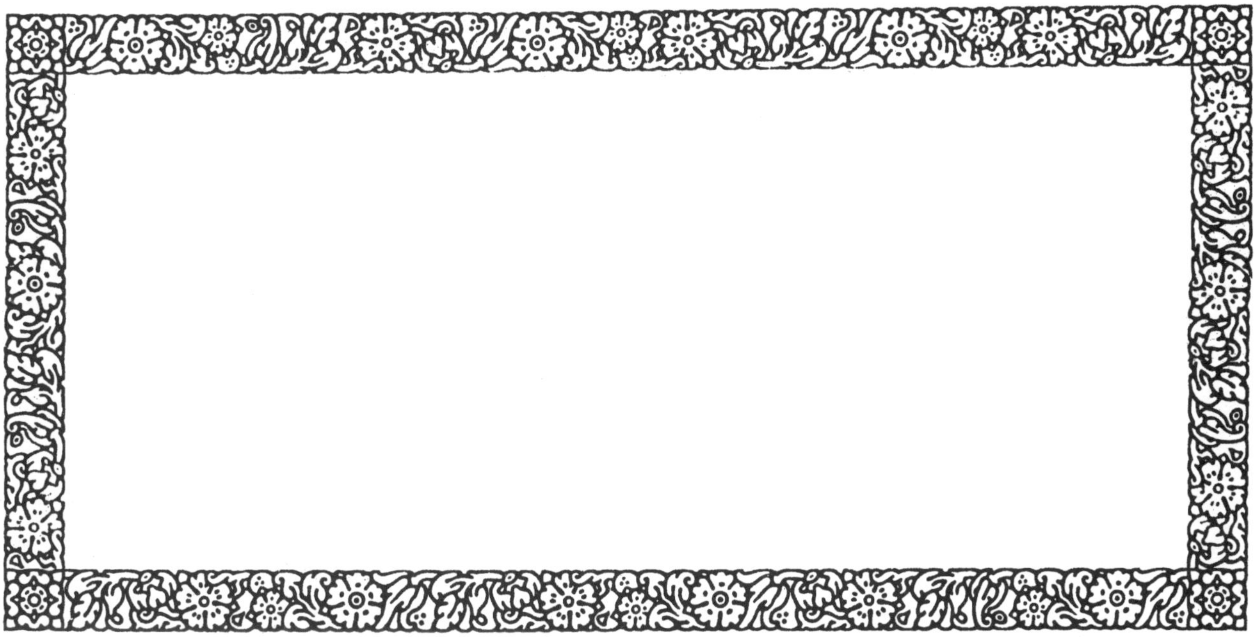

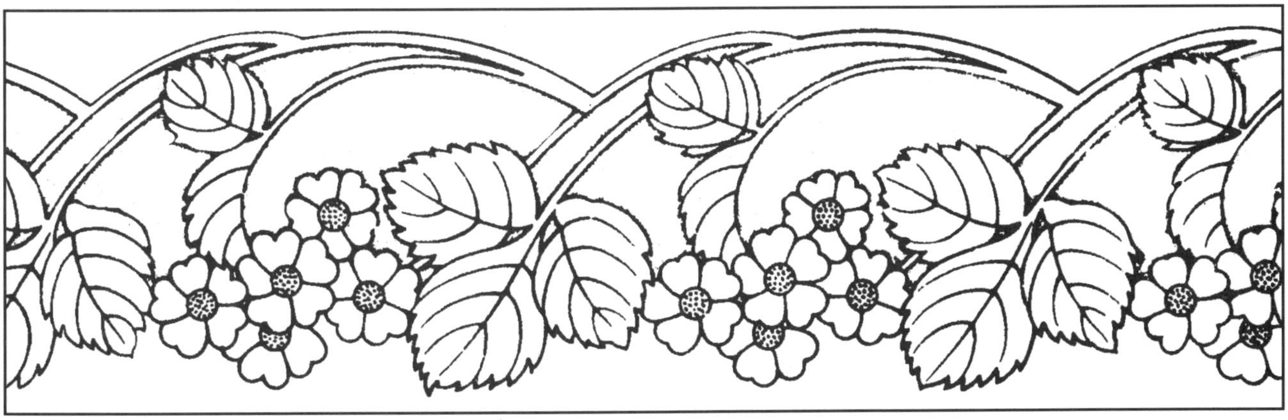

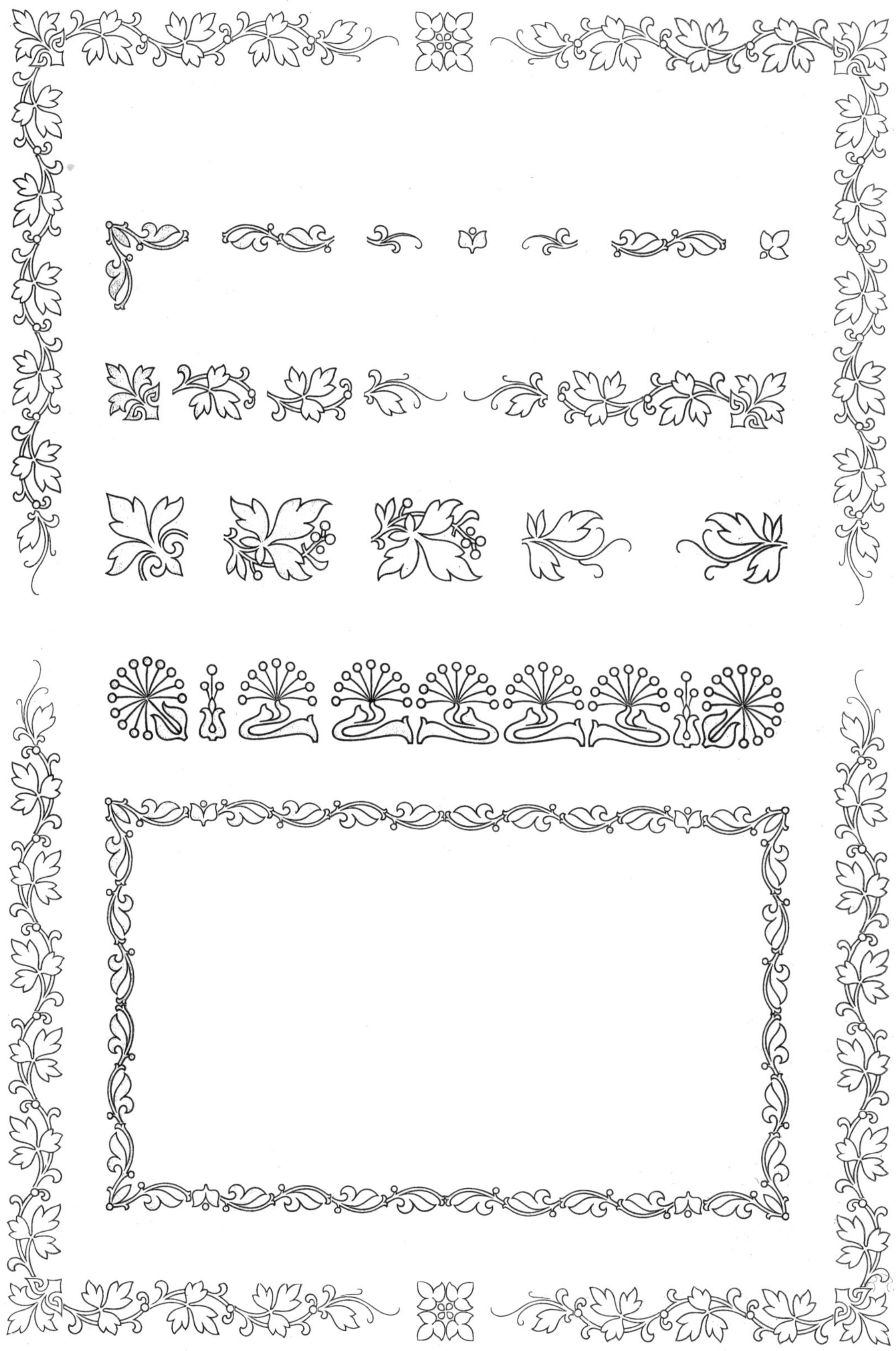

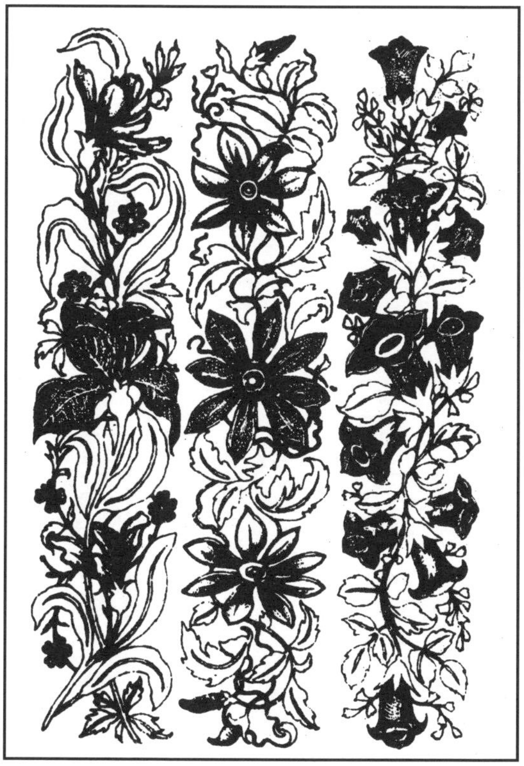

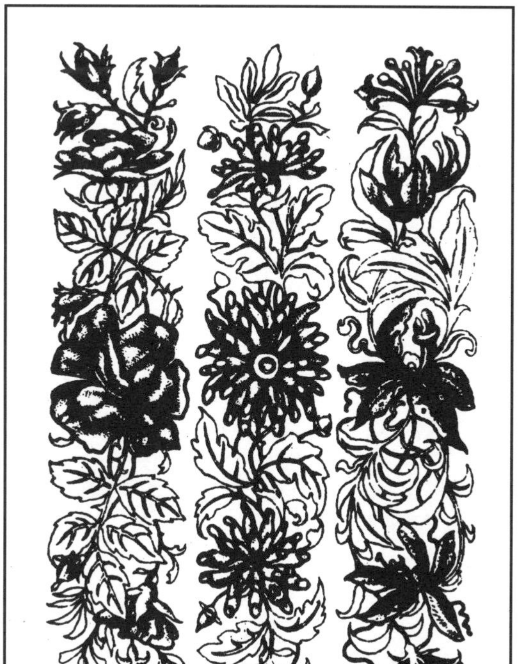

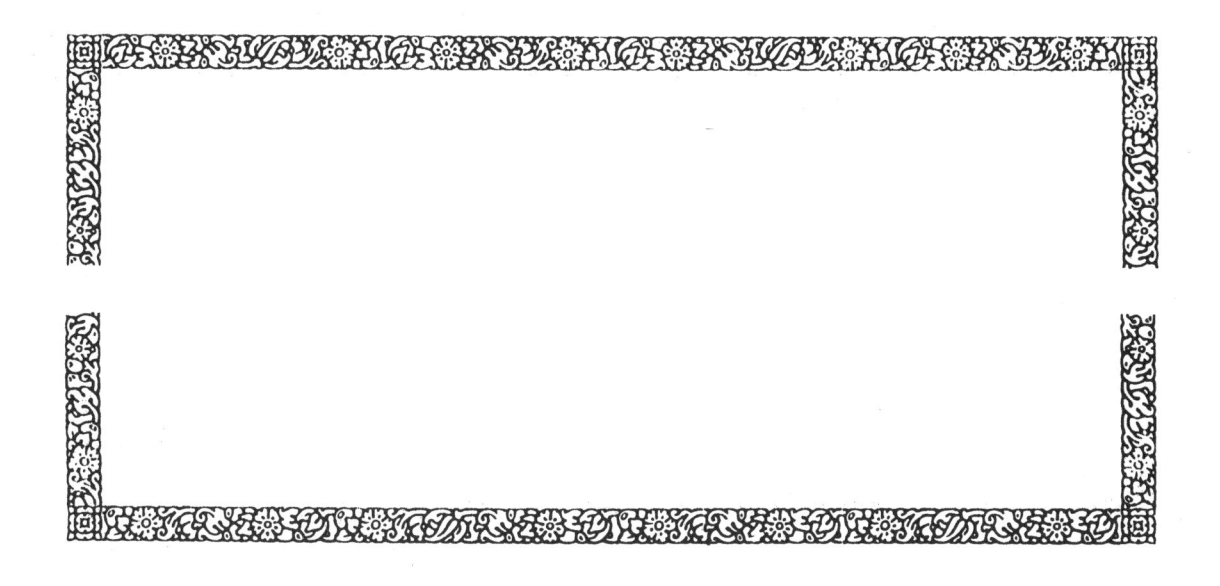

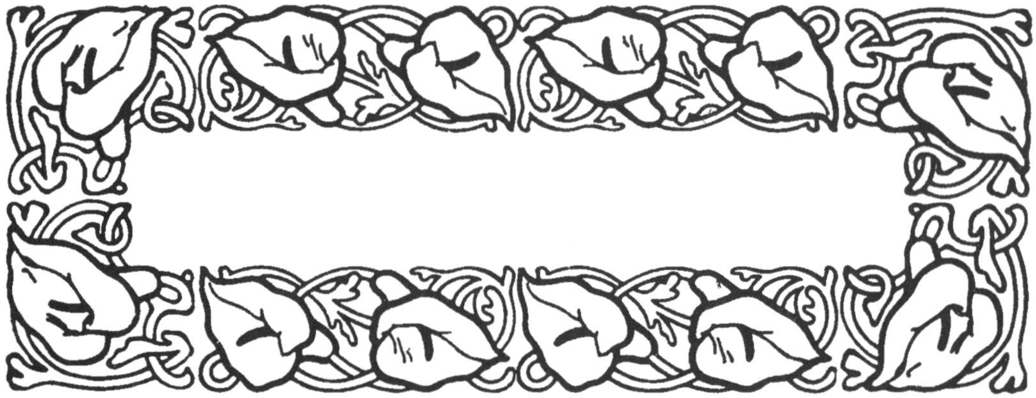

261

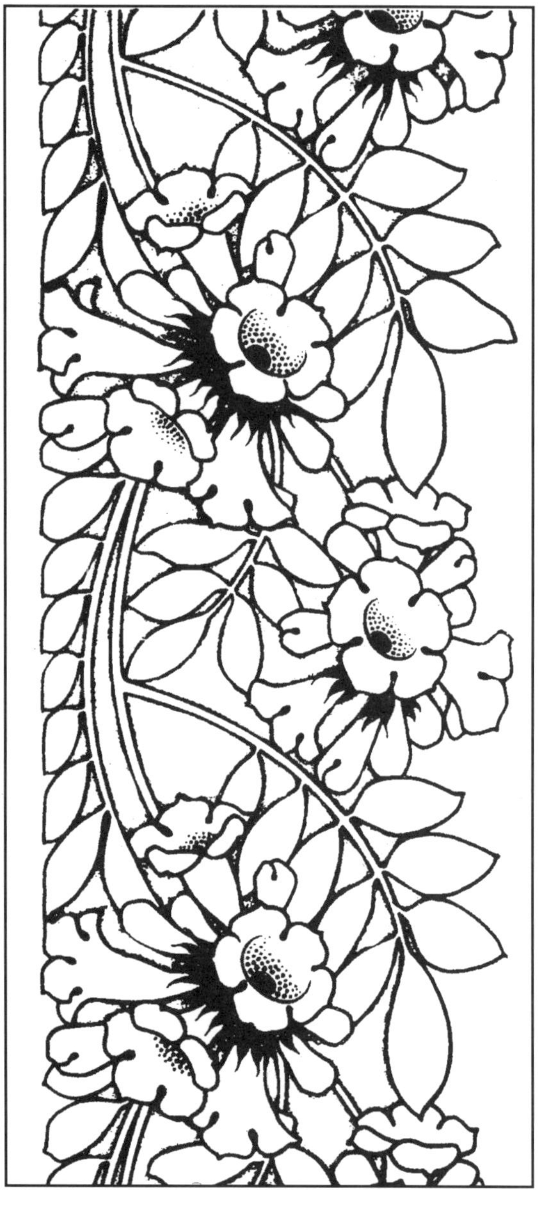

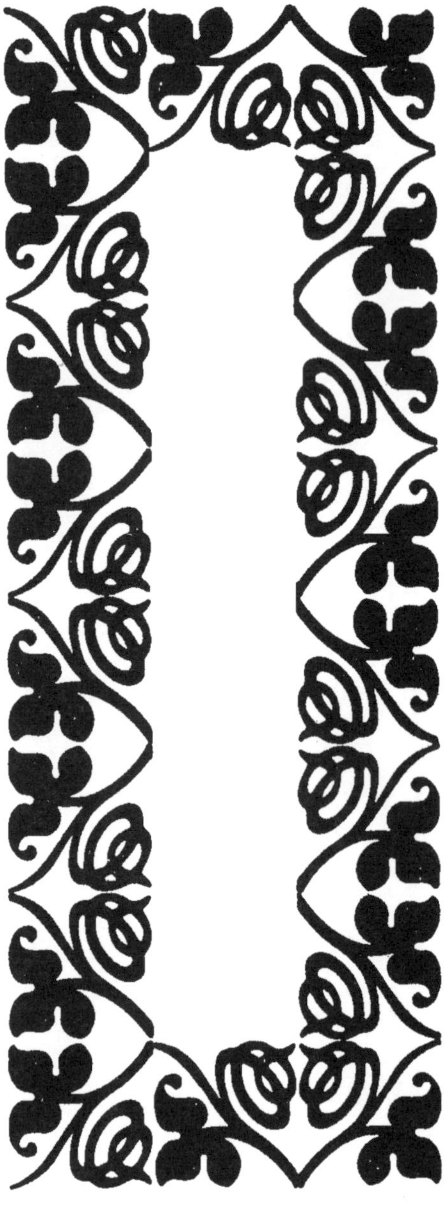

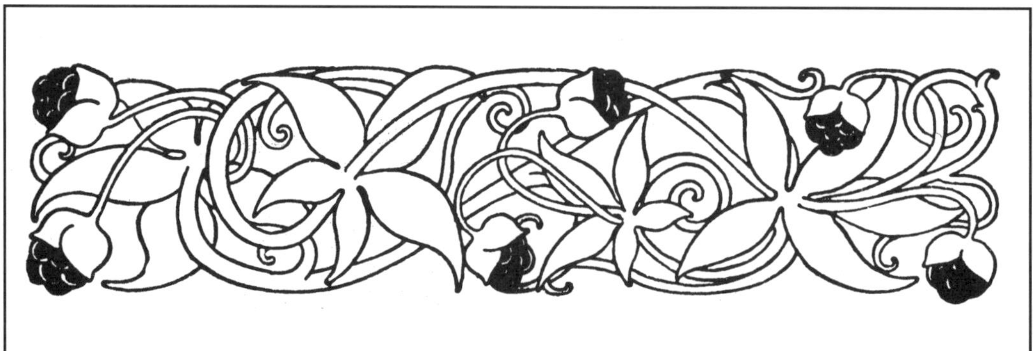

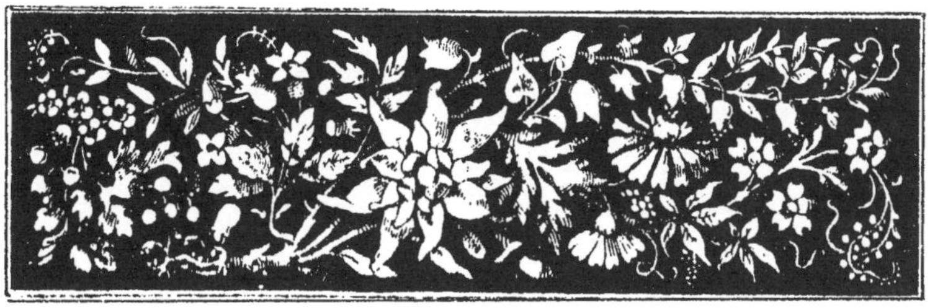

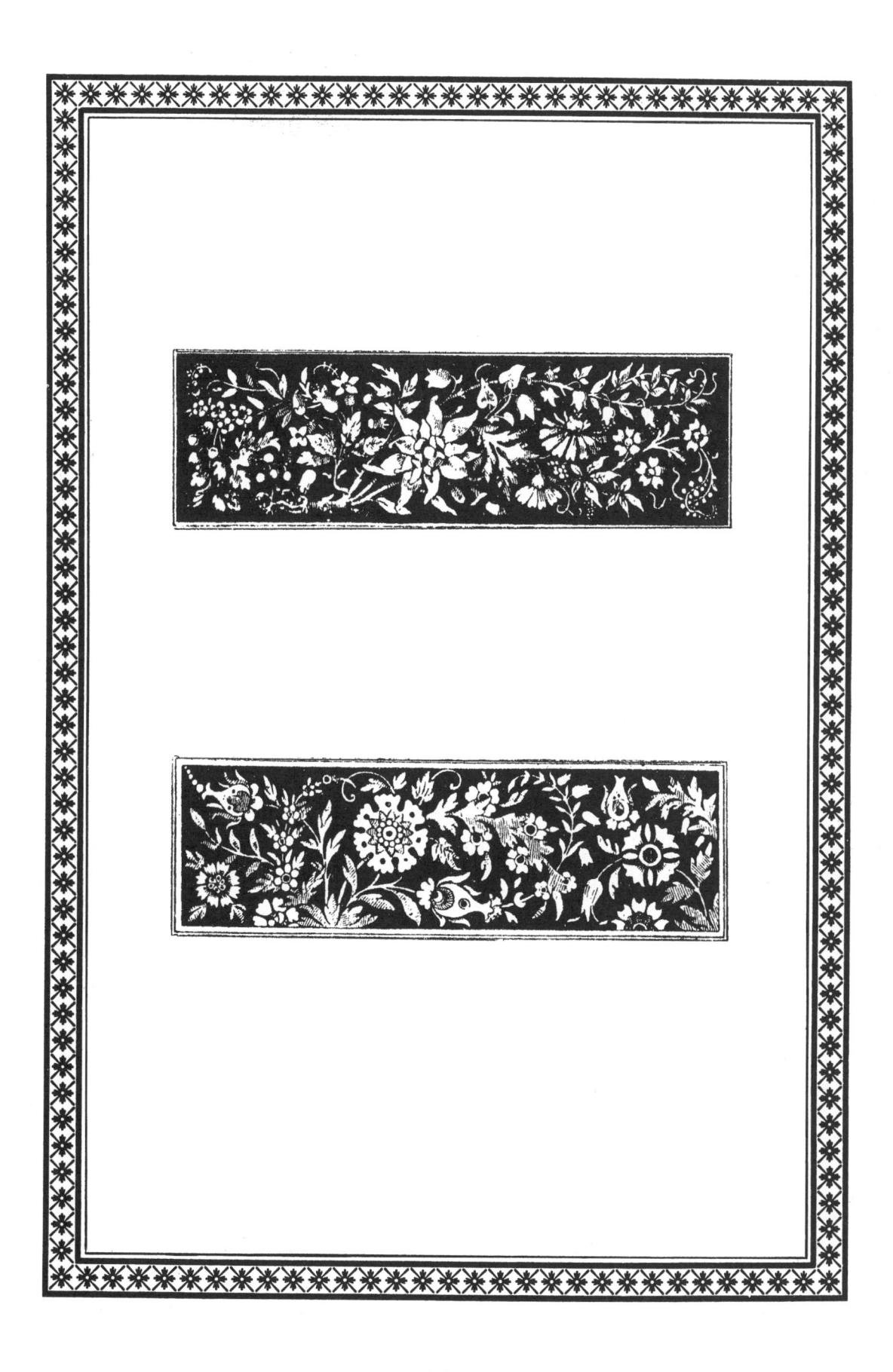

264

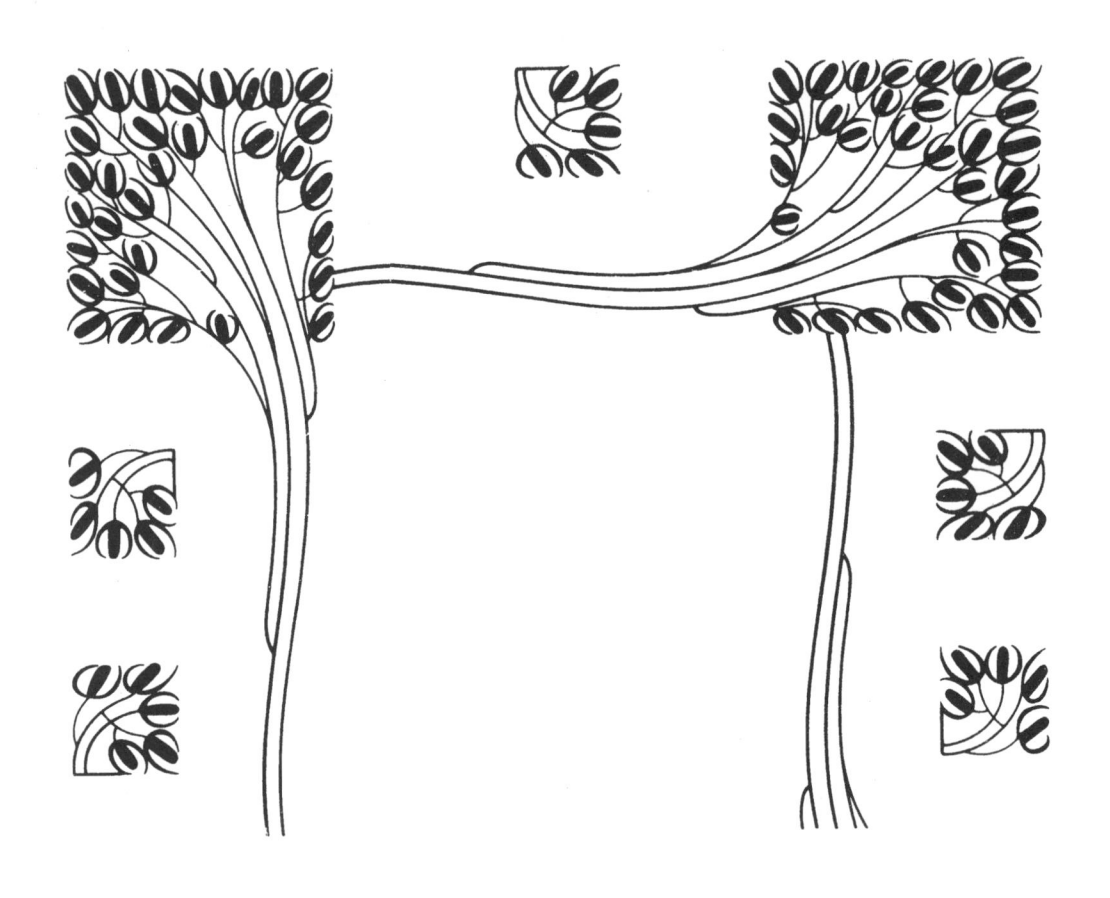

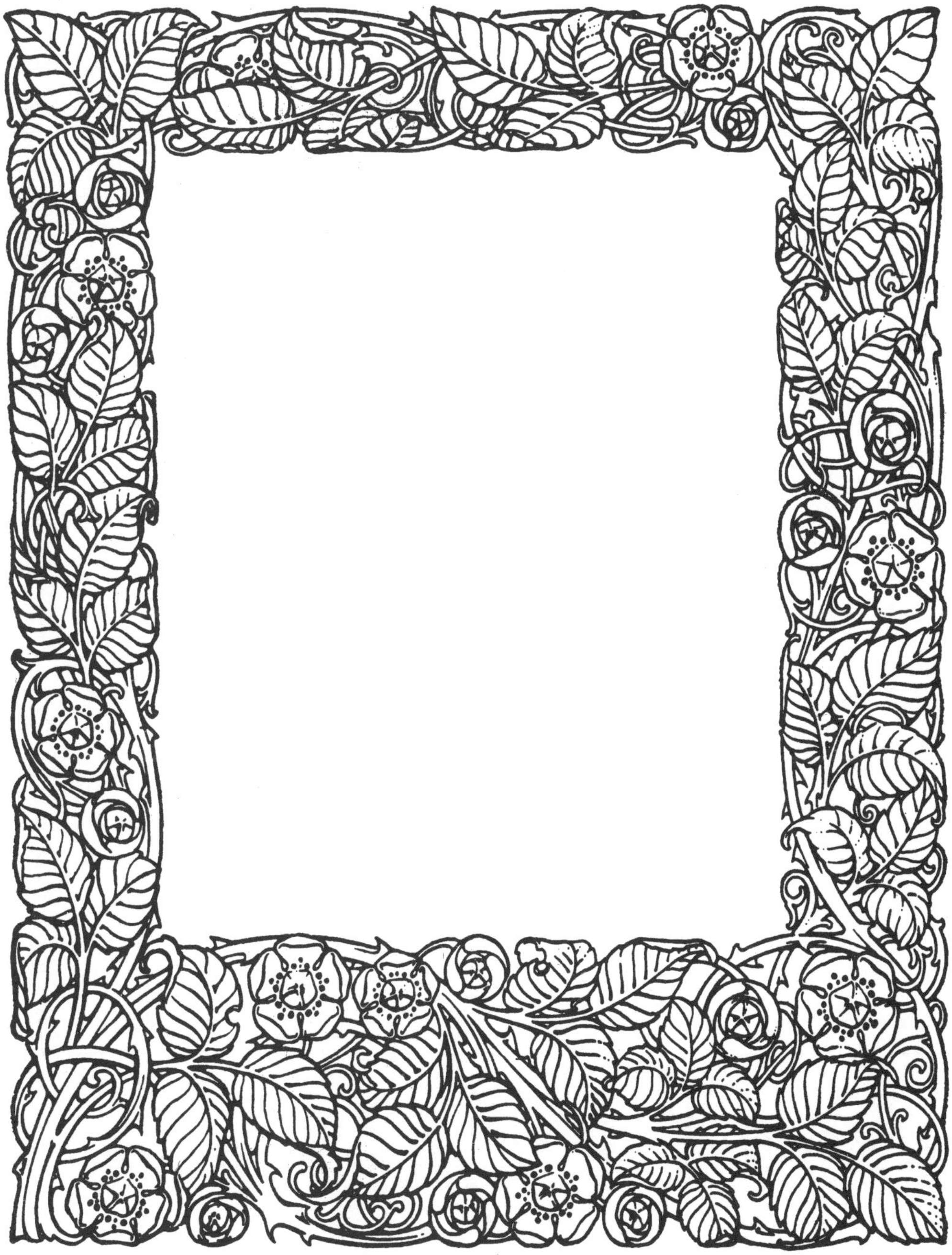

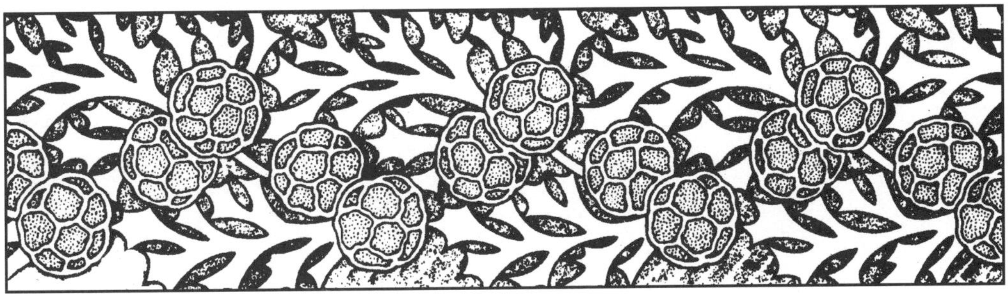

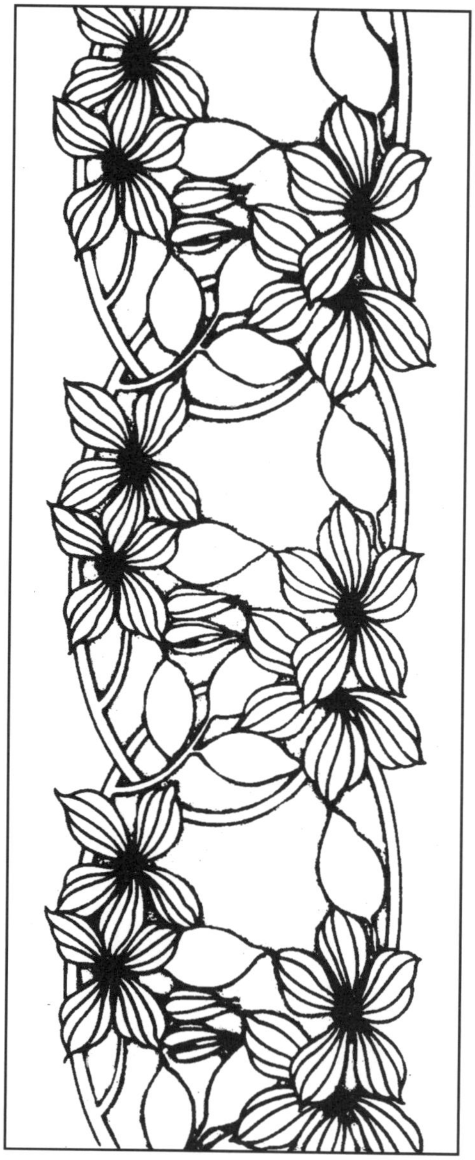

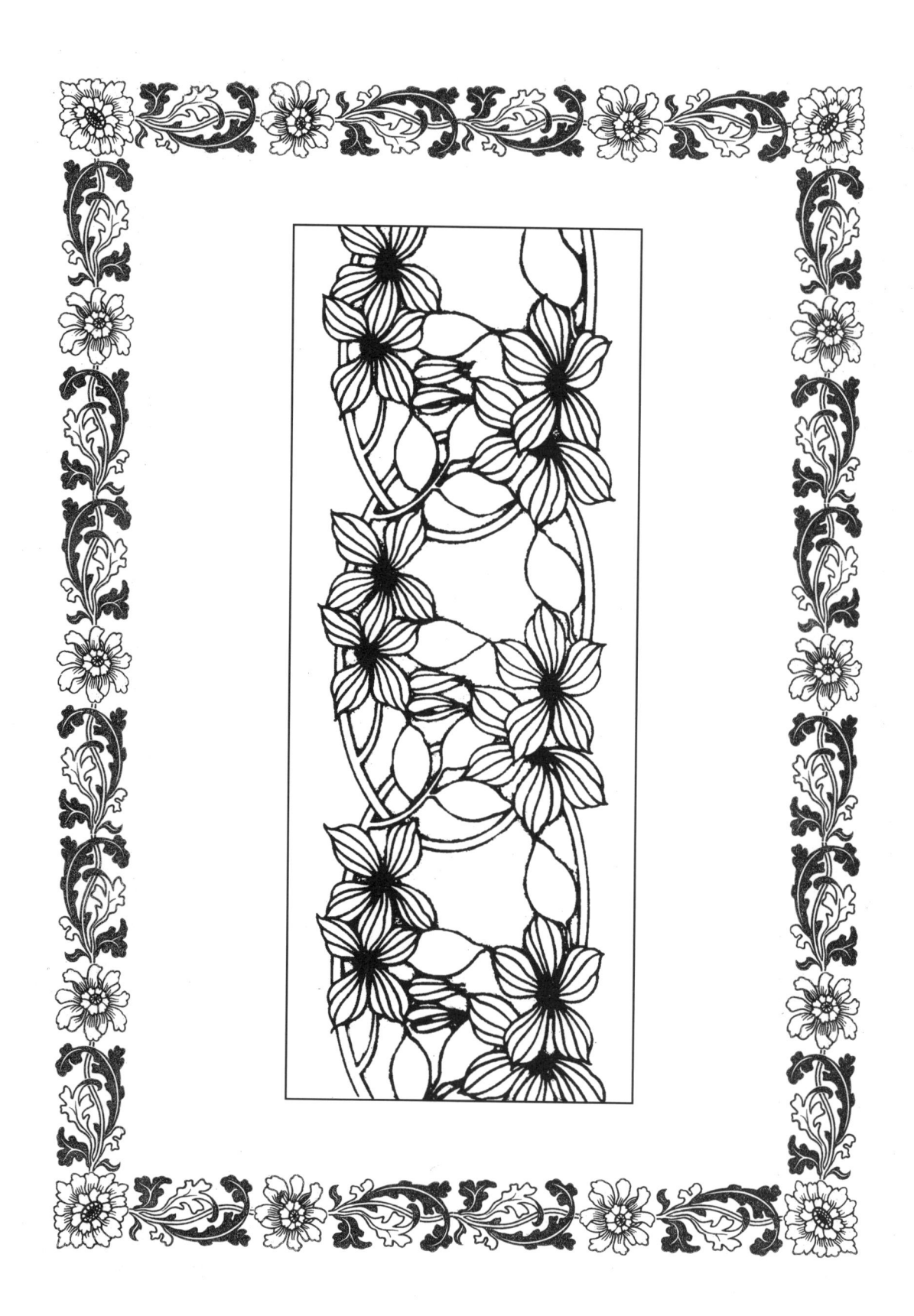

267

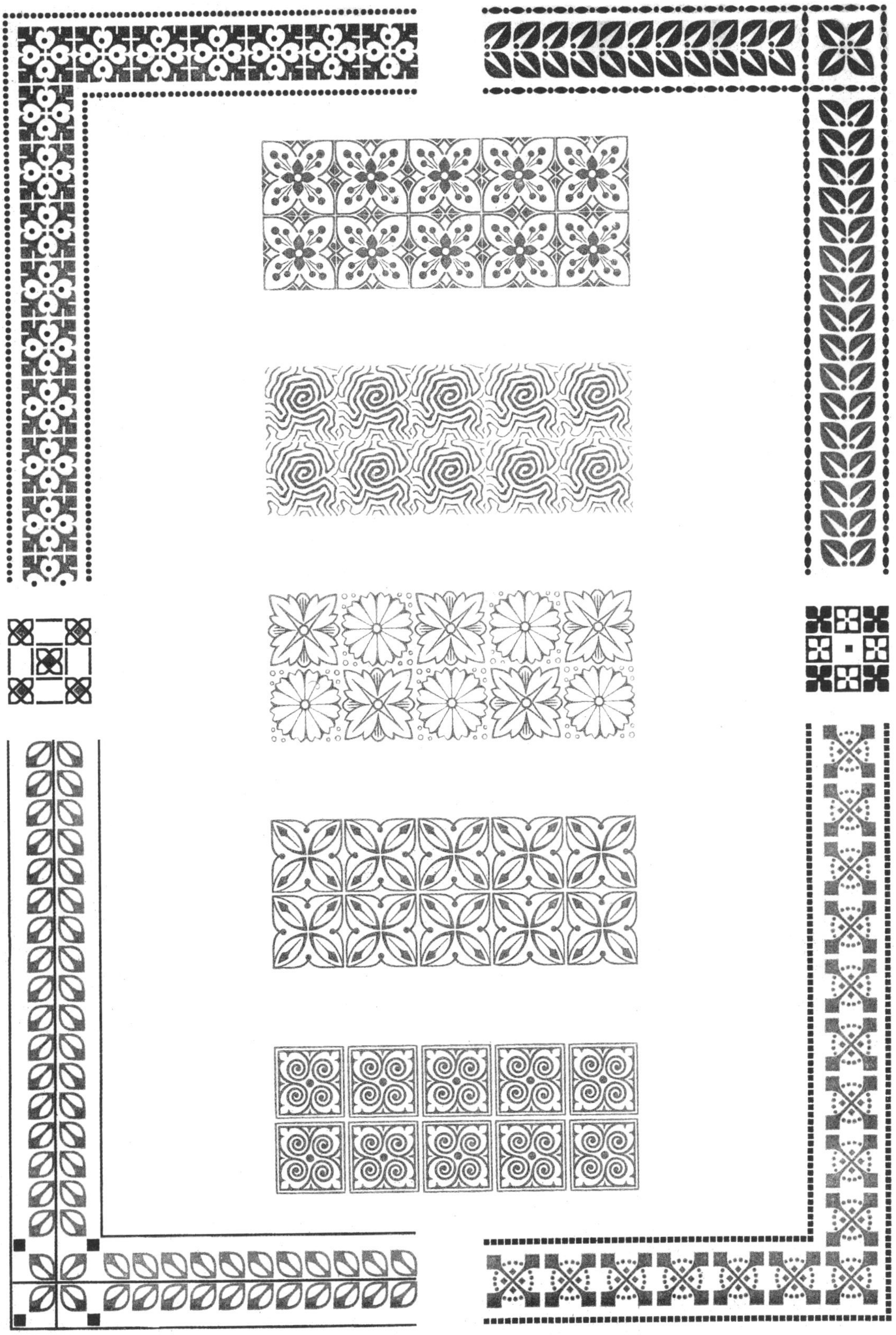

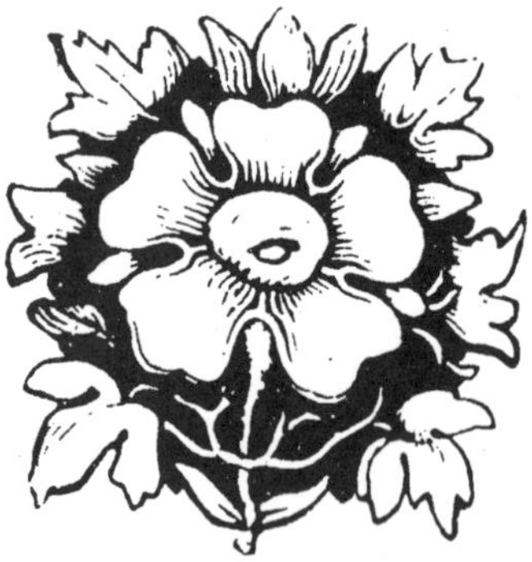

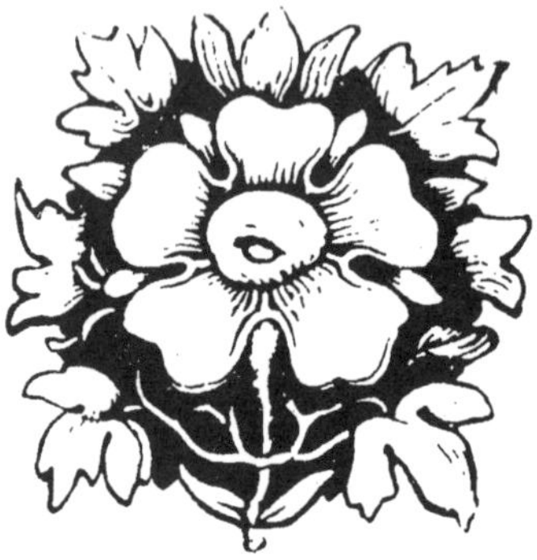

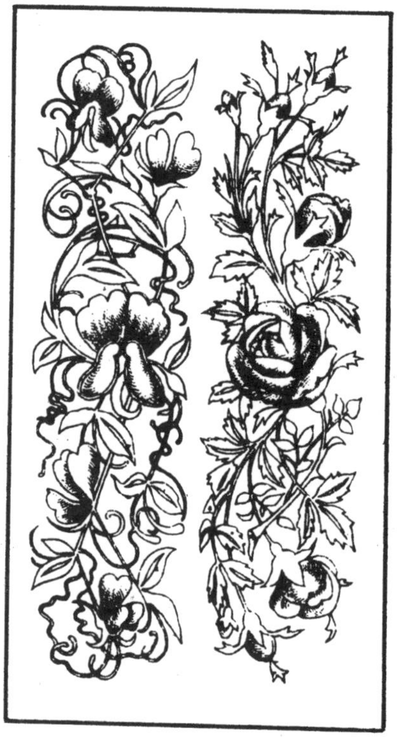

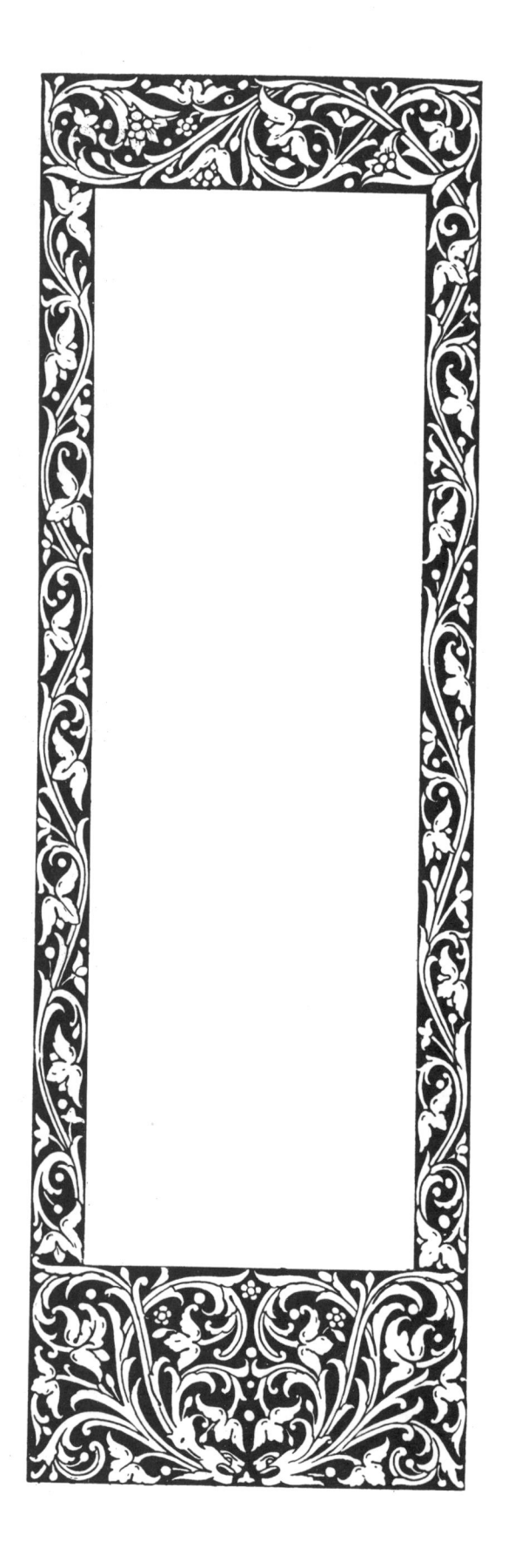

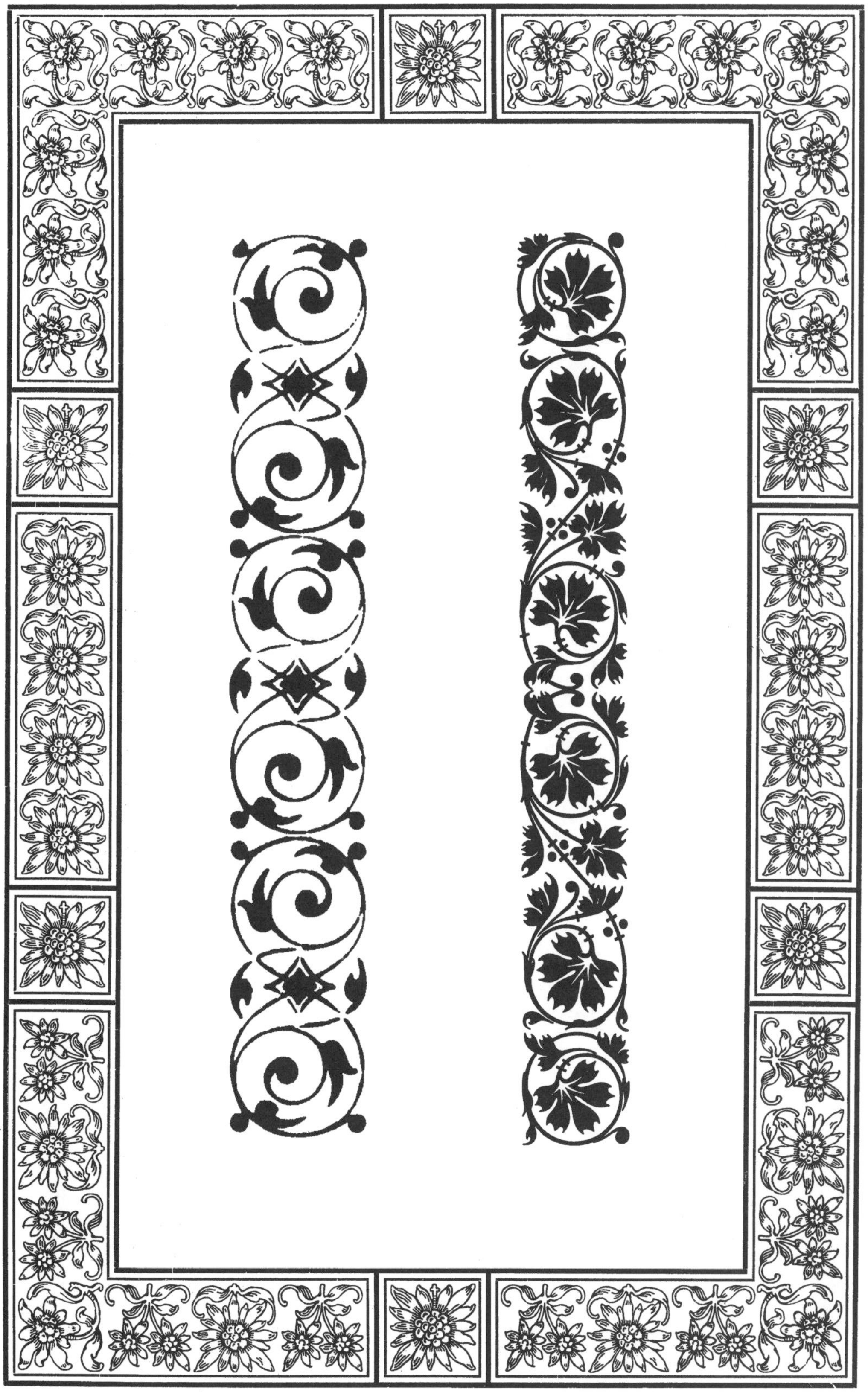

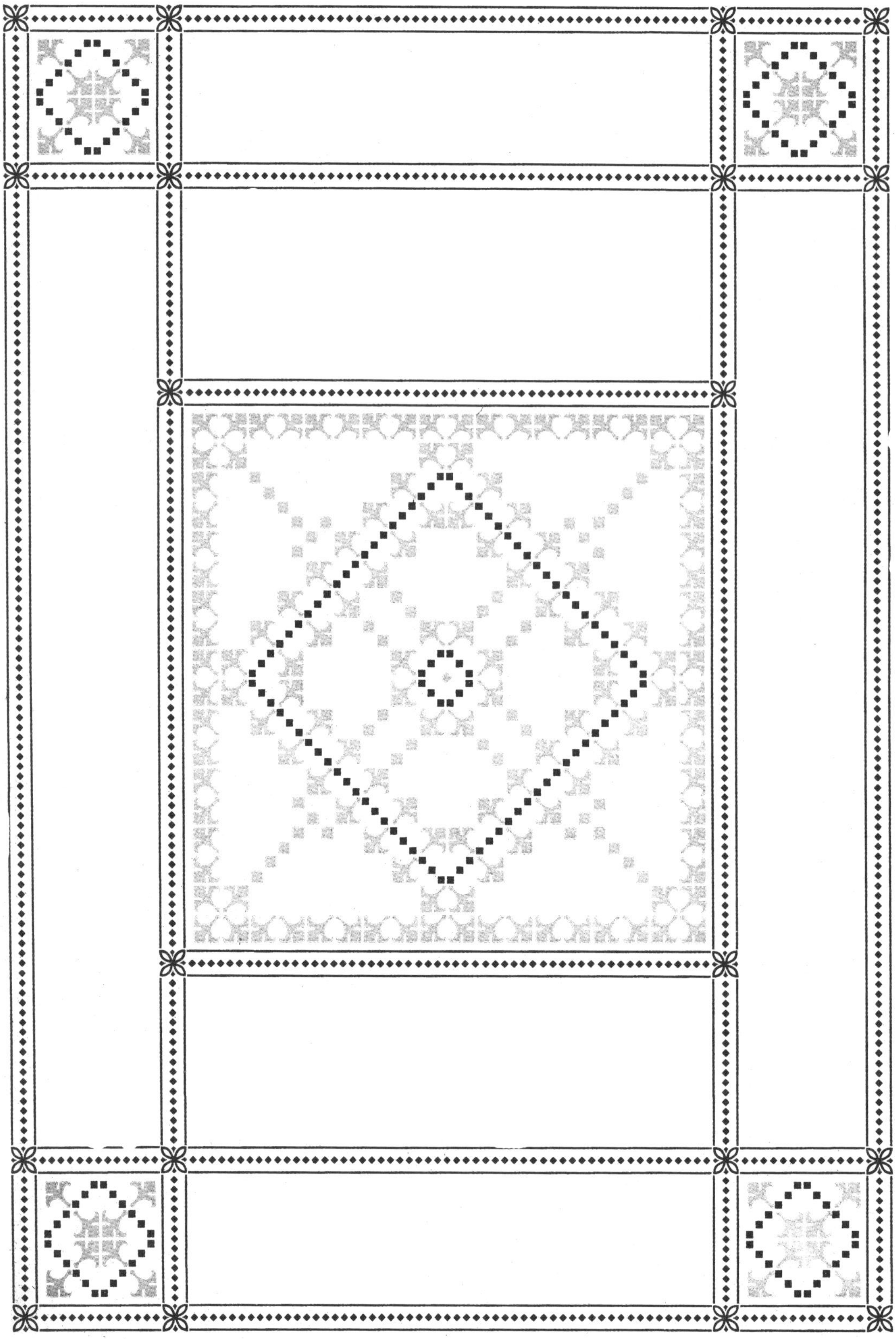

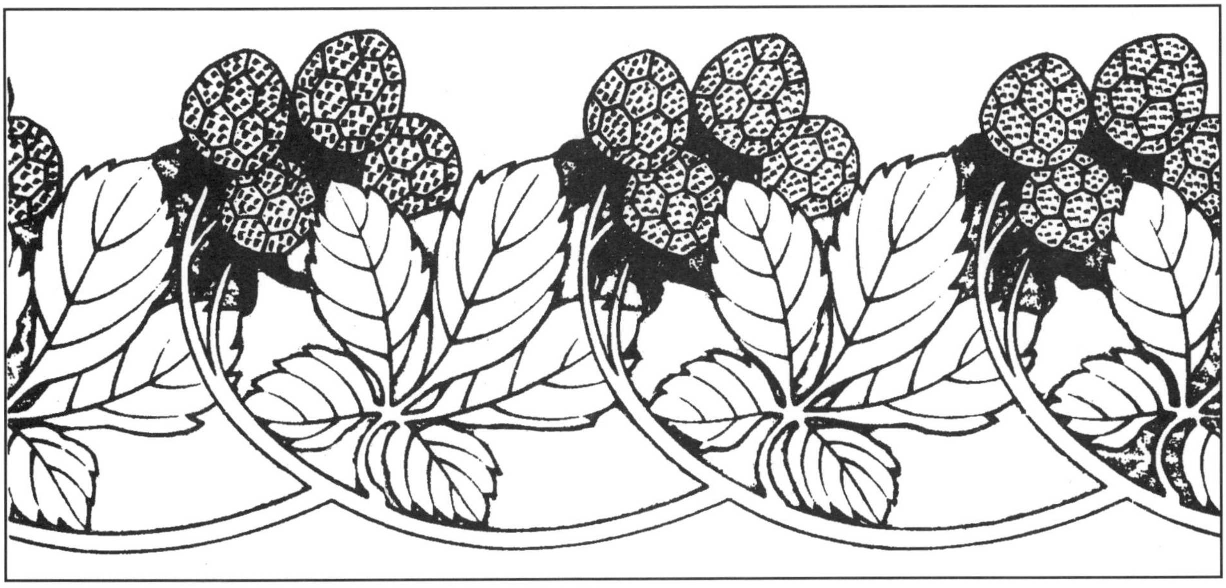

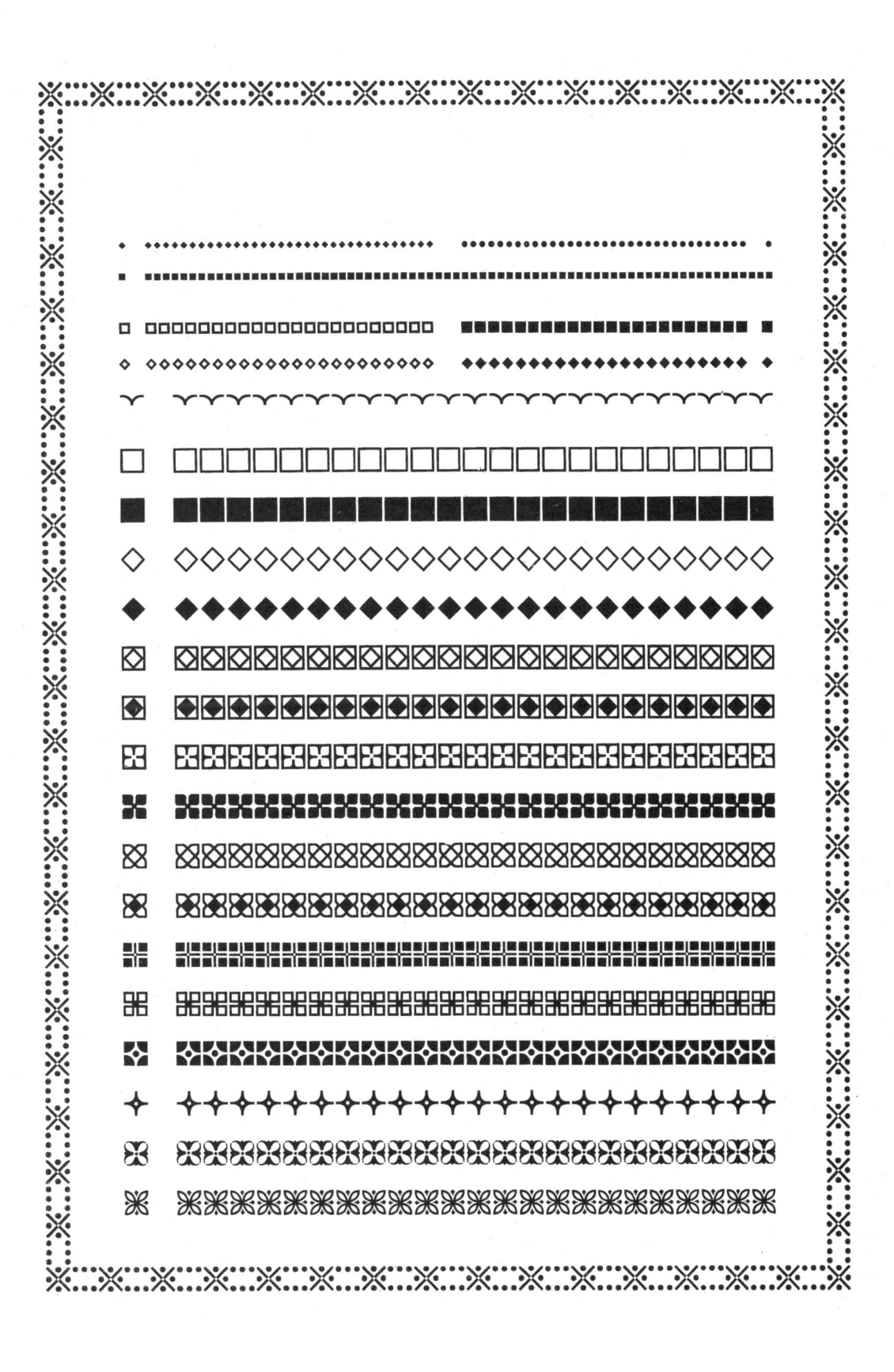

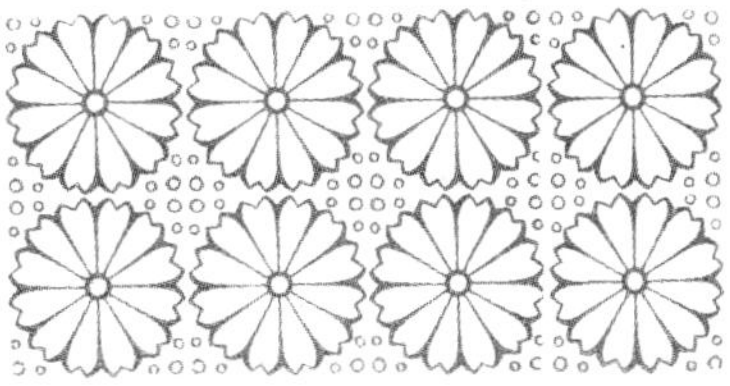

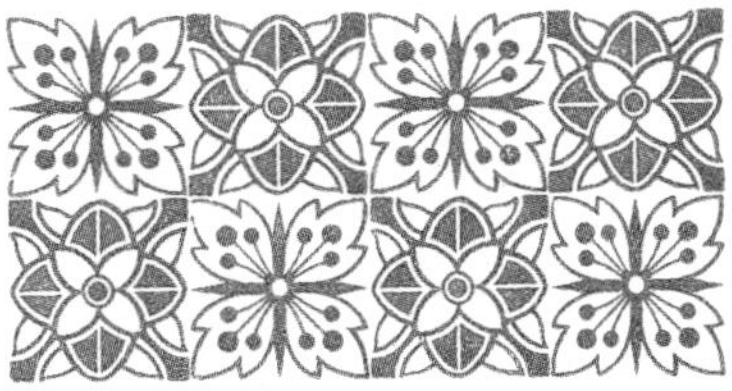

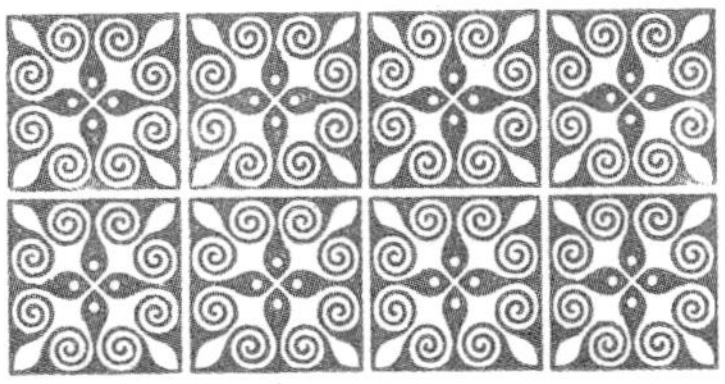

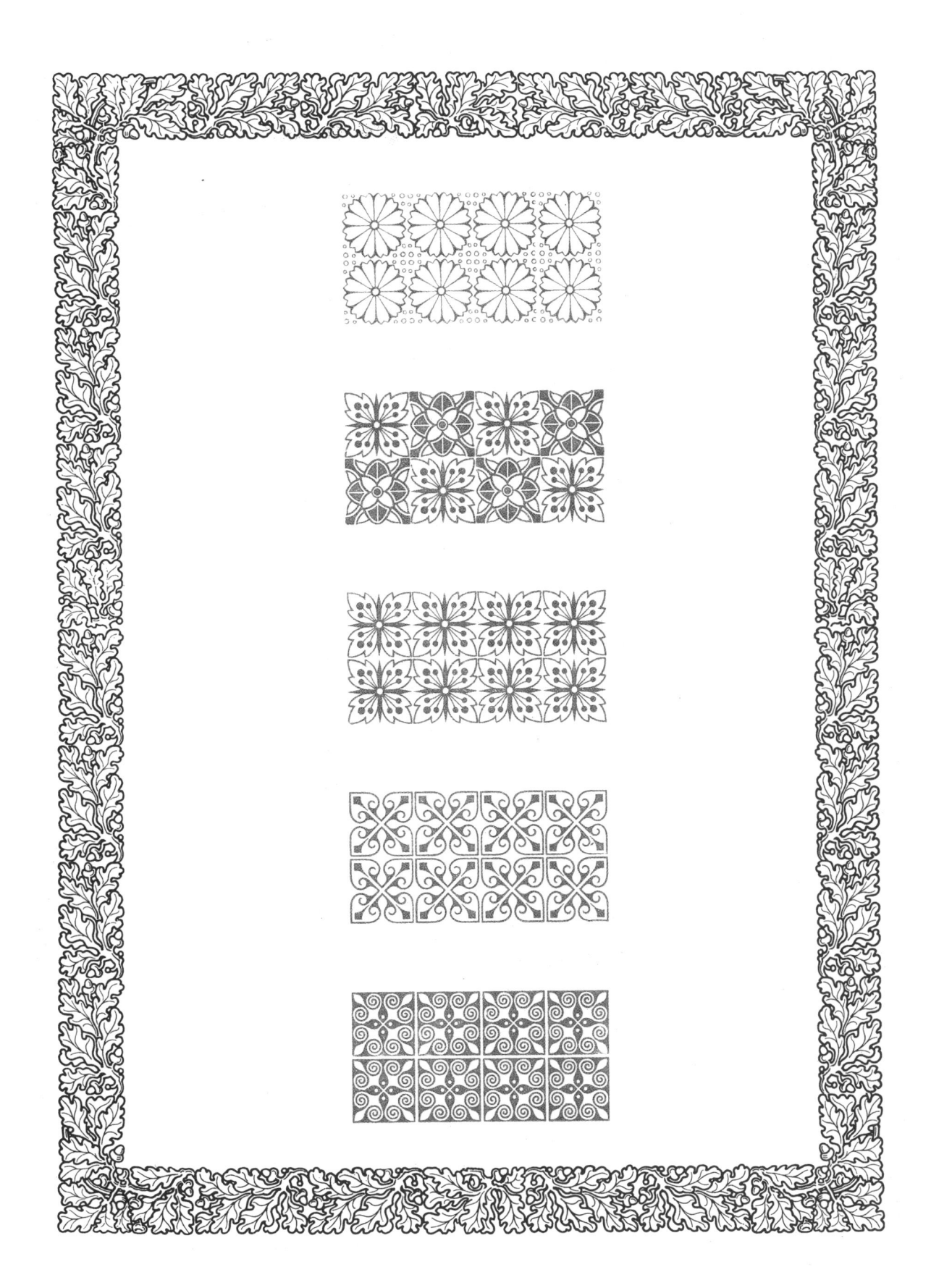

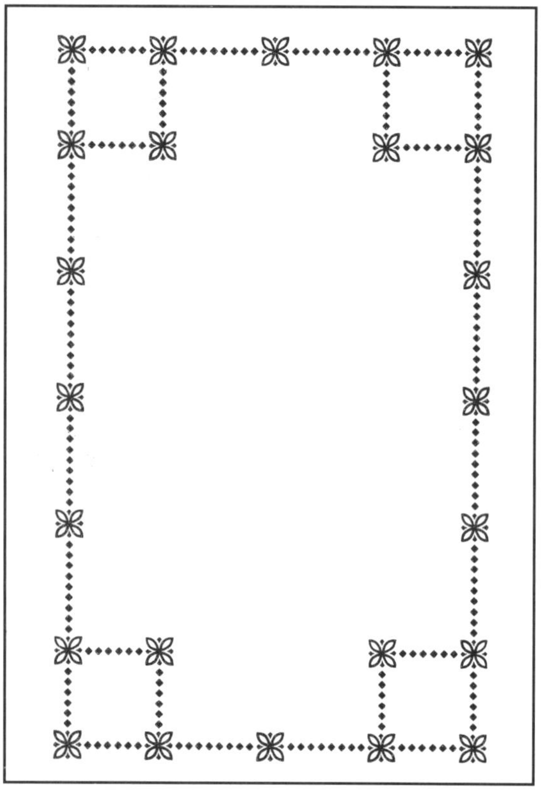

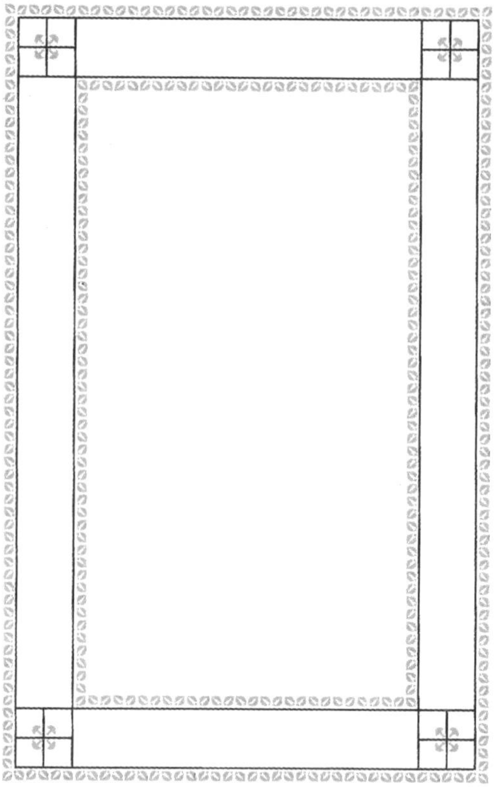

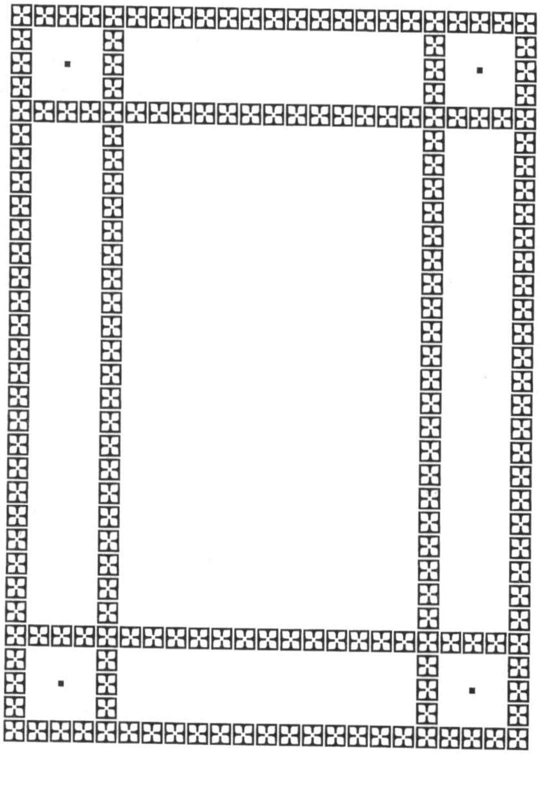

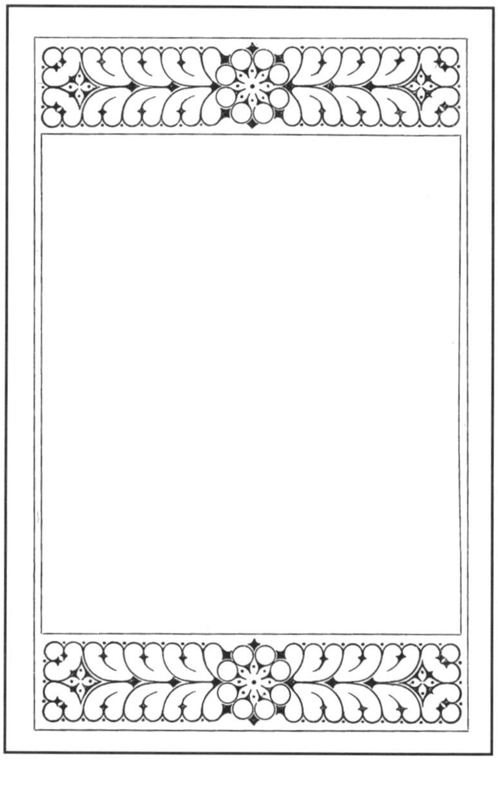

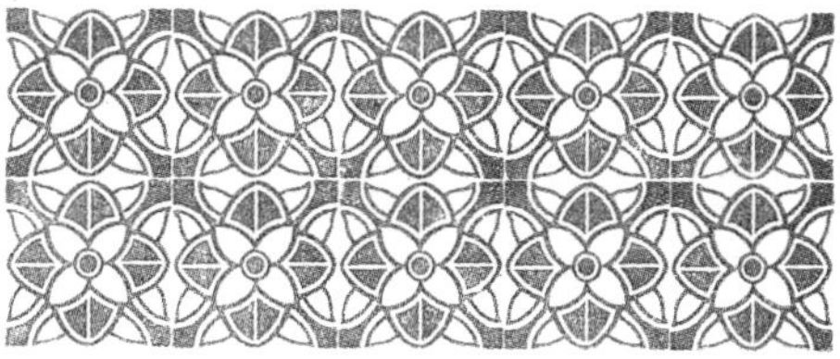

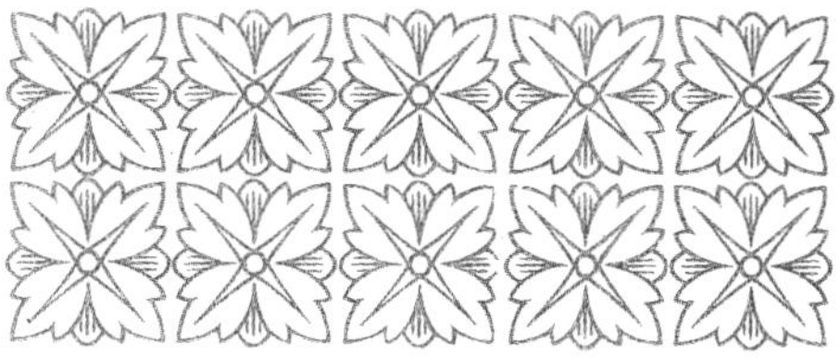

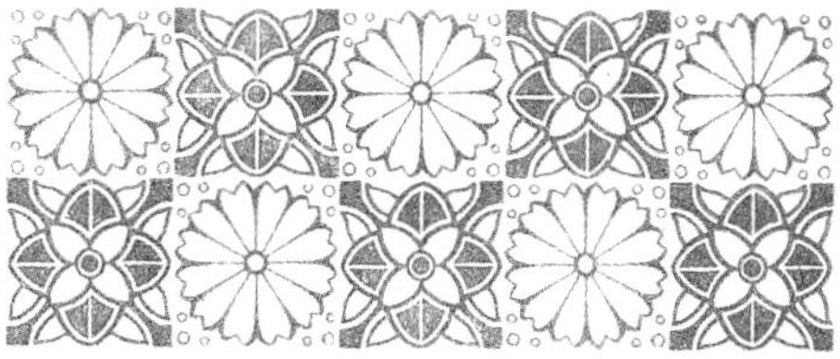

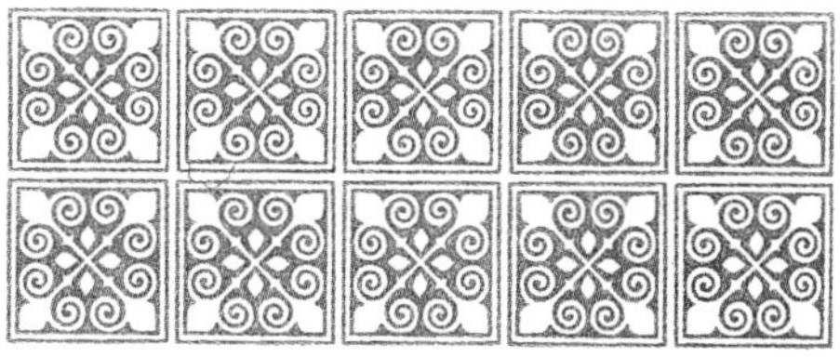

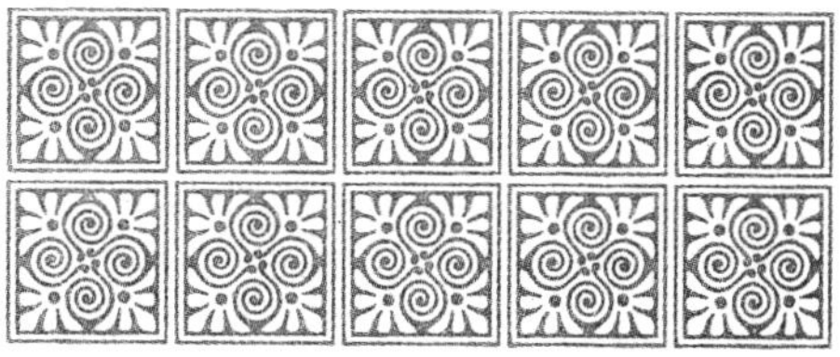

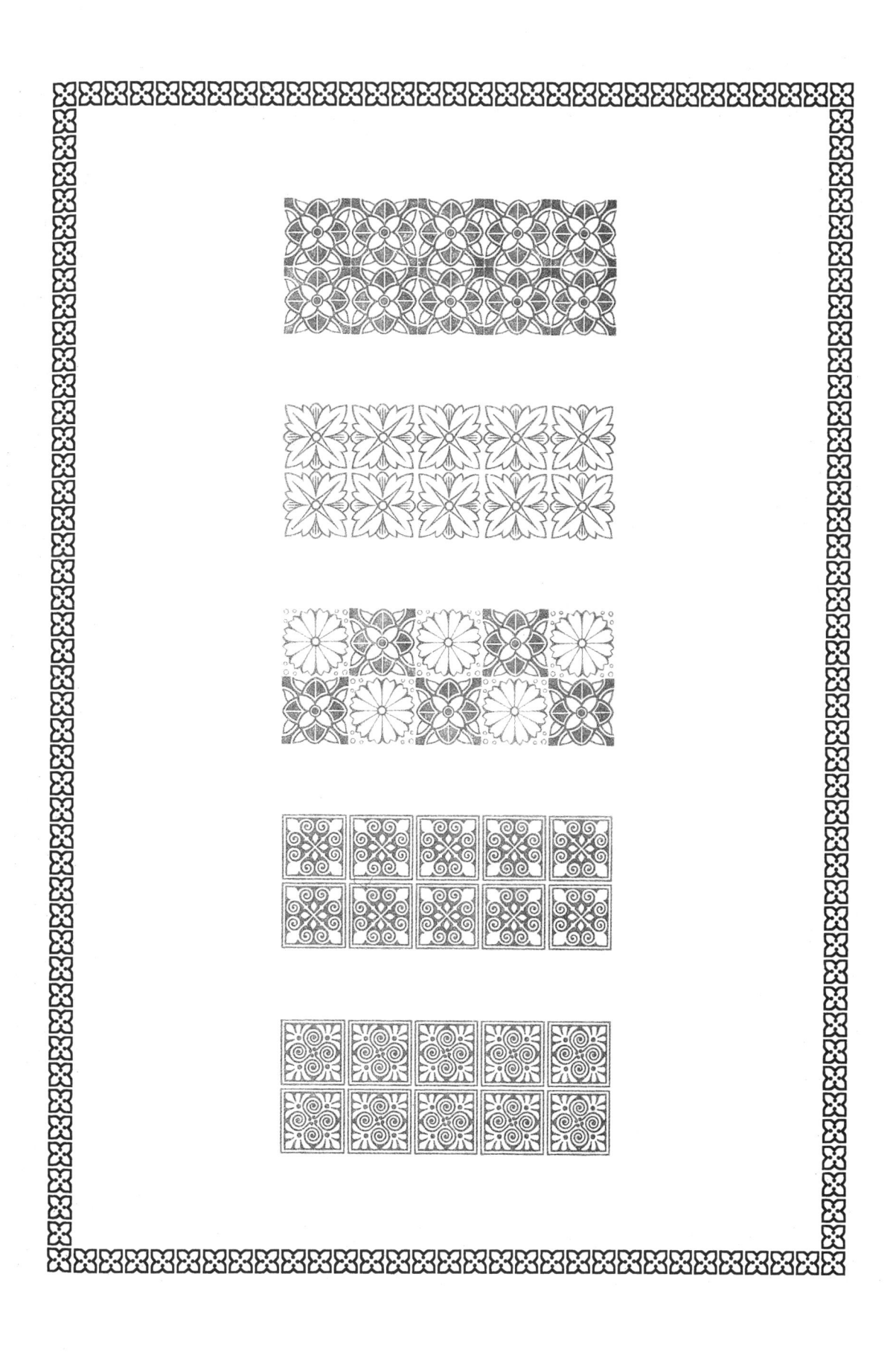

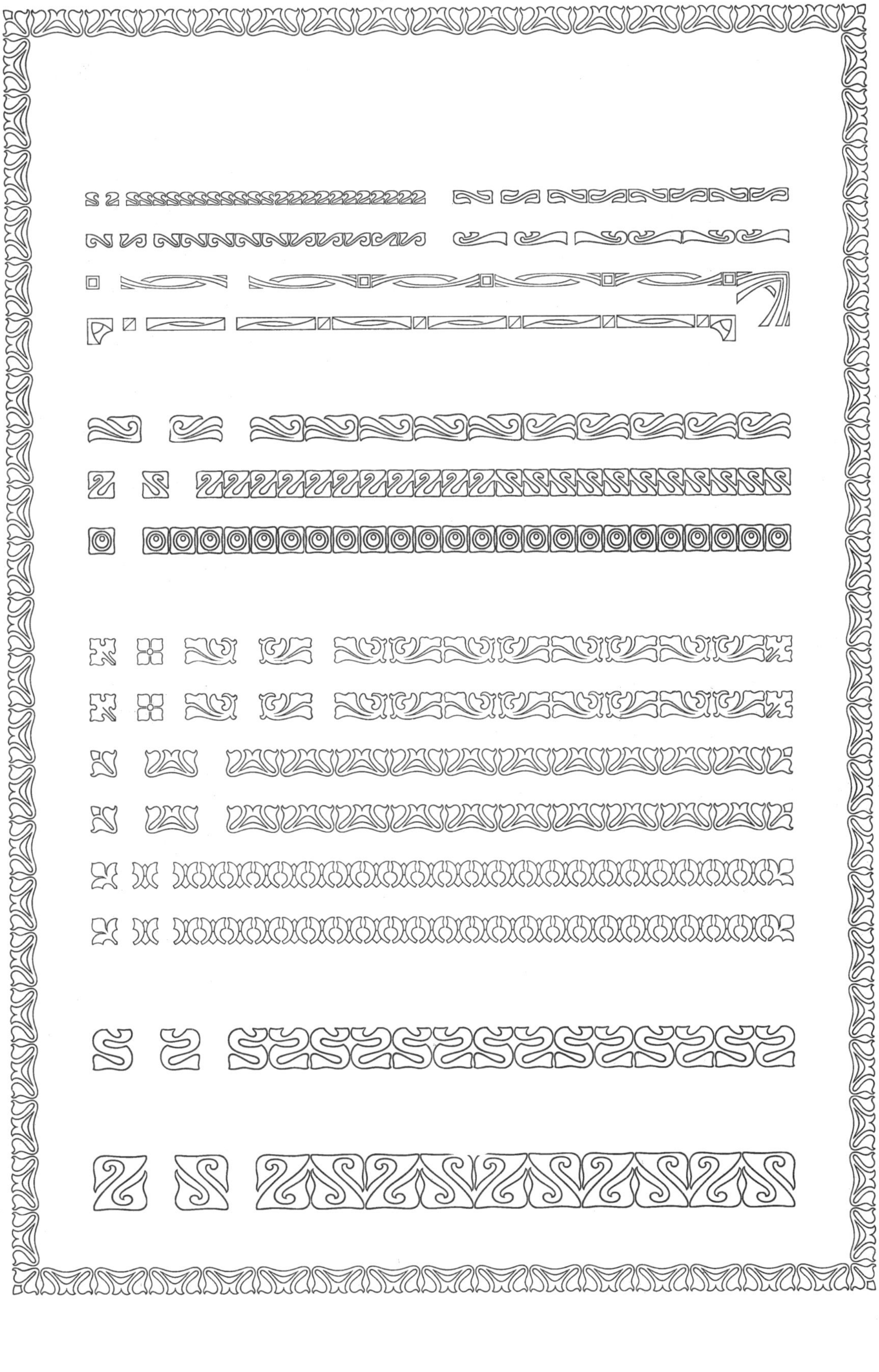

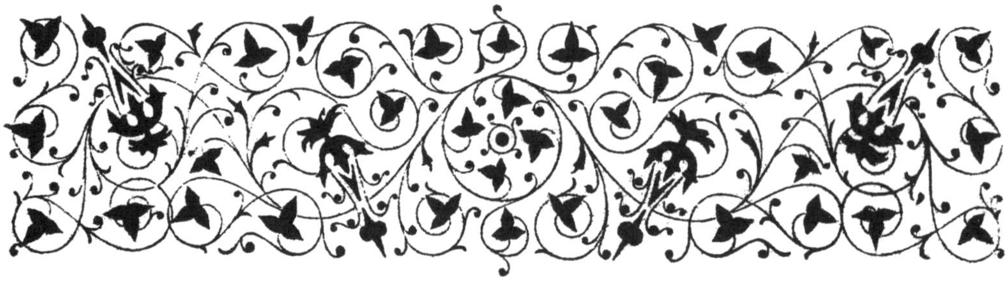

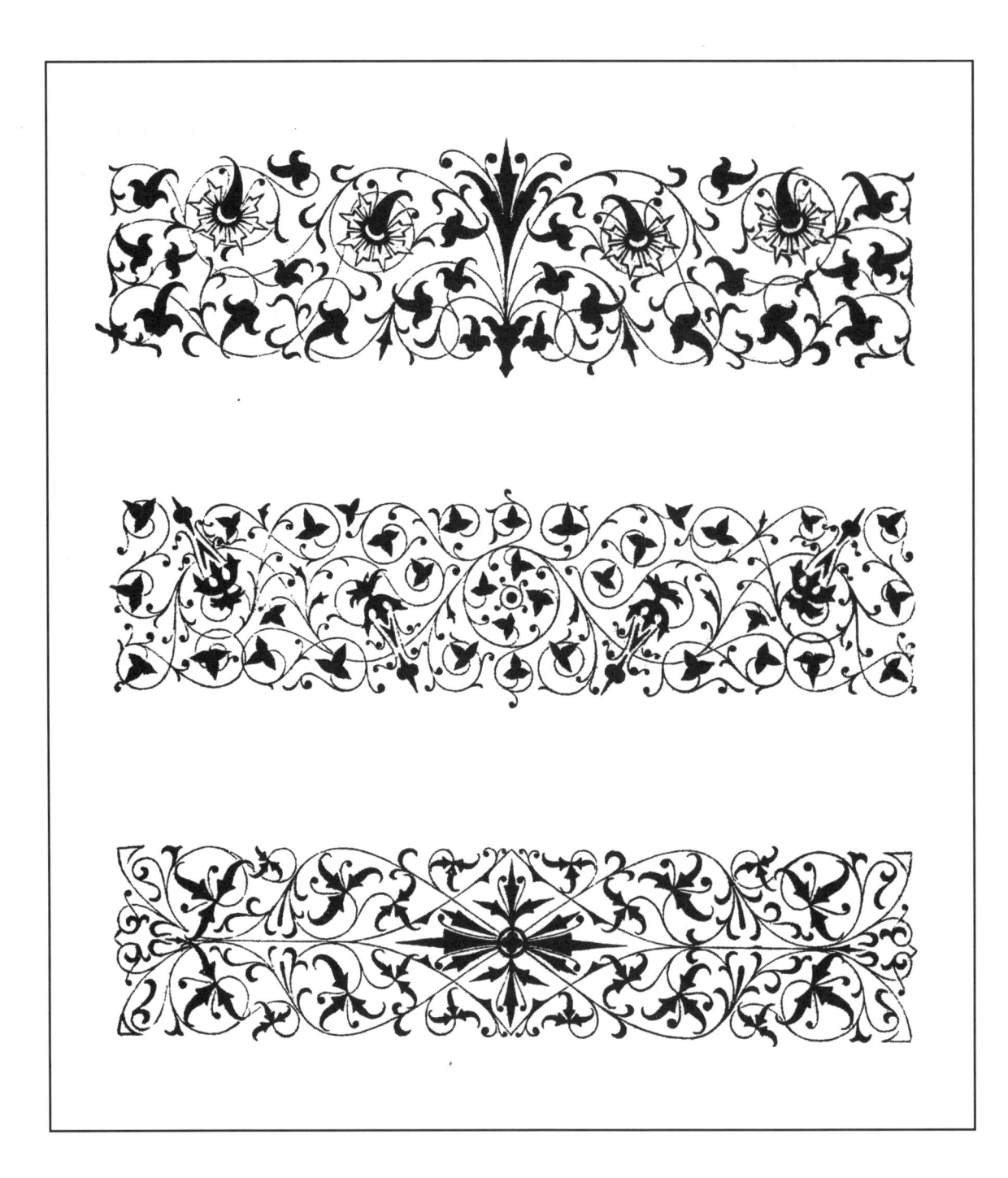

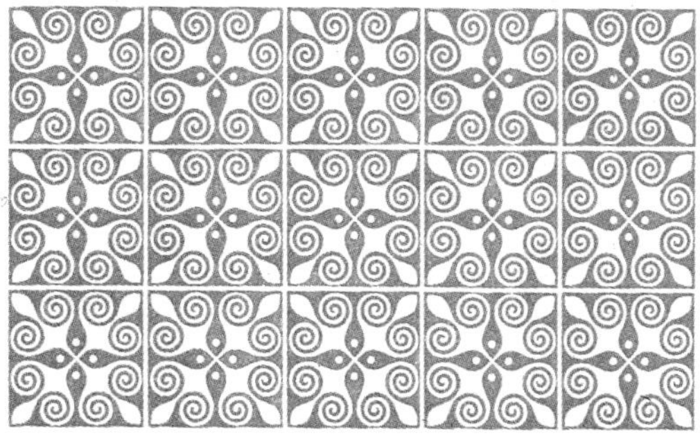

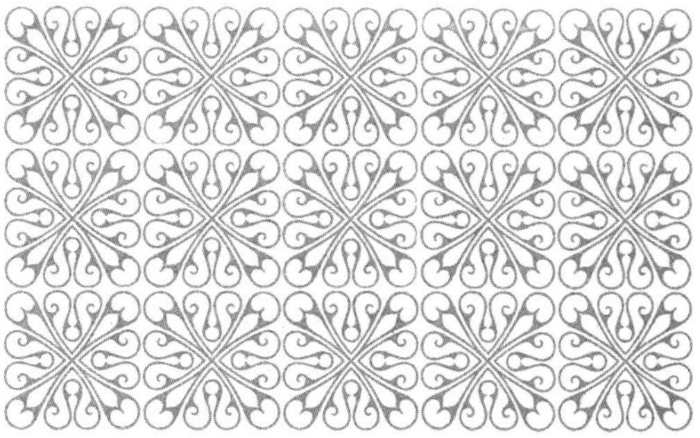

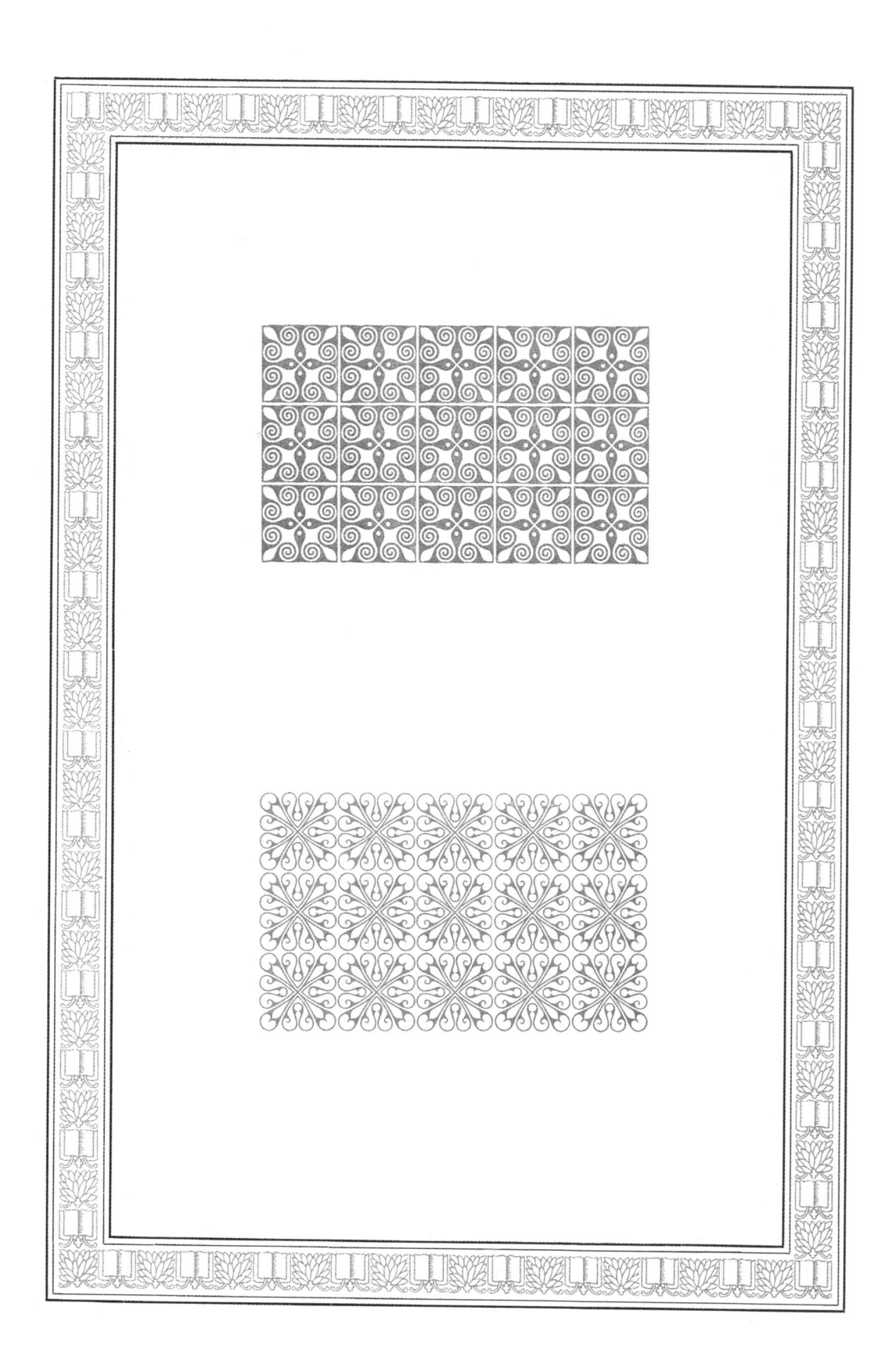

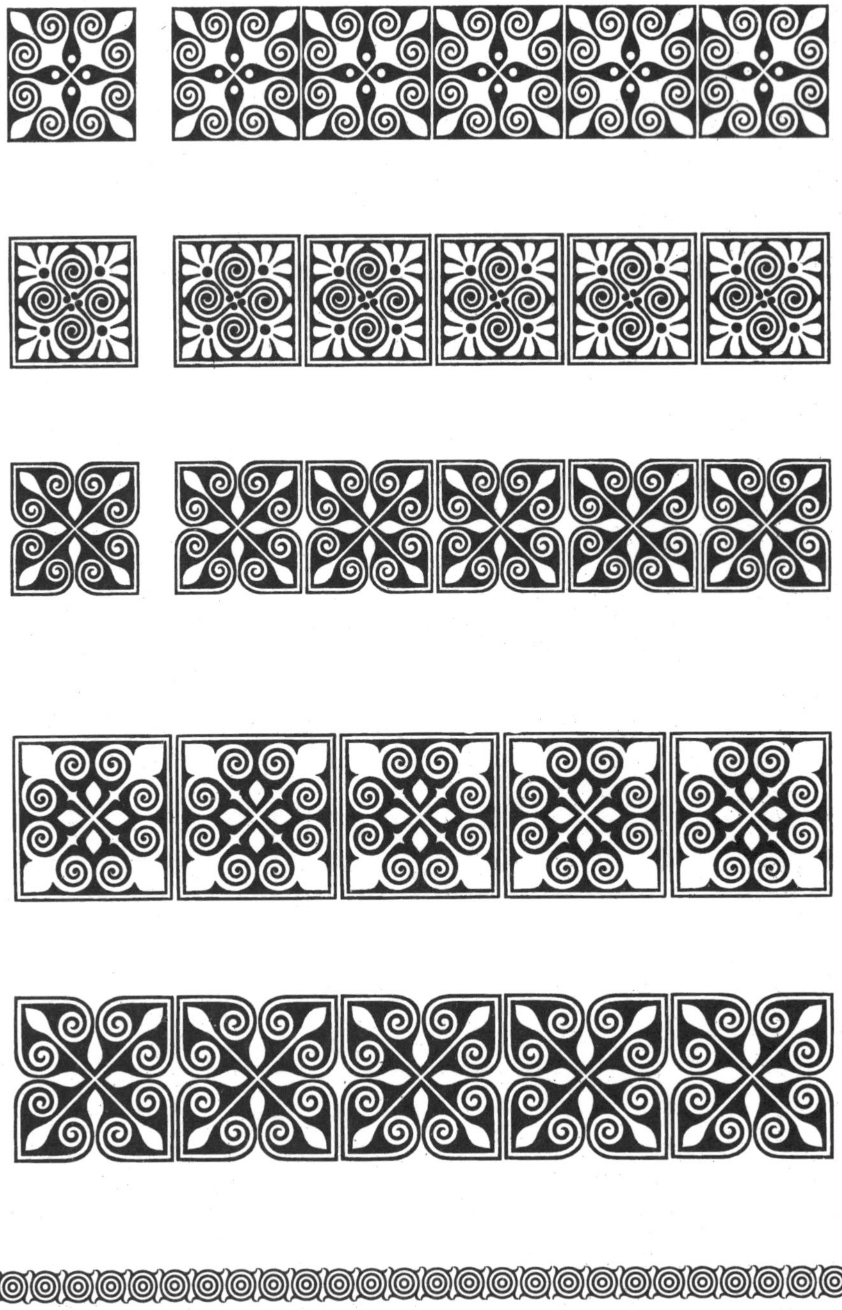

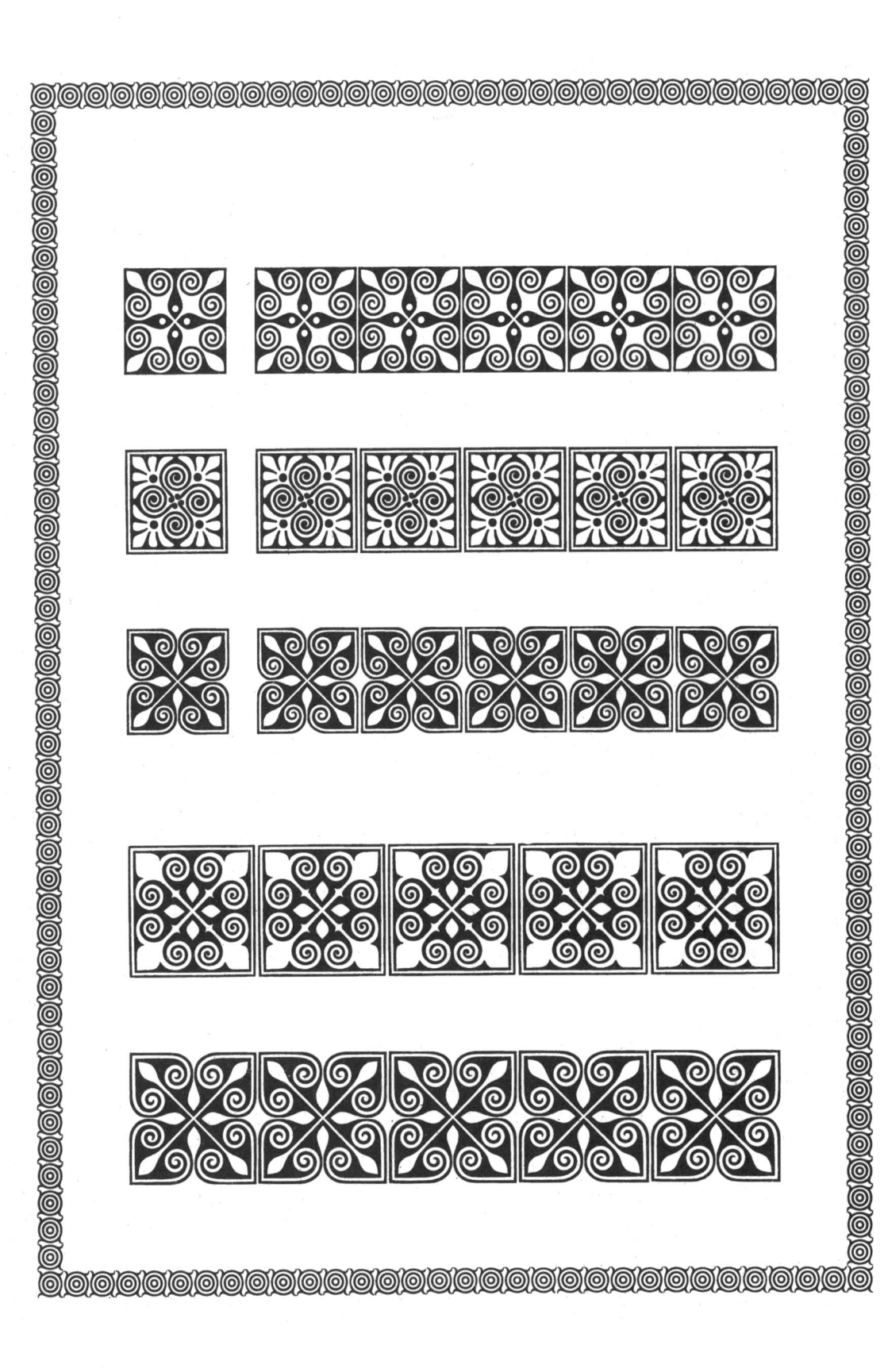

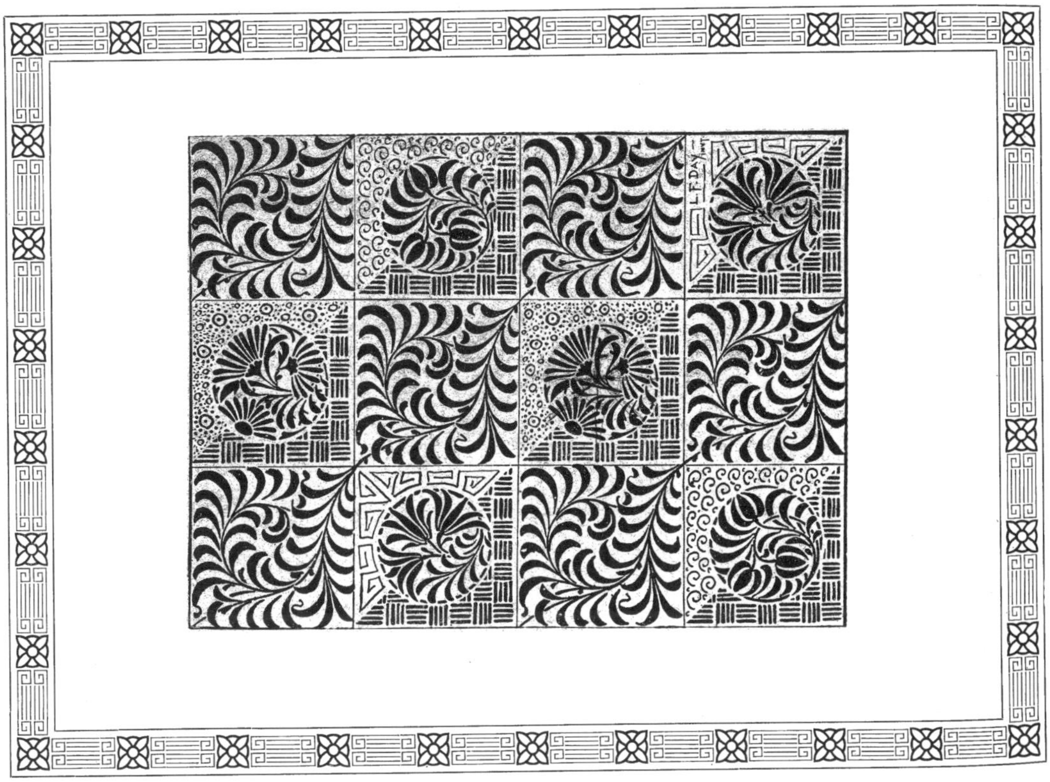

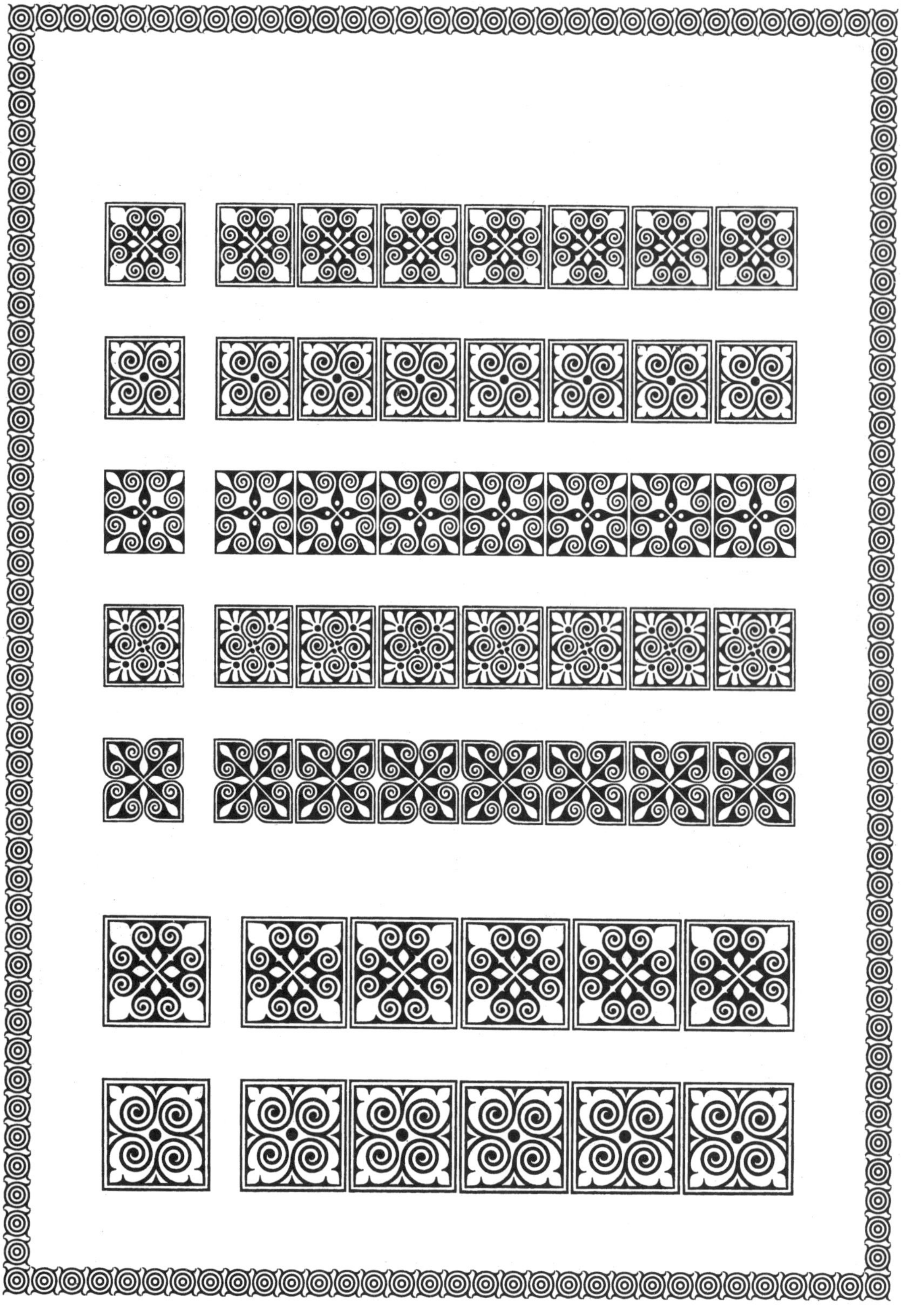

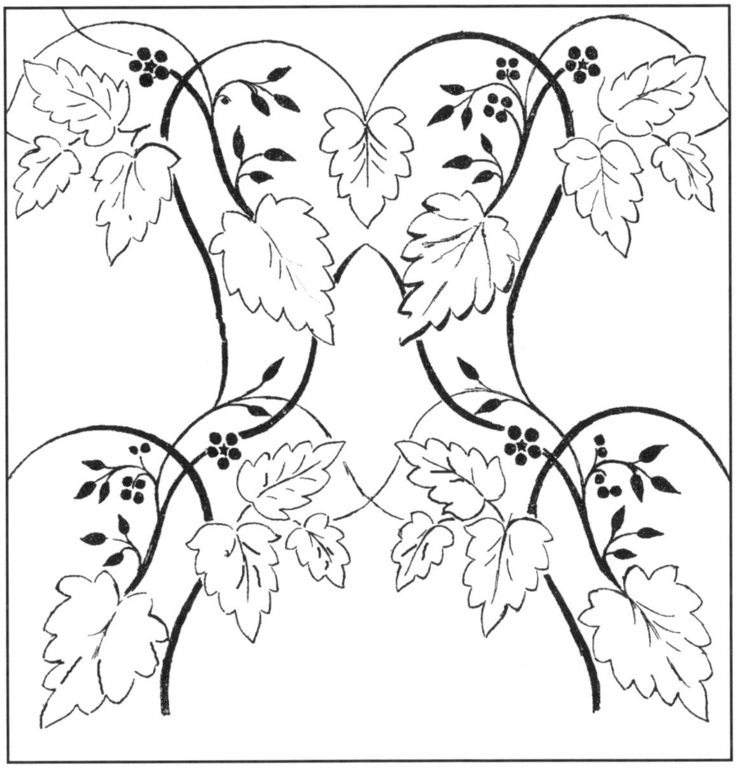

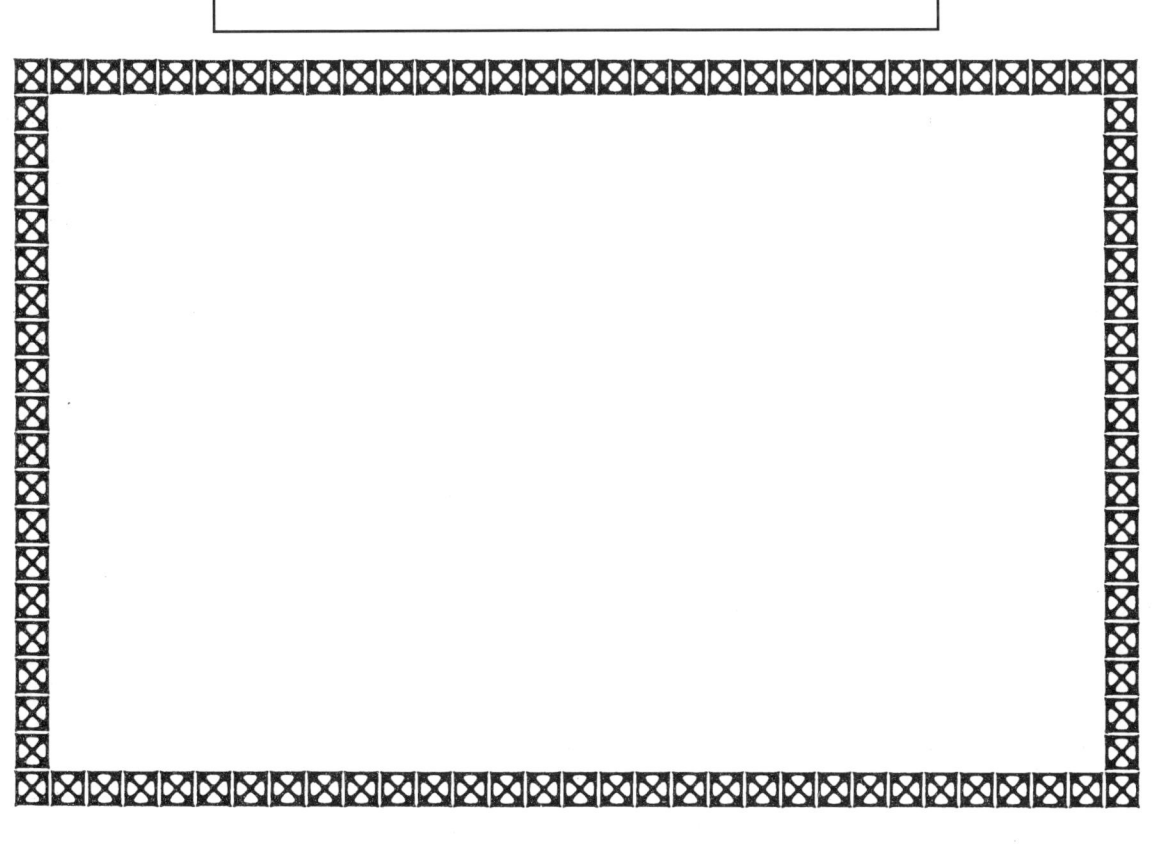

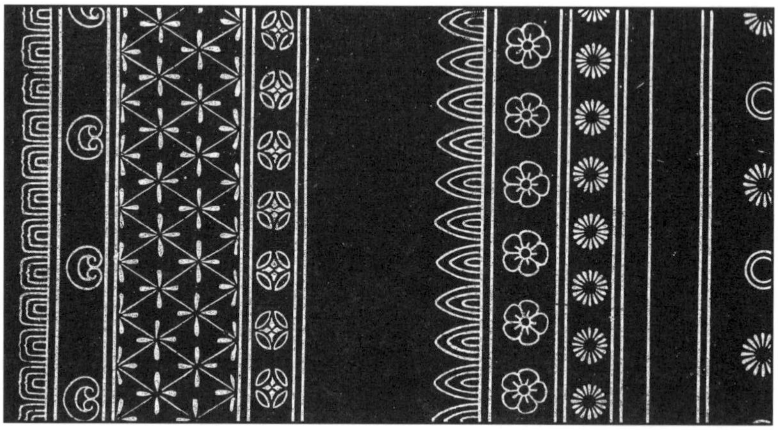

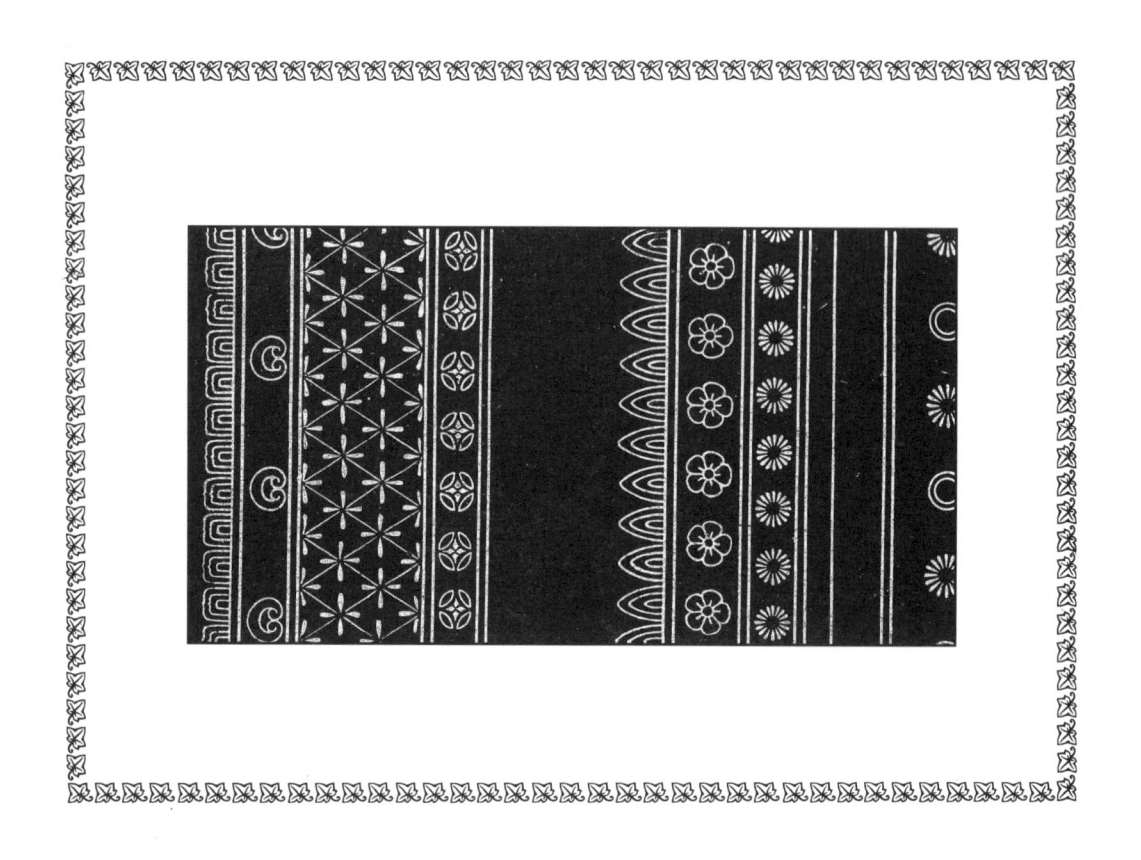

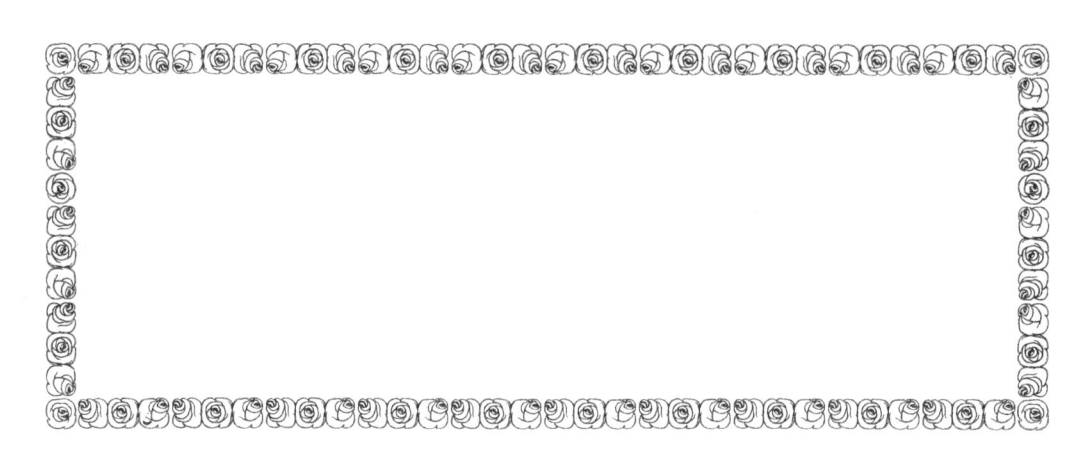

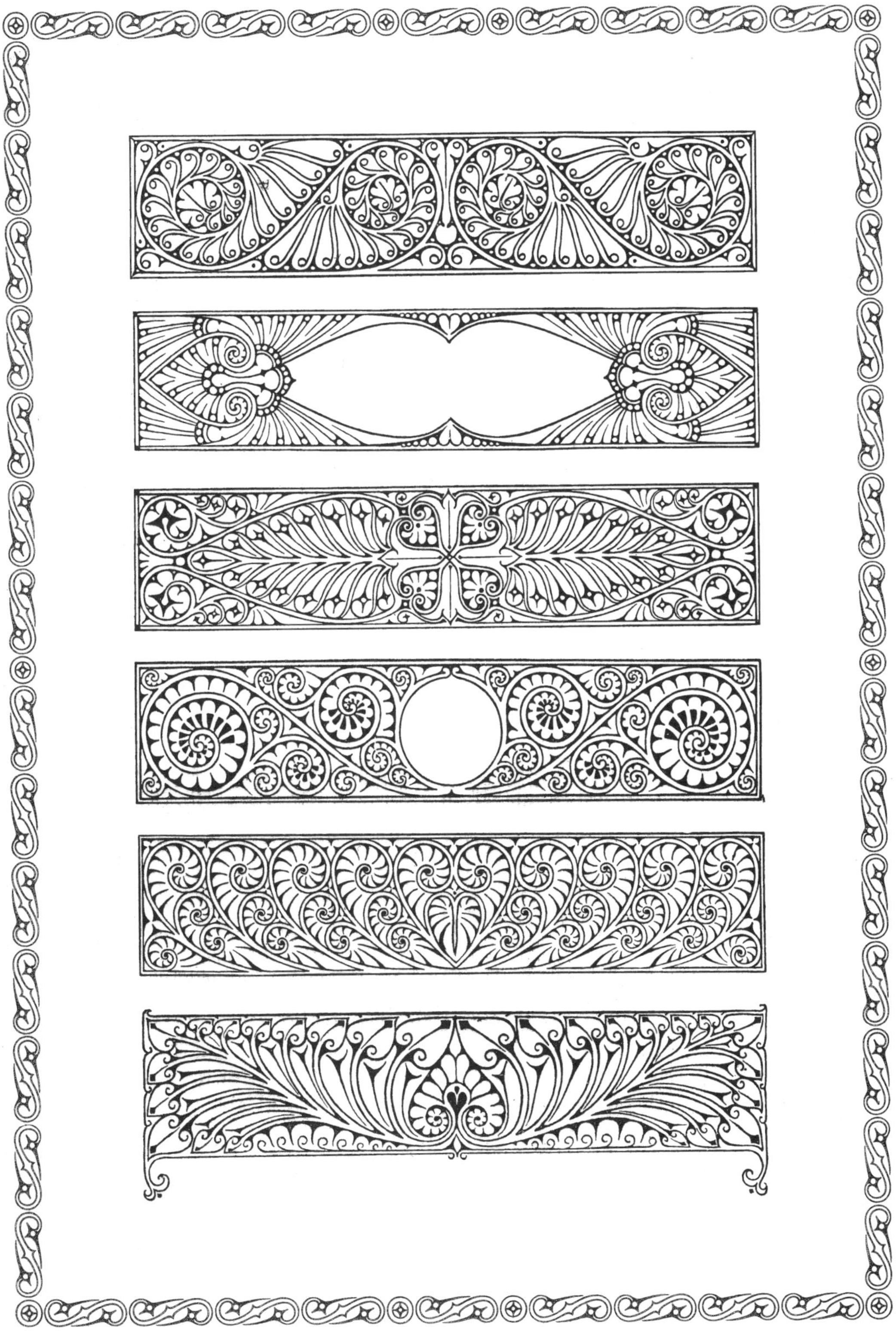

295

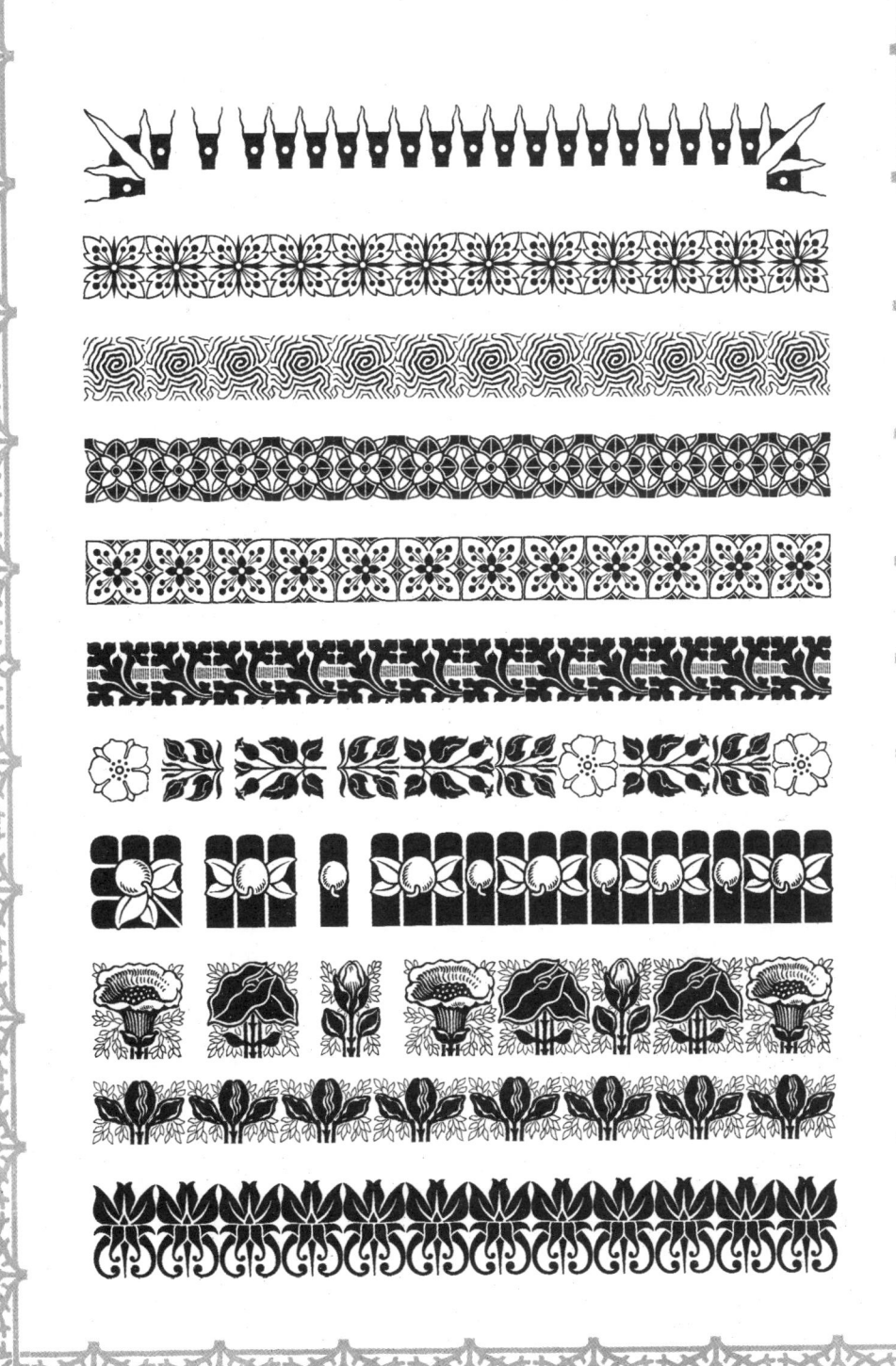

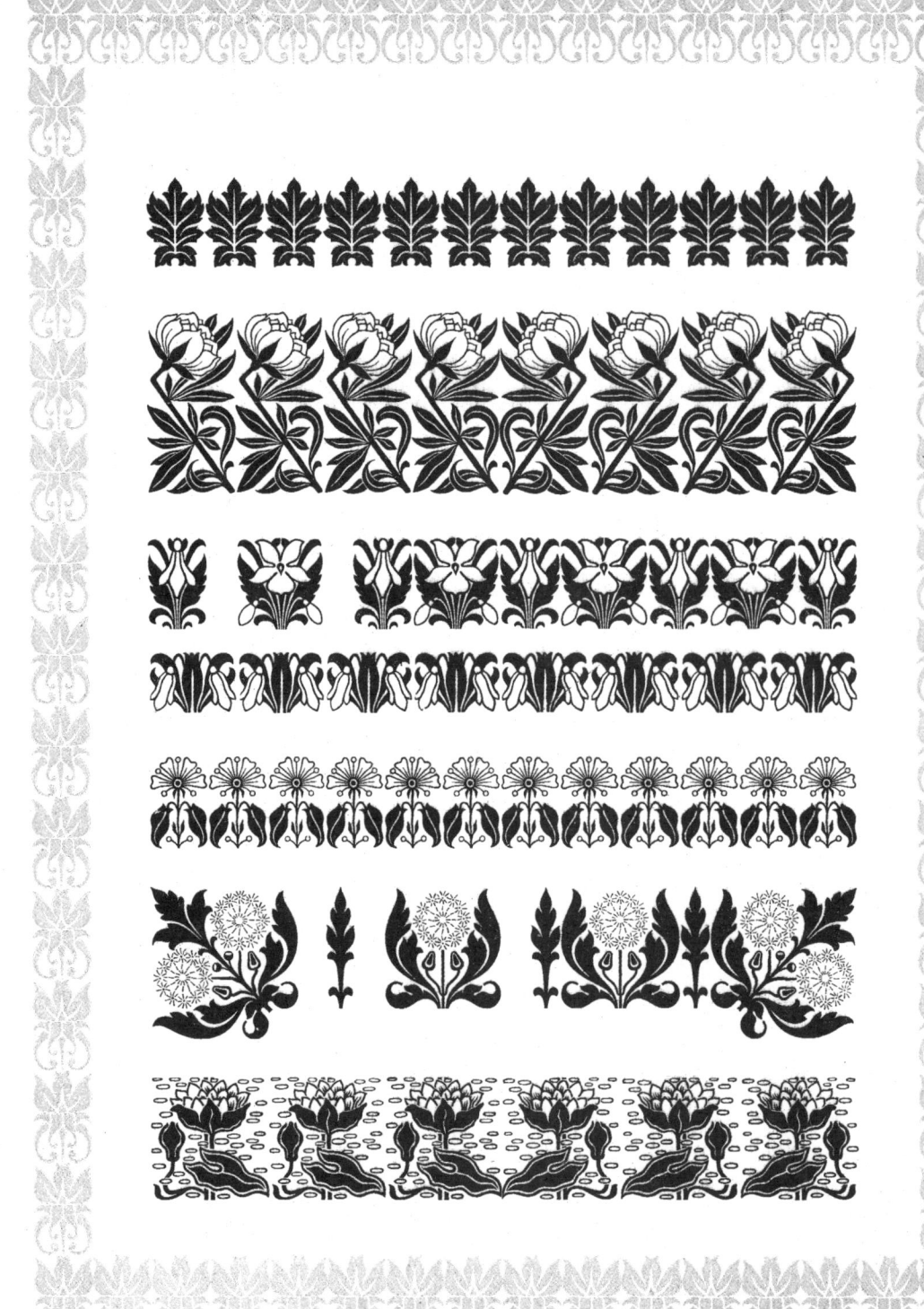

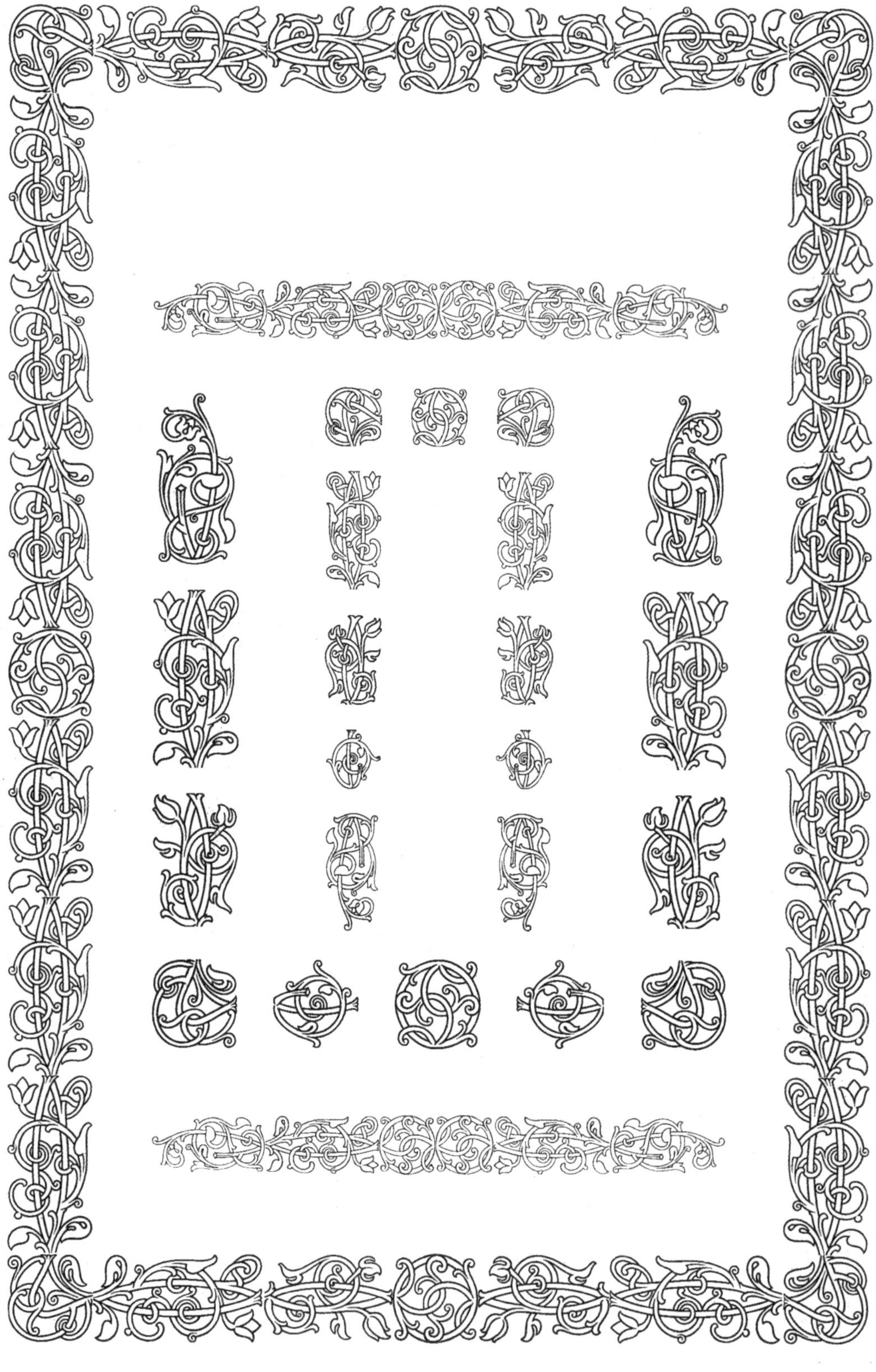

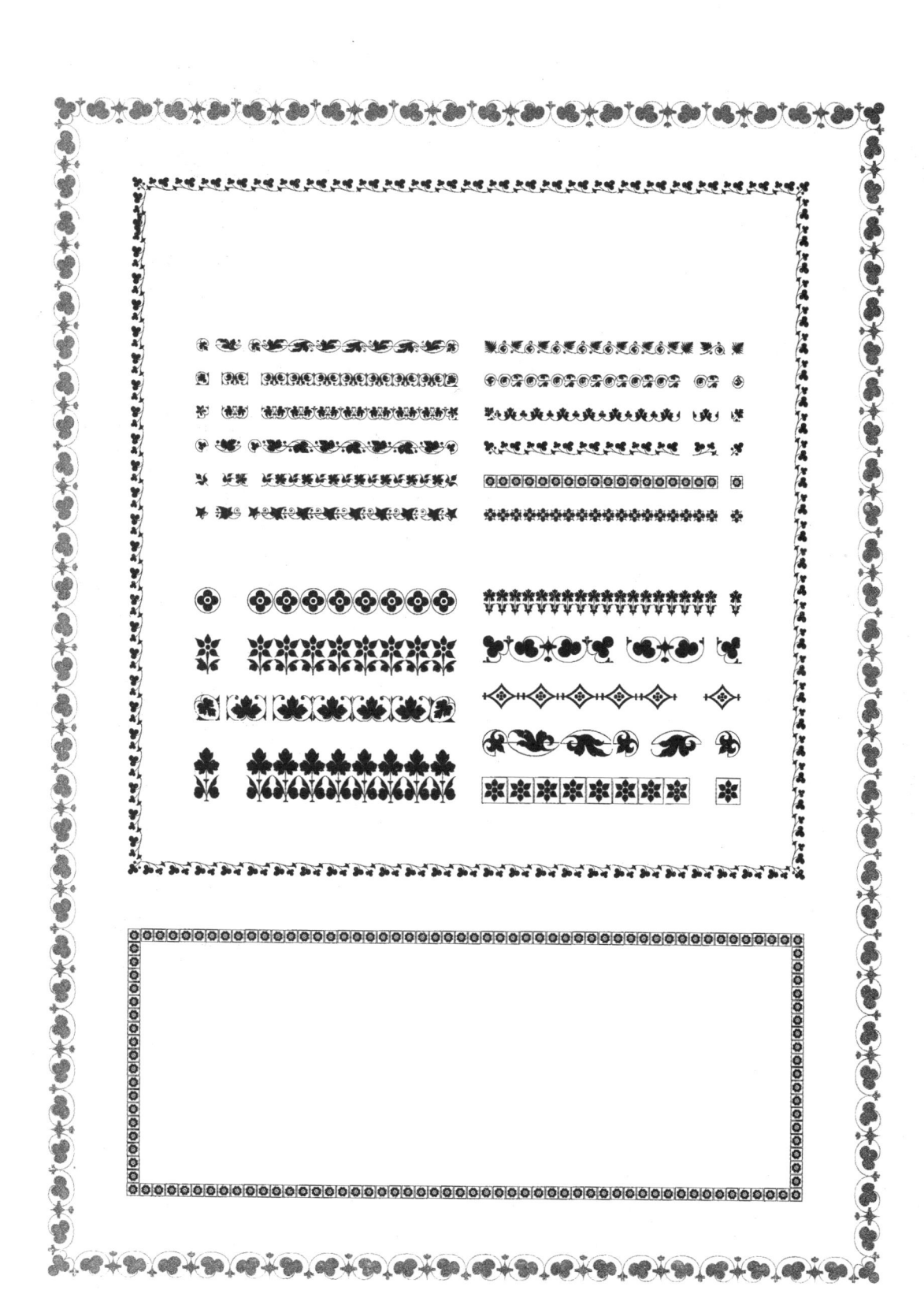

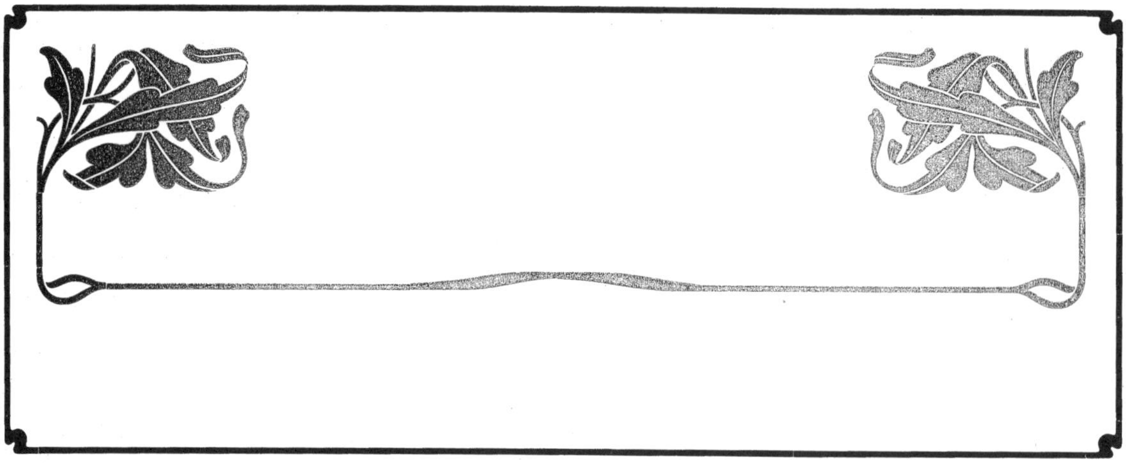

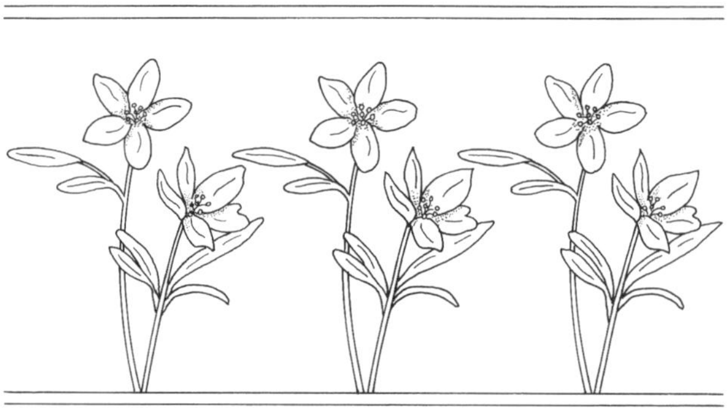

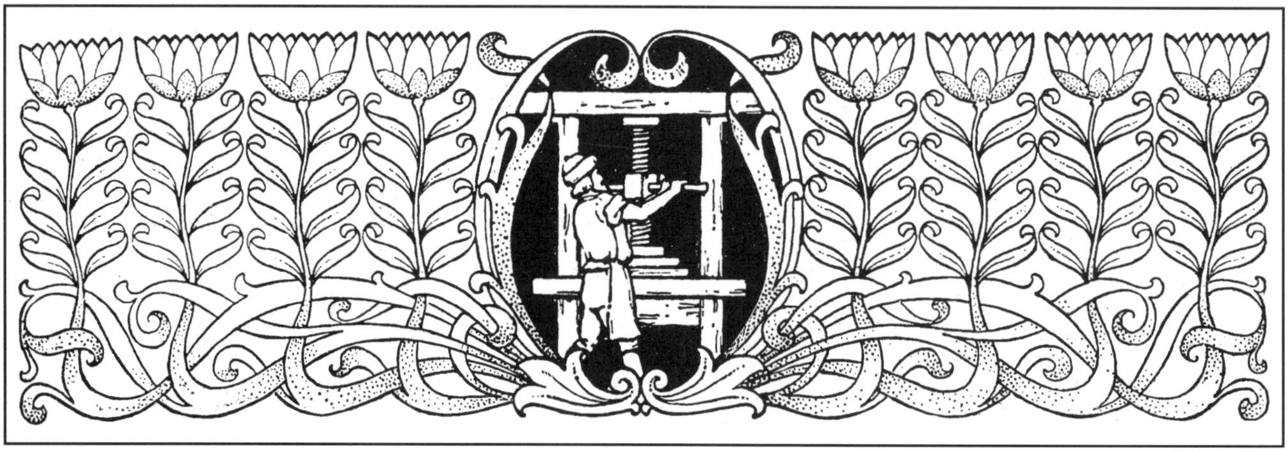

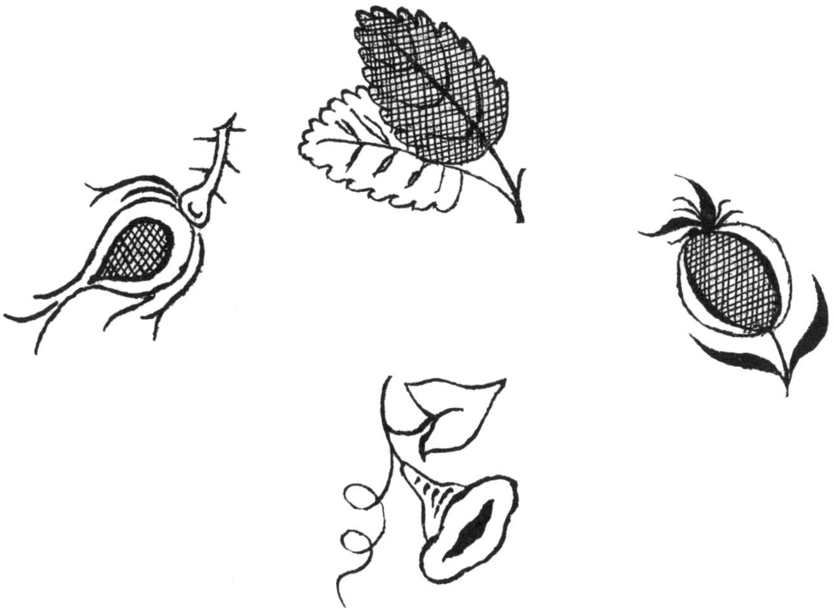

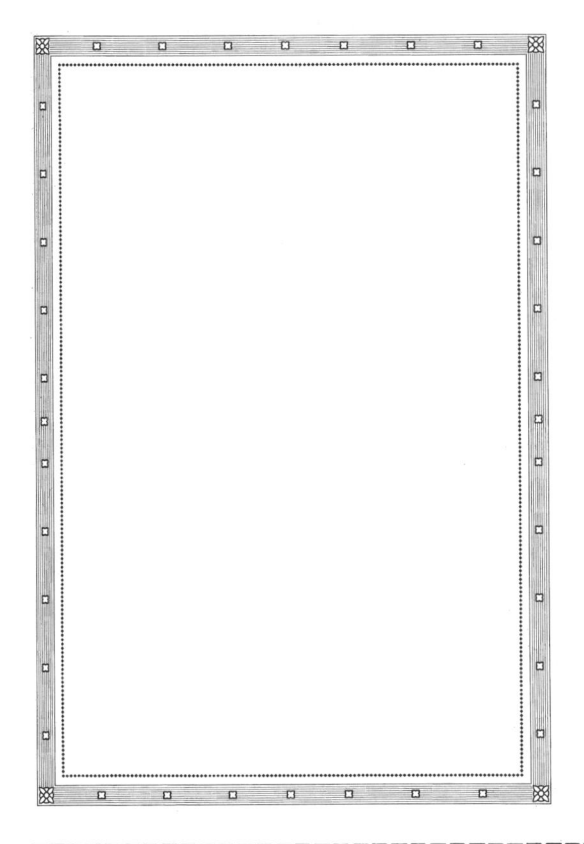

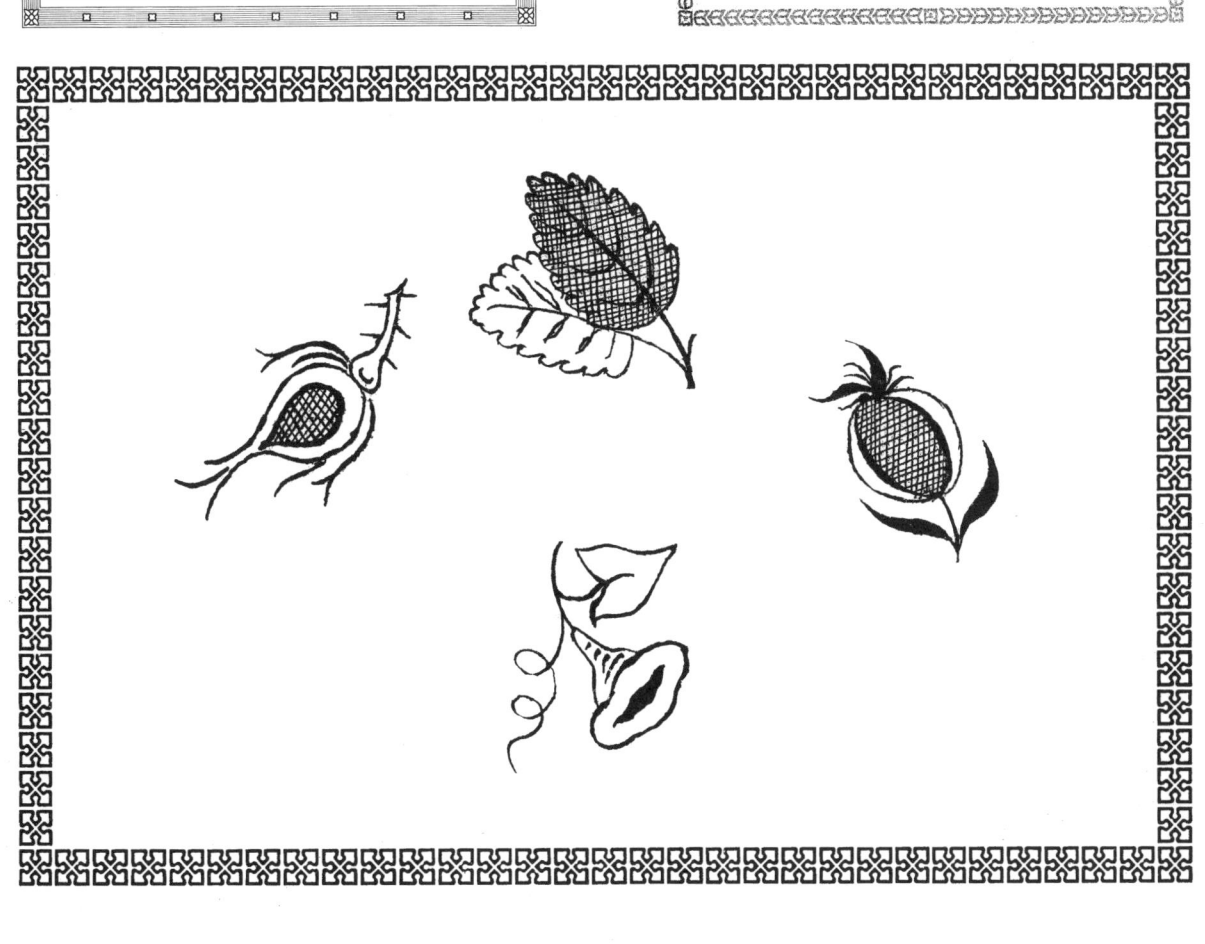

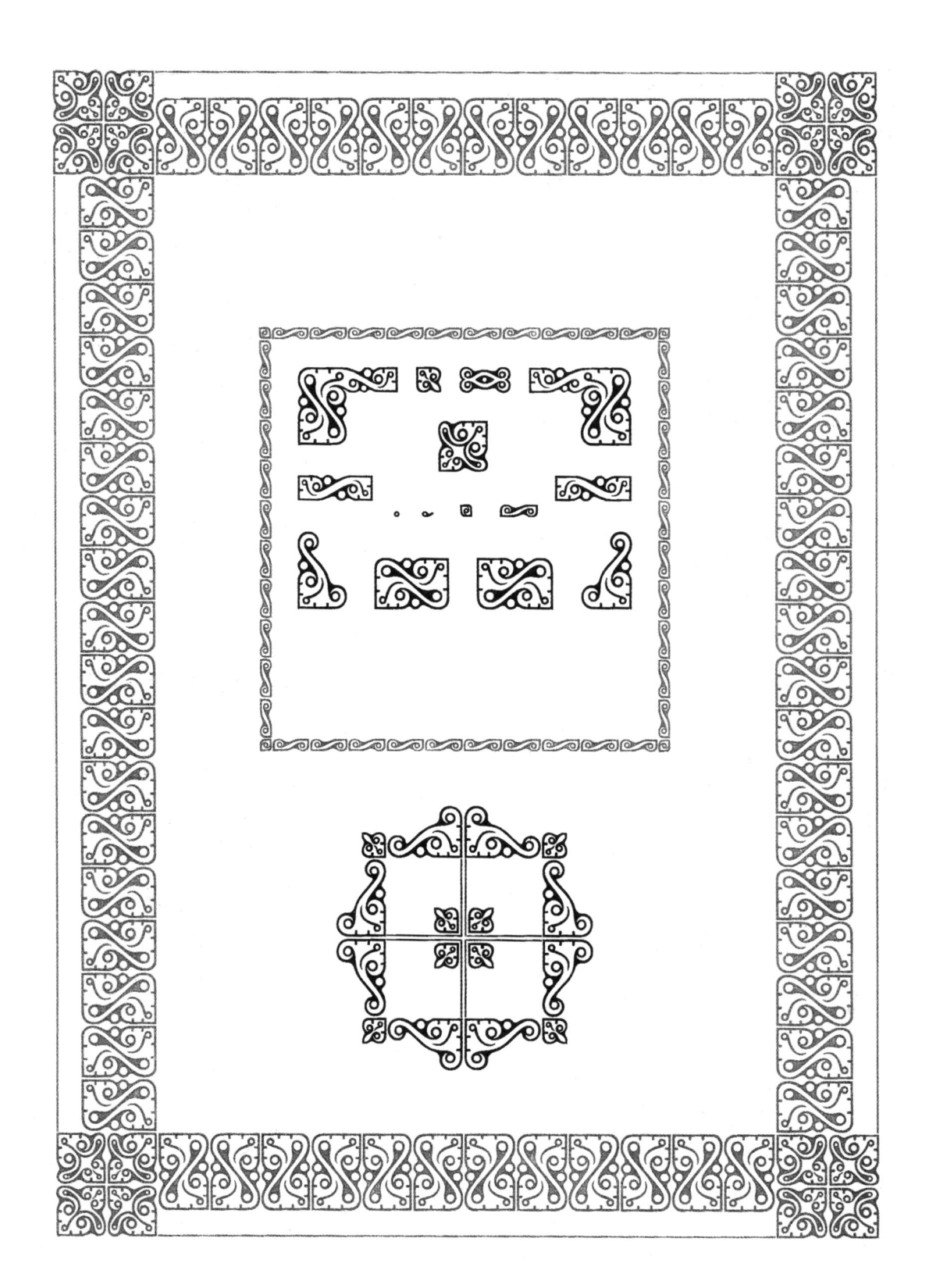

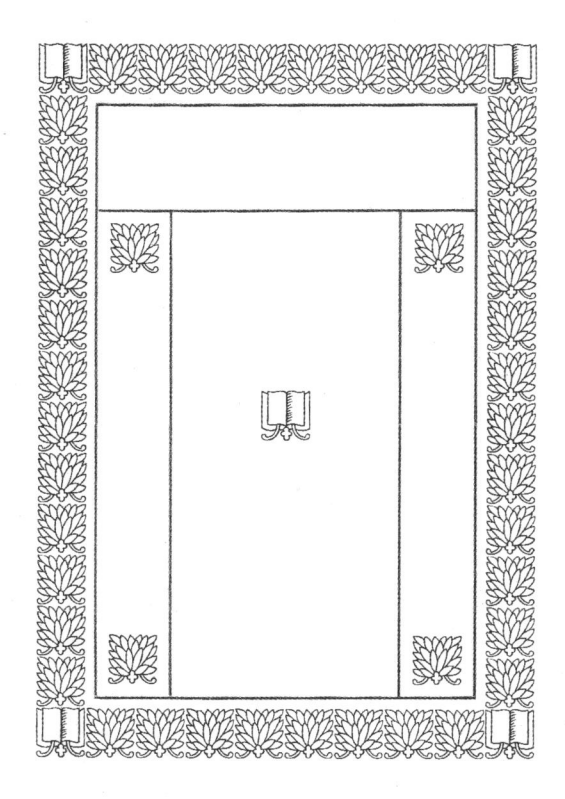

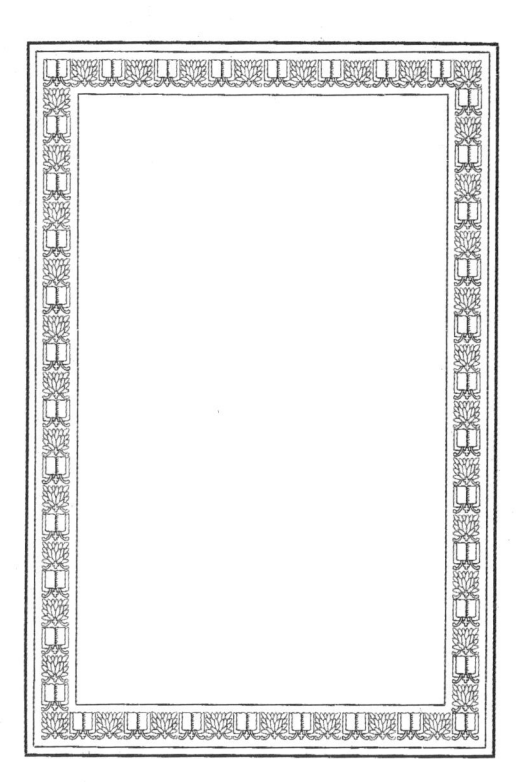

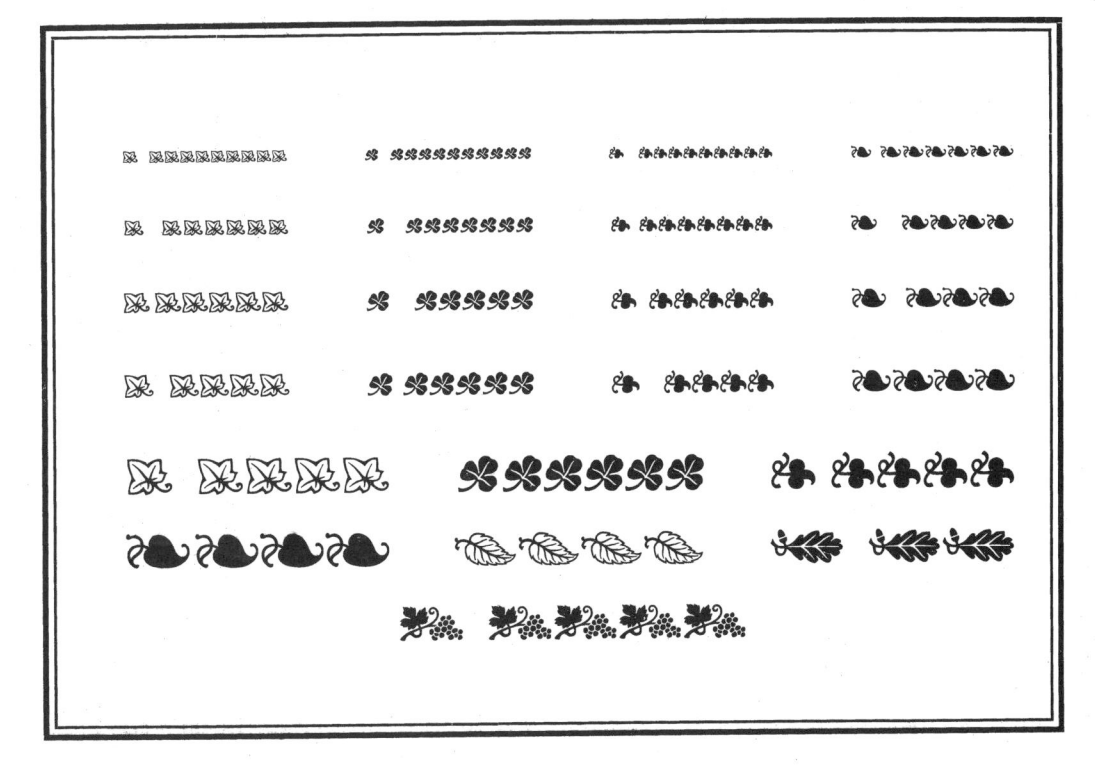

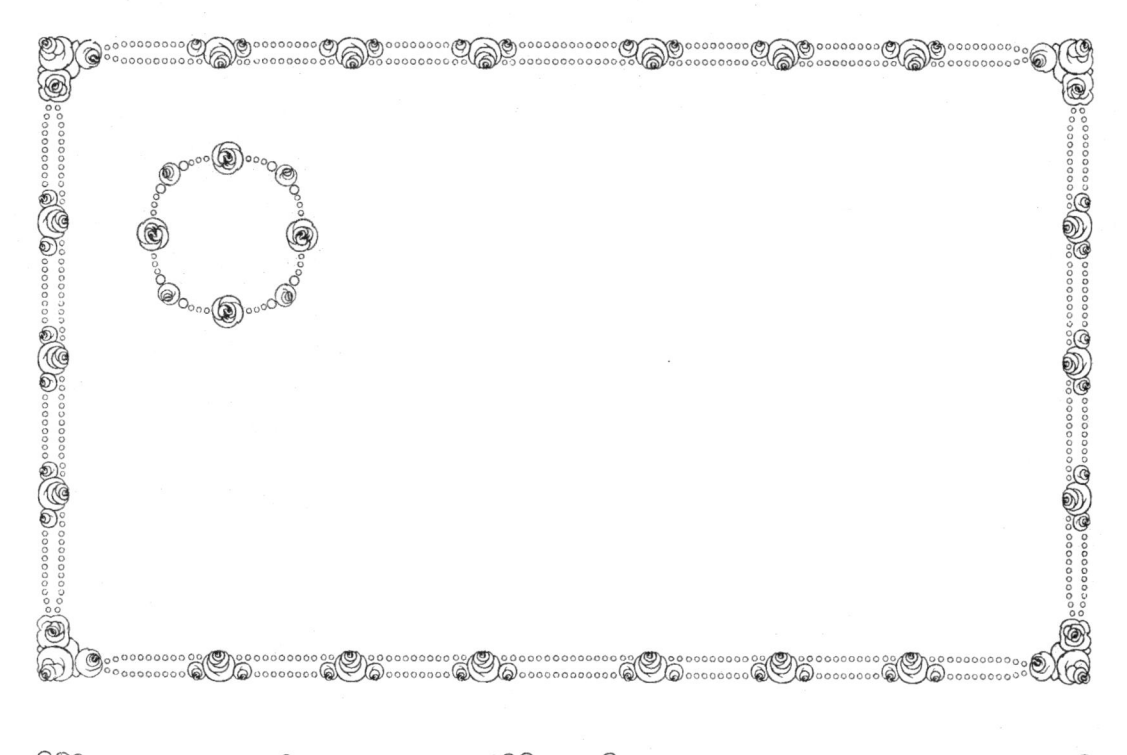

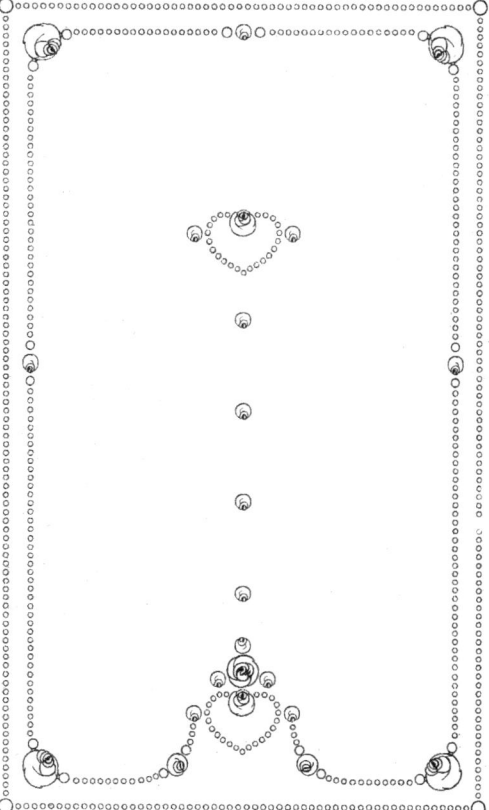

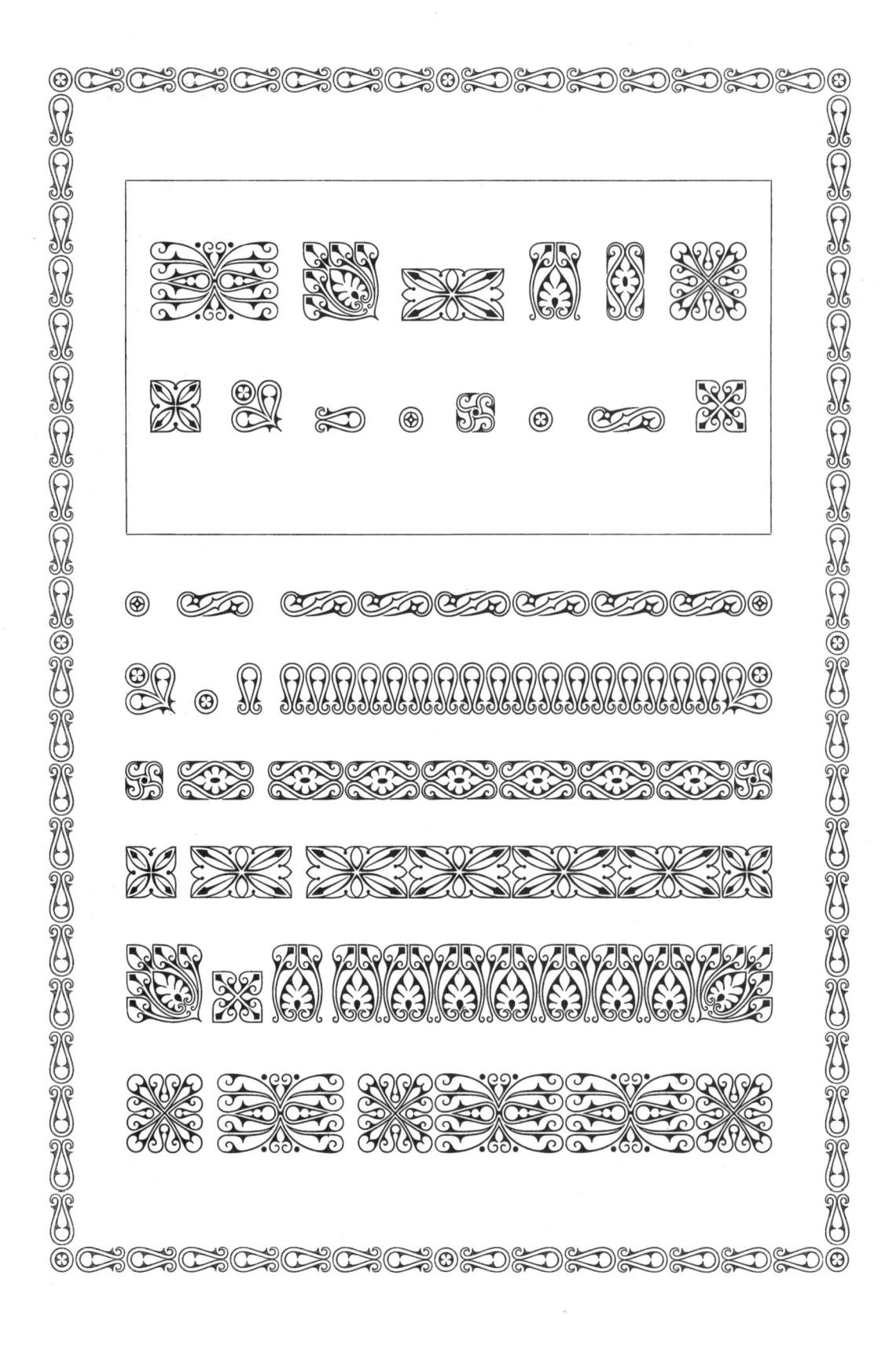

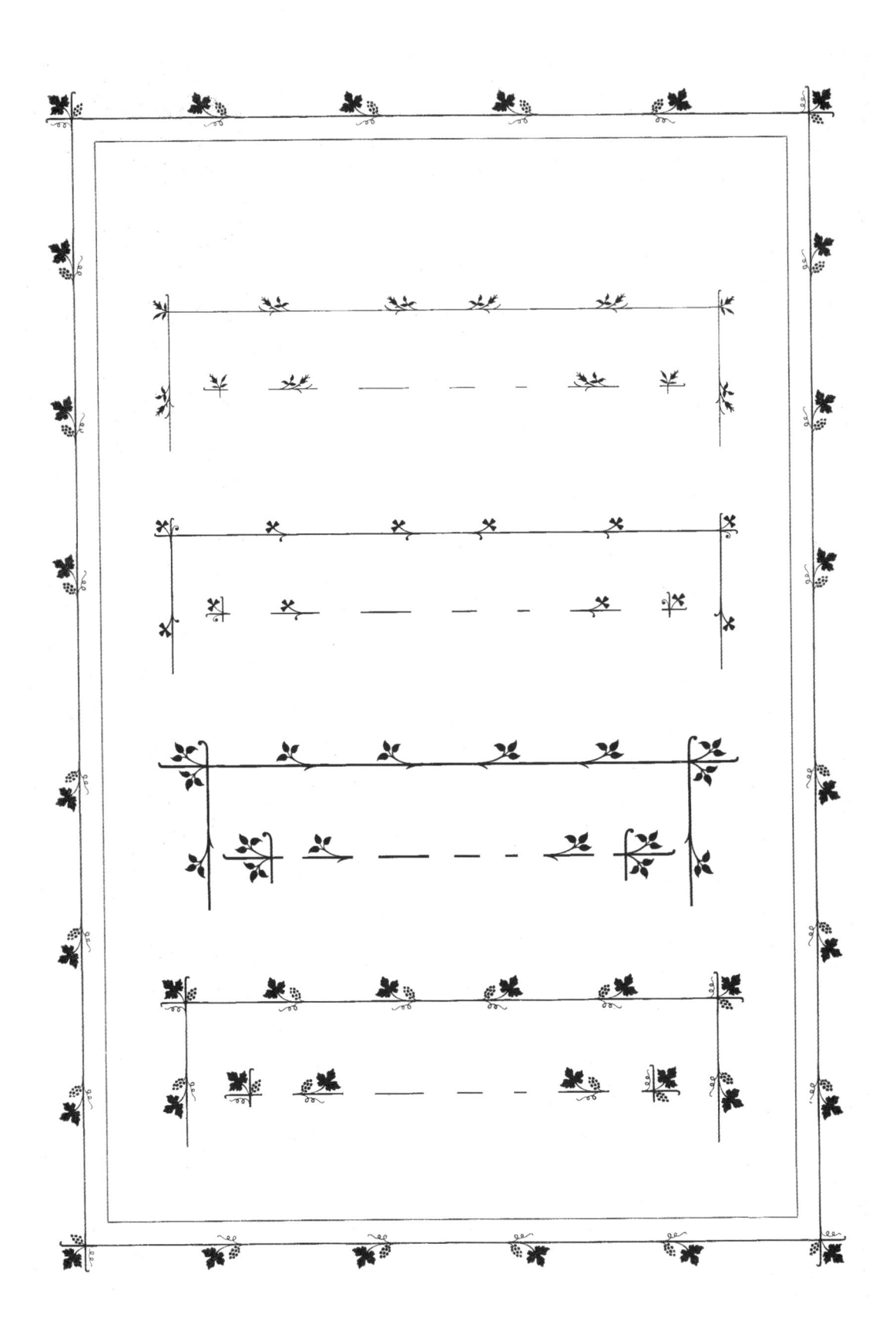

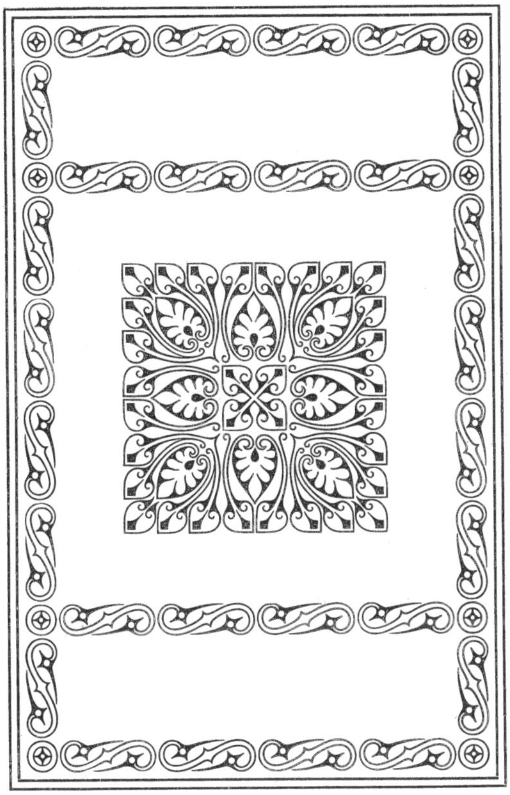
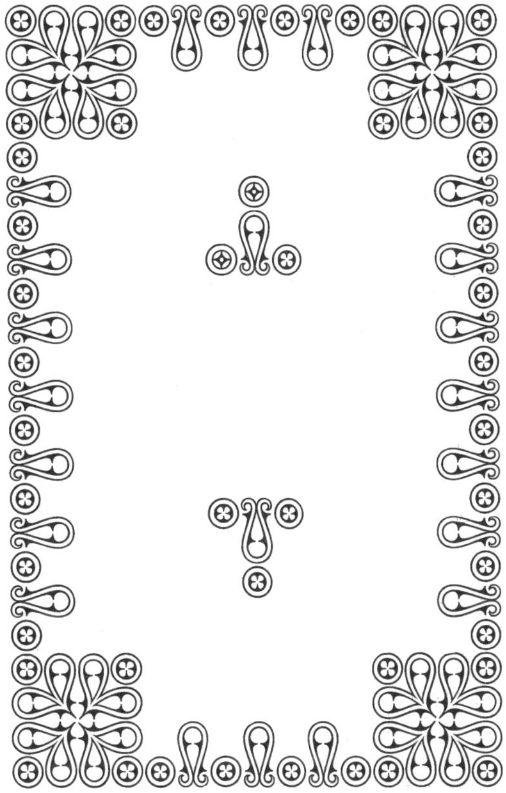
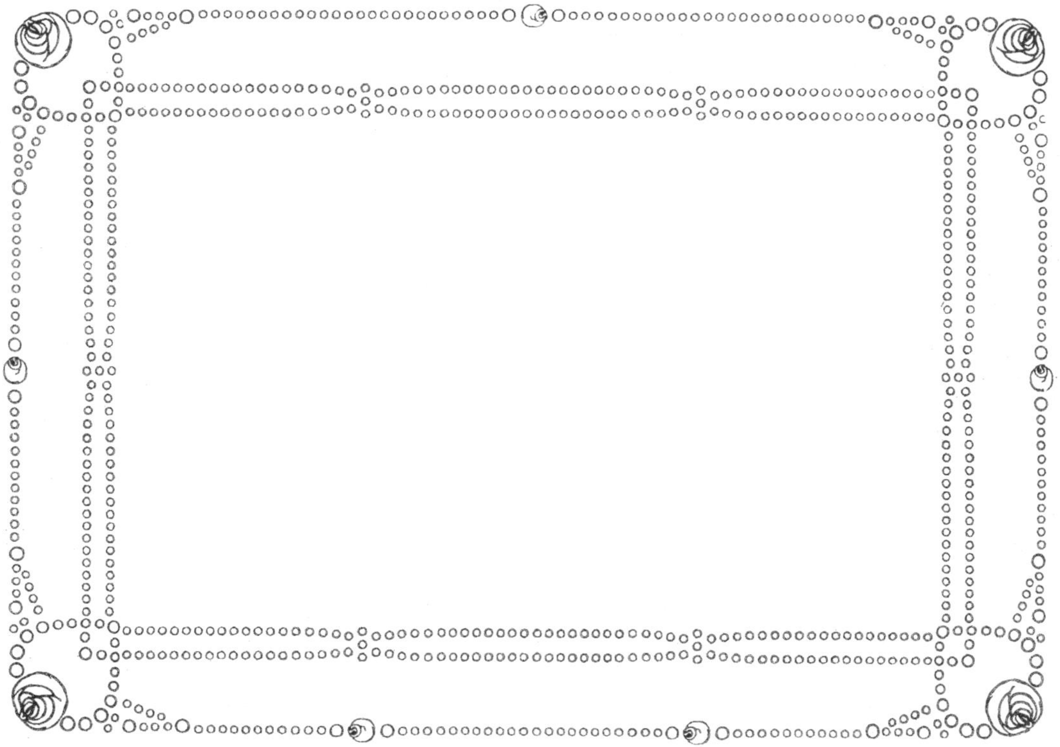

313

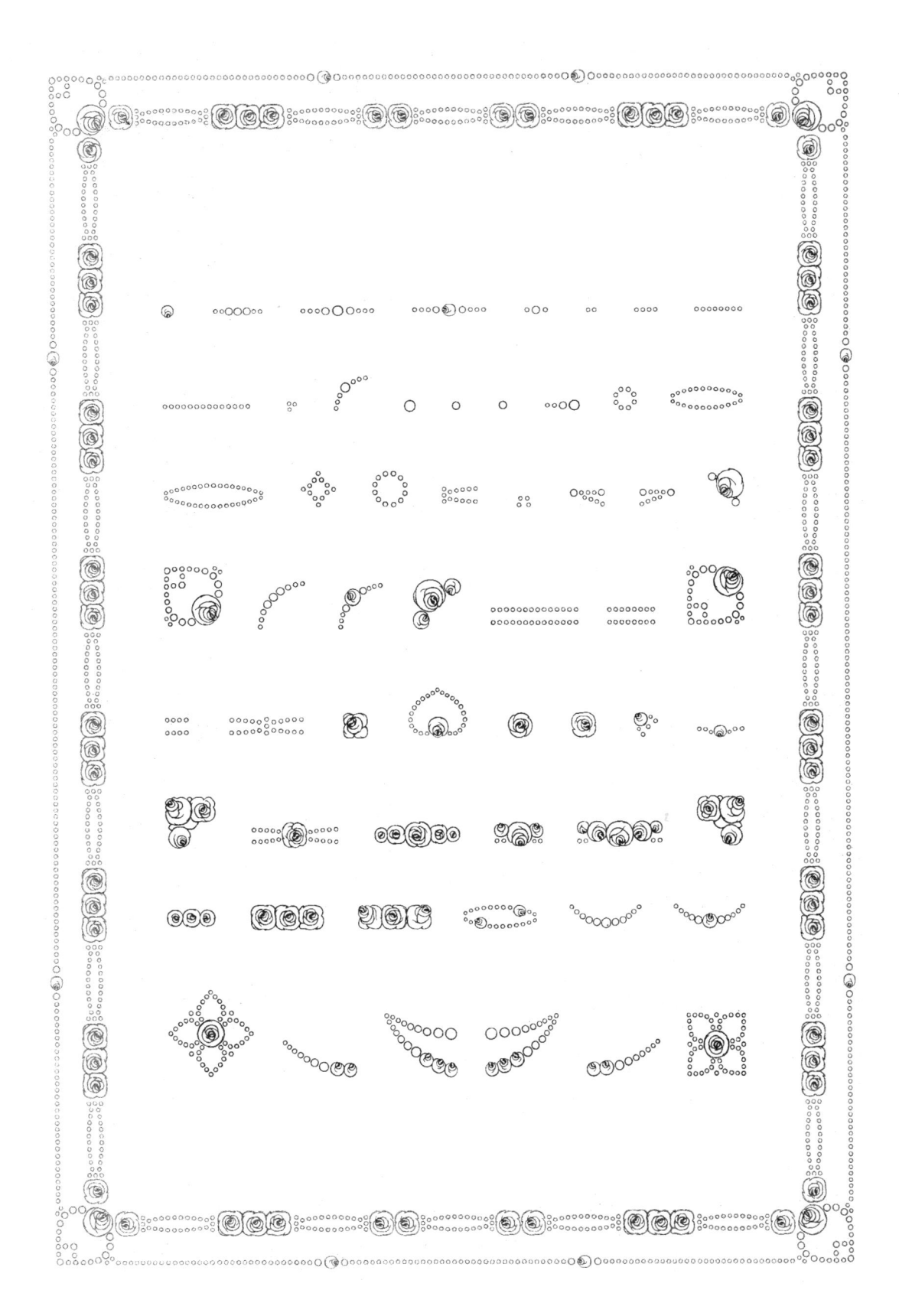

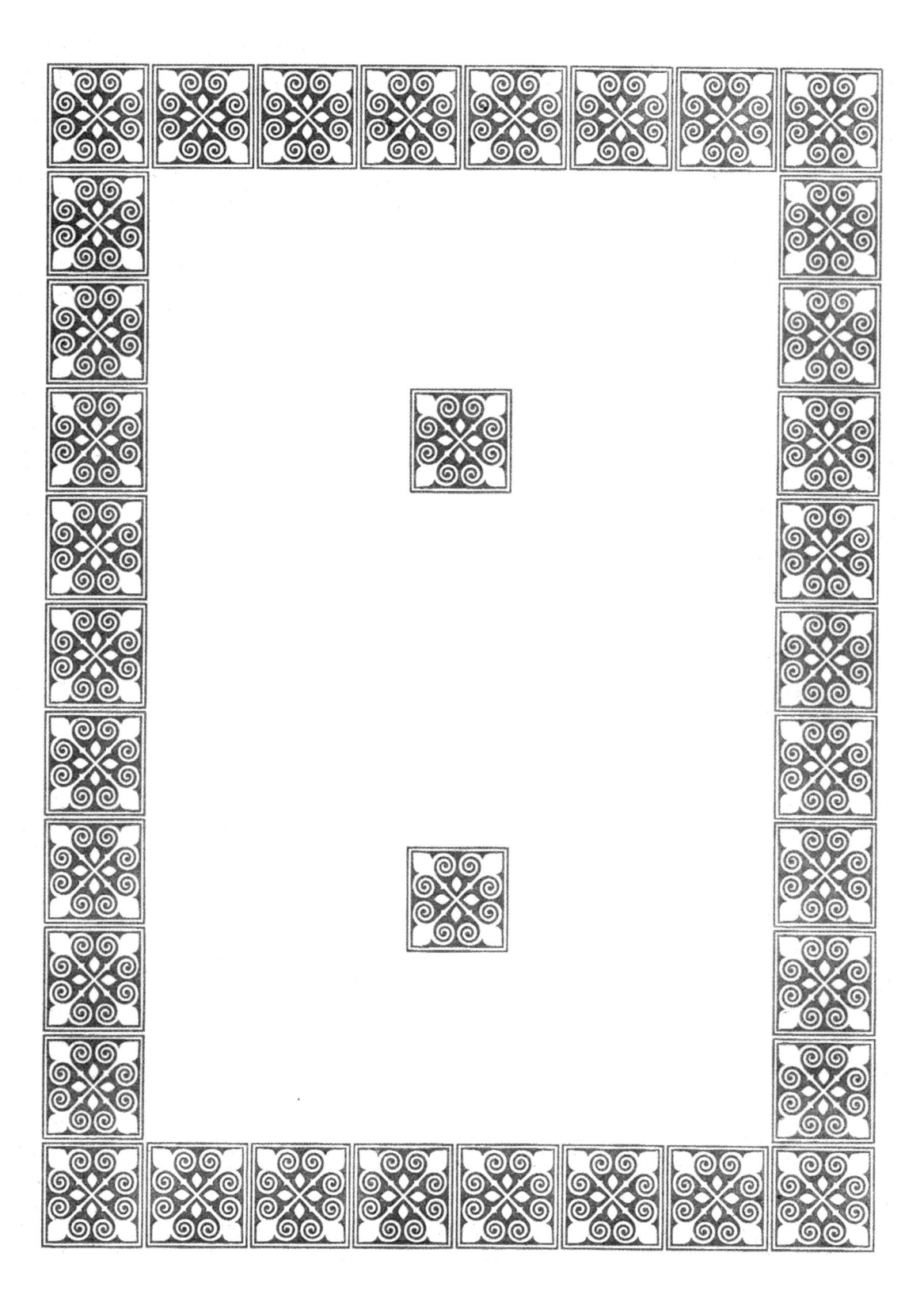

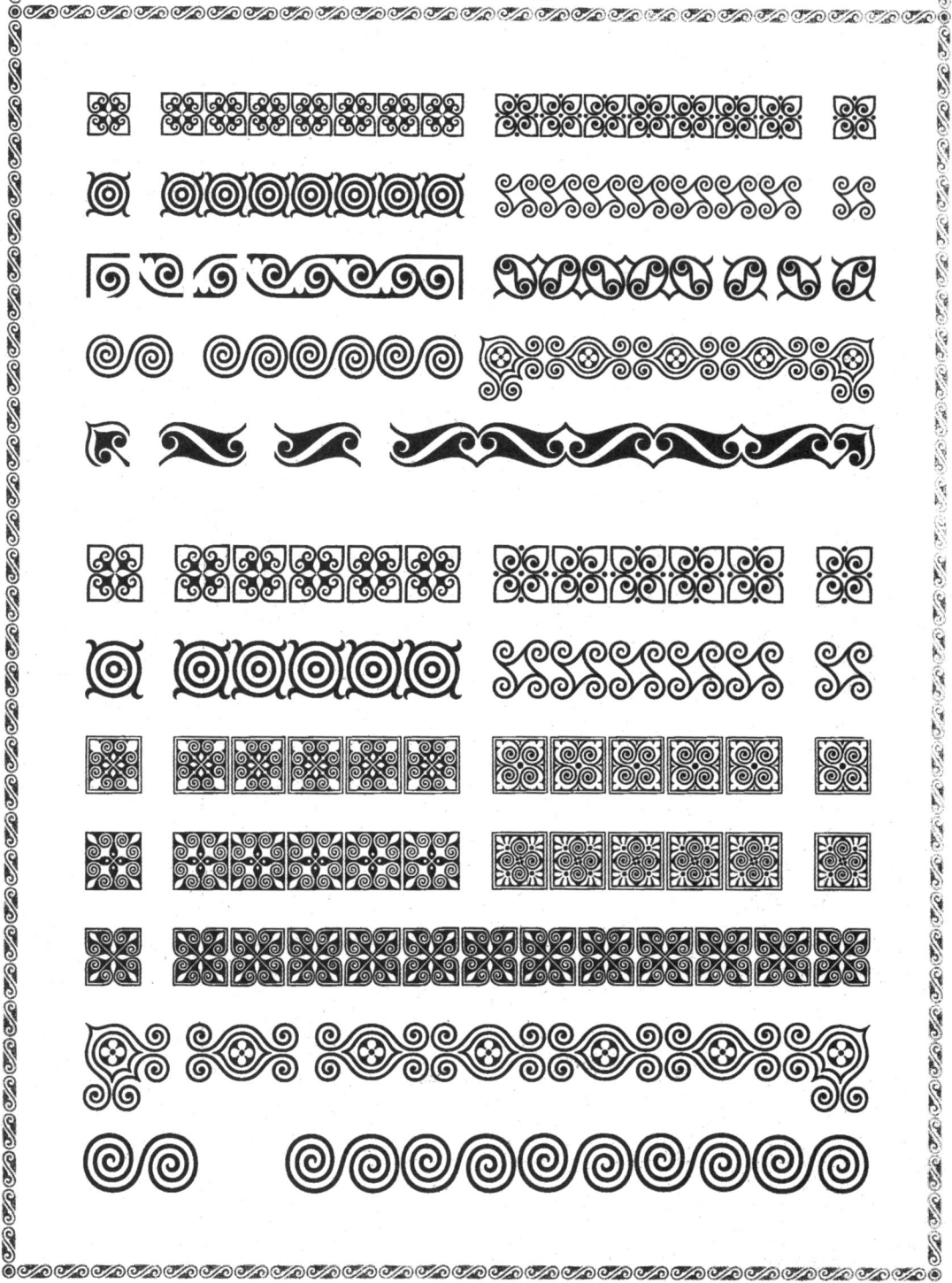

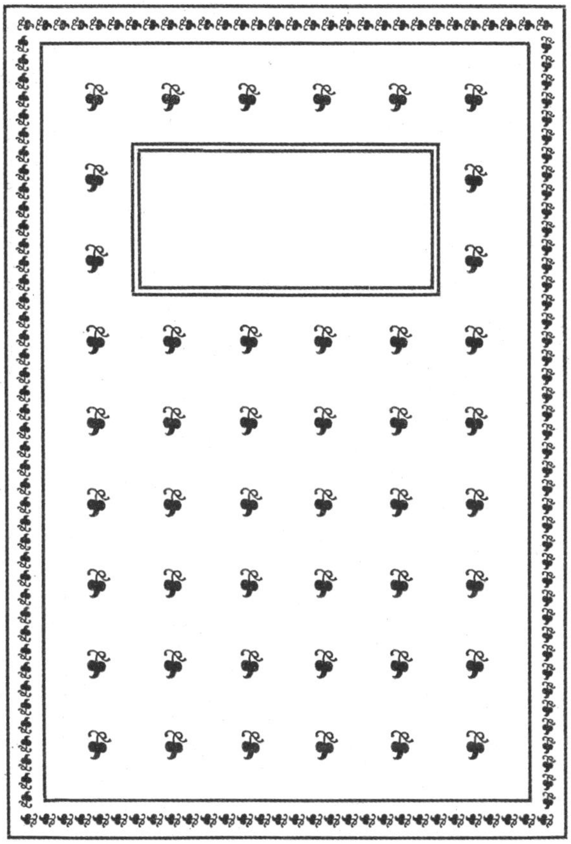

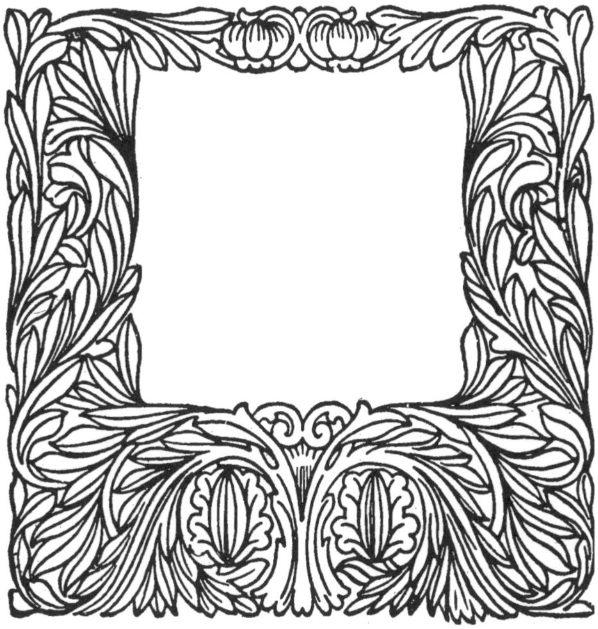

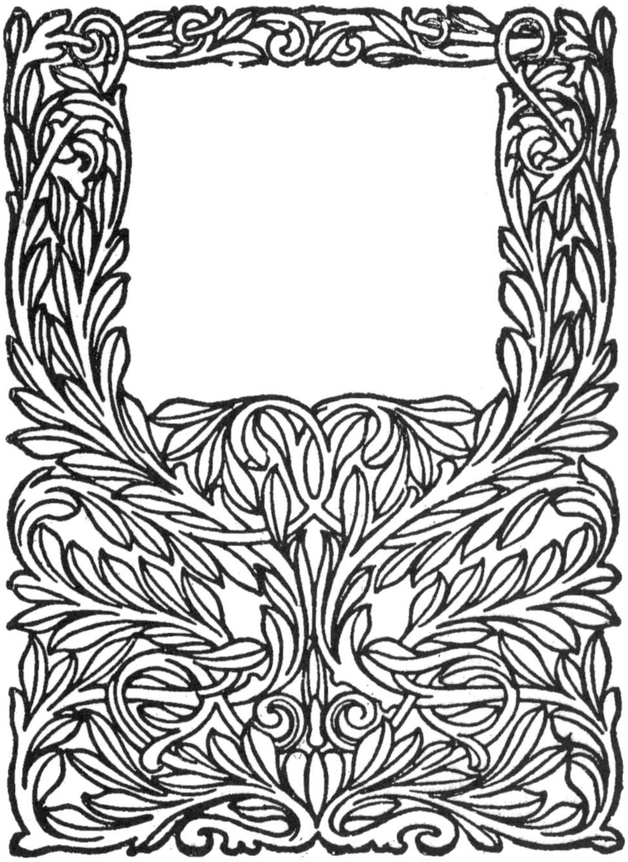
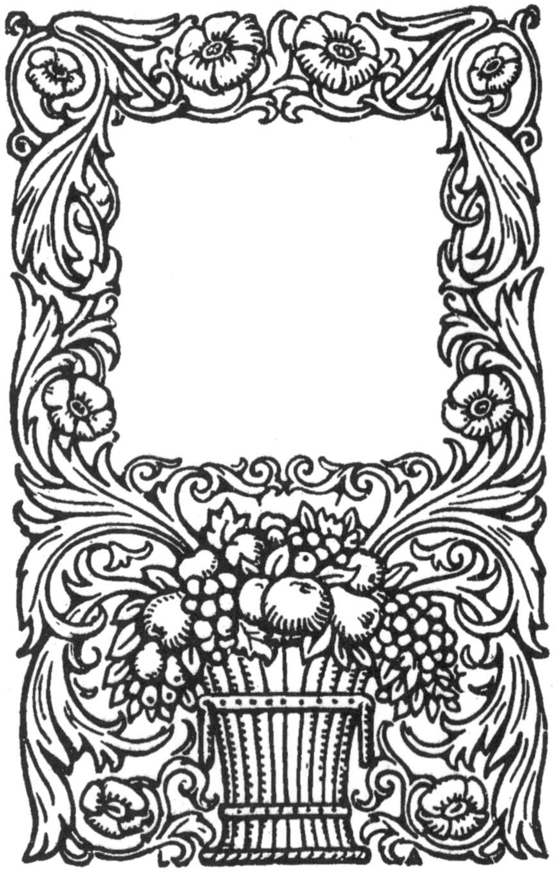
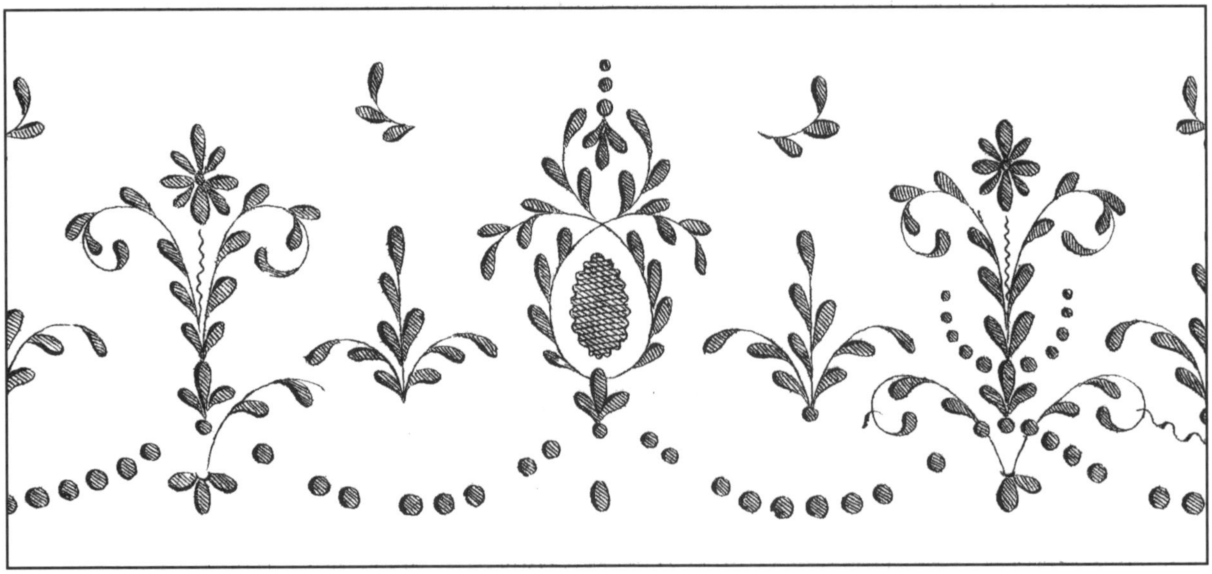

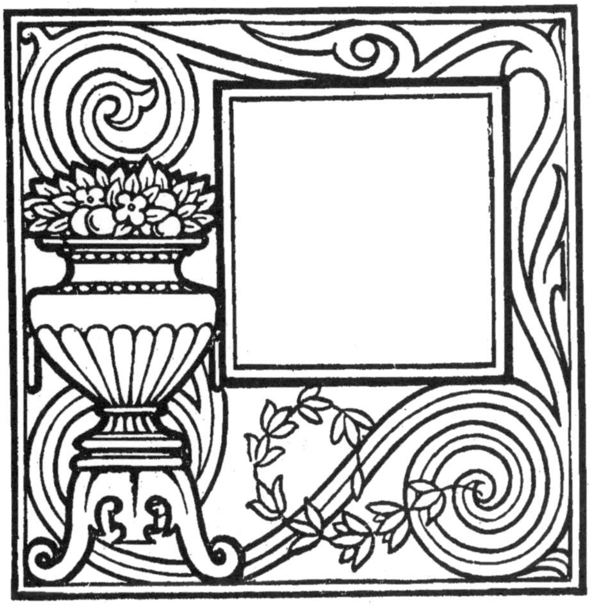

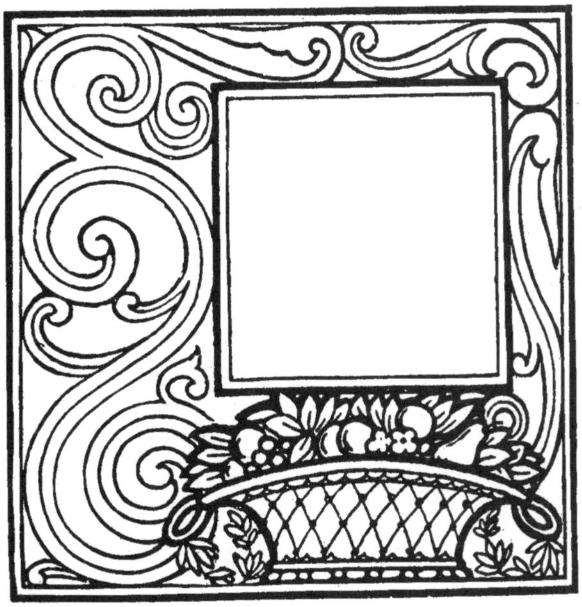

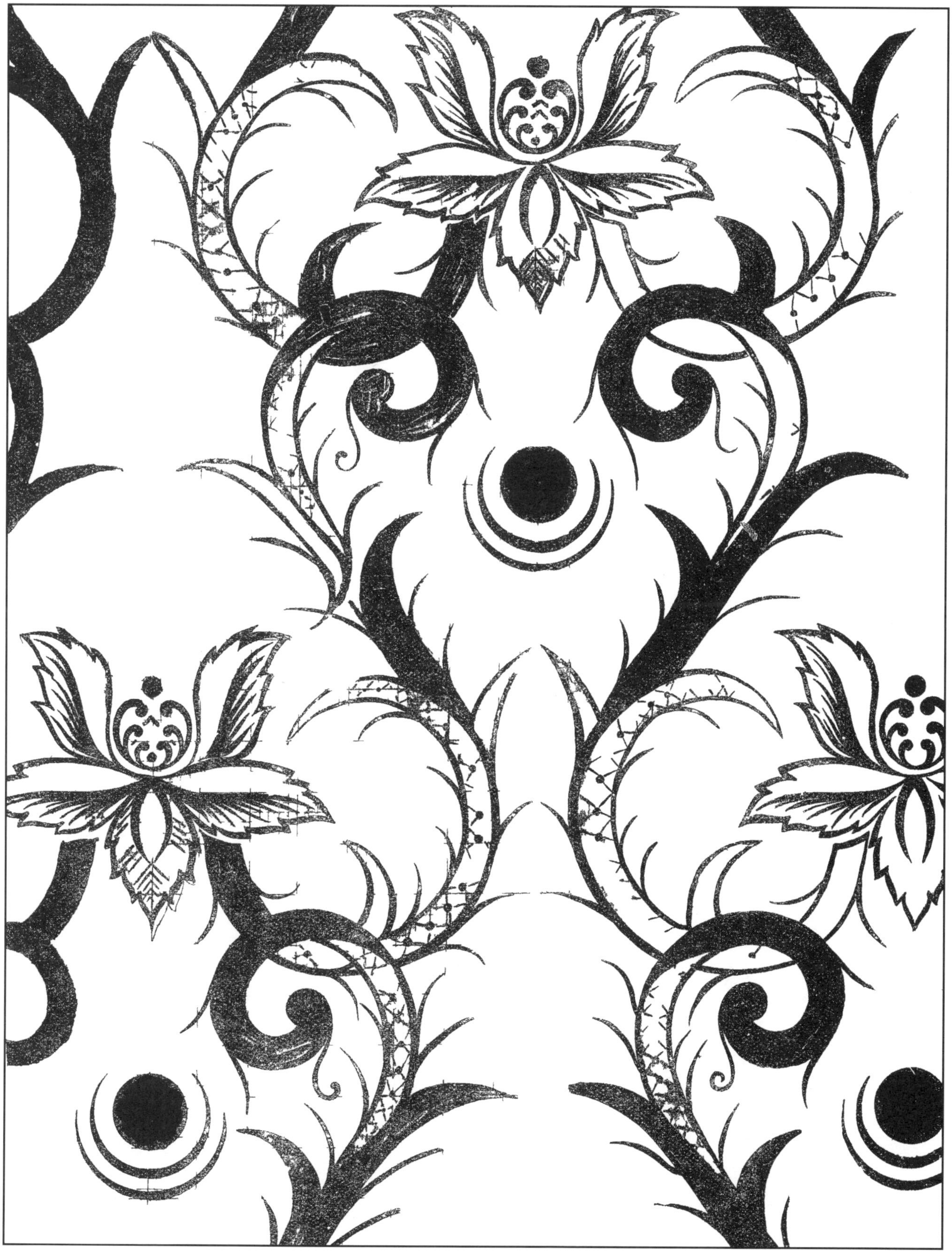

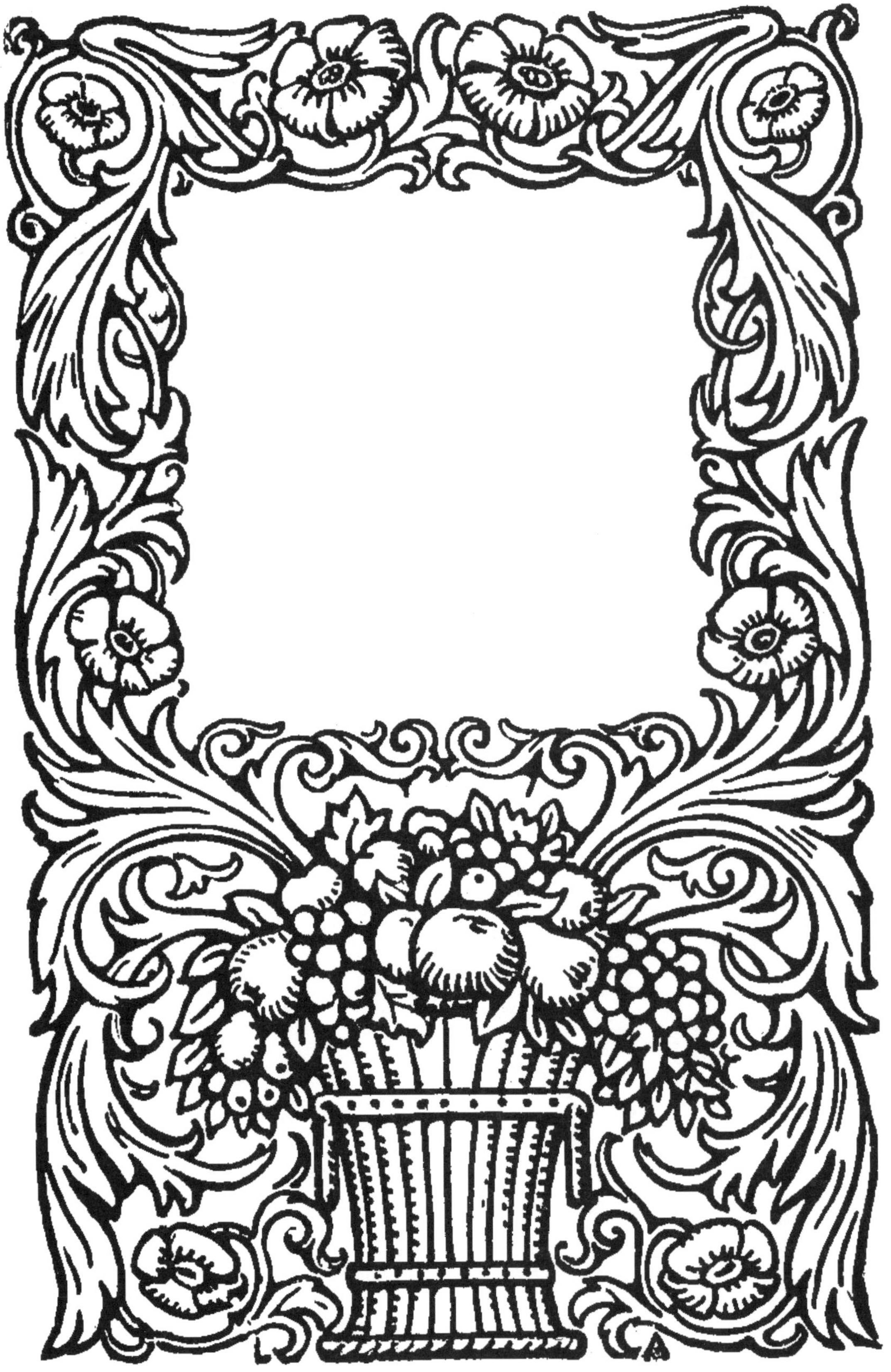

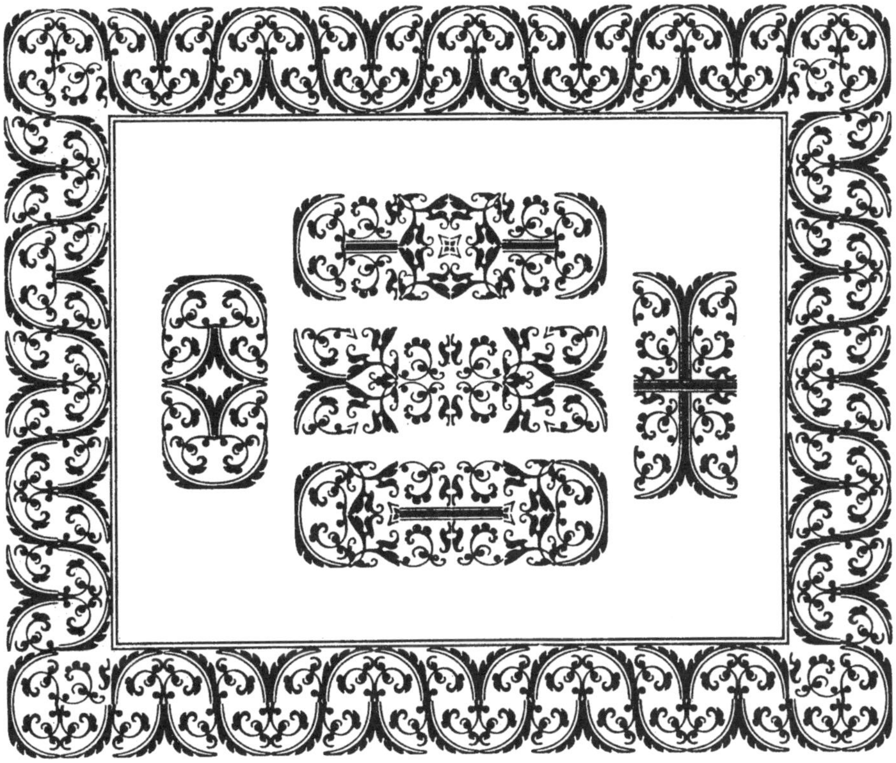

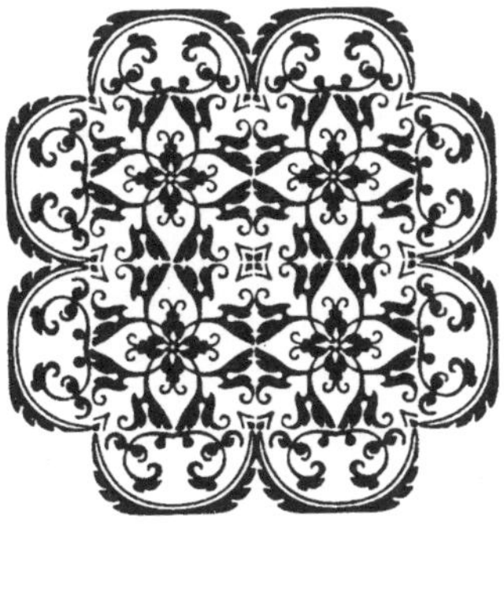

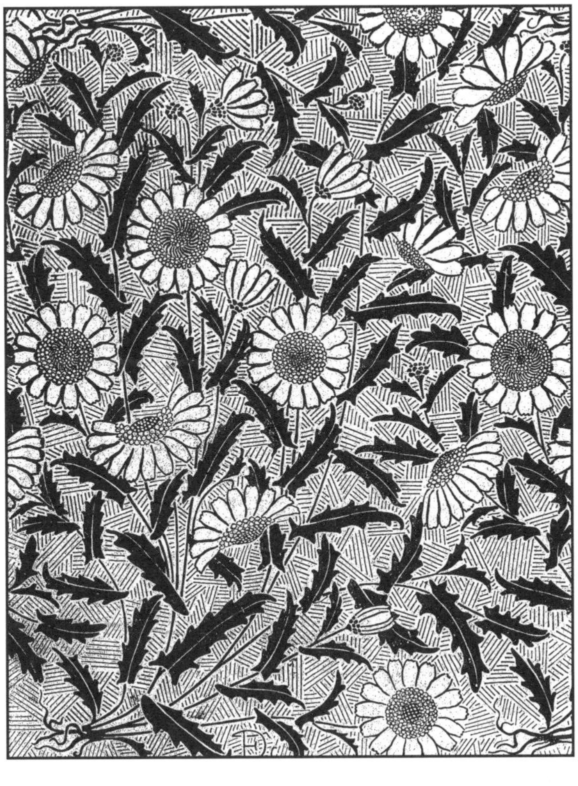

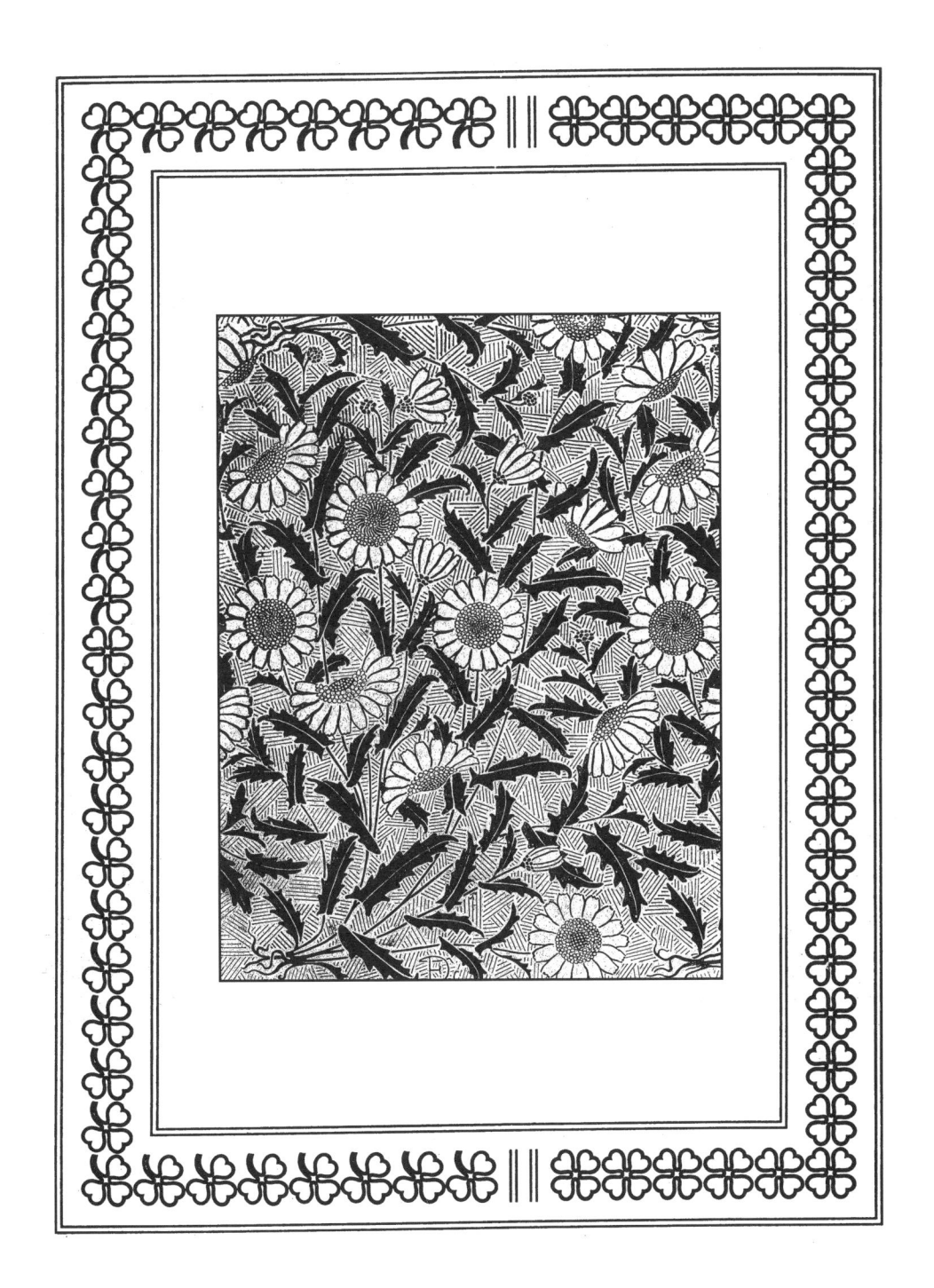

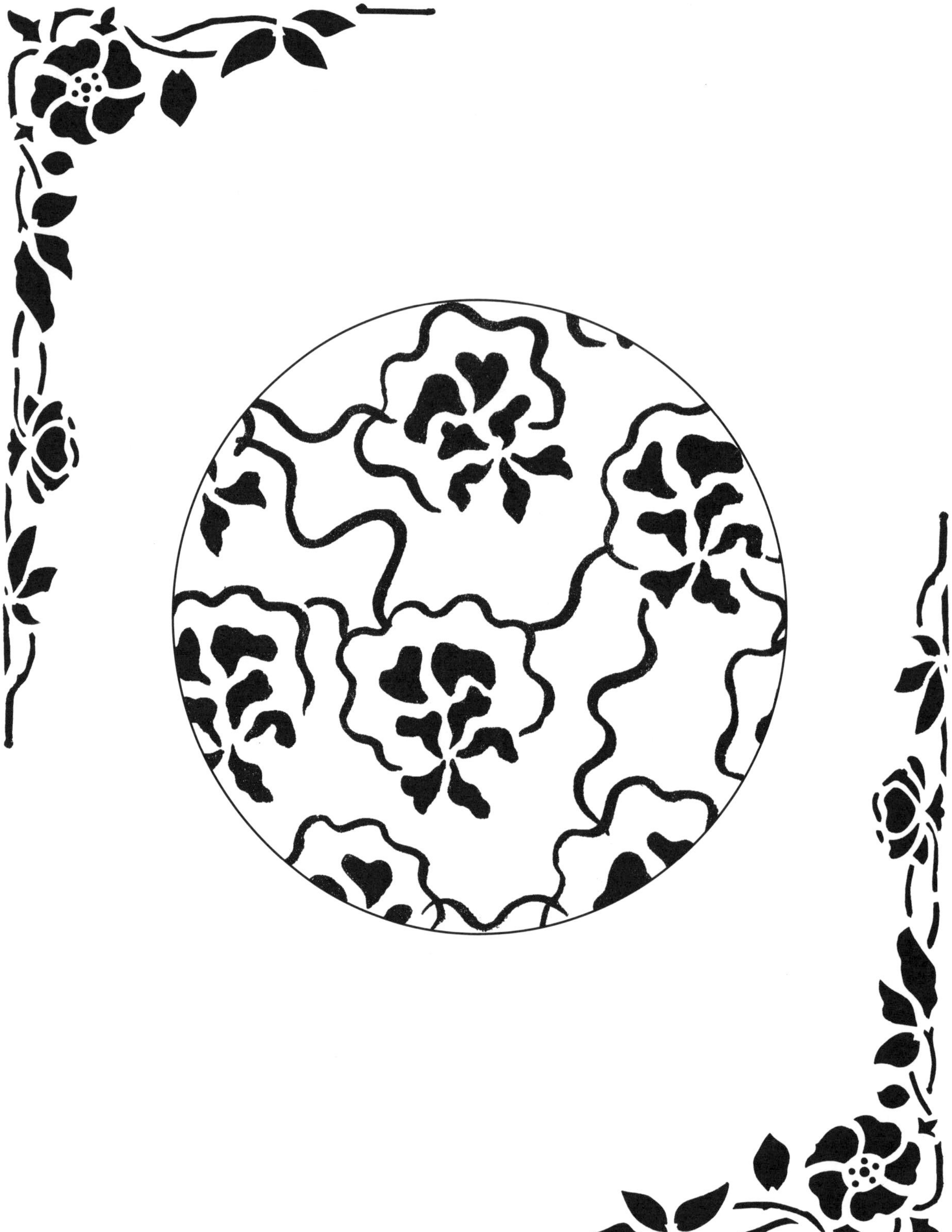

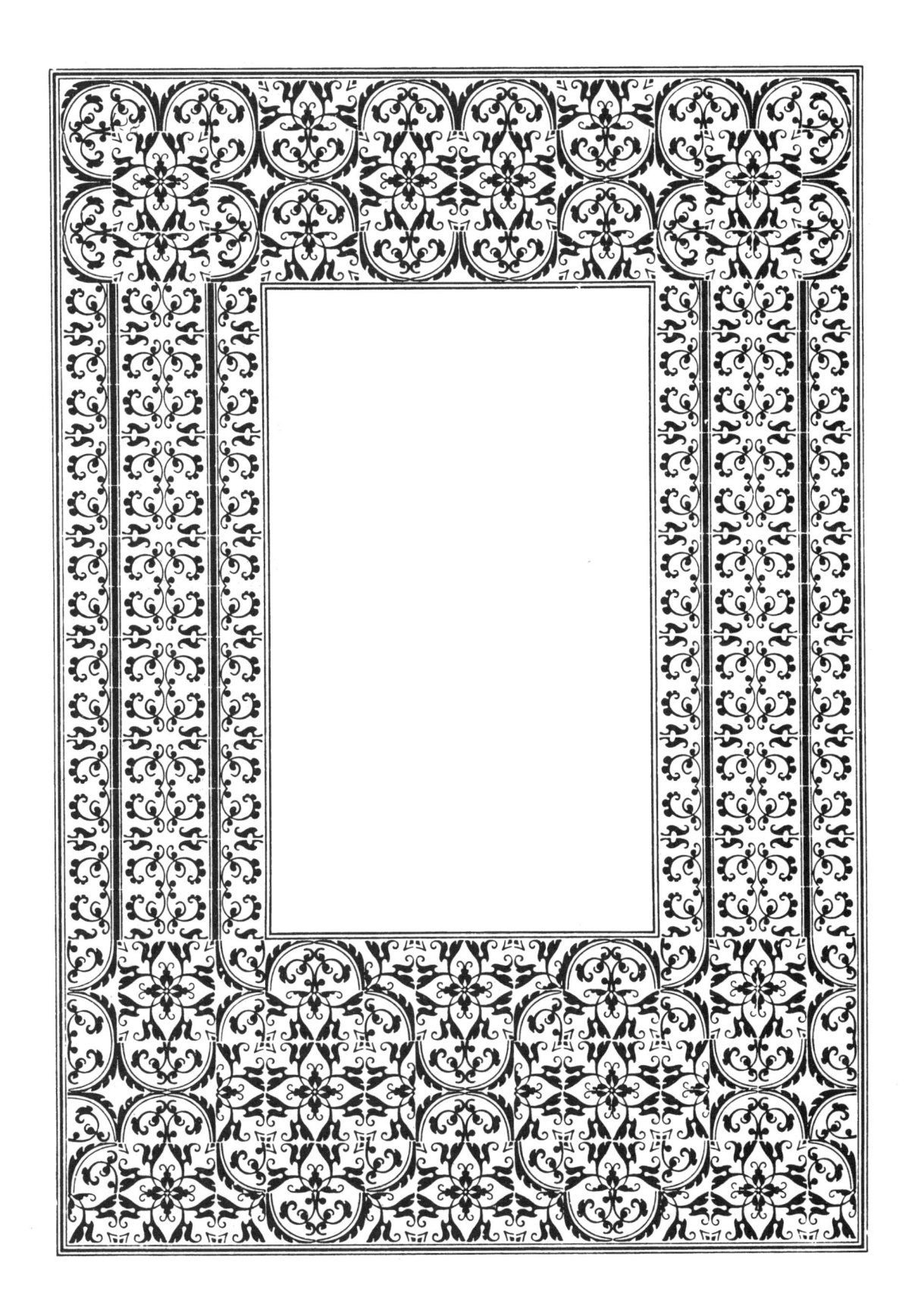

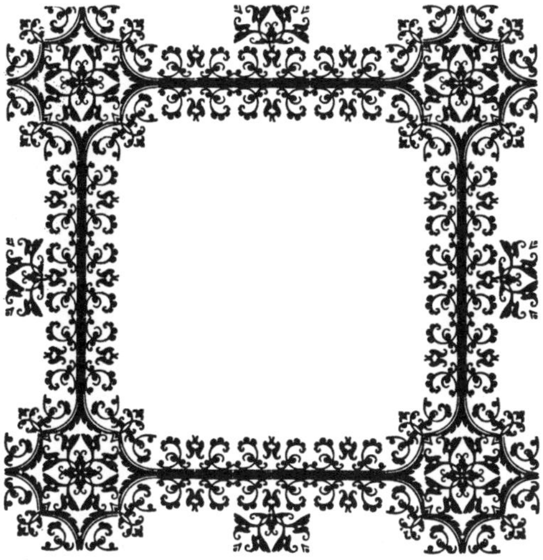

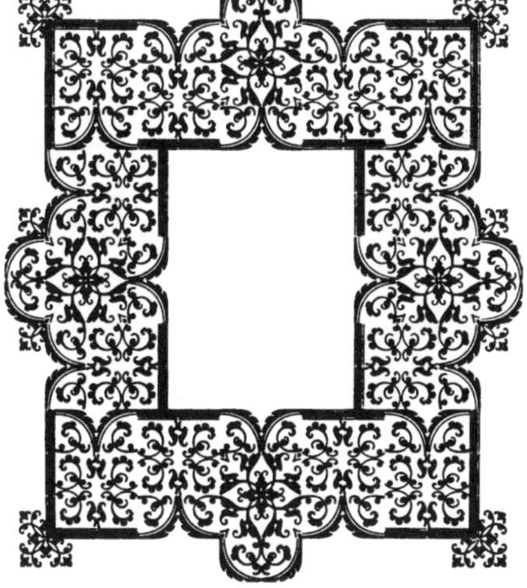

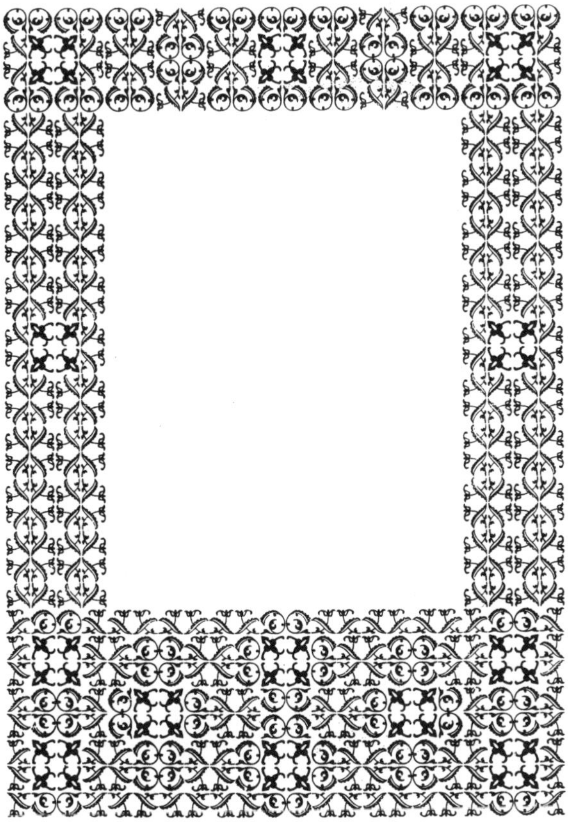

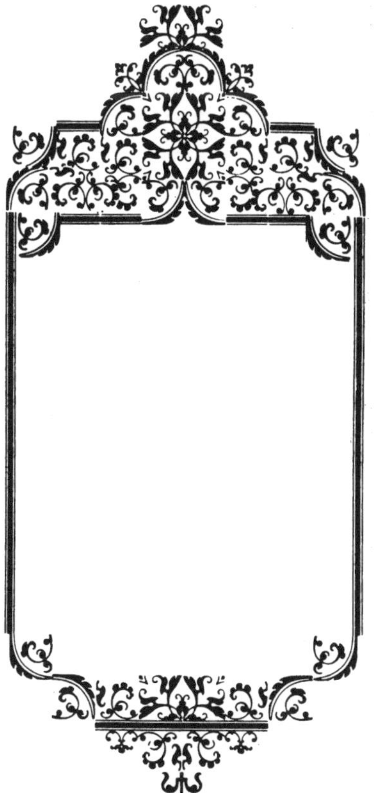

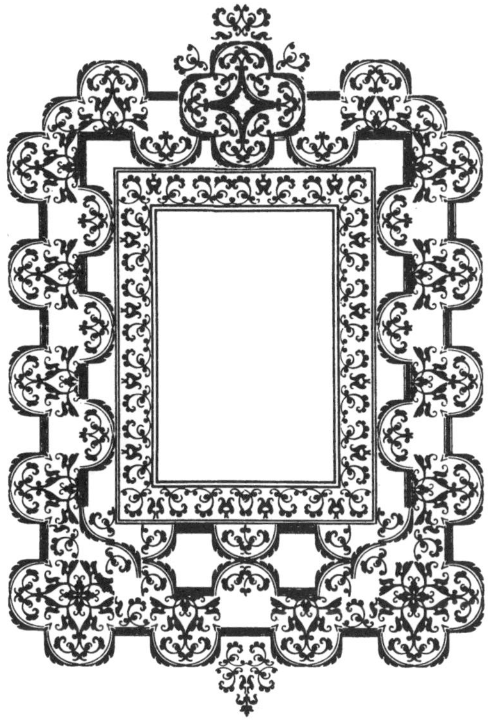

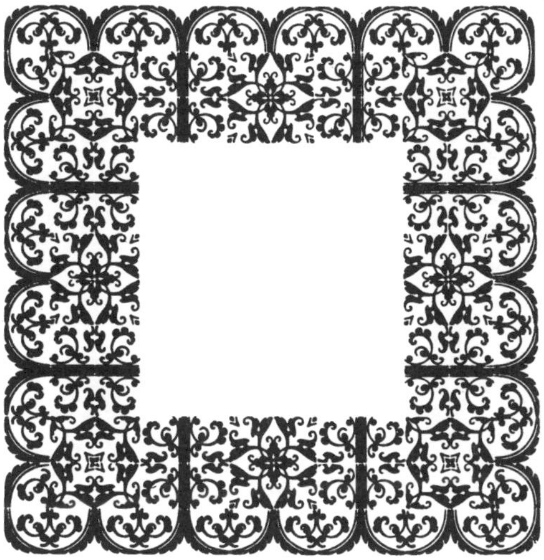

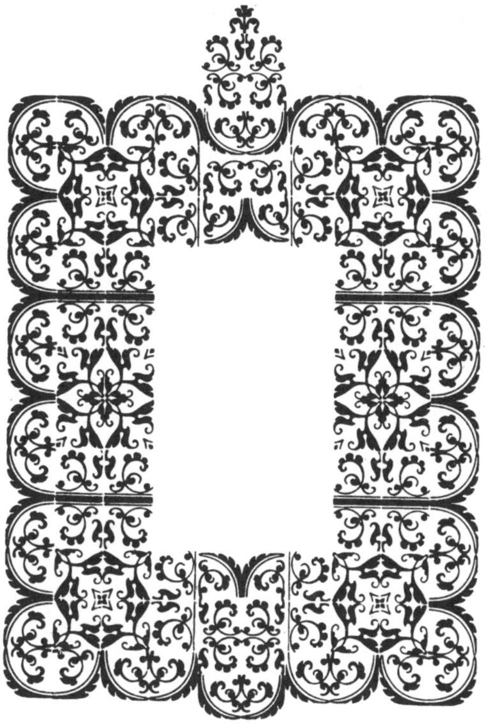

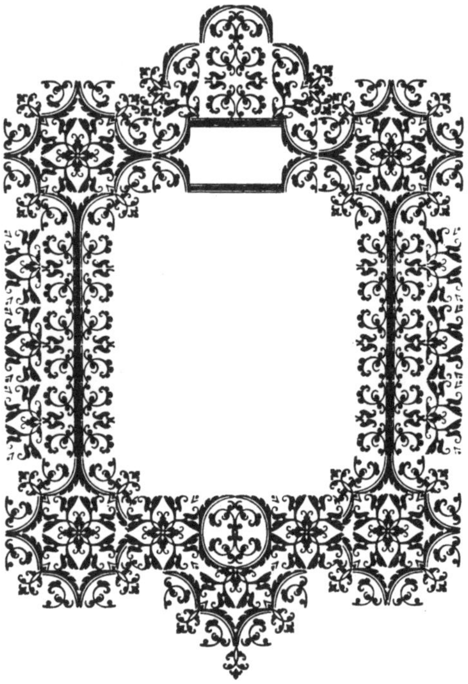
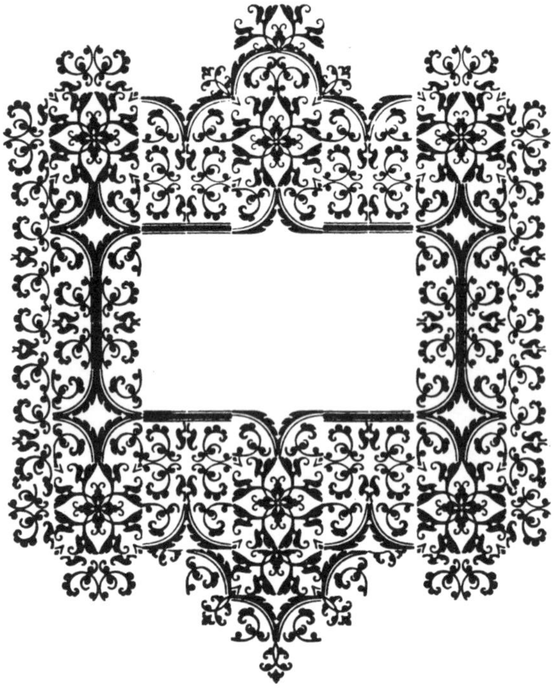
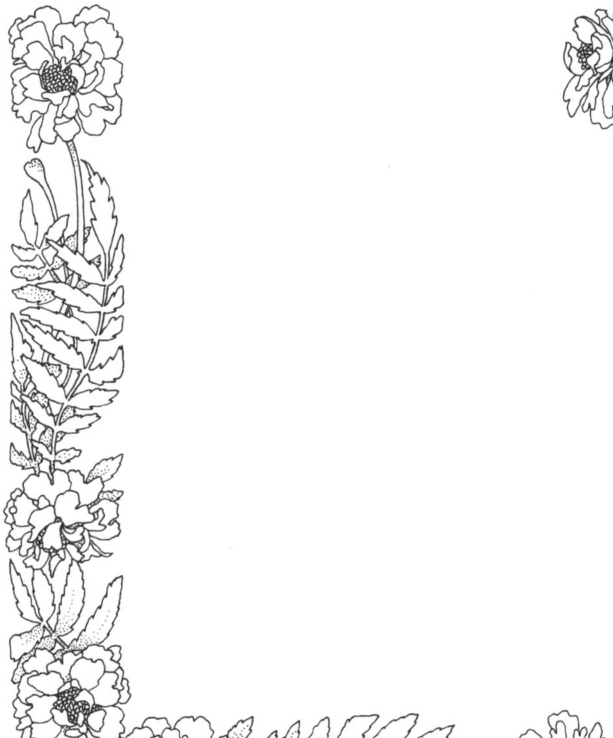
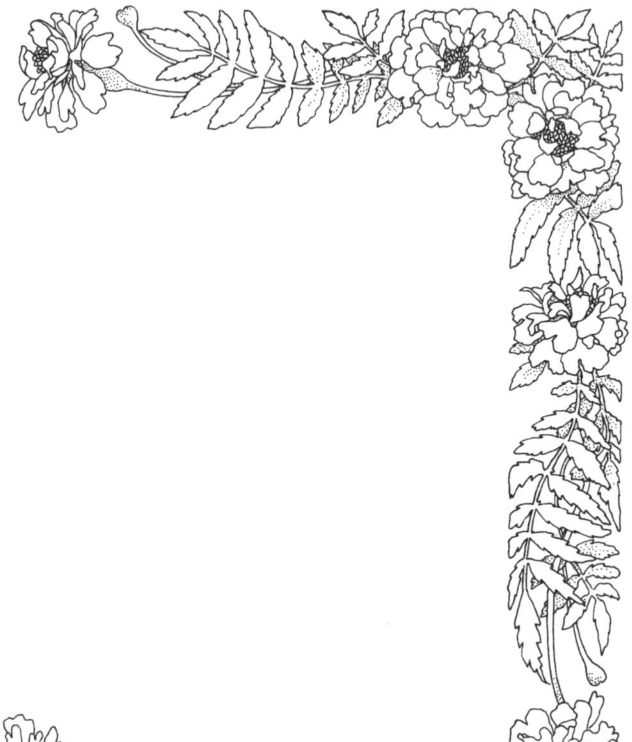

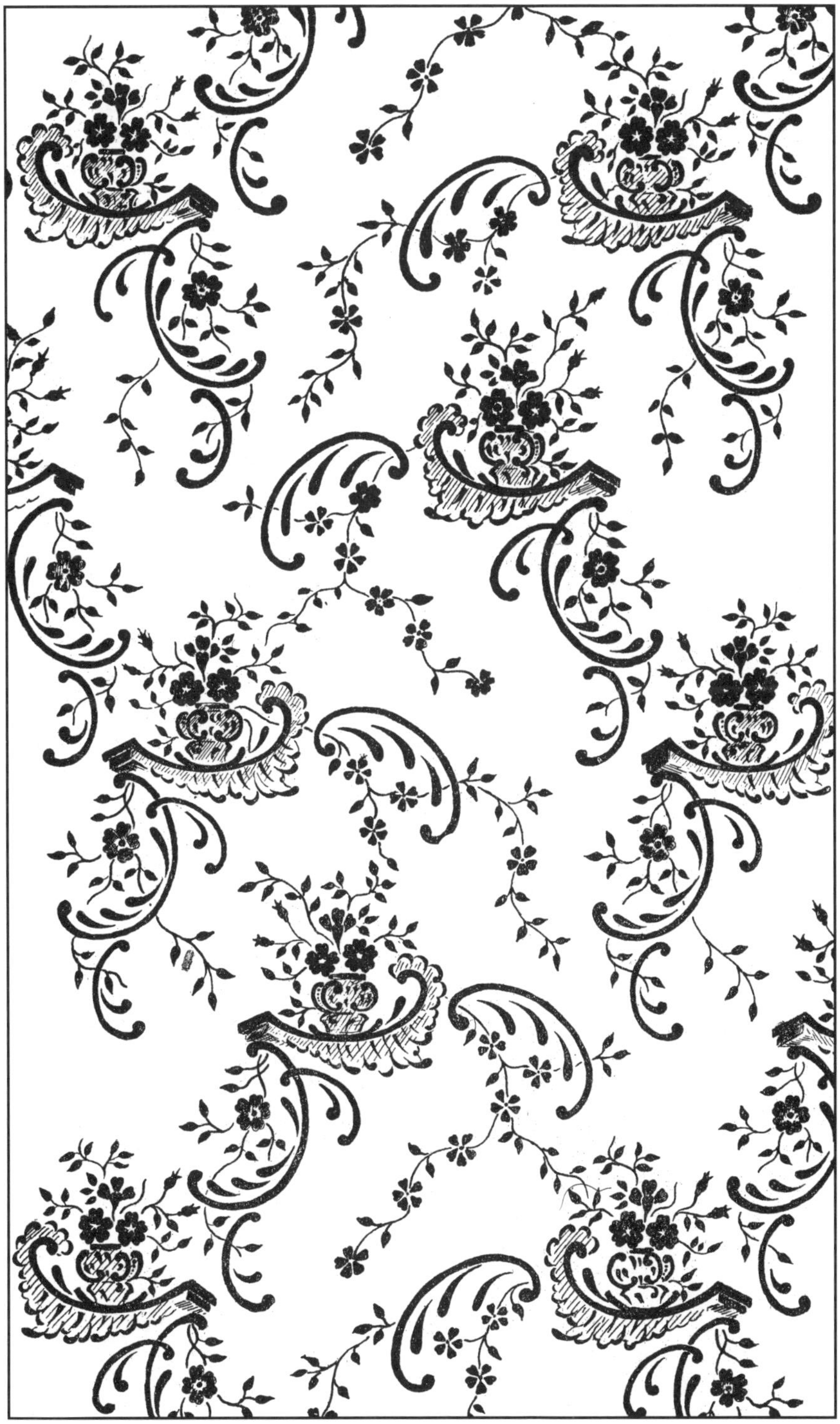

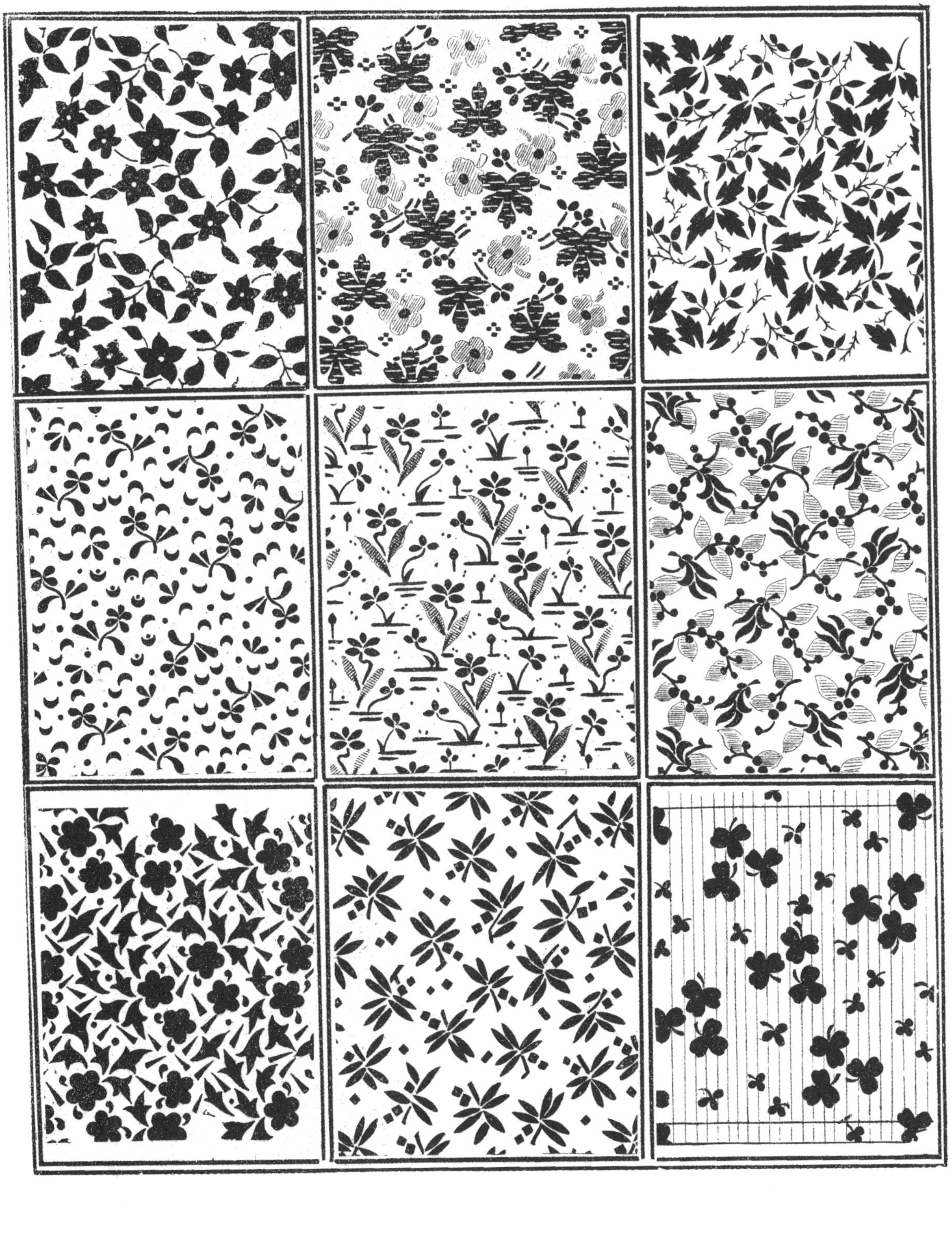

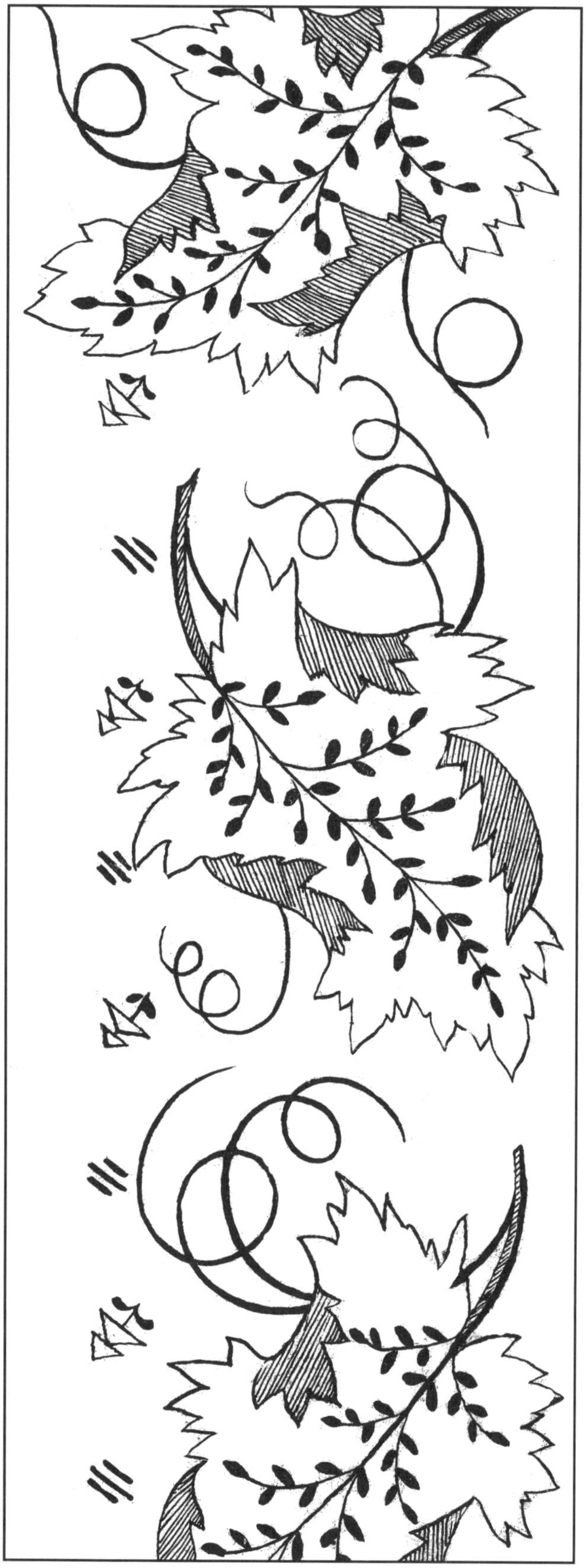

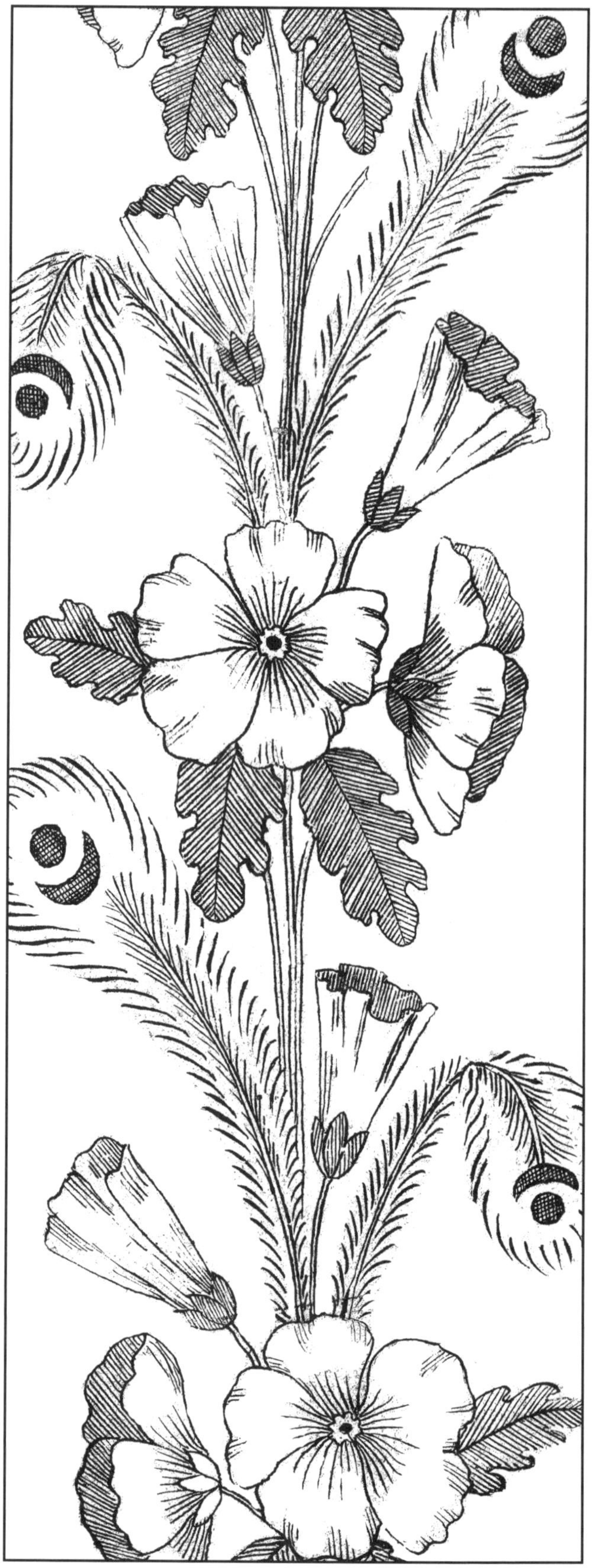

343

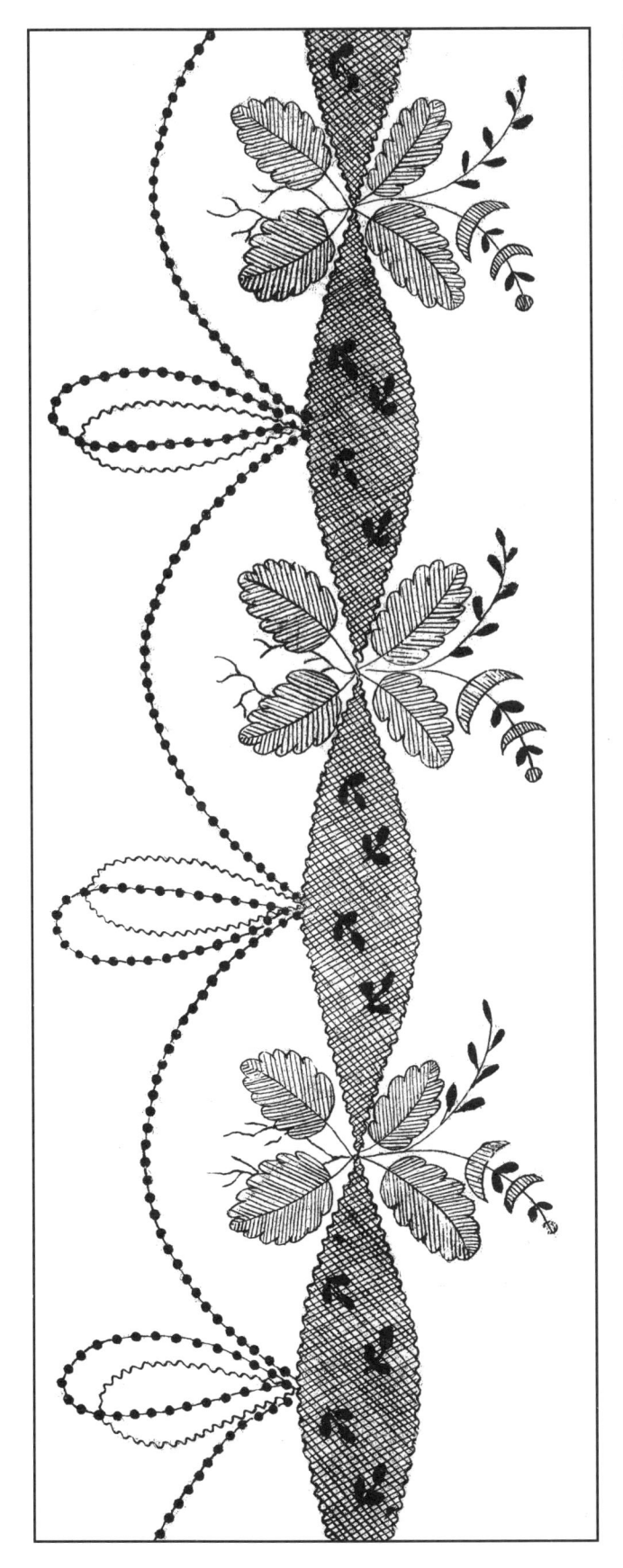

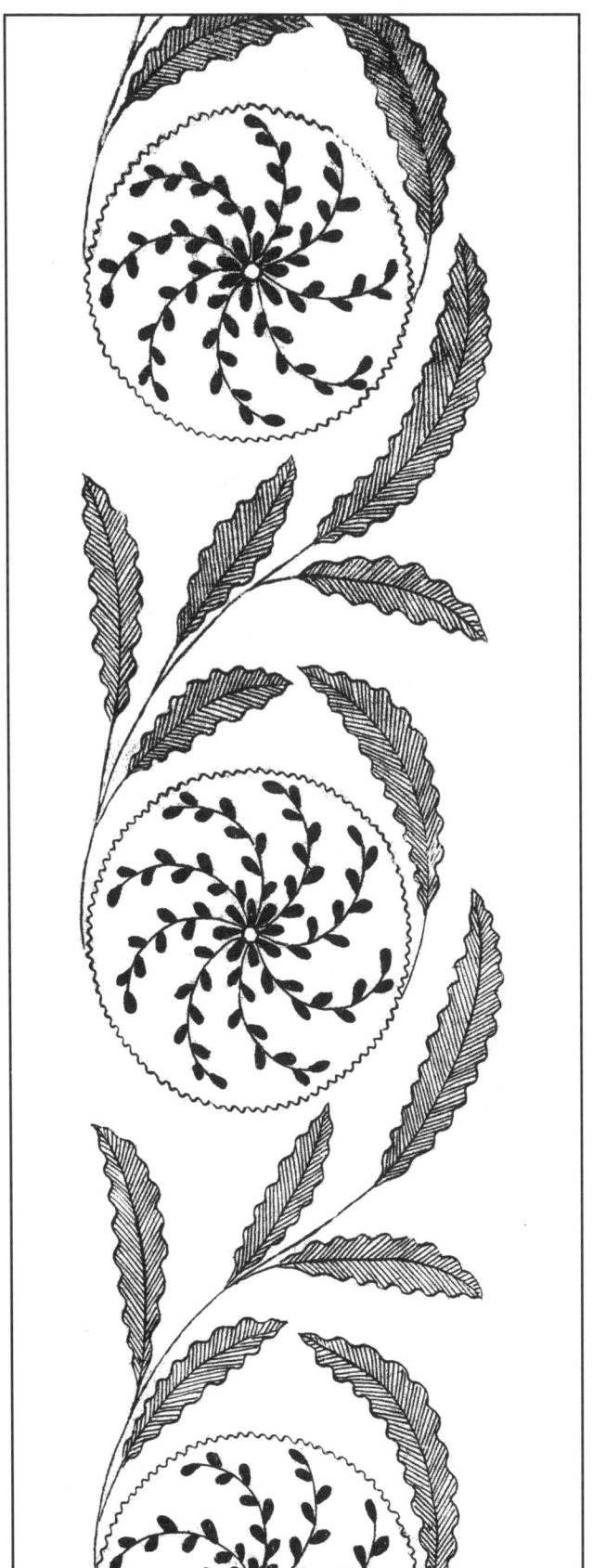

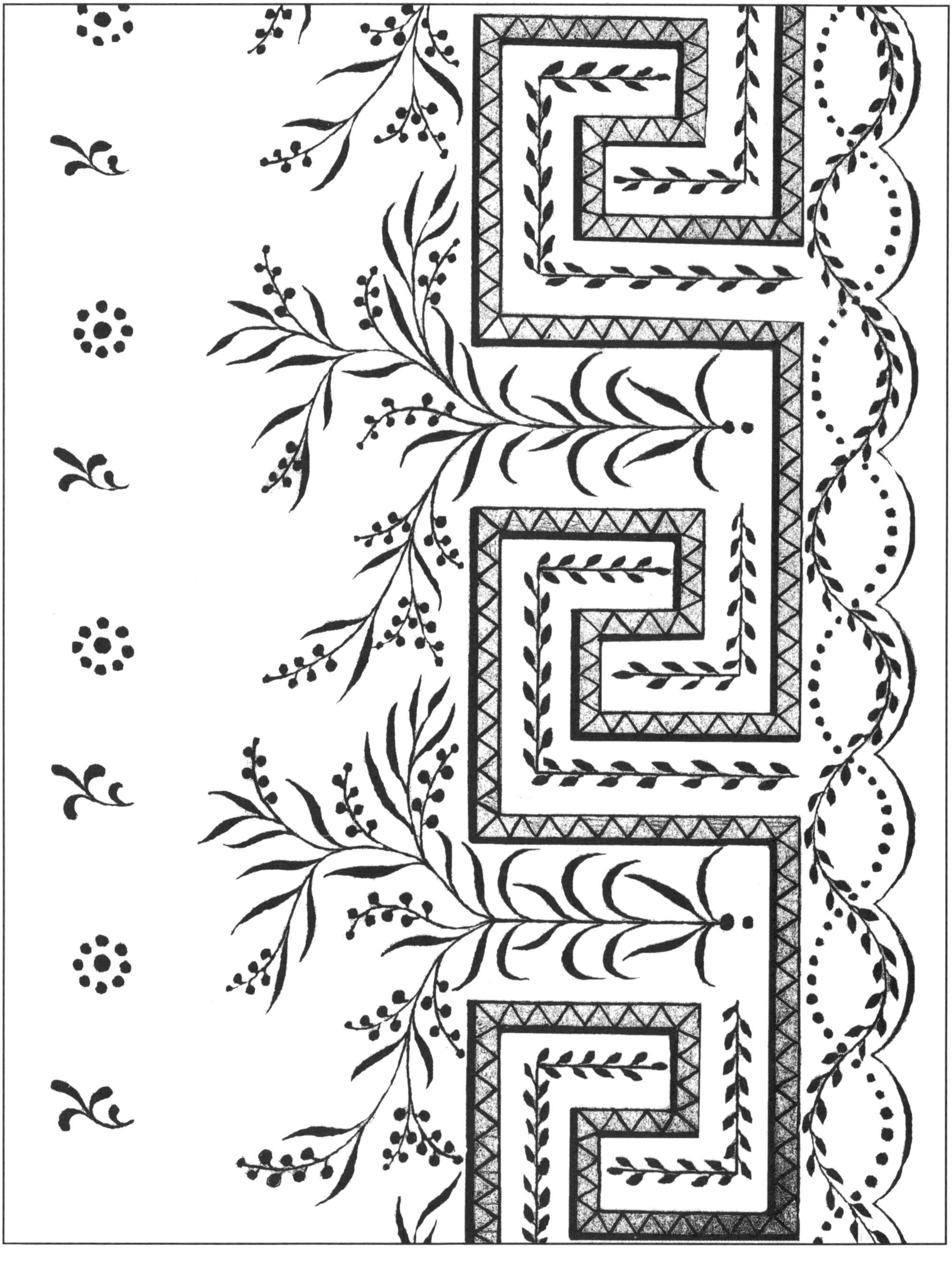

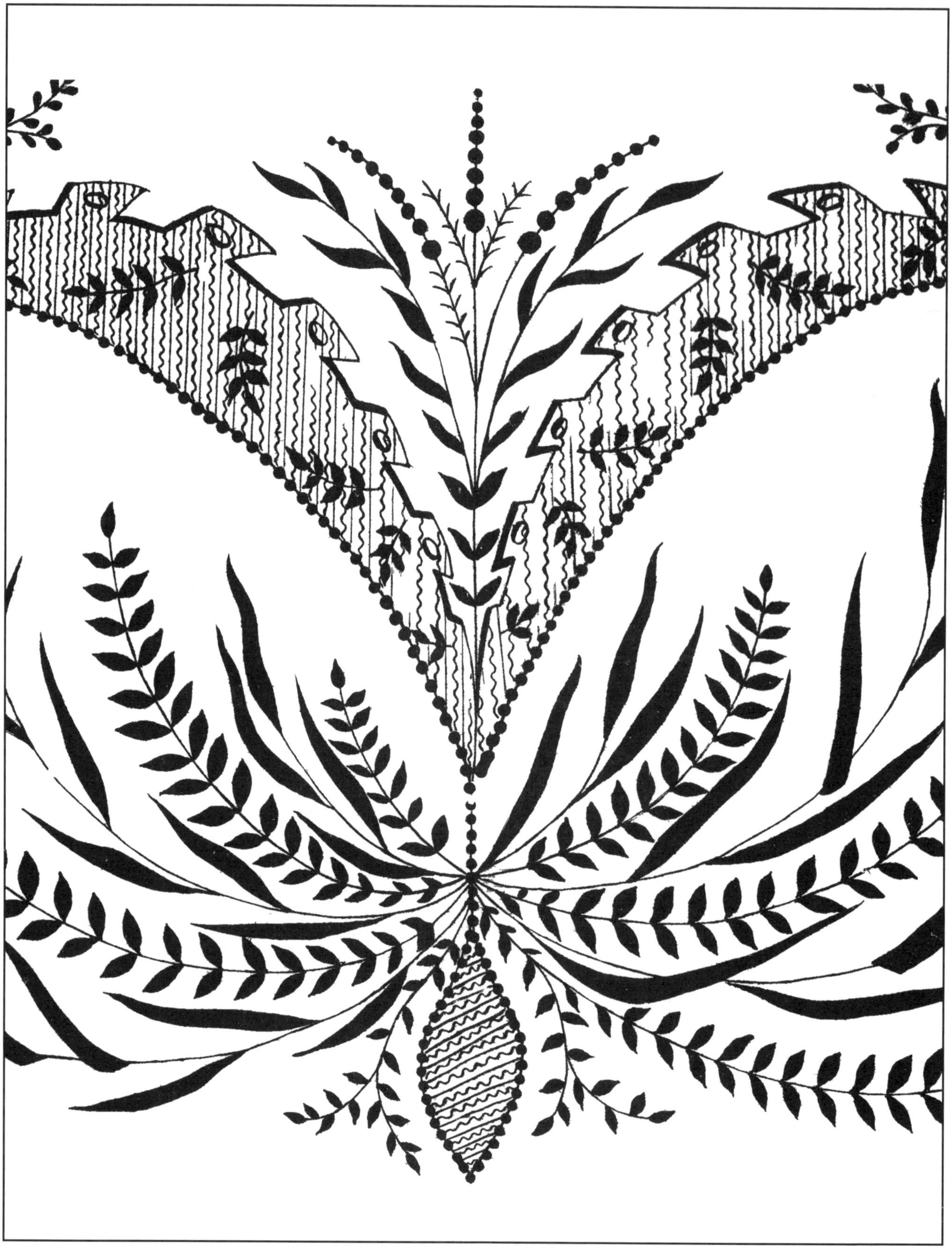

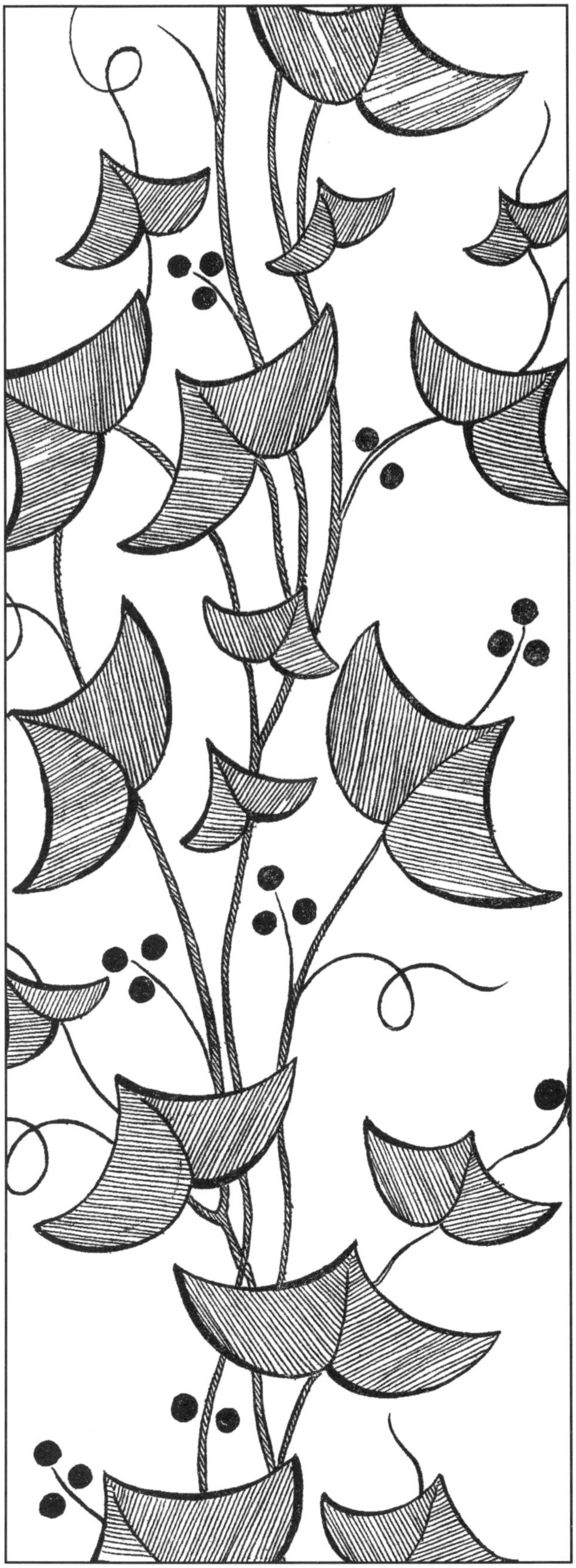

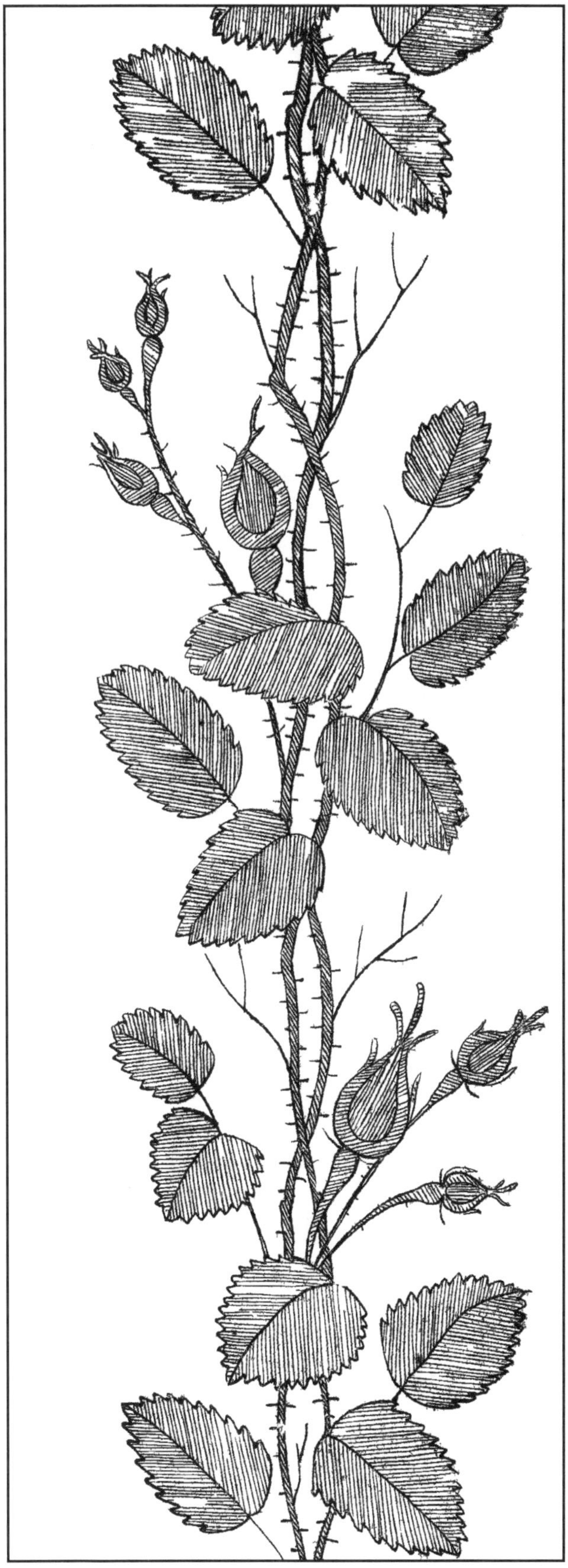

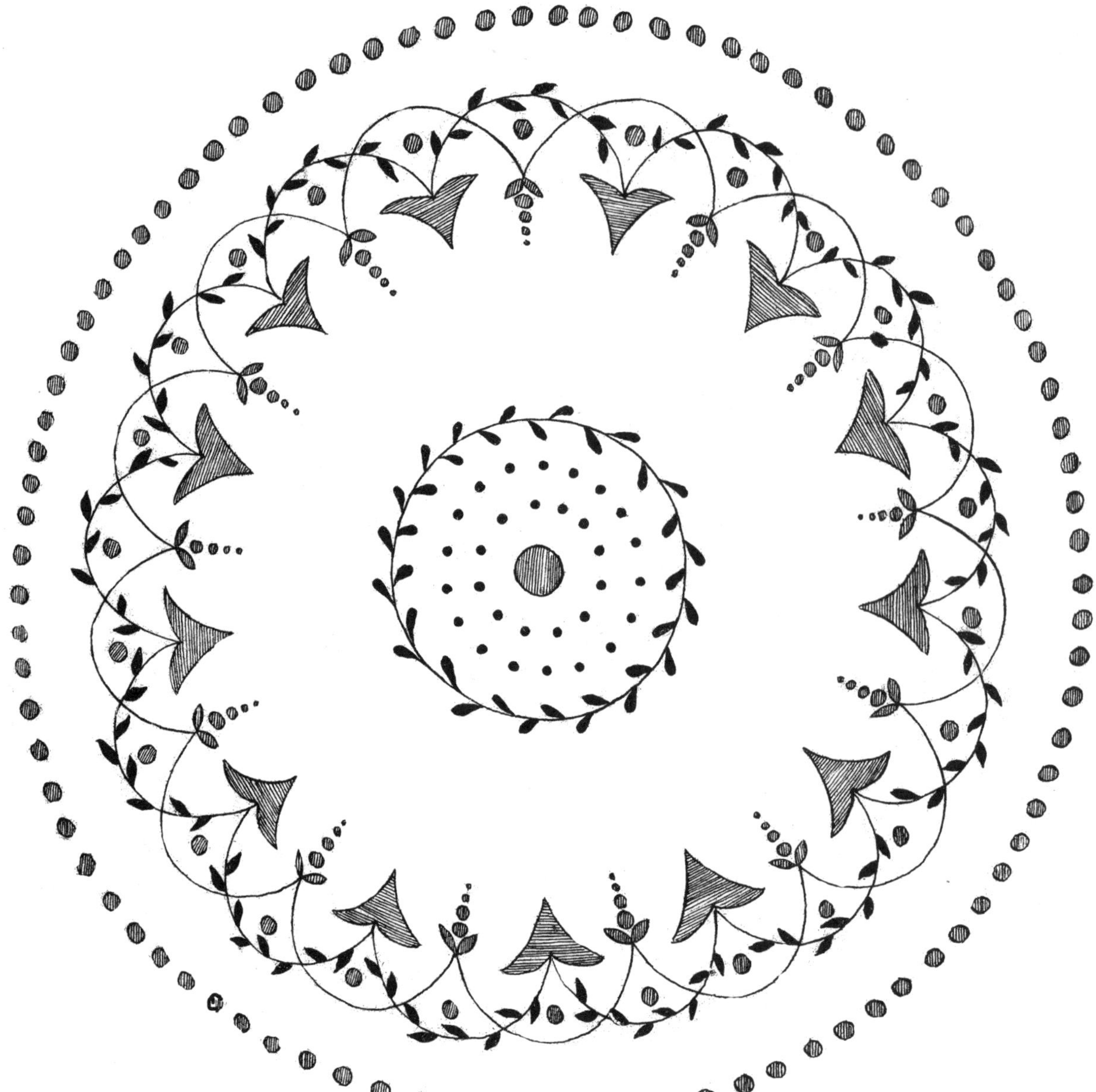

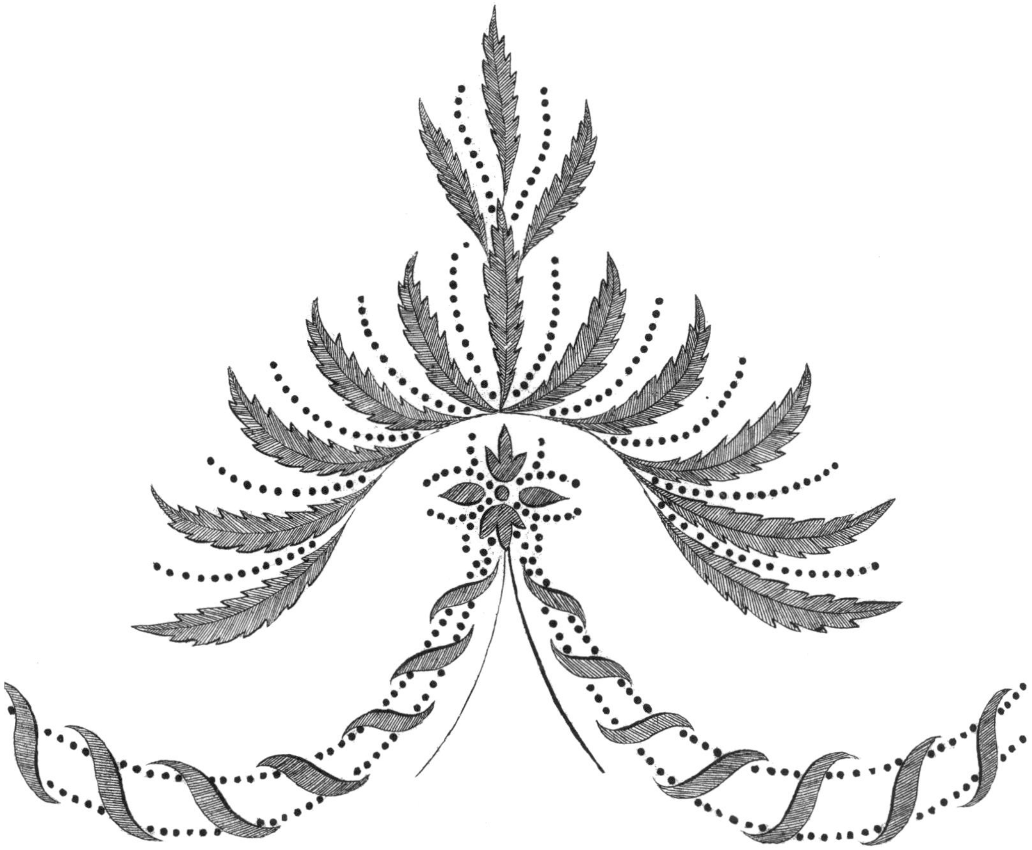

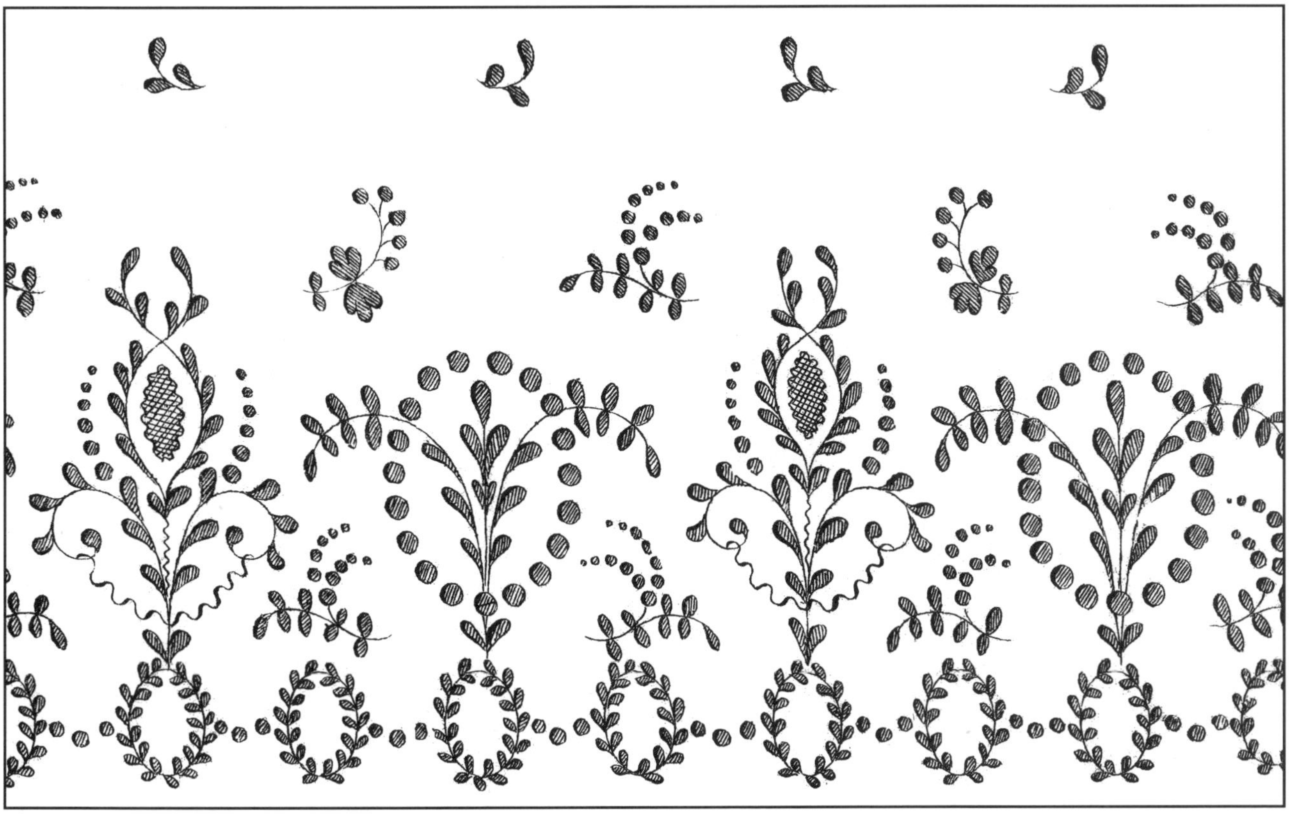

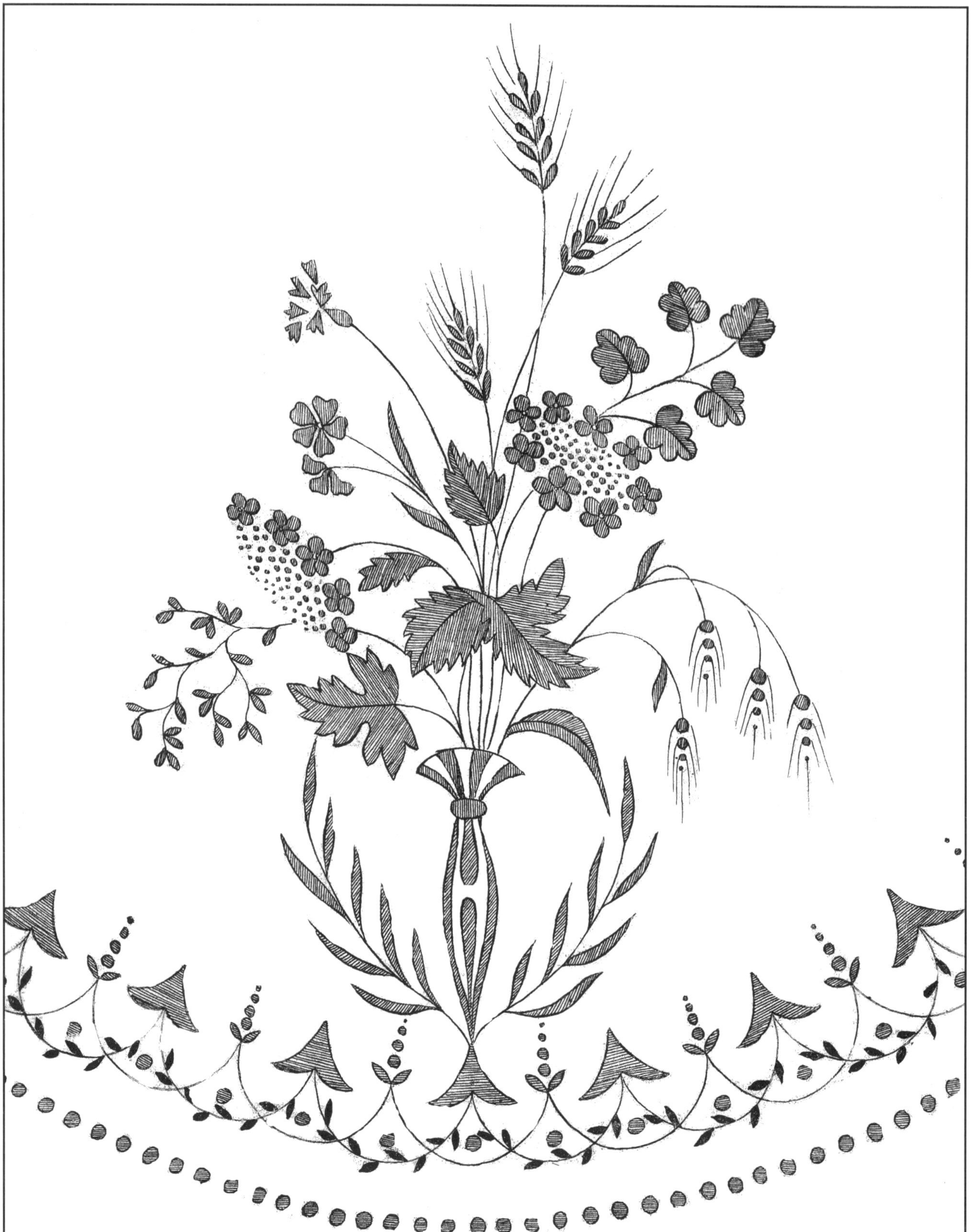

351

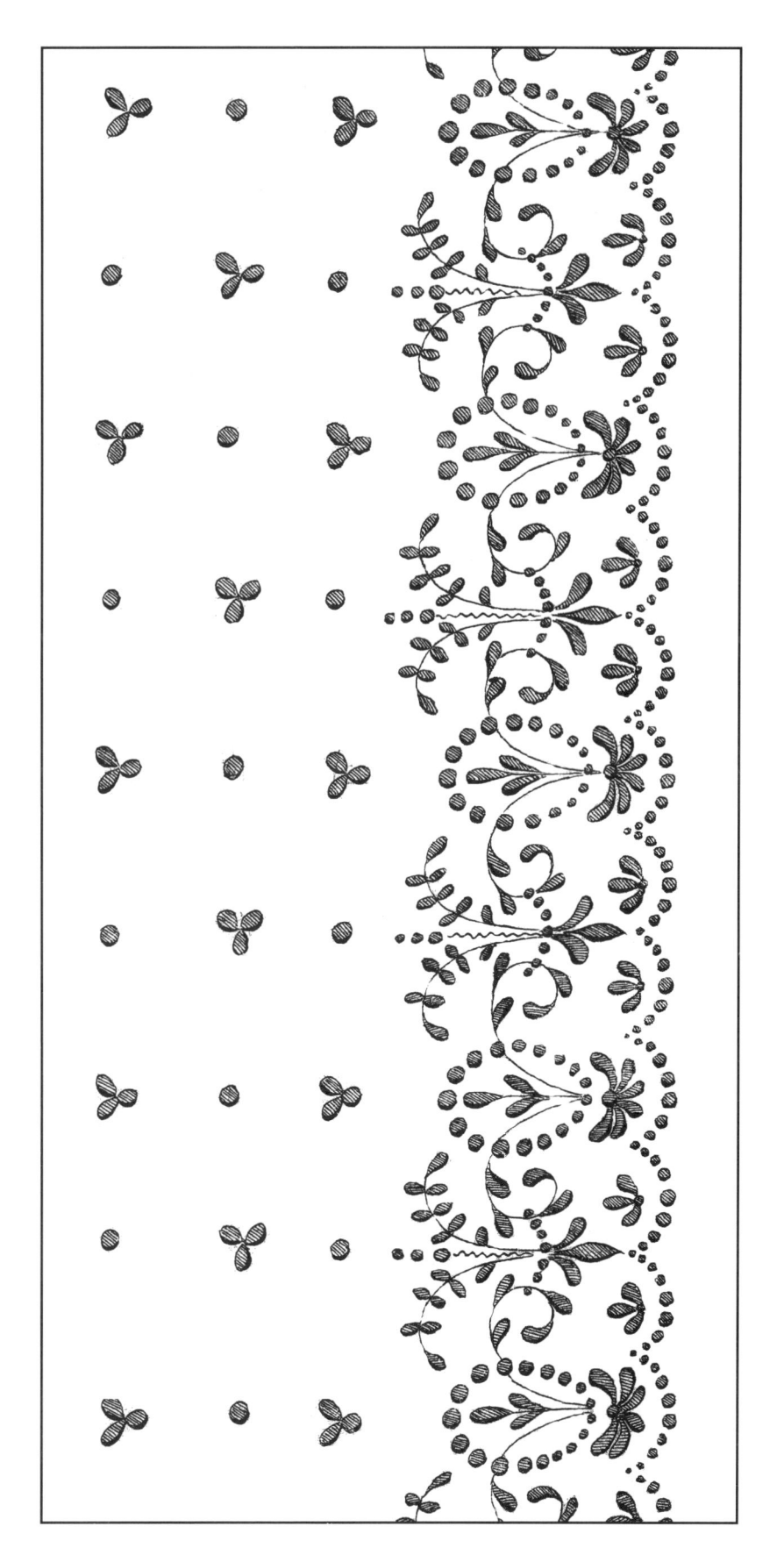

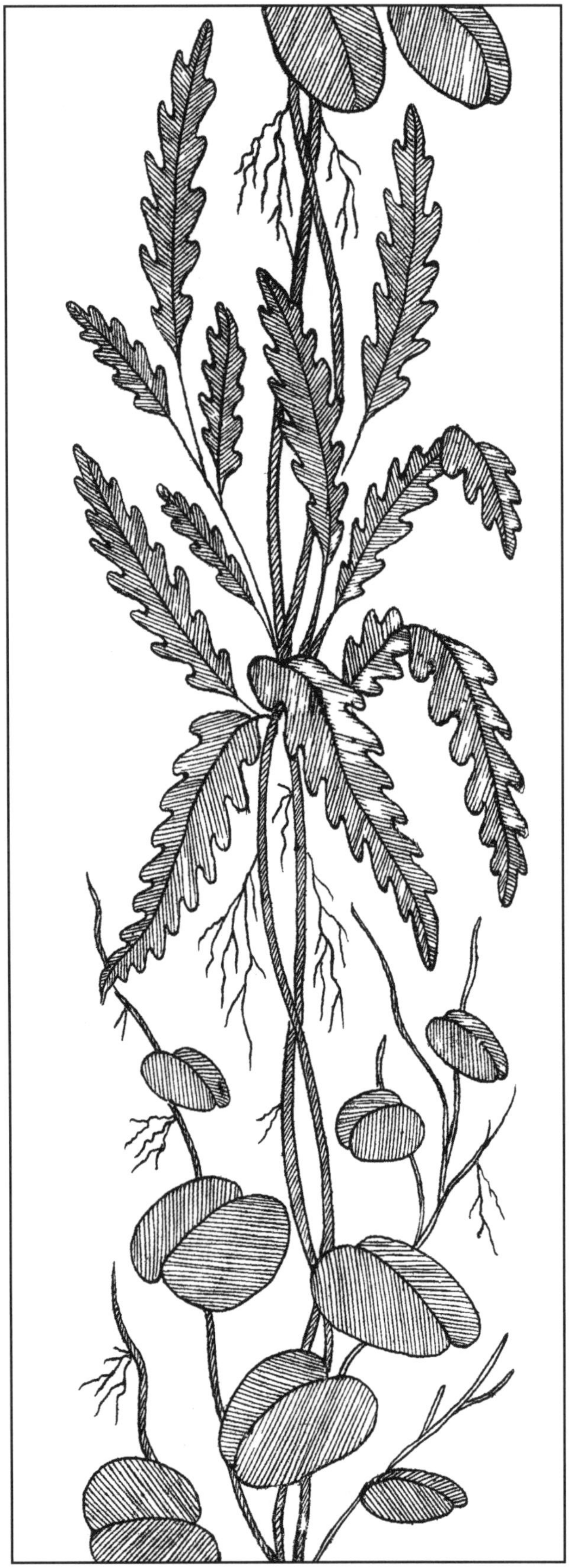

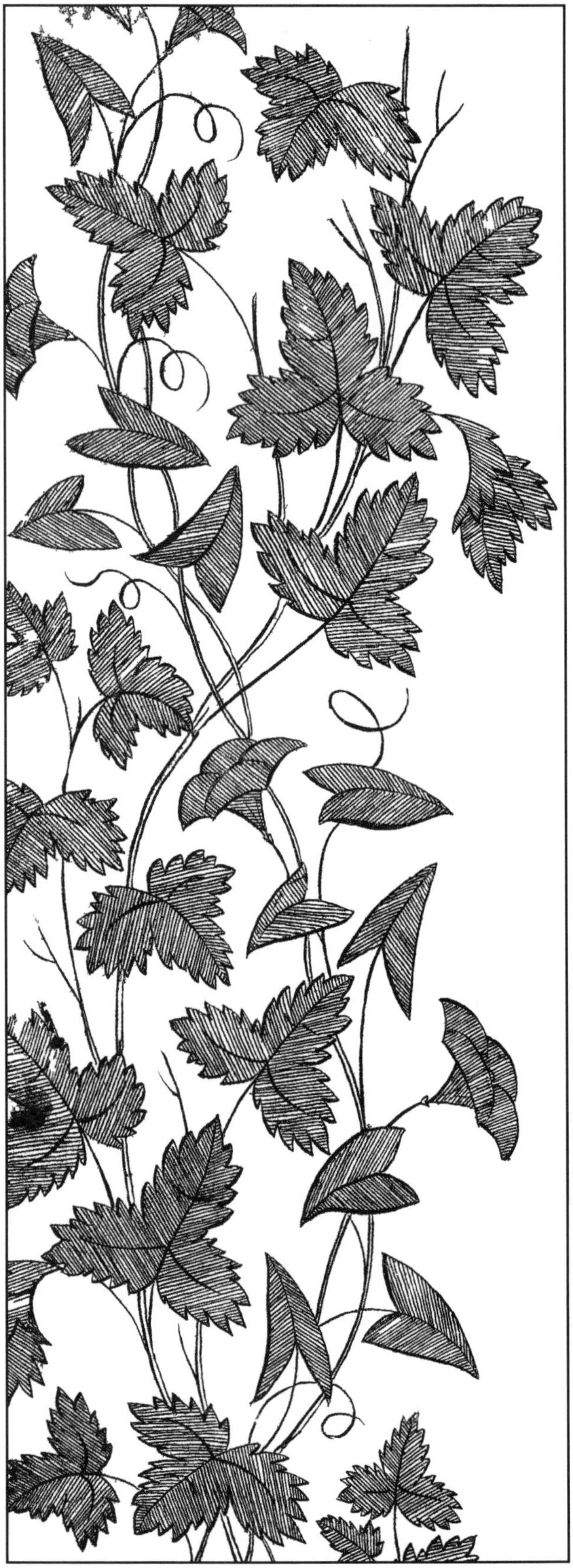

353

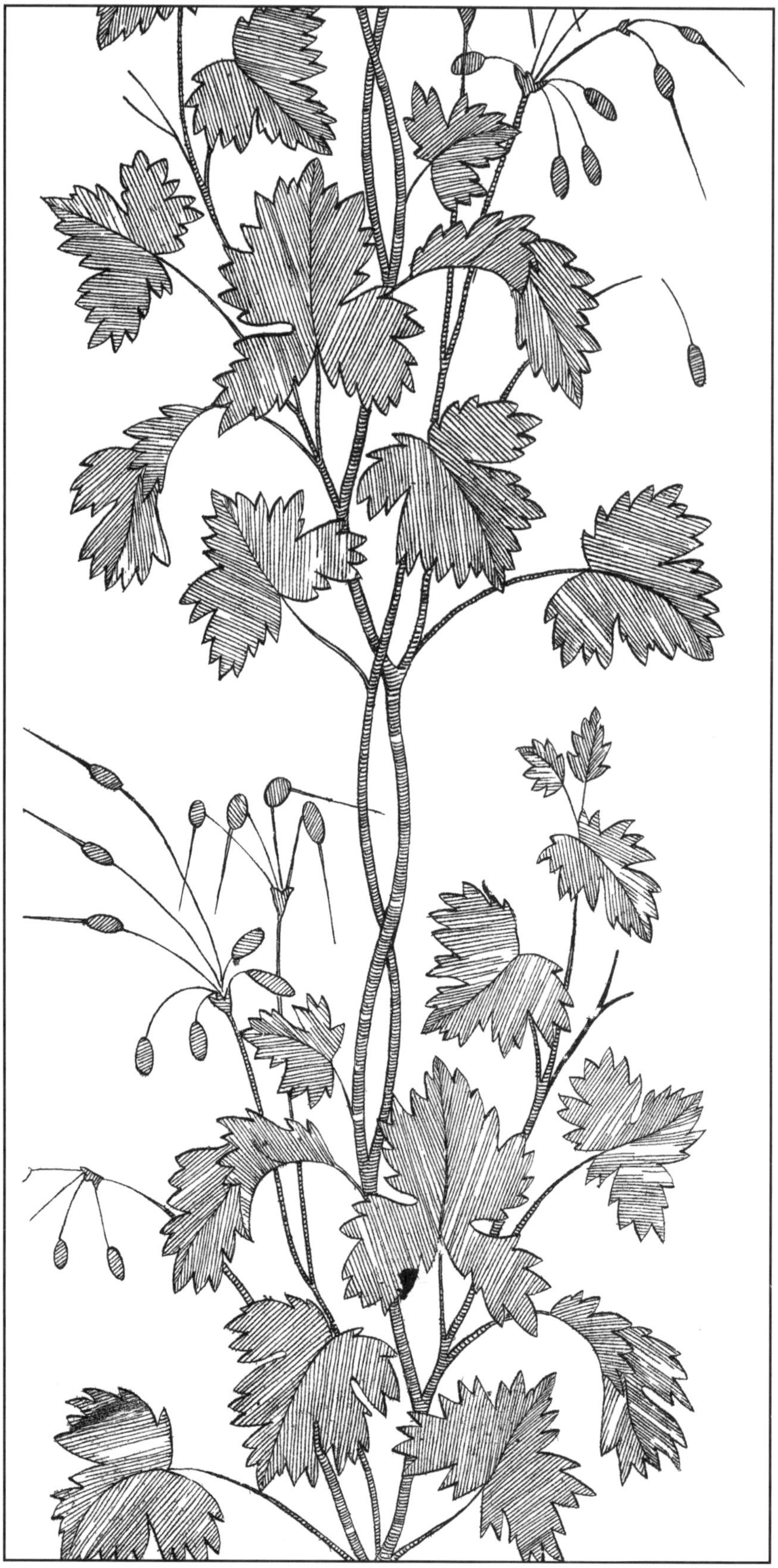

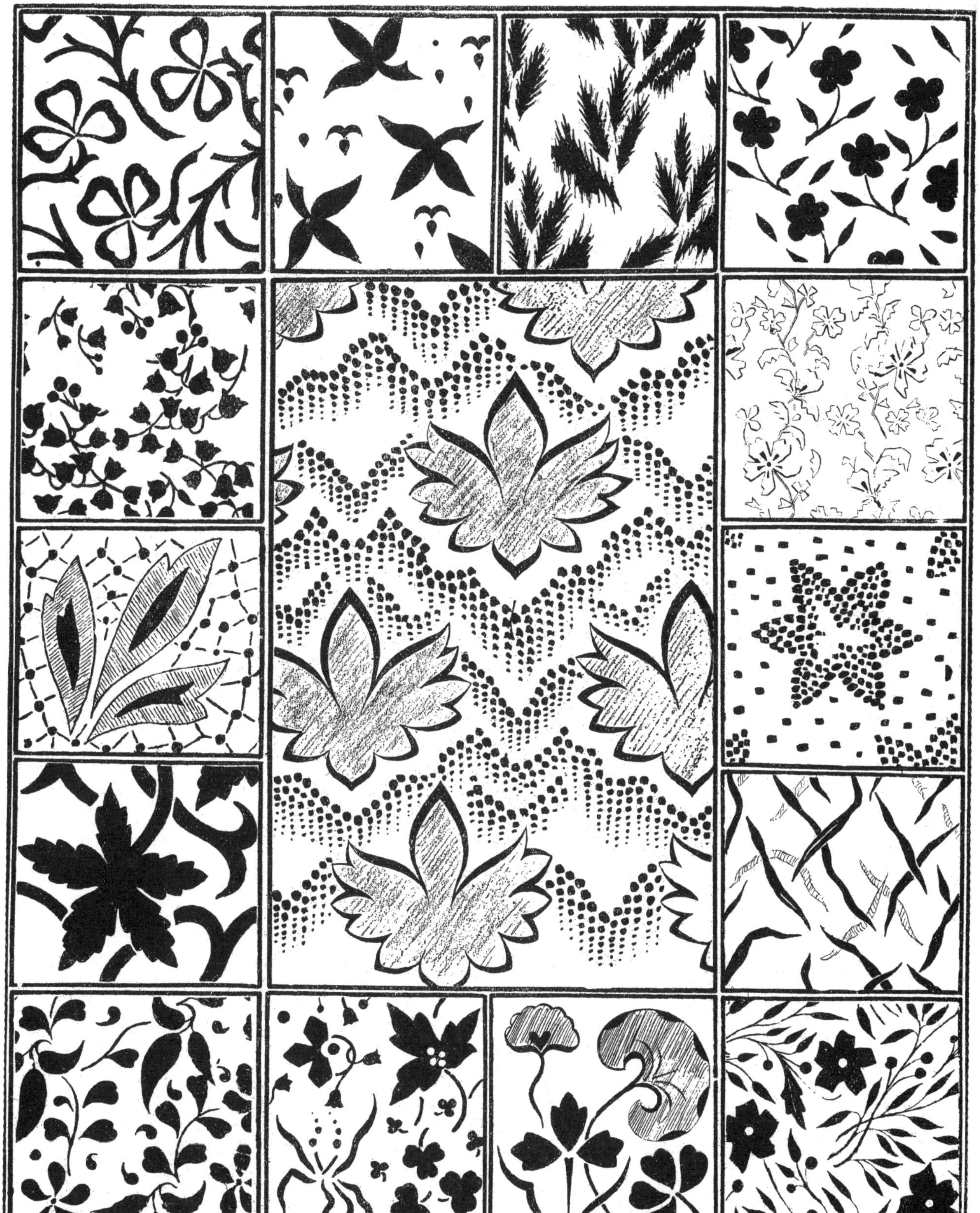

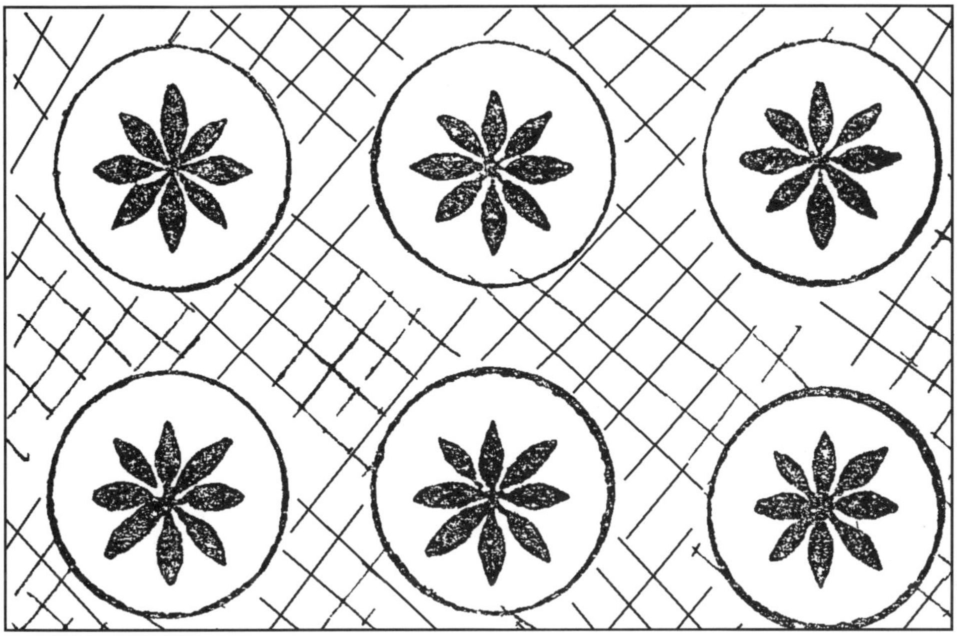

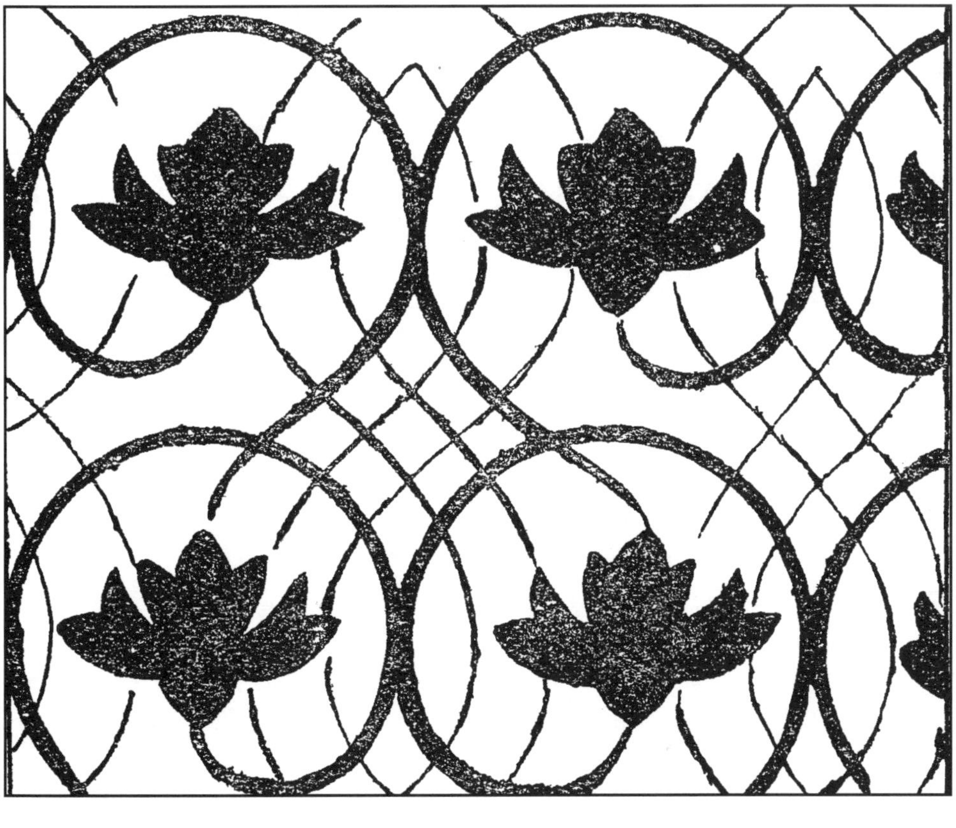

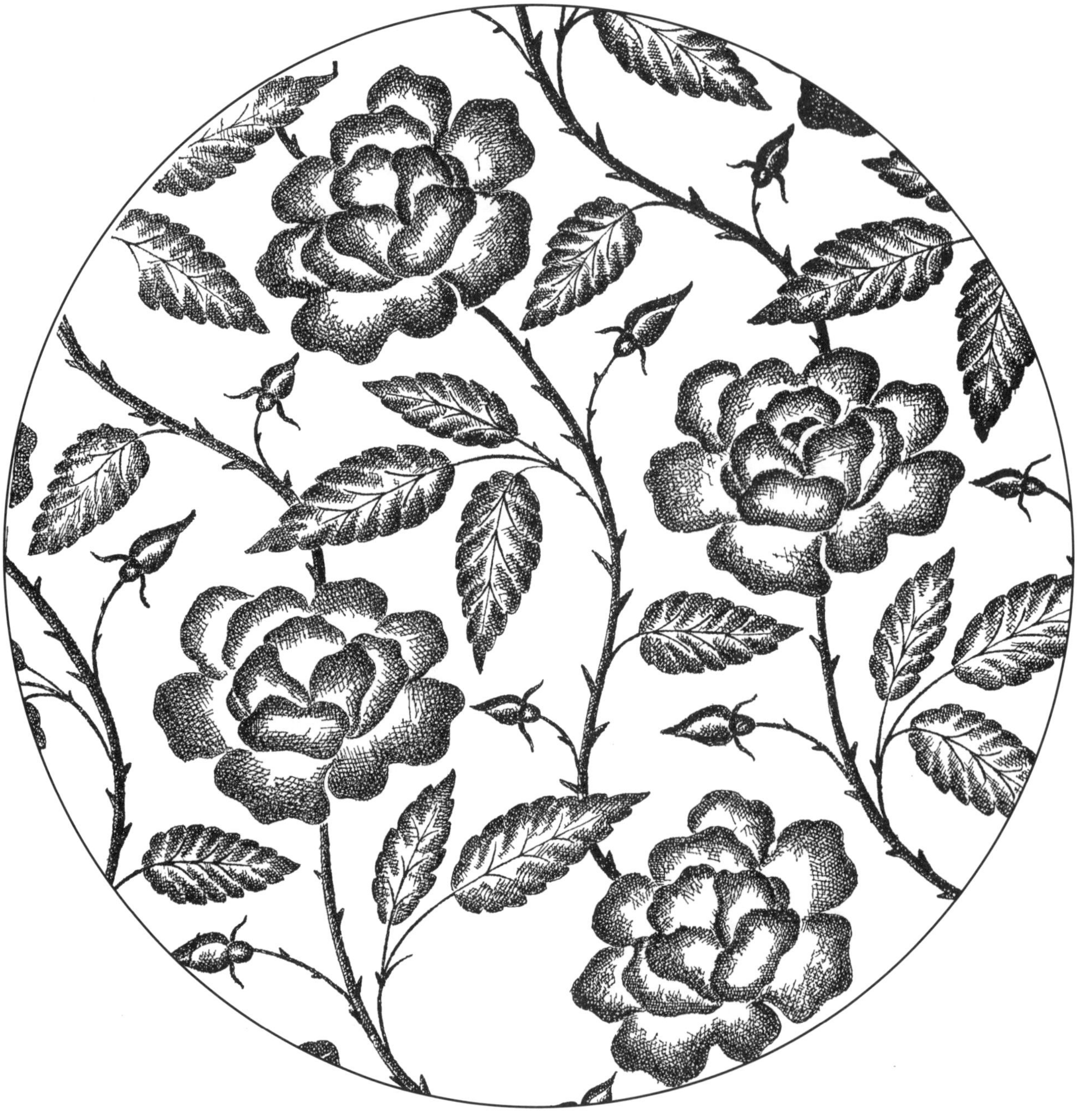

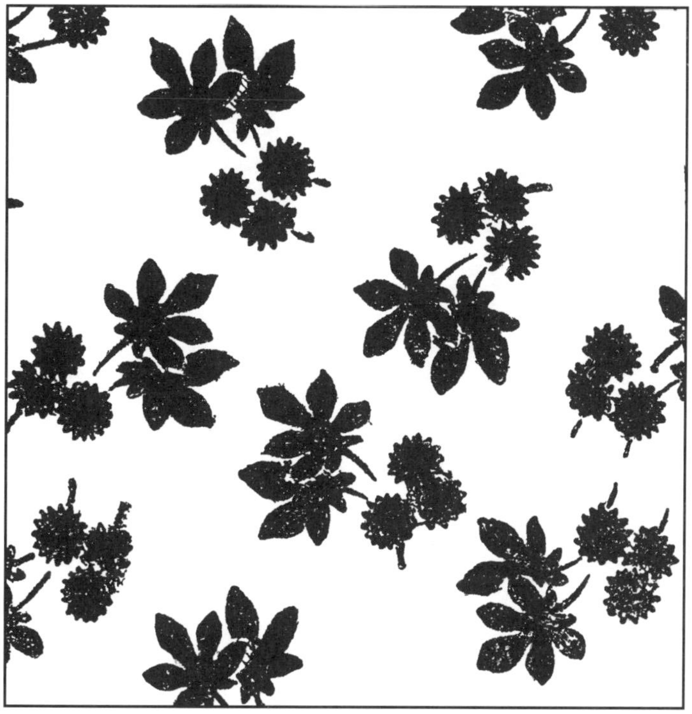

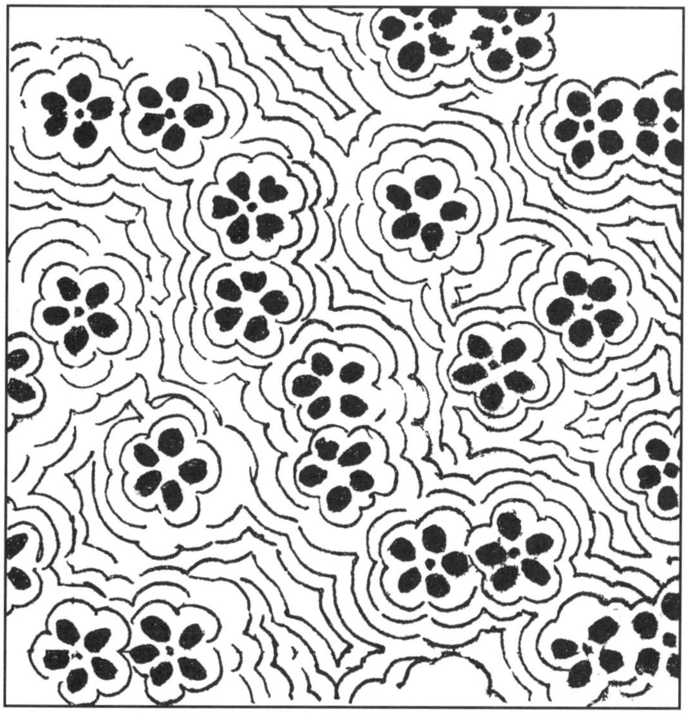

360

361

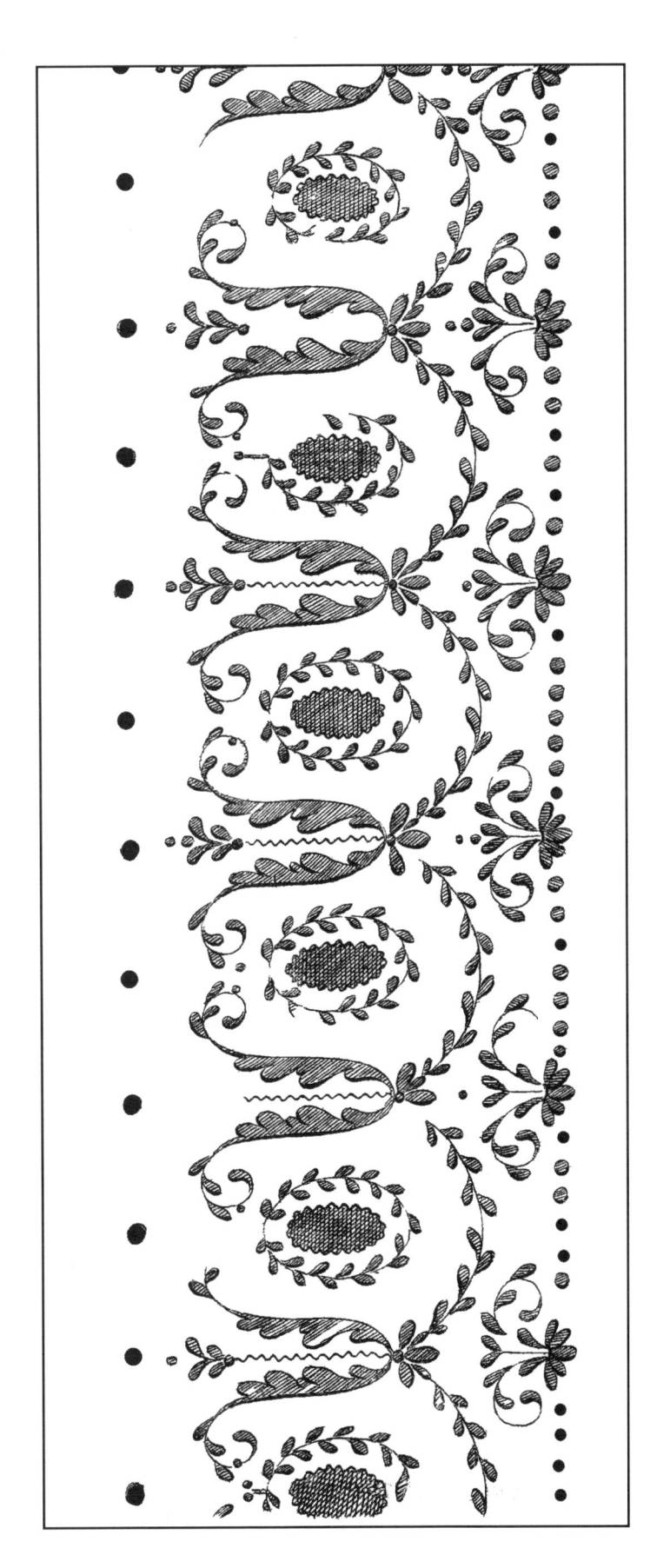

• Captions •
• Légendes •
• Legenden •
• Leyendas •

Pages 9 to 13: *Botanical plates,* 18th-19th centuries.
Page 14: *Lilium,* 17th century.
Page 15: *Botanical plates,* 18th-19th centuries.
Page 16: *Clematis passiflora trifolia flore purpureo,* in Abraham Munting, *Ware Oeffening der Planten,* 1672.
Page 17: *Victorian period plates,* England, 19th century.
Page 18: *Eryngium coeruleum stellatum Montis Libani,* in Abraham Munting, *Ware Oeffening der Planten,* 1672.
Page 19: *Luteola cannabinoides cretica,* in Abraham Munting, *Ware Oeffening der Planten,* 1672.
Page 20: *Botanical plates,* 19th century.
Page 21: *Pulmonaria maculosa hispida,* in Abraham Munting, *Ware Oeffening der Planten,* 1672.
Pages 22 to 25: *Roses,* 19th century.
Page 26: *Malva chinensis rosea arborescens,* in Abraham Munting, *Ware Oeffening der Planten,* 1672.
Pages 27 to 29: *Roses,* 19th century.
Page 30: *Viola matronalis flore albo et purpureo pleno variegata,* in Abraham Munting, *Ware Oeffenin der Planten,* 1672.
Page 31: *Cistus minor rosmarini-folius,* in Abraham Munting, *Ware Oeffening der Planten,* 1672.
Page 32, top: *Iris and narcissus,* 17th century. **Bottom:** *Botanical plates,* 19th century.
Page 33: *Botanical plates,* 17th-18th century.
Page 34: *Ranunculus,* in *Traité des renoncules,* 1763.
Page 35, top: *Narcissus.* **Bottom:** *Viola.* 17th century.
Page 36: *Botanical plates,* 17th-19th centuries.
Page 37: *Chamaepitys major coerulea,* in Abraham Munting, *Ware Oeffening der Planten,* 1672.
Pages 38 and 39: *Botanical plates,* 19th century.
Page 40: *Rubus non spinosus major odoratus,* in Abraham Munting, *Ware Oeffening der Planten,* 1672.
Page 41: *Lapathum hortense,* in Abraham Munting, *Ware Oeffening der Planten,* 1672.
Page 42: *Fritillaria,* 17th century.
Page 43: *Botanical plates,* 17th century.
Page 44: *Traité des renoncules,* 1763.
Page 45: *Clematis passiflora pentaphyllea angustifolia,* in Abraham Munting, *Ware Oeffening der Planten,* 1672.
Page 46: *Mechoacanna sylvestris,* in Abraham Munting, *Ware Oeffening der Planten,* 1672.
Page 47: *Mechoacanna vera sativa,* in Abraham Munting, *Ware Oeffening der Planten,* 1672.
Page 48: *Botanical plates,* 19th century.
Page 49: *Botanical plates,* 17th century.
Page 50: *Cyclamen rotundifolium maius autumnale,* in Abraham Munting, *Ware Oeffening der Planten,* 1672.
Page 51: *Martagon,* 17th century.
Page 52: *Fritillaria,* 17th century.
Page 53: *Botanical plates,* 17th century.
Page 54: *Traité des renoncules,* 1763.
Page 55: *Viola, Auricula,* 17th century.

Pages 9 à 13 : *Illustrations botaniques,* XVIIIe-XIXe siècles.
Page 14 : *Lilium,* XVIIe siècle.
Page 15 : *Illustrations botaniques,* XVIIIe-XIXe siècles.
Page 16 : *Clematis passiflora trifolia flore purpureo,* in Abraham Munting, *Ware Oeffening der Planten,* 1672.
Page 17 : *Illustrations victoriennes,* Angleterre, XIXe siècle.
Page 18 : *Eryngium coeruleum stellatum Montis Libani,* in Abraham Munting, *Ware Oeffening der Planten,* 1672.
Page 19 : *Luteola cannabinoides cretica,* in Abraham Munting, *Ware Oeffening der Planten,* 1672.
Page 20 : *Illustrations botaniques,* XIXe siècle.
Page 21 : *Pulmonaria maculosa hispida,* in Abraham Munting, *Ware Oeffening der Planten,* 1672.
Pages 22 à 25 : *Roses,* XIXe siècle.
Page 26 : *Malva chinensis rosea arborescens,* in Abraham Munting, *Ware Oeffening der Planten,* 1672.
Pages 27 à 29 : *Roses,* XIXe siècle.
Page 30 : *Viola matronalis flore albo et purpureo pleno variegata,* in Abraham Munting, *Ware Oeffenin der Planten,* 1672.
Page 31 : *Cistus minor rosmarini-folius,* in Abraham Munting, *Ware Oeffening der Planten,* 1672.
Page 32, en haut : *Iris et narcisse,* XVIIe siècle. **En bas :** *Illustrations botaniques,* XIXe siècle.
Page 33 : *Illustrations botaniques,* XVIIe-XVIIIe siècles.
Page 34 : *Renoncule,* in *Traité des renoncules,* 1763.
Page 35, en haut : *Narcissus.* **En bas :** *Viola.* XVIIe siècle.
Page 36 : *Illustrations botaniques,* XVIIe-XIXe siècles.
Page 37 : *Chamaepitys major coerulea,* in Abraham Munting, *Ware Oeffening der Planten,* 1672.
Pages 38 et 39 : *Illustrations botaniques,* XIXe siècle.
Page 40 : *Rubus non spinosus major odoratus,* in Abraham Munting, *Ware Oeffening der Planten,* 1672.
Page 41 : *Lapathum hortense,* in Abraham Munting, *Ware Oeffening der Planten,* 1672.
Page 42 : *Fritillaria,* XVIIe siècle.
Page 43 : *Illustrations botaniques,* XVIIe siècle.
Page 44 : *Traité des renoncules,* 1763.
Page 45 : *Clematis passiflora pentaphyllea angustifolia,* in Abraham Munting, *Ware Oeffening der Planten,* 1672.
Page 46 : *Mechoacanna sylvestris,* in Abraham Munting, *Ware Oeffening der Planten,* 1672.
Page 47 : *Mechoacanna vera sativa,* in Abraham Munting, *Ware Oeffening der Planten,* 1672.
Page 48 : *Illustrations botaniques,* XIXe siècle.
Page 49 : *Illustrations botaniques,* XVIIe siècle.
Page 50 : *Cyclamen rotundifolium maius autumnale,* in Abraham Munting, *Ware Oeffening der Planten,* 1672.
Page 51 : *Martagon,* XVIIe siècle.
Page 52 : *Fritillaria,* XVIIe siècle.
Page 53 : *Illustrations botaniques,* XVIIe siècle.
Page 54 : *Traité des renoncules,* 1763.
Page 55 : *Viola, Auricula,* XVIIe siècle.

Seites 9 bis 13: *Botanische Illustrationen,* 18.-19. Jahrh.
Seite 14: *Lilium,* 17. Jahrh.
Seite 15: *Botanische Illustrationen,* 18.-19. Jahrh.
Seite 16: *Clematis passiflora trifolia flore purpureo,* in Abraham Munting, *Ware Oeffening der Planten,* 1672.
Seite 17: *Victorianische Illustrationen,* England, 19. Jahrh.
Seite 18: *Eryngium coeruleum stellatum Montis Libani,* in Abraham Munting, *Ware Oeffening der Planten,* 1672.
Seite 19: *Luteola cannabinoides cretica,* in Abraham Munting, *Ware Oeffening der Planten,* 1672.
Seite 20: *Botanische Illustrationen,* 19. Jahrh.
Seite 21: *Pulmonaria maculosa hispida,* in Abraham Munting, *Ware Oeffening der Planten,* 1672.
Seites 22 bis 25: *Rosen,* 19. Jahrh.
Seite 26: *Malva chinensis rosea arborescens,* in Abraham Munting, *Ware Oeffening der Planten,* 1672.
Seites 27 bis 29: *Rosen,* 19. Jahrh.
Seite 30: *Viola matronalis flore albo et purpureo pleno variegata,* in: Abraham Munting, *Ware Oeffenin der Planten,* 1672.
Seite 31: *Cistus minor rosmarini-folius,* in Abraham Munting, *Ware Oeffening der Planten,* 1672.
Seite 32, oben: *Schwertlilie und Narzisse,* 17. Jahrh. **Unten:** *Botanische Illustrationen,* 19. Jahrh.
Seite 33: *Botanische Illustrationen,* 17.-18. Jahrh.
Seite 34: *Ranunkel,* in *Traité des renoncules,* 1763.
Seite 35, oben: *Narcissus.* **Unten:** *Viola.* 17. Jahrh.
Seite 36: *Botanische Illustrationen,* 17.-19. Jahrh.
Seite 37: *Chamaepitys major coerulea,* in Abraham Munting, *Ware Oeffening der Planten,* 1672.
Seites 38 und 39: *Botanische Illustrationen,* 19. Jahrh.
Seite 40: *Rubus non spinosus major odoratus,* in Abraham Munting, *Ware Oeffening der Planten,* 1672.
Seite 41: *Lapathum hortense,* in Abraham Munting, *Ware Oeffening der Planten,* 1672.
Seite 42: *Fritillaria,* 17. Jahrh.
Seite 43: *Botanische Illustrationen,* 17. Jahrh.
Seite 44: *Traité des renoncules,* 1763.
Seite 45: *Clematis passiflora pentaphyllea angustifolia,* in Abraham Munting, *Ware Oeffening der Planten,* 1672.
Seite 46: *Mechoacanna sylvestris,* in Abraham Munting, *Ware Oeffening der Planten,* 1672.
Seite 47: *Mechoacanna vera sativa,* in Abraham Munting, *Ware Oeffening der Planten,* 1672.
Seite 48: *Botanische Illustrationen,* 19. Jahrh.
Seite 49: *Botanische Illustrationen,* 17. Jahrh.
Seite 50: *Cyclamen rotundifolium maius autumnale,* in Abraham Munting, *Ware Oeffening der Planten,* 1672.
Seite 51: *Martagon,* 17. Jahrh.
Seite 52: *Fritillaria,* 17. Jahrh.
Seite 53: *Botanische Illustrationen,* 17. Jahrh.
Seite 54: *Traité des renoncules,* 1763.
Seite 55: *Viola, Auricula,* 17. Jahrh.

Páginas 9 hasta 13: *Ilustraciones botánicas,* siglos XVIII-XIX.
Página 14: *Lilium,* siglo XVII.
Página 15: *Ilustraciones botánicas,* siglos XVIII-XIX.
Página 16: *Clematis passiflora trifolia flore purpureo,* en : Abraham Munting, *Ware Oeffening der Planten,* 1672.
Página 17: *Ilustraciones victorianas,* Inglaterra, siglo XIX.
Página 18: *Eryngium coeruleum stellatum Montis Libani,* en Abraham Munting, *Ware Oeffening der Planten,* 1672.
Página 19: *Luteola cannabinoides cretica,* en Abraham Munting, *Ware Oeffening der Planten,* 1672.
Página 20: *Ilustraciones botánicas,* siglo XIX.
Página 21: *Pulmonaria maculosa hispida,* en Abraham Munting, *Ware Oeffening der Planten,* 1672.
Páginas 22 hasta 25: *Rosas,* siglo XIX.
Página 26: *Malva chinensis rosea arborescens,* en Abraham Munting, *Ware Oeffening der Planten,* 1672.
Páginas 27 hasta 29: *Rosas,* siglo XIX.
Página 30: *Viola matronalis flore albo et purpureo pleno variegata,* en Abraham Munting, *Ware Oeffenin der Planten,* 1672.
Página 31: *Cistus minor rosmarini-folius,* en Abraham Munting, *Ware Oeffening der Planten,* 1672.
Página 32, arriba: *Lirio y narcisso,* siglo XVII. **Abajo:** *Ilustraciones botánicas,* siglo XIX.
Página 33: *Ilustraciones botánicas,* siglos XVII-XVIII.
Página 34: *Ranúnculo,* en *Traité des renoncules,* 1763.
Página 35, arriba: *Narcissus.* **Abajo:** *Viola.* Siglo XVII.
Página 36: *Ilustraciones botánicas,* siglos XVII-XIX.
Página 37: *Chamaepitys major coerulea,* en Abraham Munting, *Ware Oeffening der Planten,* 1672.
Páginas 38 y 39: *Ilustraciones botánicas,* siglo XIX.
Página 40: *Rubus non spinosus major odoratus,* en Abraham Munting, *Ware Oeffening der Planten,* 1672.
Página 41: *Lapathum hortense,* en Abraham Munting, *Ware Oeffening der Planten,* 1672.
Página 42: *Fritillaria,* siglo XVII.
Página 43: *Ilustraciones botánicas,* siglo XVII.
Página 44: *Traité des renoncules,* 1763.
Página 45: *Clematis passiflora pentaphyllea angustifolia,* en Abraham Munting, *Ware Oeffening der Planten,* 1672.
Página 46: *Mechoacanna sylvestris,* en Abraham Munting, *Ware Oeffening der Planten,* 1672.
Página 47: *Mechoacanna vera sativa,* en Abraham Munting, *Ware Oeffening der Planten,* 1672.
Página 48: *Ilustraciones botánicas,* siglo XIX.
Página 49: *Ilustraciones botánicas,* siglo XVII.
Página 50: *Cyclamen rotundifolium maius autumnale,* en Abraham Munting, *Ware Oeffening der Planten,* 1672.
Página 51: *Martagon,* siglo XVII.
Página 52: *Fritillaria,* siglo XVII.
Página 53: *Ilustraciones botánicas,* siglo XVII.
Página 54: *Traité des renoncules,* 1763.
Página 55: *Viola, Auricula,* siglo XVII.

Page 56: *Convolvulus minor pentaphylleus*, in Abraham Munting, *Ware Oeffening der Planten*, 1672.

Page 57: *Malva arborescens indica minor*, in Abraham Munting, *Ware Oeffening der Planten*, 1672.

Pages 58 to 61: *Botanical plates*, 19th century.

Page 62: *Iasminum pallido coeruleum persicum latifolium*, in Abraham Munting, *Ware Oeffening der Planten*, 1672.

Page 63, top left and bottom: *Botanical plate*, 17th century and *Iris*, 19th century. **Right:** *Traité des renoncules*, 1763.

Page 64: *Traité des renoncules*, 1763.

Page 65: *Lapathum longifolium crispum*, in Abraham Munting, *Ware Oeffening der Planten*, 1672.

Page 66: *Convolvulus indicus pennatus*, in Abraham Munting, *Ware Oeffening der Planten*, 1672.

Page 67: *Viola mariana alba pleniflora*, in Abraham Munting, *Ware Oeffening der Planten*, 1672.

Page 68: *Sedum maius arborescens radicabile*, in Abraham Munting, *Ware Oeffening der Planten*, 1672.

Page 69: *Cyclamen bipenninum flore carneo*, in Abraham Munting, *Ware Oeffening der Planten*, 1672.

Page 70: *Armeria*, 17th century.

Page 71, left: *Auricula*, 17th century. **Right:** *Traité des renoncules*, 1763.

Pages 72: *Martagon lily*, 17th century.

Pages 73: *Botanical plates*, 17th-19th centuries.

Page 74, top: *Hyacinthus and Cerris*, in Matthiae de Lobel, *Stirpium Historia*,1626. **Bottom:** *Botanical plates*, 17th century.

Page 75: *Capsicum and Balsamina*, in Matthiae de Lobel, *Stirpium Historia*, 1626.

Page 76: *Aloe and Hyacinthus*, in Matthiae de Lobel, *Stirpium Historia*, 1626.

Page 77, bottom left: *Caryophill*, 17th century. **Bottom right:** *Aloe*, in Matthiae de Lobel, *Stirpium Historia*, 1626.

Page 78: *Lapathum unctuosum*, in Abraham Munting, *Ware Oeffening der Planten*, 1672.

Page 79: *Cistus laurifolius*, in Abraham Munting, *Ware Oeffening der Planten*, 1672.

Page 80: *Botanical plates*, 19th century.

Page 81: *Cyclamen vernum majus flore albo odorato*, in Abraham Munting, *Ware Oeffening der Planten*, 1672.

Pages 82 and 83: *Botanical plates*, 17th-19th centuries.

Page 84: *Cyclamen aestivum anemones effigie radicatum*, in Abraham Munting, *Ware Oeffening der Planten*, 1672.

Page 85: *Gnaphalium americanum minus flore rubro*, in Abraham Munting, *Ware Oeffening der Planten*, 1672.

Page 86: *Cauliflower*, in *Les Plantes Potagères, description et culture des principaux légumes des climats tempérés par Vilmorin-Andrieux*, 1904.

Page 87: *Peppers*, 17th century.

Page 88: *Carrots, cabbages, gourds and celery*, in *Les Plantes Potagères, description et culture des principaux légumes des climats tempérés par Vilmorin-Andrieux*, 1904.

Page 56 : *Convolvulus minor pentaphylleus*, in Abraham Munting, *Ware Oeffening der Planten*, 1672.

Page 57 : *Malva arborescens indica minor*, in Abraham Munting, *Ware Oeffening der Planten*, 1672.

Pages 58 à 61 : *Illustrations botaniques*, XIXe siècle.

Page 62 : *Iasminum pallido coeruleum persicum latifolium*, in Abraham Munting, *Ware Oeffening der Planten*, 1672.

Page 63, à gauche de haut en bas : *Illustration botanique*, XVIIe siècle et *Iris*, XIXe siècle. **À droite :** *Traité des renoncules*, 1763.

Page 64 : *Traité des renoncules*, 1763.

Page 65 : *Lapathum longifolium crispum*, in Abraham Munting, *Ware Oeffening der Planten*, 1672.

Page 66 : *Convolvulus indicus pennatus*, in Abraham Munting, *Ware Oeffening der Planten*, 1672.

Page 67 : *Viola mariana alba pleniflora*, in Abraham Munting, *Ware Oeffening der Planten*, 1672.

Page 68 : *Sedum maius arborescens radicabile*, in Abraham Munting, *Ware Oeffening der Planten*, 1672.

Page 69 : *Cyclamen bipenninum flore carneo*, in Abraham Munting, *Ware Oeffening der Planten*, 1672.

Page 70 : *Armeria*, XVIIe siècle.

Page 71, à gauche : *Auricula*, XVIIe siècle. **À droite :** *Traité des renoncules*, 1763.

Page 72 : *Lis Martagon*, XVIIe siècle.

Page 73 : *Illustrations botaniques*, XVIIe-XIXe siècles.

Page 74, en haut : *Hyacinthus et Cerris*, in Matthiae de Lobel, *Stirpium Historia*,1626. **En bas :** *Illustrations botaniques*, XVIIe siècle.

Page 75 : *Capsicum et Balsamina*, in Matthiae de Lobel, *Stirpium Historia*, 1626.

Page 76 : *Aloe et Hyacinthus*, in Matthiae de Lobel, *Stirpium Historia*, 1626.

Page 77, à gauche en bas : *Caryophill*, XVIIe siècle. **À droite en bas :** *Aloe*, in Matthiae de Lobel, *Stirpium Historia*, 1626.

Page 78 : *Lapathum unctuosum*, in Abraham Munting, *Ware Oeffening der Planten*, 1672.

Page 79 : *Cistus laurifolius*, in Abraham Munting, *Ware Oeffening der Planten*, 1672.

Page 80 : *Illustrations botaniques*, XIXe siècle.

Page 81 : *Cyclamen vernum majus flore albo odorato*, in Abraham Munting, *Ware Oeffening der Planten*, 1672.

Pages 82 et 83 : *Illustrations botaniques*, XVIIe-XIXe siècles.

Page 84 : *Cyclamen aestivum anemones effigie radicatum*, in Abraham Munting, *Ware Oeffening der Planten*, 1672.

Page 85 : *Gnaphalium americanum minus flore rubro*, in Abraham Munting, *Ware Oeffening der Planten*, 1672.

Page 86 : *Chou-fleur*, in *Les Plantes Potagères, description et culture des principaux légumes des climats tempérés par Vilmorin-Andrieux*, 1904.

Page 87 : *Poivrons*, XVIIe siècle.

Page 88 : *Carottes, choux, courge, et céleri*, in *Les Plantes Potagères, description et culture des principaux légumes des climats tempérés par Vilmorin-Andrieux*, 1904.

Page 89 : *Musa fructus*, in Abraham Munting, *Ware Oeffening der*

Seite 56: *Convolvulus minor pentaphylleus*, in Abraham Munting, *Ware Oeffening der Planten*, 1672.
Seite 57: *Malva arborescens indica minor*, in Abraham Munting, *Ware Oeffening der Planten*, 1672.
Seites 58 bis 61: *Botanische Illustrationen*, 19. Jahrh.
Seite 62: *Iasminum pallido coeruleum persicum latifolium*, in Abraham Munting, *Ware Oeffening der Planten*, 1672.
Seite 63, links, von oben nach unten: *Botanische Illustration*, 17. Jahrh. und *Schwertlilie*, 19. Jahrh. **Rechts:** *Traité des renoncules*, 1763.
Seite 64: *Traité des renoncules*, 1763.
Seite 65: *Lapathum longifolium crispum*, in Abraham Munting, *Ware Oeffening der Planten*, 1672.
Seite 66: *Convolvulus indicus pennatus*, in Abraham Munting, *Ware Oeffening der Planten*, 1672.
Seite 67: *Viola mariana alba pleniflora*, in Abraham Munting, *Ware Oeffening der Planten*, 1672.
Seite 68: *Sedum maius arborescens radicabile*, in Abraham Munting, *Ware Oeffening der Planten*, 1672.
Seite 69: *Cyclamen bipenninum flore carneo*, in Abraham Munting, *Ware Oeffening der Planten*, 1672.
Seite 70: *Armeria*, 17. Jahrh.
Seite 71, links: *Auricula*, 17. Jahrh. **Rechts:** *Traité des renoncules*, 1763.
Seite 72: *Martagonlilie*, 17. Jahrh.
Seite 73: *Botanische Illustrationen*, 17.-19. Jahrh.
Seite 74, oben: *Hyacinthus und Cerris*, in Matthiae de Lobel, *Stirpium Historia*, 1626. **Unten:** *Botanische Illustrationen*, 17. Jahrh.
Seite 75: *Capsicum und Balsamina*, in Matthiae de Lobel, *Stirpium Historia*, 1626.
Seite 76: *Aloe und Hyacinthus*, in Matthiae de Lobel, *Stirpium Historia*, 1626.
Seite 77, links, unten: *Caryophill*, 17. Jahrh. **Rechts, unten:** *Aloe*, in Matthiae de Lobel, *Stirpium Historia*, 1626.
Seite 78: *Lapathum unctuosum*, in Abraham Munting, *Ware Oeffening der Planten*, 1672.
Seite 79: *Cistus laurifolius*, in Abraham Munting, *Ware Oeffening der Planten*, 1672.
Seite 80: *Botanische Illustrationen*, 19. Jahrh.
Seite 81: *Cyclamen vernum majus flore albo odorato*, in Abraham Munting, *Ware Oeffening der Planten*, 1672.
Seites 82 und 83: *Botanische Illustrationen*, 17.-19. Jahrh.
Seite 84: *Cyclamen aestivum anemones effigie radicatum*, in Abraham Munting, *Ware Oeffening der Planten*, 1672.
Seite 85: *Gnaphalium americanum minus flore rubro*, in Abraham Munting, *Ware Oeffening der Planten*, 1672.
Seite 86: *Blumenkohl*, in *Les Plantes Potagères, description et culture des principaux légumes des climats tempérés par Vilmorin-Andrieux*, 1904.
Seite 87: *Paprika*, 17. Jahrh.
Seite 88: *Karotten, Kohl, Kürbis, und Sellerie*, in *Les Plantes Potagères, description et culture des principaux légumes des climats tempérés par Vilmorin-Andrieux*, 1904.

Página 56: *Convolvulus minor pentaphylleus*, en Abraham Munting, *Ware Oeffening der Planten*, 1672.
Página 57: *Malva arborescens indica minor*, en Abraham Munting, *Ware Oeffening der Planten*, 1672.
Páginas 58 hasta 61: *Ilustraciones botánicas*, siglo XIX.
Página 62: *Iasminum pallido coeruleum persicum latifolium*, en Abraham Munting, *Ware Oeffening der Planten*, 1672.
Página 63, a la izquierda de arriba abajo: *Ilustración botánica*, siglo XVII y *Lirio*, siglo XIX. **A la derecha:** *Traité des renoncules*, 1763.
Página 64: *Traité des renoncules*, 1763.
Página 65: *Lapathum longifolium crispum*, en Abraham Munting, *Ware Oeffening der Planten*, 1672.
Página 66: *Convolvulus indicus pennatus*, en Abraham Munting, *Ware Oeffening der Planten*, 1672.
Página 67: *Viola mariana alba pleniflora*, en Abraham Munting, *Ware Oeffening der Planten*, 1672.
Página 68: *Sedum maius arborescens radicabile*, en Abraham Munting, *Ware Oeffening der Planten*, 1672.
Página 69: *Cyclamen bipenninum flore carneo*, en Abraham Munting, *Ware Oeffening der Planten*, 1672.
Página 70: *Armeria*, siglo XVII.
Página 71, a la izquierda: *Auricula*, siglo XVII. **A la derecha:** *Traité des renoncules*, 1763.
Página 72: *Martagón*, siglo XVII.
Página 73: *Ilustraciones botánicas*, siglos XVII-XIX.
Página 74 arriba: *Hyacinthus y Cerris*, en Matthiae de Lobel, *Stirpium Historia*, 1626. **Abajo:** *Ilustraciones botánicas*, siglo XVII.
Página 75: *Capsicum y Balsamina*, en Matthiae de Lobel, *Stirpium Historia*, 1626.
Página 76: *Aloe y Hyacinthus*, en Matthiae de Lobel, *Stirpium Historia*, 1626.
Page 77, a la izquierda abajo: *Caryophill*, siglo XVII. **A la derecha abajo:** *Aloe*, en Matthiae de Lobel, *Stirpium Historia*, 1626.
Página 78: *Lapathum unctuosum*, en Abraham Munting, *Ware Oeffening der Planten*, 1672.
Página 79: *Cistus laurifolius*, en Abraham Munting, *Ware Oeffening der Planten*, 1672.
Página 80: *Ilustraciones botánicas*, siglo XIX.
Página 81: *Cyclamen vernum majus flore albo odorato*, en Abraham Munting, *Ware Oeffening der Planten*, 1672.
Páginas 82 y 83: *Ilustraciones botánicas*, siglos XVII-XIX.
Página 84: *Cyclamen aestivum anemones effigie radicatum*, en Abraham Munting, *Ware Oeffening der Planten*, 1672.
Página 85: *Gnaphalium americanum minus flore rubro*, en Abraham Munting, *Ware Oeffening der Planten*, 1672.
Página 86: *Coliflor*, en *Les Plantes Potagères, description et culture des principaux légumes des climats tempérés par Vilmorin-Andrieux*, 1904.
Página 87: *Pimientos*, siglo XVII.
Página 88: *Zanahorias, coles, calabazas y apio*, en *Les Plantes Potagères, description et culture des principaux légumes des climats tempérés par Vilmorin-Andrieux*, 1904.

Page 89: *Musa fructus,* in Abraham Munting, *Ware Oeffening der Planten,* 1672.

Page 90: *Potatoes, onions and turnips,* in *Les Plantes Potagères, description et culture des principaux légumes des climats tempérés par Vilmorin-Andrieux,* 1904.

Page 91: *Beets,* in *Les Plantes Potagères, description et culture des principaux légumes des climats tempérés par Vilmorin-Andrieux,* 1904.

Page 92: *Burdock and beets,* in *Les Plantes Potagères, description et culture des principaux légumes des climats tempérés par Vilmorin-Andrieux,* 1904.

Pages 93 and 94: *Artichokes,* in *Les Plantes Potagères, description et culture des principaux légumes des climats tempérés par Vilmorin-Andrieux,* 1904.

Page 95: *Eggplants and artichokes,* in *Les Plantes Potagères, description et culture des principaux légumes des climats tempérés par Vilmorin-Andrieux,* 1904.

Page 96: *Cabbage and cucumber,* in *Les Plantes Potagères, description et culture des principaux légumes des climats tempérés par Vilmorin-Andrieux,* 1904.

Page 97: *Eggplants,* in *Les Plantes Potagères, description et culture des principaux légumes des climats tempérés par Vilmorin-Andrieux,* 1904.

Pages 98 to 103: *Carrots,* in *Les Plantes Potagères, description et culture des principaux légumes des climats tempérés par Vilmorin-Andrieux,* 1904.

Pages 104 and 105: *Beets,* in *Les Plantes Potagères, description et culture des principaux légumes des climats tempérés par Vilmorin-Andrieux,* 1904.

Page 106 : *Beans,* in *Les Plantes Potagères, description et culture des principaux légumes des climats tempérés par Vilmorin-Andrieux,* 1904.

Page 107: *Eggplant and basil,* in *Les Plantes Potagères, description et culture des principaux légumes des climats tempérés par Vilmorin-Andrieux,* 1904.

Page 108: *Nasturtium and Benincasa cerifera,* in *Les Plantes Potagères, description et culture des principaux légumes des climats tempérés par Vilmorin-Andrieux,* 1904.

Page 109: *Caper bush,* in *Les Plantes potagères, description et culture des principaux légumes des climats tempérés par Vilmorin-Andrieux,* 1904.

Pages 110 to 114: *Cucumbers and gherkin varieties,* in *Les Plantes Potagères, description et culture des principaux légumes des climats tempérés par Vilmorin-Andrieux,* 1904.

Page 115: *Celery,* in *Les Plantes Potagères, description et culture des principaux légumes des climats tempérés par Vilmorin-Andrieux,* 1904.

Page 116, from top to bottom: *Celery and chives,* in *Les Plantes Potagères, description et culture des principaux légumes des climats tempérés par Vilmorin-Andrieux,* 1904.

Page 117: *Cabbage,* in *Les Plantes Potagères, description et culture des principaux légumes des climats tempérés par Vilmorin-Andrieux,* 1904.

Pages 118 and 119: *Broad beans,* in *Les Plantes Potagères, description et culture des principaux légumes des climats tempérés par Vilmorin-Andrieux,* 1904.

Pages 120 and 121: *Cucumbers and gherkin varieties* in *Les Plantes Potagères, description et culture des principaux légumes des climats tempérés par Vilmorin-Andrieux,* 1904.

Planten, 1672.

Page 90 : *Pommes de terre, oignons et navets,* in *Les Plantes Potagères, description et culture des principaux légumes des climats tempérés par Vilmorin-Andrieux,* 1904.

Page 91 : *Betteraves,* in *Les Plantes Potagères, description et culture des principaux légumes des climats tempérés par Vilmorin-Andrieux,* 1904.

Page 92 : *Bardane et betteraves,* in *Les Plantes Potagères, description et culture des principaux légumes des climats tempérés par Vilmorin-Andrieux,* 1904.

Pages 93 et 94 : *Artichauts,* in *Les Plantes Potagères, description et culture des principaux légumes des climats tempérés par Vilmorin-Andrieux,* 1904.

Page 95 : *Aubergines et artichauts,* in *Les Plantes Potagères, description et culture des principaux légumes des climats tempérés par Vilmorin-Andrieux,* 1904.

Page 96 : *Chou et concombre,* in *Les Plantes Potagères, description et culture des principaux légumes des climats tempérés par Vilmorin-Andrieux,* 1904.

Page 97 : *Aubergines,* in *Les Plantes Potagères, description et culture des principaux légumes des climats tempérés par Vilmorin-Andrieux,* 1904.

Pages 98 à 103 : *Carottes,* in *Les Plantes Potagères, description et culture des principaux légumes des climats tempérés par Vilmorin-Andrieux,* 1904.

Pages 104 et 105 : *Betteraves,* in *Les Plantes Potagères, description et culture des principaux légumes des climats tempérés par Vilmorin-Andrieux,* 1904.

Page 106 : *Haricots,* in *Les Plantes Potagères, description et culture des principaux légumes des climats tempérés par Vilmorin-Andrieux,* 1904.

Page 107 : *Aubergine et basilic,* in *Les Plantes Potagères, description et culture des principaux légumes des climats tempérés par Vilmorin-Andrieux,* 1904.

Page 108 : *Capucine et Benincasa cerifera,* in *Les Plantes Potagères, description et culture des principaux légumes des climats tempérés par Vilmorin-Andrieux,* 1904.

Page 109 : *Câprier,* in *Les Plantes potagères, description et culture des principaux légumes des climats tempérés par Vilmorin-Andrieux,* 1904.

Pages 110 à 114 : *Concombres et cornichons,* in *Les Plantes Potagères, description et culture des principaux légumes des climats tempérés par Vilmorin-Andrieux,* 1904.

Page 115 : *Céleri,* in *Les Plantes Potagères, description et culture des principaux légumes des climats tempérés par Vilmorin-Andrieux,* 1904.

Page 116, de haut en bas : *Céleris et ciboulette,* in *Les Plantes Potagères, description et culture des principaux légumes des climats tempérés par Vilmorin-Andrieux,* 1904.

Page 117 : *Choux,* in *Les Plantes Potagères, description et culture des principaux légumes des climats tempérés par Vilmorin-Andrieux,* 1904.

Pages 118 et 119 : *Fèves,* in *Les Plantes Potagères, description et culture des principaux légumes des climats tempérés par Vilmorin-Andrieux,* 1904.

Pages 120 et 121 : *Concombres et cornichons,* in *Les Plantes Potagères, description et culture des principaux légumes des climats tempérés par Vilmorin-Andrieux,* 1904.

Pages 122 à 125 : *Courges et potirons,* in *Les Plantes Potagères, des-*

Seite 89: *Musa fructus,* in Abraham Munting, *Ware Oeffening der Planten,* 1672.
Seite 90: *Kartoffeln, Zwiebeln und Weissrüben,* in *Les Plantes Potagères, description et culture des principaux légumes des climats tempérés par Vilmorin-Andrieux,* 1904.
Seite 91: *Gelbrüben,* in *Les Plantes Potagères, description et culture des principaux légumes des climats tempérés par Vilmorin-Andrieux,* 1904.
Seite 92: *Klette und Gelbrüben,* in *Les Plantes Potagères, description et culture des principaux légumes des climats tempérés par Vilmorin-Andrieux,* 1904.
Seites 93 und 94: *Artischocken,* in *Les Plantes Potagères, description et culture des principaux légumes des climats tempérés par Vilmorin-Andrieux,* 1904.
Seite 95: *Aubergine und Artischocken,* in *Les Plantes Potagères, description et culture des principaux légumes des climats tempérés par Vilmorin-Andrieux,* 1904.
Seite 96: *Kohl und Gurke,* in *Les Plantes Potagères, description et culture des principaux légumes des climats tempérés par Vilmorin-Andrieux,* 1904.
Seite 97: *Auberginen,* in *Les Plantes Potagères, description et culture des principaux légumes des climats tempérés par Vilmorin-Andrieux,* 1904.
Seites 98 bis 103: *Karotten,* in *Les Plantes Potagères, description et culture des principaux légumes des climats tempérés par Vilmorin-Andrieux,* 1904.
Seites 104 und 105: *Gelbrüben,* in *Les Plantes Potagères, description et culture des principaux légumes des climats tempérés par Vilmorin-Andrieux,* 1904.
Seite 106: *Bohnen,* in *Les Plantes Potagères, description et culture des principaux légumes des climats tempérés par Vilmorin-Andrieux,* 1904.
Seite 107: *Aubergine und Basilikum,* in *Les Plantes Potagères, description et culture des principaux légumes des climats tempérés par Vilmorin-Andrieux,* 1904.
Seite 108: *Kapuzinerkresse und Benincasa cerifera,* in *Les Plantes Potagères, description et culture des principaux légumes des climats tempérés par Vilmorin-Andrieux,* 1904.
Seite 109: *Kapernstrauch,* in *Les Plantes potagères, description et culture des principaux légumes des climats tempérés par Vilmorin-Andrieux,* 1904.
Seites 110 bis 114: *Gurken und Pfeffergurken,* in *Les Plantes Potagères, description et culture des principaux légumes des climats tempérés par Vilmorin-Andrieux,* 1904.
Seite 115: *Sellerie,* in *Les Plantes Potagères, description et culture des principaux légumes des climats tempérés par Vilmorin-Andrieux,* 1904.
Seite 116, von oben nach unten: *Sellerie und Schnittlauch,* in *Les Plantes Potagères, description et culture des principaux légumes des climats tempérés par Vilmorin-Andrieux,* 1904.
Seite 117: *Kohl,* in *Les Plantes Potagères, description et culture des principaux légumes des climats tempérés par Vilmorin-Andrieux,* 1904.
Seites 118 und 119: *Pferdebohnen,* in *Les Plantes Potagères, description et culture des principaux légumes des climats tempérés par Vilmorin-Andrieux,* 1904.
Seites 120 und 121: *Gurken und Pfeffergurken,* in *Les Plantes Potagères, description et culture des principaux légumes des climats tempérés par Vilmorin-Andrieux,* 1904.

Página 89: *Musa fructus,* en Abraham Munting, *Ware Oeffening der Planten,* 1672.
Página 90: *Patatas, cebollas y nabos,* en *Les Plantes Potagères, description et culture des principaux légumes des climats tempérés par Vilmorin-Andrieux,* 1904.
Página 91: *Remolachas,* en *Les Plantes Potagères, description et culture des principaux légumes des climats tempérés par Vilmorin-Andrieux,* 1904.
Página 92: *Bardana y remolachas,* en *Les Plantes Potagères, description et culture des principaux légumes des climats tempérés par Vilmorin-Andrieux,* 1904.
Páginas 93 y 94: *Alcachofas,* en *Les Plantes Potagères, description et culture des principaux légumes des climats tempérés par Vilmorin-Andrieux,* 1904.
Página 95: *Berenjenas y alcachofas,* en *Les Plantes Potagères, description et culture des principaux légumes des climats tempérés par Vilmorin-Andrieux,* 1904.
Página 96: *Col y pepino,* en *Les Plantes Potagères, description et culture des principaux légumes des climats tempérés par Vilmorin-Andrieux,* 1904.
Página 97: *Berenjenas,* en *Les Plantes Potagères, description et culture des principaux légumes des climats tempérés par Vilmorin-Andrieux,* 1904.
Páginas 98 hasta 103: *Zanahorias,* en *Les Plantes Potagères, description et culture des principaux légumes des climats tempérés par Vilmorin-Andrieux,* 1904.
Páginas 104 y 105: *Remolachas,* en *Les Plantes Potagères, description et culture des principaux légumes des climats tempérés par Vilmorin-Andrieux,* 1904.
Página 106: *Judías,* en *Les Plantes Potagères, description et culture des principaux légumes des climats tempérés par Vilmorin-Andrieux,* 1904.
Página 107: *Berenjena y albahaca,* en *Les Plantes Potagères, description et culture des principaux légumes des climats tempérés par Vilmorin-Andrieux,* 1904.
Página 108: *Capuchina y Benincasa cerifera,* en *Les Plantes Potagères, description et culture des principaux légumes des climats tempérés par Vilmorin-Andrieux,* 1904.
Página 109: *Alcaparro,* en *Les Plantes potagères, description et culture des principaux légumes des climats tempérés par Vilmorin-Andrieux,* 1904.
Páginas 110 hasta 114: *Pepinos y pepinillos,* en *Les Plantes Potagères, description et culture des principaux légumes des climats tempérés par Vilmorin-Andrieux,* 1904.
Página 115: *Apio,* en *Les Plantes Potagères, description et culture des principaux légumes des climats tempérés par Vilmorin-Andrieux,* 1904.
Página 116, de arriba abajo: *Apios y cebolleta,* en *Les Plantes Potagères, description et culture des principaux légumes des climats tempérés par Vilmorin-Andrieux,* 1904.
Página 117: *Coles,* en *Les Plantes Potagères, description et culture des principaux légumes des climats tempérés par Vilmorin-Andrieux,* 1904.
Páginas 118 y 119: *Habas,* en *Les Plantes Potagères, description et culture des principaux légumes des climats tempérés par Vilmorin-Andrieux,* 1904.
Páginas 120 y 121: *Pepinos y pepillinos,* en *Les Plantes Potagères, description et culture des principaux légumes des climats tempérés par Vilmorin-Andrieux,* 1904.

Pages 122 to 125: *Gourds and pumpkins,* in Les Plantes Potagères, description et culture des principaux légumes des climats tempérés par Vilmorin-Andrieux, 1904.

Page 126: *Brussel sprouts,* in Les Plantes Potagères, description et culture des principaux légumes des climats tempérés par Vilmorin-Andrieux, 1904.

Page 127: *Chicory,* in Les Plantes Potagères, description et culture des principaux légumes des climats tempérés par Vilmorin-Andrieux, 1904.

Pages 128 and 129: *Kohlrabi, swedes and turnips,* in Les Plantes Potagères, description et culture des principaux légumes des climats tempérés par Vilmorin-Andrieux, 1904.

Page 130: *Kohlrabi,* in Les Plantes potagères, description et culture des principaux légumes des climats tempérés par Vilmorin-Andrieux, 1904.

Page 131, from top to bottom and left to right: *Cauliflower, fennel, shallots and Claytonia,* in Les Plantes Potagères, description et culture des principaux légumes des climats tempérés par Vilmorin-Andrieux, 1904.

Pages 132 to 135: *Beans,* in Les Plantes Potagères, description et culture des principaux légumes des climats tempérés par Vilmorin-Andrieux, 1904.

Page 136: *Pumpkins and melons,* in Les Plantes Potagères, description et culture des principaux légumes des climats tempérés par Vilmorin-Andrieux, 1904.

Page 137: *Beans,* in Les Plantes Potagères, description et culture des principaux légumes des climats tempérés par Vilmorin-Andrieux, 1904.

Page 138: *Turnips,* in Les Plantes Potagères, description et culture des principaux légumes des climats tempérés par Vilmorin-Andrieux, 1904.

Page 139, top and bottom right: *Pepo oblongus vulgatissimus, and Napus,* in Matthiae de Lobel, Stirpium historia, 1626.

Page 140, top : *Pepo rotundus compressus Melonis effigie.* **Bottom:** *Colocynthis and Balsamina.* In Matthiae de Lobel, Stirpium historia, 1626.

Page 141, top: *Raphanus.* **Bottom:** *Pepo maximus indicus compressus.* In Matthiae de Lobel, Stirpium historia, 1626.

Page 142, left: *Palma.* **Right** *Cerri.* In Matthiae de Lobel, Stirpium historia, 1626.

Page 143, from top to bottom and left to right: *Colocynthis pyriformis and Abies,* in Matthiae de Lobel, Stirpium historia, 1626.

Page 144, top : *Diosc and Abies.* **Bottom:** *Larix.* In Matthiae de Lobel, Stirpium historia, 1626.

Pages 145 to 148: *Mushrooms,* 19th century.

Page 149: *Malus aurantia striis aureis distincta,* in Abraham Munting, Ware Oeffening der Planten, 1672.

Pages 150 and 151: *Fruit,* 17th century.

Page 152: *Malus aurantia striis argentee variegata,* in Abraham Munting, Ware Oeffening der Planten, 1672.

Page 153 and 154: *Botanical plates,* 18th-19th century.

Page 155: *Guanabanus folio ficulneo,* in Abraham Munting, Ware Oeffening der Planten, 1672.

Pages 156 and 157: *Fruit,* 19th century.

Page 158 to 163: *Citrus,* 18th century.

Page 164: *Lemons,* 17th century.

cription et culture des principaux légumes des climats tempérés par Vilmorin-Andrieux, 1904.

Page 126 : *Choux de Bruxelles,* in Les Plantes Potagères, description et culture des principaux légumes des climats tempérés par Vilmorin-Andrieux, 1904.

Page 127 : *Chicorée,* in Les Plantes Potagères, description et culture des principaux légumes des climats tempérés par Vilmorin-Andrieux, 1904.

Pages 128 et 129: *Chou-rave, chou-navet et navet,* in Les Plantes Potagères, description et culture des principaux légumes des climats tempérés par Vilmorin-Andrieux, 1904.

Page 130 : *Céleri-rave,* in Les Plantes potagères, description et culture des principaux légumes des climats tempérés par Vilmorin-Andrieux, 1904.

Page 131, de haut en bas et de gauche à droite : *Chou-fleur, fenouil, échalottes et Claytonia,* in Les Plantes Potagères, description et culture des principaux légumes des climats tempérés par Vilmorin-Andrieux, 1904.

Pages 132 à 135 : *Haricots,* in Les Plantes Potagères, description et culture des principaux légumes des climats tempérés par Vilmorin-Andrieux, 1904.

Page 136 : *Potirons et melons,* in Les Plantes Potagères, description et culture des principaux légumes des climats tempérés par Vilmorin-Andrieux, 1904.

Page 137 : *Haricots,* in Les Plantes Potagères, description et culture des principaux légumes des climats tempérés par Vilmorin-Andrieux, 1904.

Page 138 : *Navets,* in Les Plantes Potagères, description et culture des principaux légumes des climats tempérés par Vilmorin-Andrieux, 1904.

Page 139, en haut et en bas à droite : *Pepo oblongus vulgatissimus et Napus,* in Matthiae de Lobel, Stirpium historia, 1626.

Page 140, en haut : *Pepo rotundus compressus Melonis effigie.* **En bas :** *Colocynthis et Balsamina.* In Matthiae de Lobel, Stirpium historia, 1626.

Page 141, en haut : *Raphanus.* **En bas :** *Pepo maximus indicus compressus.* In Matthiae de Lobel, Stirpium historia, 1626.

Page 142, à gauche : *Palma.* **A droite :** *Cerri.* In Matthiae de Lobel, Stirpium historia, 1626.

Page 143, de haut en bas et de gauche à droite : *Colocynthis pyriformis et Abies,* in Matthiae de Lobel, Stirpium historia, 1626.

Page 144, en haut : *Diosc et Abies.* **En bas :** *Larix.* In Matthiae de Lobel, Stirpium historia, 1626.

Pages 145 à 148 : *Champignons,* XIXe siècle.

Page 149 : *Malus aurantia striis aureis distincta,* in Abraham Munting, Ware Oeffening der Planten, 1672.

Pages 150 et 151 : *Fruits,* XVIIe siècle.

Page 152 : *Malus aurantia striis argentee variegata,* in Abraham Munting, Ware Oeffening der Planten, 1672.

Page 153 et 154 : *Illustrations botaniques,* XVIIIe-XIXe siècles.

Page 155 : *Guanabanus folio ficulneo,* in Abraham Munting, Ware Oeffening der Planten, 1672.

Pages 156 et 157 : *Fruits,* XIXe siècle.

Page 158 à 163 : *Agrumes,* XVIIIe siècle.

Page 164 : *Citrons,* XVIIe siècle.

Seites 122 bis 125: *Kürbis und Steinpilz,* in *Les Plantes Potagères, description et culture des principaux légumes des climats tempérés par Vilmorin-Andrieux,* 1904.
Seite 126: *Rosenkohl,* in *Les Plantes Potagères, description et culture des principaux légumes des climats tempérés par Vilmorin-Andrieux,* 1904.
Seite 127: *Endivie,* in *Les Plantes Potagères, description et culture des principaux légumes des climats tempérés par Vilmorin-Andrieux,* 1904.
Seites 128 und 129: *Kohlrabi, Weisskohl und Weissrübe,* in *Les Plantes Potagères, description et culture des principaux légumes des climats tempérés par Vilmorin-Andrieux,* 1904.
Seite 130: *Knollen-Sellerie,* in *Les Plantes potagères, description et culture des principaux légumes des climats tempérés par Vilmorin-Andrieux,* 1904.
Seite 131, von oben nach unten und von links nach rechts: *Blumenkohl, Fenchel, Schalotten und Claytonia,* in *Les Plantes Potagères, description et culture des principaux légumes des climats tempérés par Vilmorin-Andrieux,* 1904.
Seites 132 bis 135: *Bohnen,* in *Les Plantes Potagères, description et culture des principaux légumes des climats tempérés par Vilmorin-Andrieux,* 1904.
Seite 136: *Steinpilz und Melonen,* in *Les Plantes Potagères, description et culture des principaux légumes des climats tempérés par Vilmorin-Andrieux,* 1904.
Seite 137: *Bohnen,* in *Les Plantes Potagères, description et culture des principaux légumes des climats tempérés par Vilmorin-Andrieux,* 1904.
Seite 138: *Weissrüben,* in *Les Plantes Potagères, description et culture des principaux légumes des climats tempérés par Vilmorin-Andrieux,* 1904.
Seite 139, oben und unten, rechts: *Pepo oblongus vulgatissimus, und Napus,* in Matthiae de Lobel, *Stirpium historia,* 1626.
Seite 140, oben: *Pepo rotundus compressus Melonis effigie.* **Unten:** *Colocynthis und Balsamina.* In Matthiae de Lobel, *Stirpium historia,* 1626.
Seite 141, oben: *Raphanus.* **Unten:** *Pepo maximus indicus compressus.* In Matthiae de Lobel, *Stirpium historia,* 1626.
Seite 142, links: *Palma.* **Rechts:** *Cerri.* In Matthiae de Lobel, *Stirpium historia,* 1626.
Seite 143, von oben nach unten und von links nach rechts: *Colocynthis pyriformis und Abies,* in Matthiae de Lobel, *Stirpium historia,* 1626.
Seite 144, oben: *Diosc und Abies.* **Unten:** *Larix.* In Matthiae de Lobel, *Stirpium historia,* 1626.
Seites 145 bis 148: *Pilze,* 19. Jahrh.
Seite 149: *Malus aurantia striis aureis distincta,* in Abraham Munting, *Ware Oeffening der Planten,* 1672.
Seites 150 und 151: *Früchte,* 17. Jahrh.
Seite 152: *Malus aurantia striis argentee variegata,* in Abraham Munting, *Ware Oeffening der Planten,* 1672.
Seite 153 und 154: *Botanische Illustrationen,* 18.–19. Jahrh.
Seite 155: *Guanabanus folio ficulneo,* in Abraham Munting, *Ware Oeffening der Planten,* 1672.
Seites 156 und 157: *Früchte,* 19. Jahrh.
Seite 158 bis 163: *Zitrusfrüchte,* 18. Jahrh.

Páginas 122 hasta 125: *Calabacines y calabazas,* en *Les Plantes Potagères, description et culture des principaux légumes des climats tempérés par Vilmorin-Andrieux,* 1904.
Página 126: *Coles de Bruselas,* en *Les Plantes Potagères, description et culture des principaux légumes des climats tempérés par Vilmorin-Andrieux,* 1904.
Página 127: *Achicoria,* en *Les Plantes Potagères, description et culture des principaux légumes des climats tempérés par Vilmorin-Andrieux,* 1904.
Páginas 128 y 129: *Colinabos y nabos,* en *Les Plantes Potagères, description et culture des principaux légumes des climats tempérés par Vilmorin-Andrieux,* 1904.
Página 130: *Apio nabo,* en *Les Plantes potagères, description et culture des principaux légumes des climats tempérés par Vilmorin-Andrieux,* 1904.
Página 131, de arriba abajo y de izquierda a derecha: *Coliflor, hinojo, chalotes y Claytonia,* en *Les Plantes Potagères, description et culture des principaux légumes des climats tempérés par Vilmorin-Andrieux,* 1904.
Páginas 132 hasta 135: *Judías,* en *Les Plantes Potagères, description et culture des principaux légumes des climats tempérés par Vilmorin-Andrieux,* 1904.
Página 136: *Calabaza y melones,* en *Les Plantes Potagères, description et culture des principaux légumes des climats tempérés par Vilmorin-Andrieux,* 1904.
Página 137: *Judías,* en *Les Plantes Potagères, description et culture des principaux légumes des climats tempérés par Vilmorin-Andrieux,* 1904.
Página 138: *Nabos,* en *Les Plantes Potagères, description et culture des principaux légumes des climats tempérés par Vilmorin-Andrieux,* 1904.
Página 139, arriba y abajo a la derecha: *Pepo oblongus vulgatissimus y Napus,* en Matthiae de Lobel, *Stirpium historia,* 1626.
Página 140, arriba: *Pepo rotundus compressus Melonis effigie.* **Abajo:** *Colocynthis y Balsamina.* En Matthiae de Lobel, *Stirpium historia,* 1626.
Página 141, arriba: *Raphanus.* **Abajo:** *Pepo maximus indicus compressus.* En Matthiae de Lobel, *Stirpium historia,* 1626.
Página 142, a la izquierda: *Palma.* **A la derecha** *Cerri.* En Matthiae de Lobel, *Stirpium historia,* 1626.
Página 143, de arriba abajo y de izquierda a derecha: *Colocynthis pyriformis y Abies,* en Matthiae de Lobel, *Stirpium historia,* 1626.
Página 144, arriba: *Diosc y Abies.* **Abajo:** *Larix.* En Matthiae de Lobel, *Stirpium historia,* 1626.
Páginas 145 hasta 148: *Setas,* siglo XIX.
Página 149: *Malus aurantia striis aureis distincta,* en Abraham Munting, *Ware Oeffening der Planten,* 1672.
Páginas 150 y 151: *Frutas,* siglo XVII.
Página 152: *Malus aurantia striis argentee variegata,* en Abraham Munting, *Ware Oeffening der Planten,* 1672.
Página 153 y 154: *Ilustraciones botánicas,* siglos XVIII-XIX.
Página 155: *Guanabanus folio ficulneo,* en Abraham Munting, *Ware Oeffening der Planten,* 1672.
Páginas 156 y 157: *Frutas,* siglo XIX.
Página 158 hasta 163: *Cítricos,* siglo XVIII.

Page 165: *Pineapple*, in *Les Plantes Potagères, description et culture des principaux légumes des climats tempérés par Vilmorin-Andrieux*, 1904.
Page 166, left: *Vignettes*, 19th century. **Right:** *Ananas sylvestris*, in Abraham Munting, *Ware Oeffening der Planten*, 1672.
Page 167: *Pineapple*, in Abraham Munting, *Ware Oeffening der Planten*, 1672.
Page 168: *Vitis virginiana folis laciniatis*, in Abraham Munting, *Ware Oeffening der Planten*, 1672.
Page 169: *Vignettes*, 19th century.
Pages 170 to 181: *Stencils*, 19th century.
Page 182: Paul Lamoitier, *La Décoration des Tissus*, 1908.
Pages 183 to 185: *Typographic ornaments*, 19th century.
Page 186: Paul Lamoitier, *La Décoration des Tissus*, 1908.
Page 187: *Typographic ornaments*, 19th century.
Pages 188 to 203: Paul Lamoitier, *La Décoration des Tissus*, 1908.
Pages 204 to 215: *Indian motifs*, 19th century.
Pages 216 to 223: *Leaves and Flowers from Nature*, in Owen Jones, *The Grammar of Ornament*, 1865.
Page 224: *Chapter heading*, flate 19th century.
Page 225: *Typographic frame*, 19th century.
Page 226: *Chapter heading and frame*, 19th century.
Page 227: *Typographic frame*, late 19th century.
Page 228: *Typographic ornaments*, 19th century.
Page 229: *Typographic frame*, late 19th century.
Page 230, top: *Hollandsche Ornamenten*, in *Spécimen général de la Fonderie d'Amsterdam*, Amsterdam, n.d. **Bottom:** *Typographic ornaments*, 19th century.
Pages 231 and 232: *Typographic ornaments*, 19th century.
Page 233: *Typographic frame*, 19th century.
Page 234, top: *Typographic ornaments*, 19th century. **Bottom:** *Pictura-Ornamenten*, in *Spécimen général de la Fonderie d'Amsterdam*, Amsterdam, n.d.
Page 235, top: L. Vulliamy, *Design in white marble, Palazzo Mattei*, Rome, 19th century. **Bottom:** *Typographic ornaments*, 19th century.
Page 236: *Typographic frame*, 19th century.
Pages 237 to 244: *Typographic ornaments*, 19th century.
Page 245: Paul Lamoitier. *La Décoration des Tissus*, 1908.
Page 246 to 249 : *Typographic ornaments*, 19th century.
Page 250, top: *Typographic ornaments*, 19th century. **Bottom:** *Silhouet-Randen*, in *Spécimen général de la Fonderie d'Amsterdam*, Amsterdam, n.d.
Page 251: *Typographic ornaments*, 19th century.
Page 252: *Natura-Ornamenten*, in *Spécimen général de la Fonderie d'Amsterdam*, Amsterdam, n.d.
Page 253, top: *Typographic ornament*, 19th century. **Bottom:** *Hollandsche Ornamenten*, in *Spécimen général de la Fonderie d'Amsterdam*, Amsterdam, n.d.
Page 254, from top to bottom: *Pictura-Ornamenten* and *Boek-Randen*, in *Spécimen général de la Fonderie d'Amsterdam*, Amsterdam, n.d.
Page 255: *Twijgenrand*, in *Spécimen général de la Fonderie d'Amsterdam*, Amsterdam, n.d.

Page 165 : *Ananas*, in *Les Plantes Potagères, description et culture des principaux légumes des climats tempérés par Vilmorin-Andrieux*, 1904.
Page 166, à gauche : *Vignettes*, XIXe siècle. **À droite :** *Ananas sylvestris*, in Abraham Munting, *Ware Oeffening der Planten*, 1672.
Page 167 : *Ananas*, in Abraham Munting, *Ware Oeffening der Planten*, 1672.
Page 168 : *Vitis virginiana folis laciniatis*, in Abraham Munting, *Ware Oeffening der Planten*, 1672.
Page 169 : *Vignettes*, XIXe siècle.
Pages 170 à 181 : *Pochoirs*, XIXe siècle.
Page 182 : Paul Lamoitier, *La Décoration des Tissus*, 1908.
Pages 183 à 185 : *Ornements typographiques*, XIXe siècle.
Page 186 : Paul Lamoitier, *La Décoration des Tissus*, 1908.
Page 187 : *Ornements typographiques*, XIXe siècle.
Pages 188 à 203 : Paul Lamoitier, *La Décoration des Tissus*, 1908.
Pages 204 à 215 : *Motifs d'indiennes*, XIXe siècle.
Pages 216 à 223 : *Feuilles et fleurs d'après nature*, in Owen Jones, *La Grammaire de l'Ornement*, 1865.
Page 224 : *Tête de chapitre*, fin XIXe siècle.
Page 225 : *Encadrement typographique*, XIXe siècle.
Page 226 : *Tête de chapitre et encadrement*, XIXe siècle.
Page 227 : *Encadrement typographique*, fin XIXe siècle.
Page 228 : *Ornements typographiques*, XIXe siècle.
Page 229 : *Encadrement typographique*, fin XIXe siècle.
Page 230, en haut : *Hollandsche Ornamenten*, in *Spécimen général de la Fonderie d'Amsterdam*, Amsterdam, s.d. **En bas :** *Ornements typographiques*, XIXe siècle.
Pages 231 et 232 : *Ornements typographiques*, XIXe siècle.
Page 233 : *Encadrement typographique*, XIXe siècle.
Page 234, en haut : *Ornements typographiques*, XIXe siècle. **En bas :** *Pictura-Ornamenten*, in *Spécimen général de la Fonderie d'Amsterdam*, Amsterdam, s.d.
Page 235, en haut : L. Vulliamy, *Fragment en marbre blanc du palais Mattei*, Rome, XIXe siècle. **En bas :** *Ornements typographiques*, XIXe siècle.
Page 236 : *Encadrement typographique*, XIXe siècle.
Pages 237 à 244 : *Ornements typographiques*, XIXe siècle.
Page 245 : Paul Lamoitier. *La Décoration des Tissus*, 1908.
Page 246 à 249 : *Ornements typographiques*, XIXe siècle.
Page 250, en haut : *Ornements typographiques*, XIXe siècle. **En bas :** *Silhouet-Randen*, in *Spécimen général de la Fonderie d'Amsterdam*, Amsterdam, s.d.
Page 251 : *Ornements typographiques*, XIXe siècle.
Page 252 : *Natura-Ornamenten*, in *Spécimen général de la Fonderie d'Amsterdam*, Amsterdam, s.d.
Page 253, en haut : *Ornement typographique*, XIXe siècle. **En bas :** *Hollandsche Ornamenten*, in *Spécimen général de la Fonderie d'Amsterdam*, Amsterdam, s.d.
Page 254, de haut en bas : *Pictura-Ornamenten* et *Boek-Randen*, in *Spécimen général de la Fonderie d'Amsterdam*, Amsterdam, s.d.
Page 255 : *Twijgenrand*, in *Spécimen général de la Fonderie d'Amsterdam*, Amsterdam, s.d.

Seite 164: *Zitronen*, 17. Jahrh.
Seite 165: *Ananas*, in *Les Plantes Potagères, description et culture des principaux légumes des climats tempérés par Vilmorin-Andrieux*, 1904.
Seite 166, links: *Vignetten*, 19. Jahrh. **Rechts:** *Ananas sylvestris*, in Abraham Munting, *Ware Oeffening der Planten*, 1672.
Seite 167: *Ananas*, in Abraham Munting, *Ware Oeffening der Planten*, 1672.
Seite 168: *Vitis virginiana folis laciniatis*, in Abraham Munting, *Ware Oeffening der Planten*, 1672.
Seite 169: *Vignetten*, 19. Jahrh.
Seites 170 bis 181: *Schablonen*, 19. Jahrh.
Seite 182: Paul Lamoitier, *La Décoration des Tissus*, 1908.
Seites 183 bis 185: *Typographische Ornamente*, 19. Jahrh.
Seite 186: Paul Lamoitier, *La Décoration des Tissus*, 1908.
Seite 187: *Typographische Ornamente*, 19. Jahrh.
Seites 188 bis 203: Paul Lamoitier, *La Décoration des Tissus*, 1908.
Seites 204 bis 215: *Indische Motive*, 19. Jahrh.
Seites 216 bis 223: *Blätter und Blüten nach der Natur*, in Owen Jones, *La Grammaire de l'Ornement*, 1865.
Seite 224: *Kapitelköpfe*, Ende 19. Jahrh.
Seite 225: *Typographischer Rahmen*, 19. Jahrh.
Seite 226: *Kapitelköpfe und Rahmen*, 19. Jahrh.
Seite 227: *Typographischer Rahmen*, Ende 19. Jahrh.
Seite 228: *Typographische Ornamente*, 19. Jahrh.
Seite 229: *Typographischer Rahmen*, Ende 19. Jahrh.
Seite 230, oben: *Hollandsche Ornamenten*, in *Spécimen général de la Fonderie d'Amsterdam*, Amsterdam, s.d. **Unten:** *Typographische Ornamente*, 19. Jahrh.
Seites 231 und 232: *Typographische Ornamente*, 19. Jahrh.
Seite 233: *Typographischer Rahmen*, 19. Jahrh.
Seite 234, oben: *Typographische Ornamente*, 19. Jahrh. **Unten:** *Pictura-Ornamenten*, in *Spécimen général de la Fonderie d'Amsterdam*, Amsterdam, s.d.
Seite 235, oben: L. Vulliamy, *Fragmente in weissem Marmor vom Mattei Palast*, Rom, 19. Jahrh. **Unten:** *Typographische Ornamente*, 19. Jahrh.
Seite 236: *Typographischer Rahmen*, 19. Jahrh.
Seites 237 bis 244: *Typographische Ornamente*, 19. Jahrh.
Seite 245: Paul Lamoitier. *La Décoration des Tissus*, 1908.
Seite 246 bis 249: *Typographische Ornamente*, 19. Jahrh.
Seite 250, oben: *Typographische Ornamente*, 19. Jahrh. **Unten:** *Silhouet-Randen*, in *Spécimen général de la Fonderie d'Amsterdam*, Amsterdam, s.d.
Seite 251: *Typographische Ornamente*, 19. Jahrh.
Seite 252: *Natura-Ornamenten*, in *Spécimen général de la Fonderie d'Amsterdam*, Amsterdam, s.d.
Seite 253, oben: *Typographische Ornamente*, 19. Jahrh. **Unten:** *Hollandsche Ornamenten*, in *Spécimen général de la Fonderie d'Amsterdam*, Amsterdam, s.d.
Seite 254, von oben nach unten: *Pictura-Ornamenten* und *Boek-Randen*, in *Spécimen général de la Fonderie d'Amsterdam*, Amsterdam, s.d.
Seite 255: *Twijgenrand*, in *Spécimen général de la Fonderie d'Amsterdam*, Amsterdam, s.d.

Página 164: *Limones*, siglo XVII.
Página 165: *Ananás*, en *Les Plantes Potagères, description et culture des principaux légumes des climats tempérés par Vilmorin-Andrieux*, 1904.
Página 166, a la izquierda: *Mercuriales*, siglo XIX. **A la derecha:** *Ananás sylvestris*, en Abraham Munting, *Ware Oeffening der Planten*, 1672.
Página 167: *Ananás*, en Abraham Munting, *Ware Oeffening der Planten*, 1672.
Página 168: *Vitis virginiana folis laciniatis*, en Abraham Munting, *Ware Oeffening der Planten*, 1672.
Página 169: *Mercuriales*, siglo XIX.
Páginas 170 hasta 181: *Plantillas*, siglo XIX.
Página 182: Paul Lamoitier, *La Décoration des Tissus*, 1908.
Páginas 183 hasta 185: *Ornamentos tipográficos*, siglo XIX.
Página 186: Paul Lamoitier, *La Décoration des Tissus*, 1908.
Página 187: *Ornamentos tipográficos*, siglo XIX.
Páginas 188 hasta 203: Paul Lamoitier, *La Décoration des Tissus*, 1908.
Páginas 204 hasta 215: *Motivos de indias*, siglo XIX.
Páginas 216 hasta 223: *Hojas y Flores a imitacion de la naturaleza*, en Owen Jones, *La Gramatica del ornamento*, 1865.
Página 224: *Cabeza de capítulo*, fin del siglo XIX.
Página 225: *Recuadro tipográfico*, siglo XIX.
Página 226: *Cabeza de capítulo y recuadros*, siglo XIX.
Página 227: *Recuadro tipográfico*, fin del siglo XIX.
Página 228: *Ornamentos tipográficos*, siglo XIX.
Página 229: *Recuadro tipográfico*, fin del siglo XIX.
Página 230, arriba: *Hollandsche Ornamenten*, en *Spécimen général de la Fonderie d'Amsterdam*, Amsterdam, s.d. **Abajo:** *Ornamentos tipográficos*, siglo XIX.
Páginas 231 y 232: *Ornamentos tipográficos*, siglo XIX.
Página 233: *Recuadro tipográfico*, siglo XIX.
Página 234, arriba: *Ornamentos tipográficos*, siglo XIX. **Abajo:** *Pictura-Ornamenten*, en *Spécimen général de la Fonderie d'Amsterdam*, Amsterdam, s.d.
Página 235, arriba: L. Vulliamy, *Fragment en marbre blanc du palais Mattei*, Roma, siglo XIX. **Abajo:** *Ornamentos tipográficos*, siglo XIX.
Página 236: *Recuadro tipográfico*, siglo XIX.
Páginas 237 hasta 244: *Ornamentos tipográficos*, siglo XIX.
Página 245: Paul Lamoitier. *La Décoration des Tissus*, 1908.
Página 246 hasta 249: *Ornamentos tipográficos*, siglo XIX.
Página 250, arriba: *Ornamentos tipográficos*, siglo XIX. **Abajo:** *Silhouet-Randen*, en *Spécimen général de la Fonderie d'Amsterdam*, Amsterdam, s.d.
Página 251: *Ornamentos tipográficos*, siglo XIX.
Página 252: *Natura-Ornamenten*, en *Spécimen général de la Fonderie d'Amsterdam*, Amsterdam, s.d.
Página 253, arriba: *Ornamento tipográfico*, siglo XIX. **Abajo:** *Hollandsche Ornamenten*, en *Spécimen général de la Fonderie d'Amsterdam*, Amsterdam, s.d.
Página 254, de arriba abajo: *Pictura-Ornamenten* y *Boek-Randen*, en *Spécimen général de la Fonderie d'Amsterdam*, Amsterdam, s.d.
Página 255: *Twijgenrand*, en *Spécimen général de la Fonderie d'Amsterdam*, Amsterdam, s.d.

Pages 256 and 257: *Typographic ornaments,* 19th century.
Page 258: *Blad-Versieringen,* in *Spécimen général de la Fonderie d'Amsterdam,* Amsterdam, n.d.
Pages 259 and 260: *Typographic ornaments,* 19th century.
Page 261: *Blad-Versieringen,* in *Spécimen général de la Fonderie d'Amsterdam,* Amsterdam, n.d.
Pages 262 to 265: *Typographic ornaments,* 19th century.
Page 266: *Flora-Rand,* in *Spécimen général de la Fonderie d'Amsterdam,* Amsterdam, n.d. **Center:** *Typographic ornaments,* 19th century.
Page 267, top: *Typographic frame,* in *Spécimen général de la Fonderie d'Amsterdam,* Amsterdam, n.d. **Bottom:** *Typographic ornaments,* 19th century.
Page 268 : *Typographic frame,* 19th century. **Center:** Paul Lamoitier. *La Décoration des Tissus,* 1908.
Page 269 : *Hollandsche Ornamenten;* **center:** *Onderdrukken,* in *Spécimen général de la Fonderie d'Amsterdam,* Amsterdam, n.d.
Pages 270 and 271: *Typographic ornaments,* 19th century.
Page 272: *Hollandsche Ornamenten,* in *Spécimen général de la Fonderie d'Amsterdam,* Amsterdam, n.d.
Page 273, top: *Silhouet-Randen,* in *Spécimen général de la Fonderie d'Amsterdam,* Amsterdam, n.d. **Bottom:** *Typographic ornament,* 19th century.
Pages 274 and 275: *Hollandsche Ornamenten,* in *Spécimen général de la Fonderie d'Amsterdam,* Amsterdam, n.d.
Page 276, left: *Typographic ornaments,* 19th century. **Right:** *Simplex-Randen* and *Boek-Randen,* in *Spécimen général de la Fonderie d'Amsterdam,* Amsterdam, n.d.
Page 277: *Typographic ornaments,* 19th century. **Center:** *Onderdrukken (fonds),* in *Spécimen général de la Fonderie d'Amsterdam,* Amsterdam, n.d.
Page 278, from left to right: *Hollandsche Ornamenten, Bilderdijk-Vignetten,* in *Spécimen général de la Fonderie d'Amsterdam,* Amsterdam, n.d.
Page 279: *Hollandsche Ornamenten;* **center :** *Onderdrukken,* in *Spécimen général de la Fonderie d'Amsterdam,* Amsterdam, n.d.
Pages 280 and 281: *Pictura-Randen,* in *Spécimen général de la Fonderie d'Amsterdam,* Amsterdam, n.d.
Page 282, from top to bottom: *Bilderdijk-Vignetten, Hollandsche Ornamenten,* in *Spécimen général de la Fonderie d'Amsterdam,* Amsterdam, n.d.
Page 283: *Typographic ornaments,* 19th century.
Page 284, from top to bottom: *Hollandsche Ornamenten* and *Columbia-Randen,* in *Spécimen général de la Fonderie d'Amsterdam,* Amsterdam, n.d. **Center:** *Typographic ornaments,* 19th century.
Page 285: *Simplex-Randen,* in *Spécimen général de la Fonderie d'Amsterdam,* Amsterdam, n.d.
Page 286: *Typographic ornaments,* 19th century.
Page 287: *Boek-Randen;* **center:** *Onderdrukken,* in *Spécimen général de la Fonderie d'Amsterdam,* Amsterdam, n.d.
Page 288: *Amstel-Randen,* in *Spécimen général de la Fonderie d'Amsterdam,* Amsterdam, n.d.

Pages 256 et 257 : *Ornements typographiques,* XIXe siècle.
Page 258 : *Blad-Versieringen,* in *Spécimen général de la Fonderie d'Amsterdam,* Amsterdam, s.d.
Pages 259 et 260 : *Ornements typographiques,* XIXe siècle.
Page 261 : *Blad-Versieringen,* in *Spécimen général de la Fonderie d'Amsterdam,* Amsterdam, s.d.
Pages 262 à 265 : *Ornements typographiques,* XIXe siècle.
Page 266 : *Flora-Rand,* in *Spécimen général de la Fonderie d'Amsterdam,* Amsterdam, s.d. **Au centre :** *Ornements typographiques,* XIXe siècle.
Page 267, en haut : *Encadrement typographique,* in *Spécimen général de la Fonderie d'Amsterdam,* Amsterdam, s.d. **En bas :** *Ornements typographiques,* XIXe siècle.
Page 268 : *Cadre typographique,* XIXe siècle. **Au centre :** Paul Lamoitier. *La Décoration des Tissus,* 1908.
Page 269 : *Hollandsche Ornamenten;* **au centre :** *Onderdrukken,* in *Spécimen général de la Fonderie d'Amsterdam,* Amsterdam, s.d.
Pages 270 et 271 : *Ornements typographiques,* XIXe siècle.
Page 272 : *Hollandsche Ornamenten,* in *Spécimen général de la Fonderie d'Amsterdam,* Amsterdam, s.d.
Page 273, en haut : *Silhouet-Randen,* in *Spécimen général de la Fonderie d'Amsterdam,* Amsterdam, s.d. **En bas :** *Ornement typographique,* XIXe siècle.
Pages 274 et 275 : *Hollandsche Ornamenten,* in *Spécimen général de la Fonderie d'Amsterdam,* Amsterdam, s.d.
Page 276, à gauche : *Ornements typographiques,* XIXe siècle. **À droite :** *Simplex-Randen* et *Boek-Randen,* in *Spécimen général de la Fonderie d'Amsterdam,* Amsterdam, s.d.
Page 277 : *Ornements typographiques,* XIXe siècle. **Au centre :** *Onderdrukken (fonds),* in *Spécimen général de la Fonderie d'Amsterdam,* Amsterdam, s.d.
Page 278, de gauche à droite : *Hollandsche Ornamenten, Bilderdijk-Vignetten,* in *Spécimen général de la Fonderie d'Amsterdam,* Amsterdam, s.d.
Page 279 : *Hollandsche Ornamenten;* **au centre :** *Onderdrukken,* in *Spécimen général de la Fonderie d'Amsterdam,* Amsterdam, s.d.
Pages 280 et 281 : *Pictura-Randen,* in *Spécimen général de la Fonderie d'Amsterdam,* Amsterdam, s.d.
Page 282, de haut en bas : *Bilderdijk-Vignetten, Hollandsche Ornamenten,* in *Spécimen général de la Fonderie d'Amsterdam,* Amsterdam, s.d.
Page 283 : *Ornements typographiques,* XIXe siècle.
Page 284, de haut en bas : *Hollandsche Ornamenten* et *Columbia-Randen,* in *Spécimen général de la Fonderie d'Amsterdam,* Amsterdam, s.d. **Au centre :** *Ornements typographiques,* XIXe siècle.
Page 285 : *Simplex-Randen,* in *Spécimen général de la Fonderie d'Amsterdam,* Amsterdam, s.d.
Page 286 : *Ornements typographiques,* XIXe siècle.
Page 287 : *Boek-Randen;* **au centre :** *Onderdrukken,* in *Spécimen général de la Fonderie d'Amsterdam,* Amsterdam, s.d.
Page 288 : *Amstel-Randen,* in *Spécimen général de la Fonderie d'Amsterdam,* Amsterdam, s.d.

Seites 256 und 257: *Typographische Ornamente,* 19. Jahrh.
Seite 258: *Blad-Versieringen,* in *Spécimen général de la Fonderie d'Amsterdam,* Amsterdam, s.d.
Seites 259 und 260: *Typographische Ornamente,* 19. Jahrh.
Seite 261: *Blad-Versieringen,* in *Spécimen général de la Fonderie d'Amsterdam,* Amsterdam, s.d.
Seites 262 bis 265: *Typographische Ornamente,* 19. Jahrh.
Seite 266: *Flora-Rand,* in *Spécimen général de la Fonderie d'Amsterdam,* Amsterdam, s.d. **Mitte:** *Typographische Ornamente,* 19. Jahrh.
Seite 267, oben: *Typographischer Rahmen,* in *Spécimen général de la Fonderie d'Amsterdam,* Amsterdam, s.d. **Unten:** *Typographische Ornamente,* 19. Jahrh.
Seite 268: *Typographischer Rahmen,* 19. Jahrh. **Mitte:** Paul Lamoitier. *La Décoration des Tissus,* 1908.
Seite 269: *Hollandsche Ornamenten;* **mitte:** *Onderdrukken,* in *Spécimen général de la Fonderie d'Amsterdam,* Amsterdam, s.d.
Seites 270 und 271: *Typographische Ornamente,* 19. Jahrh.
Seite 272: *Hollandsche Ornamenten,* in *Spécimen général de la Fonderie d'Amsterdam,* Amsterdam, s.d.
Seite 273, oben: *Silhouet-Randen,* in *Spécimen général de la Fonderie d'Amsterdam,* Amsterdam, s.d. **Unten:** *Typographische Ornamente,* 19. Jahrh.
Seites 274 und 275: *Hollandsche Ornamenten,* in *Spécimen général de la Fonderie d'Amsterdam,* Amsterdam, s.d.
Seite 276, links: *Typographische Ornamente,* 19. Jahrh. **Rechts:** *Simplex-Randen* und *Boek-Randen,* in *Spécimen général de la Fonderie d'Amsterdam,* Amsterdam, s.d.
Seite 277: *Typographische Ornamente,* 19. Jahrh. **Mitte:** *Onderdrukken (fonds),* in *Spécimen général de la Fonderie d'Amsterdam,* Amsterdam, s.d.
Seite 278, von links nach rechts: *Hollandsche Ornamenten, Bilderdijk-Vignetten,* in *Spécimen général de la Fonderie d'Amsterdam,* Amsterdam, s.d.
Seite 279: *Hollandsche Ornamenten;* **mitte:** *Onderdrukken,* in *Spécimen général de la Fonderie d'Amsterdam,* Amsterdam, s.d.
Seites 280 und 281: *Pictura-Randen,* in *Spécimen général de la Fonderie d'Amsterdam,* Amsterdam, s.d.
Seite 282, von oben nach unten: *Bilderdijk-Vignetten, Hollandsche Ornamenten,* in *Spécimen général de la Fonderie d'Amsterdam,* Amsterdam, s.d.
Seite 283: *Typographische Ornamente,* 19. Jahrh.
Seite 284, von oben nach unten: *Hollandsche Ornamenten* und *Columbia-Randen,* in *Spécimen général de la Fonderie d'Amsterdam,* Amsterdam, s.d. **Mitte:** *Typographische Ornamente,* 19. Jahrh.
Seite 285: *Simplex-Randen,* in *Spécimen général de la Fonderie d'Amsterdam,* Amsterdam, s.d.
Seite 286: *Typographische Ornamente,* 19. Jahrh.
Seite 287: *Boek-Randen;* **mitte:** *Onderdrukken,* in *Spécimen général de la Fonderie d'Amsterdam,* Amsterdam, s.d.
Seite 288: *Amstel-Randen,* in *Spécimen général de la Fonderie d'Amsterdam,* Amsterdam, s.d.

Páginas 256 y 257: *Ornamentos tipográficos,* siglo XIX.
Página 258: *Blad-Versieringen,* en *Spécimen général de la Fonderie d'Amsterdam,* Amsterdam, s.d.
Páginas 259 y 260: *Ornamentos tipográficos,* siglo XIX.
Página 261: *Blad-Versieringen,* en *Spécimen général de la Fonderie d'Amsterdam,* Amsterdam, s.d.
Páginas 262 hasta 265: *Ornamentos tipográficos,* siglo XIX.
Página 266: *Flora-Rand,* en *Spécimen général de la Fonderie d'Amsterdam,* Amsterdam, s.d. **En el centro:** *Ornamentos tipográficos,* siglo XIX.
Página 267, arriba: *Recuadro tipográfico,* en *Spécimen général de la Fonderie d'Amsterdam,* Amsterdam, s.d. **Abajo:** *Ornamentos tipográficos,* siglo XIX.
Página 268: *Cuadro tipográfico,* siglo XIX. **En el centro:** Paul Lamoitier. *La Décoration des Tissus,* 1908.
Página 269: *Hollandsche Ornamenten;* **en el centro:** *Onderdrukken,* en *Spécimen général de la Fonderie d'Amsterdam,* Amsterdam, s.d.
Páginas 270 y 271: *Ornamentos tipográficos,* siglo XIX.
Página 272: *Hollandsche Ornamenten,* en *Spécimen général de la Fonderie d'Amsterdam,* Amsterdam, s.d.
Página 273, arriba: *Silhouet-Randen,* en *Spécimen général de la Fonderie d'Amsterdam,* Amsterdam, s.d. **Abajo:** *Ornamento tipográfico,* siglo XIX.
Páginas 274 y 275: *Hollandsche Ornamenten,* en *Spécimen général de la Fonderie d'Amsterdam,* Amsterdam, s.d.
Página 276, a la izquierda: *Ornamentos tipográficos,* siglo XIX. **A la derecha:** *Simplex-Randen* y *Boek-Randen,* en *Spécimen général de la Fonderie d'Amsterdam,* Amsterdam, s.d.
Página 277: *Ornamentos tipográficos,* siglo XIX. **En el centro:** *Onderdrukken (fondos),* en *Spécimen général de la Fonderie d'Amsterdam,* Amsterdam, s.d.
Página 278, de izquierda a derecha: *Hollandsche Ornamenten, Bilderdijk-Vignetten,* en *Spécimen général de la Fonderie d'Amsterdam,* Amsterdam, s.d.
Página 279: *Hollandsche Ornamenten;* **en el centro:** *Onderdrukken,* en *Spécimen général de la Fonderie d'Amsterdam,* Amsterdam, s.d.
Páginas 280 y 281: *Pictura-Randen,* en *Spécimen général de la Fonderie d'Amsterdam,* Amsterdam, s.d.
Página 282, de arriba abajo: *Bilderdijk-Vignetten, Hollandsche Ornamenten,* en *Spécimen général de la Fonderie d'Amsterdam,* Amsterdam, s.d.
Página 283: *Ornamentos tipográficos,* siglo XIX.
Página 284, de arriba abajo: *Hollandsche Ornamenten* y *Columbia-Randen,* en *Spécimen général de la Fonderie d'Amsterdam,* Amsterdam, s.d. **En el centro:** *Ornamentos tipográficos,* siglo XIX.
Página 285: *Simplex-Randen,* en *Spécimen général de la Fonderie d'Amsterdam,* Amsterdam, s.d.
Página 286: *Ornamentos tipográficos,* siglo XIX.
Página 287: *Boek-Randen;* **en el centro:** *Onderdrukken,* en *Spécimen général de la Fonderie d'Amsterdam,* Amsterdam, s.d.
Página 288: *Amstel-Randen,* en *Spécimen général de la Fonderie d'Amsterdam,* Amsterdam, s.d.

Page 289, from top to bottom and left to right: *Venus-Ornamenten, Pictura-Ornamenten, Boek-Randen,* in *Spécimen général de la Fonderie d'Amsterdam,* Amsterdam, n.d. **Top center:** L.F. Day. *Entwürfe für Flächen-Dekoration,* in L.F. Day, *Some Principles of Every Day Art,* 19th century.

Page 290 : *Amstel-Randen,* in *Spécimen général de la Fonderie d'Amsterdam,* Amsterdam, n.d.

Page 291, top: Paul Lamoitier, *La Décoration des tissus,* 1908. **Bottom:** *Hollandsche Ornamenten,* in *Spécimen général de la Fonderie d'Amsterdam,* Amsterdam, n.d.

Pages 292, from top to bottom: *Rosalia-Versieringen,* in : *Spécimen général de la Fonderie d'Amsterdam,* Amsterdam, n.d. **Top center:** L.F. Day. *Entwürfe für Flächen-Dekoration,* in L.F. Day, *Some Principles of Every Day Art,* 19th century.

Page 293: *Bilderdijk-Vignetten,* in *Spécimen général de la Fonderie d'Amsterdam,* Amsterdam, n.d.

Page 294, top left: *Pictura-Ornamenten,* **top right and bottom:** *Simplex-randen,* in *Spécimen général de la Fonderie d'Amsterdam,* Amsterdam, n.d.

Pages 295 and 296: *Simplex-Randen,* in *Spécimen général de la Fonderie d'Amsterdam,* Amsterdam, n.d.

Page 297: *Columbia-Randen,* in *Spécimen général de la Fonderie d'Amsterdam,* Amsterdam, n.d.

Page 298: *Morris-Rand,* in *Spécimen général de la Fonderie d'Amsterdam,* Amsterdam, n.d.

Page 299: *Silhouet-Randen,* in *Spécimen général de la Fonderie d'Amsterdam,* Amsterdam, n.d.

Page 300, top : *Randlijnen,* in *Spécimen général de la Fonderie d'Amsterdam,* Amsterdam, n.d. **Center:** *Typographic ornaments,* 19th century. **Bottom:** *Chapter heading ornaments.*

Page 301, from left to right: *Hollandsche Ornamenten, Columbia-Rand,* in *Spécimen général de la Fonderie d'Amsterdam,* Amsterdam, n.d. **Bottom center:** Johannot (F). *Embroidery designs,* n.d.

Page 302: *Moderne Advertentieranden,* in *Spécimen général de la Fonderie d'Amsterdam,* Amsterdam, n.d.

Pages 303 and 304: *Da Costa-Ornamenten,* in *Spécimen général de la Fonderie d'Amsterdam,* Amsterdam, n.d.

Page 305, from top to bottom: *Boek-Randen* and *Regelvulstukjes,* in *Spécimen général de la Fonderie d'Amsterdam,* Amsterdam, n.d.

Page 306: *Pluralia-Ornamenten,* in *Spécimen général de la Fonderie d'Amsterdam,* Amsterdam, n.d.

Page 307: *Rosalia-Versieringen,* in *Spécimen général de la Fonderie d'Amsterdam,* Amsterdam, n.d.

Page 308: *Bilderdijh-Ornamenten,* in *Spécimen général de la Fonderie d'Amsterdam,* Amsterdam, n.d.

Page 309: *Rosalia-Versieringen,* in *Spécimen général de la Fonderie d'Amsterdam,* Amsterdam, n.d.

Page 310: *Bloemrandjes,* in *Spécimen général de la Fonderie d'Amsterdam,* Amsterdam, n.d.

Page 311, from top to bottom: *Bilderdijk-Vignetten, Rosalia-Versieringen,* in *Spécimen général de la Fonderie d'Amsterdam,* Amsterdam, n.d.

Page 289, de haut en bas et de gauche à droite : *Venus-Ornamenten, Pictura-Ornamenten, Boek-Randen,* in *Spécimen général de la Fonderie d'Amsterdam,* Amsterdam, s.d. **En haut au centre :** L.F. Day. *Entwürfe für Flächen-Dekoration,* in L.F. Day, *Some Principles of Every Day Art,* XIXe siècle.

Page 290 : *Amstel-Randen,* in *Spécimen général de la Fonderie d'Amsterdam,* Amsterdam, s.d.

Page 291, haut : Paul Lamoitier, *La Décoration des tissus,* 1908. **Bas :** *Hollandsche Ornamenten,* in *Spécimen général de la Fonderie d'Amsterdam,* Amsterdam, s.d.

Pages 292, de haut en bas : *Rosalia-Versieringen,* in : *Spécimen général de la Fonderie d'Amsterdam,* Amsterdam, s.d. **En haut au centre :** L.F. Day. *Entwürfe für Flächen-Dekoration,* in L.F. Day, *Some Principles of Every Day Art,* XIXe siècle.

Page 293 : *Bilderdijk-Vignetten,* in *Spécimen général de la Fonderie d'Amsterdam,* Amsterdam, s.d.

Page 294, en haut, à gauche : *Pictura-Ornamenten,* **en haut à droite et en bas :** *Simplex-randen,* in *Spécimen général de la Fonderie d'Amsterdam,* Amsterdam, s.d.

Pages 295 et 296 : *Simplex-Randen,* in *Spécimen général de la Fonderie d'Amsterdam,* Amsterdam, s.d.

Page 297 : *Columbia-Randen,* in *Spécimen général de la Fonderie d'Amsterdam,* Amsterdam, s.d.

Page 298 : *Morris-Rand,* in *Spécimen général de la Fonderie d'Amsterdam,* Amsterdam, s.d.

Page 299 : *Silhouet-Randen,* in *Spécimen général de la Fonderie d'Amsterdam,* Amsterdam, s.d.

Page 300, en haut : *Randlijnen,* in *Spécimen général de la Fonderie d'Amsterdam,* Amsterdam, s.d. **Au centre :** *Ornements typographiques,* XIXe siècle. **En bas :** *Ornement de tête de chapitre.*

Page 301, de gauche à droite : *Hollandsche Ornamenten, Columbia-Rand,* in *Spécimen général de la Fonderie d'Amsterdam,* Amsterdam, s.d. **En bas au centre :** Johannot (F). *Dessins de broderie,* s.d.

Page 302 : *Moderne Advertentieranden,* in *Spécimen général de la Fonderie d'Amsterdam,* Amsterdam, s.d.

Pages 303 et 304 : *Da Costa-Ornamenten,* in *Spécimen général de la Fonderie d'Amsterdam,* Amsterdam, s.d.

Page 305, de haut en bas : *Boek-Randen* et *Regelvulstukjes,* in *Spécimen général de la Fonderie d'Amsterdam,* Amsterdam, s.d.

Page 306 : *Pluralia-Ornamenten,* in *Spécimen général de la Fonderie d'Amsterdam,* Amsterdam, s.d.

Page 307 : *Rosalia-Versieringen,* in *Spécimen général de la Fonderie d'Amsterdam,* Amsterdam, s.d.

Page 308 : *Bilderdijh-Ornamenten,* in *Spécimen général de la Fonderie d'Amsterdam,* Amsterdam, s.d.

Page 309 : *Rosalia-Versieringen,* in *Spécimen général de la Fonderie d'Amsterdam,* Amsterdam, s.d.

Page 310 : *Bloemrandjes,* in *Spécimen général de la Fonderie d'Amsterdam,* Amsterdam, s.d.

Page 311, de haut en bas : *Bilderdijk-Vignetten, Rosalia-Versieringen,* in *Spécimen général de la Fonderie d'Amsterdam,* Amsterdam, s.d.

Seite 289, von oben nach unten und von links nach rechts: *Venus-Ornamenten, Pictura-Ornamenten, Boek-Randen,* in *Spécimen général de la Fonderie d'Amsterdam,* Amsterdam, s.d. **Oben, mitte:** L.F. Day. *Entwürfe für Flächen-Dekoration,* in L.F. Day, *Some Principles of Every Day Art,* 19. Jahrh.
Seite 290: *Amstel-Randen,* in *Spécimen général de la Fonderie d'Amsterdam,* Amsterdam, s.d.
Seite 291, oben: Paul Lamoitier, *La Décoration des tissus,* 1908. **Unten:** *Hollandsche Ornamenten,* in *Spécimen général de la Fonderie d'Amsterdam,* Amsterdam, s.d.
Seites 292, von oben nach unten: *Rosalia-Versieringen,* in: *Spécimen général de la Fonderie d'Amsterdam,* Amsterdam, s.d. **Oben, mitte:** L.F. Day. *Entwürfe für Flächen-Dekoration,* in L.F. Day, *Some Principles of Every Day Art,* 19. Jahrh.
Seite 293: *Bilderdijk-Vignetten,* in *Spécimen général de la Fonderie d'Amsterdam,* Amsterdam, s.d.
Seite 294, oben, links: *Pictura-Ornamenten,* **oben, rechts und unten:** *Simplex-randen,* in *Spécimen général de la Fonderie d'Amsterdam,* Amsterdam, s.d.
Seites 295 und 296: *Simplex-Randen,* in *Spécimen général de la Fonderie d'Amsterdam,* Amsterdam, s.d.
Seite 297: *Columbia-Randen,* in *Spécimen général de la Fonderie d'Amsterdam,* Amsterdam, s.d.
Seite 298: *Morris-Rand,* in *Spécimen général de la Fonderie d'Amsterdam,* Amsterdam, s.d.
Seite 299: *Silhouet-Randen,* in *Spécimen général de la Fonderie d'Amsterdam,* Amsterdam, s.d.
Seite 300, oben: *Randlijnen,* in *Spécimen général de la Fonderie d'Amsterdam,* Amsterdam, s.d. **Mitte:** *Typographische Ornamente,* 19. Jahrh. **Unten:** *Ornamente am Kapitel anfang.*
Seite 301, von links nach rechts: *Hollandsche Ornamenten, Columbia-Rand,* in *Spécimen général de la Fonderie d'Amsterdam,* Amsterdam, s.d. **Unten, mitte:** Johannot (F). *Stickmuster,* s.d.
Seite 302: *Moderne Advertentieranden,* in *Spécimen général de la Fonderie d'Amsterdam,* Amsterdam, s.d.
Seites 303 und 304: *Da Costa-Ornamenten,* in *Spécimen général de la Fonderie d'Amsterdam,* Amsterdam, s.d.
Seite 305, von oben nach unten: *Boek-Randen* und *Regelvulstukjes,* in *Spécimen général de la Fonderie d'Amsterdam,* Amsterdam, s.d.
Seite 306: *Pluralia-Ornamenten,* in *Spécimen général de la Fonderie d'Amsterdam,* Amsterdam, s.d.
Seite 307: *Rosalia-Versieringen,* in *Spécimen général de la Fonderie d'Amsterdam,* Amsterdam, s.d.
Seite 308: *Bilderdijh-Ornamenten,* in *Spécimen général de la Fonderie d'Amsterdam,* Amsterdam, s.d.
Seite 309: *Rosalia-Versieringen,* in *Spécimen général de la Fonderie d'Amsterdam,* Amsterdam, s.d.
Seite 310: *Bloemrandjes,* in *Spécimen général de la Fonderie d'Amsterdam,* Amsterdam, s.d.
Seite 311, von oben nach unten: *Bilderdijk-Vignetten, Rosalia-Versieringen,* in *Spécimen général de la Fonderie d'Amsterdam,* Amsterdam, s.d.

Página 289, de arriba abajo y de izquierda a derecha: *Venus-Ornamenten, Pictura-Ornamenten, Boek-Randen,* en *Spécimen général de la Fonderie d'Amsterdam,* Amsterdam, s.d. **Arriba en el centro:** L.F. Day. *Entwürfe für Flächen - Dekoration,* en L.F. Day, *Some Principles of Every Day Art,* siglo XIX.
Página 290: *Amstel-Randen,* en *Spécimen général de la Fonderie d'Amsterdam,* Amsterdam, s.d.
Página 291, arriba: Paul Lamoitier, *La Décoration des tissus,* 1908. **Abajo:** *Hollandsche Ornamenten,* en *Spécimen général de la Fonderie d'Amsterdam,* Amsterdam, s.d.
Páginas 292, de arriba abajo: *Rosalia-Versieringen,* en: *Spécimen général de la Fonderie d'Amsterdam,* Amsterdam, s.d. **Arriba en el centro:** L.F. Day. *Entwürfe für Flächen - Dekoration,* en L.F. Day, *Some Principles of Every Day Art,* siglo XIX.
Página 293: *Bilderdijk-Vignetten,* en *Spécimen général de la Fonderie d'Amsterdam,* Amsterdam, s.d.
Página 294, arriba, a la izquierda: *Pictura-Ornamenten,* **arriba a la derecha y abajo:** *Simplex-randen,* en *Spécimen général de la Fonderie d'Amsterdam,* Amsterdam, s.d.
Páginas 295 y 296: *Simplex-Randen,* en *Spécimen général de la Fonderie d'Amsterdam,* Amsterdam, s.d.
Página 297: *Columbia-Randen,* en *Spécimen général de la Fonderie d'Amsterdam,* Amsterdam, s.d.
Página 298: *Morris-Rand,* en *Spécimen général de la Fonderie d'Amsterdam,* Amsterdam, s.d.
Página 299: *Silhouet-Randen,* en *Spécimen général de la Fonderie d'Amsterdam,* Amsterdam, s.d.
Página 300, arriba: *Randlijnen,* en *Spécimen général de la Fonderie d'Amsterdam,* Amsterdam, s.d. **En el centro:** *Ornamentos tipográficos,* siglo XIX. **Abajo:** *Ornamento de cabeza de capítulo.*
Página 301, de izquierda a derecha: *Hollandsche Ornamenten, Columbia-Rand,* en *Spécimen général de la Fonderie d'Amsterdam,* Amsterdam, s.d. **Abajo en el centro:** Johannot (F). *Dibujos de bordados,* s.d.
Página 302: *Moderne Advertentieranden,* en *Spécimen général de la Fonderie d'Amsterdam,* Amsterdam, s.d.
Páginas 303 y 304: *Da Costa-Ornamenten,* en *Spécimen général de la Fonderie d'Amsterdam,* Amsterdam, s.d.
Página 305, de arriba abajo: *Boek-Randen, Regelvulstukjes,* en *Spécimen général de la Fonderie d'Amsterdam,* Amsterdam, s.d.
Página 306: *Pluralia-Ornamenten,* en *Spécimen général de la Fonderie d'Amsterdam,* Amsterdam, s.d.
Página 307: *Rosalia-Versieringen,* en *Spécimen général de la Fonderie d'Amsterdam,* Amsterdam, s.d.
Página 308: *Bilderdijh-Ornamenten,* en *Spécimen général de la Fonderie d'Amsterdam,* Amsterdam, s.d.
Página 309: *Rosalia-Versieringen,* en *Spécimen général de la Fonderie d'Amsterdam,* Amsterdam, s.d.
Página 310: *Bloemrandjes,* en *Spécimen général de la Fonderie d'Amsterdam,* Amsterdam, s.d.
Página 311, de arriba abajo: *Bilderdijk-Vignetten, Rosalia-Versieringen,* en *Spécimen général de la Fonderie d'Amsterdam,* Amsterdam, s.d.

Page 312: *Venus-Ornamenten,* in *Spécimen général de la Fonderie d'Amsterdam,* Amsterdam, n.d.

Page 313: *Rosalia-Versieringen,* in *Spécimen général de la Fonderie d'Amsterdam,* Amsterdam, n.d.

Page 314, from top to bottom and left to right: *Bilderdijk-Vignetten, Regelvulstukjes, Rosalia-Versieringen,* in *Spécimen de la Fonderie d'Amsterdam,* Amsterdam, n.d.

Page 315: *Bilderdijk-Vignetten,* in *Spécimen général de la Fonderie d'Amsterdam,* Amsterdam, n.d.

Pages 316 to 318: *Amstel-Randen,* in *Spécimen général de la Fonderie d'Amsterdam,* Amsterdam, n.d.

Page 319, top: *Regelvulstukjes;* **bottom:** *Frame for ornamental capital,* in *Spécimen général de la Fonderie d'Amsterdam,* Amsterdam, n.d.

Page 320, top: *Frame for ornamental capital,* in *Spécimen général de la Fonderie d'Amsterdam,* Amsterdam, n.d. **Bottom:** Johannot (F). *Embroidery designs,* n.d.

Page 321, left: *Frame for ornamental capital,* in *Spécimen général de la Fonderie d'Amsterdam,* Amsterdam, n.d. **Right:** Paul Lamoitier, *La Décoration des Tissus,* 1908.

Page 322: *Fruit and flower borders.*

Page 323: Paul Lamoitier. *La Décoration des Tissus,* 1908.

Page 324: *Frame for ornamental capital,* in *Spécimen général de la Fonderie d'Amsterdam,* Amsterdam, n.d.

Pages 325 and 326: *Typographic ornaments,,* 19th century.

Page 327: *Typographic ornaments,* 19th century. **Center:** L.F. Day. *Entwürfe für Flächen-Dekoration,* in L.F. Day. *Some Principles of Every Day Art,* 19th century.

Page 328, center: Paul Lamoitier, *La Décoration des Tissus,* 1908. **Top and bottom:** *Typographic ornaments,* 19th century.

Pages 329 to 338: *Typographic ornaments,* 19th century.

Page 339: Paul Lamoitier. *La Décoration des Tissus,* 1908.

Page 340: *Typographic ornaments,* 19th century.

Page 341: Paul Lamoitier. *La Décoration des Tissus,* 1908.

Pages 342 to 344: Johannot (F). *Nouveaux Dessins de broderie,* n.d.

Page 345: Paul Lamoitier. *La Décoration des Tissus,* 1908.

Pages 346 and 347: Johannot (F). *Nouveaux Dessins de broderie,* n.d.

Page 348: Johannot (F). *Design for a bonnet.*

Page 349: Johannot (F). **Top:** *Design for a dress border.* **Bottom:** *Dessins de dentelles brodées sur Filoche,* n.d.

Page 350: Johannot (F). *Design for a bonnet.*

Page 351: Johannot (F). **Left:** *Design for a cape or a collar.* **Right:** *Dessins de dentelles brodées sur Filoche,* n.d.

Pages 352 to 354: Johannot (F). *Nouveaux Dessins de Broderie,* n.d.

Pages 355 to 360: Paul Lamoitier. *La Décoration des Tissus,* 1908.

Page 361: Johannot (F). **Left:** *Nouveaux Dessins de Broderie,* n.d. **Right:** *Dessins de dentelles brodées sur Filoche,* n.d.

Page 363: Paul Lamoitier. *La Décoration des Tissus,* 1908.

Page 312 : *Venus-Ornamenten,* in *Spécimen général de la Fonderie d'Amsterdam,* Amsterdam, s.d.

Page 313 : *Rosalia-Versieringen,* in *Spécimen général de la Fonderie d'Amsterdam,* Amsterdam, s.d.

Page 314, de gauche à droite et de haut en bas : *Bilderdijk-Vignetten, Regelvulstukjes, Rosalia-Versieringen,* in *Spécimen de la Fonderie d'Amsterdam,* Amsterdam, s.d.

Page 315 : *Bilderdijk-Vignetten,* in *Spécimen général de la Fonderie d'Amsterdam,* Amsterdam, s.d.

Pages 316 à 318 : *Amstel-Randen,* in *Spécimen général de la Fonderie d'Amsterdam,* Amsterdam, s.d.

Page 319, en haut : *Regelvulstukjes;* **en bas:** *Cadres pour lettrines.* in *Spécimen général de la Fonderie d'Amsterdam,* Amsterdam, s.d.

Page 320, en haut : *Cadres pour lettrines.,* in *Spécimen général de la Fonderie d'Amsterdam,* Amsterdam, s.d. **En bas :** Johannot (F). *Dessins de broderie,* s.d.

Page 321, à gauche : *Cadres pour lettrines,* in *Spécimen général de la Fonderie d'Amsterdam,* Amsterdam, s.d. **À droite :** Paul Lamoitier, *La Décoration des Tissus,* 1908.

Page 322 : *Bordures de fleurs et de fruits.*

Page 323 : Paul Lamoitier. *La Décoration des Tissus,* 1908.

Page 324 : *Cadres pour lettrines,* in *Spécimen général de la Fonderie d'Amsterdam,* Amsterdam, s.d.

Pages 325 et 326 : *Ornements typographiques,* XIXe siècle.

Page 327 : *Ornements typographiques,* XIXe siècle. **Au centre :** L.F. Day. *Entwürfe für Flächen-Dekoration,* in L.F. Day. *Some Principles of Every Day Art,* XIXe siècle.

Page 328, au centre : Paul Lamoitier, *La Décoration des Tissus,* 1908. **Autour :** *Ornements typographiques,* XIXe siècle.

Pages 329 à 338 : *Ornements typographiques,* XIXe siècle.

Page 339 : Paul Lamoitier. *La Décoration des Tissus,* 1908.

Page 340 : *Ornements typographiques,* XIXe siècle.

Page 341 : Paul Lamoitier. *La Décoration des Tissus,* 1908.

Pages 342 à 344 : Johannot (F). *Nouveaux Dessins de broderie,* s.d.

Page 345 : Paul Lamoitier. *La Décoration des Tissus,* 1908.

Pages 346 et 347 : Johannot (F). *Nouveaux Dessins de broderie,* s.d.

Page 348 : Johannot (F). *Dessin d'un chapeau en Capote.*

Page 349 : Johannot (F). **En haut :** *Dessin d'une Bordure de Robe.* **En bas :** *Dessins de dentelles brodées sur Filoche,* s.d.

Page 350 : Johannot (F). *Dessin d'un chapeau en Capote,* s.d.

Page 351 : Johannot (F). **À gauche :** *Dessin de Pelerine ou Collerette.* **À droite :** *Dessins de dentelles brodées sur Filoche,* s.d.

Pages 352 à 354 : Johannot (F). *Nouveaux Dessins de Broderie,* s.d.

Pages 355 à 360 : Paul Lamoitier. *La Décoration des Tissus,* 1908.

Page 361 : Johannot (F). **À gauche :** *Nouveaux Dessins de Broderie.* **À droite :** *Dessins de dentelles brodées sur Filoche,* s.d.

Page 363 : Paul Lamoitier. *La Décoration des Tissus,* 1908.

Seite 312: *Venus-Ornamenten,* in *Spécimen général de la Fonderie d'Amsterdam,* Amsterdam, s.d.
Seite 313: *Rosalia-Versieringen,* in *Spécimen général de la Fonderie d'Amsterdam,* Amsterdam, s.d.
Seite 314, von links nach rechts und von oben nach unten: *Bilderdijk-Vignetten, Regelvulstukjes, Rosalia-Versieringen,* in *Spécimen de la Fonderie d'Amsterdam,* Amsterdam, s.d.
Seite 315: *Bilderdijk-Vignetten,* in *Spécimen général de la Fonderie d'Amsterdam,* Amsterdam, s.d.
Seites 316 bis 318: *Amstel-Randen,* in *Spécimen général de la Fonderie d'Amsterdam,* Amsterdam, s.d.
Seite 319, oben: *Regelvulstukjes;* **unten:** *Rahmen für Zierbuchstaben,* in *Spécimen général de la Fonderie d'Amsterdam,* Amsterdam, s.d.
Seite 320, oben: *Rahmen für Zierbuchstaben,* in *Spécimen général de la Fonderie d'Amsterdam,* Amsterdam, s.d. **Unten:** Johannot (F). *Stickmuster,* s.d.
Seite 321, links: *Rahmen für Zierbuchstaben,* in *Spécimen général de la Fonderie d'Amsterdam,* Amsterdam, s.d. **Rechts:** Paul Lamoitier, *La Décoration des Tissus,* 1908.
Seite 322: *Borte aus Blumen und Früchten.*
Seite 323: Paul Lamoitier. *La Décoration des Tissus,* 1908.
Seite 324: *Rahmen für Zierbuchstaben,* in *Spécimen général de la Fonderie d'Amsterdam,* Amsterdam, s.d.
Seites 325 und 326: *Typographische Ornamente,* 19. Jahrh.
Seite 327: *Typographische Ornamente,* 19. Jahrh. **Mitte:** L.F. Day. *Entwürfe für Flächen-Dekoration,* in L.F. Day. *Some Principles of Every Day Art,* 19. Jahrh.
Seite 328, mitte: Paul Lamoitier, *La Décoration des Tissus,* 1908. **Aussen:** *Typographische Ornamente,* 19. Jahrh.
Seites 329 bis 338: *Typographische Ornamente,* 19. Jahrh.
Seite 339: Paul Lamoitier. *La Décoration des Tissus,* 1908.
Seite 340: *Typographische Ornamente,* 19. Jahrh.
Seite 341: Paul Lamoitier. *La Décoration des Tissus,* 1908.
Seites 342 bis 344: Johannot (F). *Nouveaux Dessins de broderie,* s.d.
Seite 345: Paul Lamoitier. *La Décoration des Tissus,* 1908.
Seites 346 und 347: Johannot (F). *Nouveaux Dessins de broderie,* s.d.
Seite 348: Johannot (F). *Muster eines Kapuzenmantels.*
Seite 349: Johannot (F). **Oben:** *Muster für einen Kleidersaum.* **Unten:** *Dessins de dentelles brodées sur Filoche,* s.d.
Seite 350: Johannot (F). *Muster eines Kapuzenmantels,* s.d.
Seite 351: Johannot (F). **Links:** *Muster für Umhang oder Halskrause.* **Rechts:** *Dessins de dentelles brodées sur Filoche,* s.d.
Seites 352 bis 354: Johannot (F). *Nouveaux Dessins de Broderie,* s.d.
Seites 355 bis 360: Paul Lamoitier. *La Décoration des Tissus,* 1908.
Seite 361: Johannot (F). **Links:** *Nouveaux Dessins de Broderie.* **Rechts:** *Dessins de dentelles brodées sur Filoche,* s.d.
Seite 363: Paul Lamoitier. *La Décoration des Tissus,* 1908.

Página 312: *Venus-Ornamenten,* en *Spécimen général de la Fonderie d'Amsterdam,* Amsterdam, s.d.
Página 313: *Rosalia-Versieringen,* en *Spécimen général de la Fonderie d'Amsterdam,* Amsterdam, s.d.
Página 314, de izquierda a derecha y de arriba abajo: *Bilderdijk-Vignetten, Regelvulstukjes, Rosalia-Versieringen,* en *Spécimen de la Fonderie d'Amsterdam,* Amsterdam, s.d.
Página 315: *Bilderdijk-Vignetten,* en *Spécimen général de la Fonderie d'Amsterdam,* Amsterdam, s.d.
Páginas 316 hasta 318: *Amstel-Randen,* en *Spécimen général de la Fonderie d'Amsterdam,* Amsterdam, s.d.
Página 319, arriba: *Regelvulstukjes;* **abajo:** *Recuadros para iniciales,* en *Spécimen général de la Fonderie d'Amsterdam,* Amsterdam, s.d.
Página 320, arriba: *Recuadros para iniciales,* en *Spécimen général de la Fonderie d'Amsterdam,* Amsterdam, s.d. **Abajo:** Johannot (F). *Dibujos de bordados,* s.d.
Página 321, a la izquierda: *Recuadros para iniciales,* in: *Spécimen général de la Fonderie d'Amsterdam,* Amsterdam, s.d. **A la derecha:** Paul Lamoitier, *La Décoration des Tissus,* 1908.
Página 322: *Ribetes de flores y frutas.*
Página 323: Paul Lamoitier. *La Décoration des Tissus,* 1908.
Página 324: *Recuadros para iniciales,* en *Spécimen général de la Fonderie d'Amsterdam,* Amsterdam, s.d.
Páginas 325 y 326: *Ornamentos tipográficos,* siglo XIX.
Página 327: *Ornamentos tipográficos,* siglo XIX. **En el centro:** L.F. Day. *Entwürfe für Flächen-Dekoration,* en L.F. Day. *Some Principles of Every Day Art,* siglo XIX.
Página 328, en el centro: Paul Lamoitier, *La Décoration des Tissus,* 1908. **Alrededor:** *Ornamentos tipográficos,* siglo XIX.
Páginas 329 hasta 338: *Ornamentos tipográficos,* siglo XIX.
Página 339: Paul Lamoitier. *La Décoration des Tissus,* 1908.
Página 340: *Ornamentos tipográficos,* siglo XIX.
Página 341: Paul Lamoitier. *La Décoration des Tissus,* 1908.
Páginas 342 hasta 344: Johannot (F). *Nouveaux Dessins de broderie,* s.d.
Página 345: Paul Lamoitier. *La Décoration des Tissus,* 1908.
Páginas 346 y 347: Johannot (F). *Nouveaux Dessins de broderie,* s.d.
Página 348: Johannot (F). *Dibujo de un sombrero de tele fruncida,* s.d.
Página 349: Johannot (F). **Arriba:** *Dibujo de un Ribete de Vestido.* **Abajo:** *Dessins de dentelles brodées sur Filoche,* s.d.
Página 350: Johannot (F). *Dibujo de un sombrero de tele fruncida,* s.d.
Página 351: Johannot (F). **A la izquierda:** *Dibujo de Esclavina o Gorguera.* **A la derecha:** *Dessins de dentelles brodées sur Filoche,* s.d.
Páginas 352 hasta 354: Johannot (F). *Nouveaux Dessins de Broderie,* s.d.
Páginas 355 hasta 360: Paul Lamoitier. *La Décoration des Tissus,* 1908.
Página 361: Johannot (F). **A la izquierda:** *Nouveaux dessins de broderie.* **A la derecha:** *Dessins de dentelles brodées sur Filoche,* s.d.
Página 363: Paul Lamoitier. *La Décoration des Tissus,* 1908.

Bibliography • Bibliographie
Literaturnachweis • Bibliografía

ANDERSON F. J. *German Book Illustration through 1500 : Herbals,* New York, 1983.
BLUNT W. & STEARN W. T. *The Art of Botanical Illustration,* London, 1995.
GAUTHIER-CAPELLE. *Traité de composition décorative,* Paris, 1925.
THIBAUDEAU F. *Manuel français de Typographie moderne,* Paris, 1924.
VERNEUIL M.-P. *Deux cent cinquante bordures, avec quelques notes sur la composition des bordures par Eugène Grasset,* Paris, s.d.
WHEELER William. *Decorative Flowers,* London, 1996.

Achevé d'imprimer
en octobre 2000 sur les presses
de l'imprimerie Grafedit à Azzano San Paolo – Italie
Dépôt légal 3e trimestre 2000